普通高等教育机械类课程规划教材

汽车试验技术

主　编　吕金贺　张健伟
副主编　汪　兴

北京理工大学出版社
BEIJING INSTITUTE OF TECHNOLOGY PRESS

内 容 简 介

本书参考国家和行业最新汽车试验标准，全书共分11章，系统全面地介绍了汽车试验的发展与分类、汽车试验标准及汽车试验的计划与组织、汽车试验基础理论、汽车试验中典型的试验设备、汽车主要参数的测量、汽车基本性能试验、汽车可靠性试验、整车碰撞安全性试验、汽车排气污染物与汽车噪声的测量、汽车各部件试验、汽车虚拟试验技术、电动汽车相关试验等汽车试验技术的相关知识。本书在编写过程中融入工程实际案例，体现了培养应用型本科人才的特色。

版权专有　侵权必究

图书在版编目（CIP）数据

汽车试验技术/吕金贺，张健伟主编. —北京：北京理工大学出版社，2019.4
（2019.5重印）
ISBN 978 – 7 – 5682 – 6943 – 8

Ⅰ. ①汽… Ⅱ. ①吕… ②张… Ⅲ. ①汽车试验 – 高等学校 – 教材 Ⅳ. ①U467

中国版本图书馆 CIP 数据核字（2019）第 071625 号

出版发行 / 北京理工大学出版社有限责任公司	
社　　址 / 北京市海淀区中关村南大街5号	
邮　　编 / 100081	
电　　话 /（010）68914775（总编室）	
（010）82562903（教材售后服务热线）	
（010）68948351（其他图书服务热线）	
网　　址 / http：//www.bitpress.com.cn	
经　　销 / 全国各地新华书店	
印　　刷 / 河北鸿祥信彩印刷有限公司	
开　　本 / 787毫米×1092毫米　1/16	
印　　张 / 18	责任编辑 / 梁铜华
字　　数 / 424千字	文案编辑 / 曾　仙
版　　次 / 2019年4月第1版　2019年5月第2次印刷	责任校对 / 周瑞红
定　　价 / 49.00元	责任印制 / 李志强

图书出现印装质量问题，请拨打售后服务热线，本社负责调换

前　言

随着汽车行业的快速发展，汽车人才需求激增，无论是汽车制造企业对汽车研发、制造人才的大量需求，还是汽车后市场对汽车服务型人才的大量需求，都需要高校不断地输送相关人才。汽车试验对于汽车制造业、汽车检测维修服务业具有举足轻重的作用。

目前，我国高等教育培养相关人才的方式仍然以理论知识学习为主，相关专业的学生缺乏实践动手能力。一方面，企业抱怨招聘不到合适的人员；另一方面，毕业生抱怨找不到合适的工作。出现这种矛盾的主要原因就在于人才培养模式没有跟上社会发展的实际需求。

教材建设是高校教学和人才培养的重要组成部分，作为知识载体的教材则体现了教学内容和教学要求，其不仅是教学的基本工具，而且是提高教学质量的重要保证。但目前国内多所高校在应用型人才培养过程中普遍缺乏适用的教材，现有的本科教材远不能满足需求。因此，如何编写应用型本科教材是培养紧缺人才亟待解决的问题。

本书参考国家和行业最新汽车试验标准，内容新颖丰富、图文并茂、重点突出，从试验基础理论到常用试验设备，再到具体试验方法与试验数据处理，从总成试验到整车试验，循序渐进、系统全面地介绍汽车试验技术。

本书共分11章。第1章为概论，介绍汽车试验的发展与分类、汽车试验标准及汽车试验的计划与组织；第2章介绍汽车试验基础理论，包括测量系统的组成与特性、测量误差理论、数据采集技术基础及试验数据处理；第3章介绍汽车试验设备与设施，包括典型试验仪器及设备、典型试验设施及汽车试验场相关的知识；第4章介绍汽车主要参数的测量，包括汽车几何参数和汽车质量参数测量；第5章介绍汽车基本性能试验，包括动力性试验、燃料经济性试验、制动性试验、操纵稳定性试验、平顺性试验和通过性试验；第6章介绍汽车可靠性试验，包括概述、常规可靠性试验和快速可靠性试验；第7章介绍整车碰撞安全性试验，包括概述、碰撞试验假人技术、实车碰撞试验和碰撞试验测量系统；第8章介绍汽车环境保护特性试验，包括汽车排放污染物测量与汽车噪声测量；第9章介绍汽车典型总成与零部件试验，包括发动机试验、离合器试验、变速器总成试验、驱动桥总成试验、车轮性能试验和减振器特性试验；第10章介绍汽车虚拟试验技术；第11章介绍电动汽车试验，包括电动汽车动力蓄电池试验、电动汽车电动机试验、纯电动汽车试验、混合动力电动汽车试验。

本书由吕金贺、张健伟担任主编，汪兴担任副主编。具体编写分工：吕金贺编写第1、2、4、11章；张健伟编写第3、5、9、10章；汪兴编写第6~8章。

由于笔者水平有限，书中难免出现错误、疏漏，恳请读者批评指正。

编　者

2019年1月

目 录

第1章 概论 ··· 1
1.1 汽车试验的发展与分类 ··· 1
1.1.1 汽车试验的发展历程 ··· 2
1.1.2 汽车试验的发展趋势 ··· 3
1.1.3 汽车试验的分类 ··· 4
1.2 汽车试验标准 ··· 5
1.2.1 汽车试验标准的特点 ··· 5
1.2.2 汽车试验标准的分类 ··· 6
1.2.3 汽车道路试验方法通则 ··· 7
1.3 汽车试验的计划与组织 ··· 9
1.3.1 试验准备阶段 ··· 9
1.3.2 试验实施阶段 ··· 11
1.3.3 试验总结阶段 ··· 12
本章小结 ··· 12
复习思考题 ··· 12

第2章 汽车试验基础理论 ··· 13
2.1 测量系统的组成与特性 ··· 14
2.1.1 测量系统的基本组成及要求 ··· 14
2.1.2 测量系统的静态特性 ··· 15
2.1.3 测量系统的动态特性 ··· 18
2.2 测量误差理论 ··· 20
2.2.1 测量误差的基本概念 ··· 20
2.2.2 随机误差 ··· 23
2.2.3 系统误差 ··· 28
2.2.4 异常数据的取舍 ··· 31
2.2.5 等精密度测量参数测量值的处理 ··· 35
2.3 数据采集技术基础 ··· 38
2.3.1 采样与采样定理 ··· 38
2.3.2 采样方式 ··· 39
2.3.3 计算机数据采集系统 ··· 39
2.4 试验数据的处理 ··· 41

2.4.1　静态试验数据的处理 …………………………………………… 41
　　2.4.2　动态试验数据的处理 …………………………………………… 48
本章小结 …………………………………………………………………………… 51
复习思考题 ………………………………………………………………………… 51

第3章　汽车试验设备与设施 …………………………………………………… 53
3.1　典型试验仪器及设备 ………………………………………………………… 54
　　3.1.1　车速测量仪 ………………………………………………………… 54
　　3.1.2　燃油消耗量测量仪 ………………………………………………… 57
　　3.1.3　陀螺仪 ……………………………………………………………… 60
　　3.1.4　负荷拖车 …………………………………………………………… 62
3.2　典型试验设施 ………………………………………………………………… 64
　　3.2.1　转鼓试验台 ………………………………………………………… 64
　　3.2.2　道路模拟试验机 …………………………………………………… 69
　　3.2.3　内燃机高海拔模拟试验台 ………………………………………… 73
　　3.2.4　高/低温模拟试验室 ………………………………………………… 75
　　3.2.5　消声室和混响室 …………………………………………………… 77
　　3.2.6　汽车风洞 …………………………………………………………… 78
3.3　汽车试验场 …………………………………………………………………… 81
　　3.3.1　功用与类型 ………………………………………………………… 81
　　3.3.2　试验道路与相关设施 ……………………………………………… 82
本章小结 …………………………………………………………………………… 87
复习思考题 ………………………………………………………………………… 88

第4章　汽车主要参数测量 ……………………………………………………… 89
4.1　汽车几何参数测量 …………………………………………………………… 89
　　4.1.1　基本概念及尺寸编码 ……………………………………………… 89
　　4.1.2　主要几何参数测量 ………………………………………………… 92
4.2　汽车质量参数测量 …………………………………………………………… 97
　　4.2.1　整车质量测量 ……………………………………………………… 97
　　4.2.2　质心位置测量 ……………………………………………………… 98
　　4.2.3　转动惯量测量 ……………………………………………………… 102
本章小结 …………………………………………………………………………… 103
复习思考题 ………………………………………………………………………… 104

第5章　汽车基本性能试验 ……………………………………………………… 105
5.1　汽车动力性试验 ……………………………………………………………… 105
　　5.1.1　滑行试验 …………………………………………………………… 106
　　5.1.2　车速试验 …………………………………………………………… 109
　　5.1.3　加速性能试验 ……………………………………………………… 110

    5.1.4　爬坡试验 ·· 112
    5.1.5　牵引性能试验 ·· 114
  5.2　汽车燃料经济性试验 ·· 115
    5.2.1　概述 ·· 115
    5.2.2　轻型汽车燃料经济性试验 ·· 116
    5.2.3　重型商用车燃料经济性试验 ·· 120
  5.3　汽车制动性能试验 ·· 123
    5.3.1　制动性能检测标准 ·· 123
    5.3.2　制动性能道路试验 ·· 126
    5.3.3　制动性能台架试验 ·· 132
  5.4　汽车操纵稳定性试验 ·· 134
    5.4.1　基本试验条件 ·· 134
    5.4.2　稳态回转试验 ·· 136
    5.4.3　转向盘转角阶跃输入试验 ·· 139
    5.4.4　转向盘转角脉冲输入试验 ·· 141
    5.4.5　转向回正性能试验 ·· 142
    5.4.6　转向轻便性试验 ·· 145
    5.4.7　蛇行试验 ·· 146
  5.5　汽车平顺性试验 ·· 149
    5.5.1　悬架系统固有频率与阻尼比测定 ··· 149
    5.5.2　平顺性随机输入行驶试验 ·· 152
    5.5.3　平顺性脉冲输入行驶试验 ·· 154
  5.6　汽车通过性试验 ·· 156
    5.6.1　汽车通过性几何参数测量 ·· 156
    5.6.2　特殊路面通过性试验 ·· 158
    5.6.3　地形通过性试验 ·· 159
  本章小结 ·· 161
  复习思考题 ·· 161
第6章　汽车可靠性试验 ·· 163
  6.1　概述 ·· 163
    6.1.1　汽车可靠性试验的定义和目的 ··· 163
    6.1.2　汽车可靠性试验分类 ·· 164
    6.1.3　汽车可靠性试验故障类型 ·· 165
  6.2　常规可靠性试验 ·· 166
    6.2.1　试验准备 ·· 166
    6.2.2　试验方法 ·· 167
    6.2.3　试验数据的处理 ·· 169

6.3 快速可靠性试验 171
 6.3.1 分类与基本原则 171
 6.3.2 浓缩应力法快速可靠性试验 172
 6.3.3 增加样品数量法快速可靠性试验 174
 6.3.4 分组最小值法快速可靠性试验 174
本章小结 175
复习思考题 175

第7章 整车碰撞安全性试验 176
7.1 概述 176
 7.1.1 实车碰撞试验分类 177
 7.1.2 伤害基准 177
7.2 碰撞试验假人技术 178
 7.2.1 假人开发的意义 178
 7.2.2 假人的分类 179
 7.2.3 假人的标定 181
7.3 实车碰撞试验 182
 7.3.1 碰撞试验设备 182
 7.3.2 正面碰撞试验 185
 7.3.3 侧面碰撞试验 187
 7.3.4 追尾碰撞试验 189
 7.3.5 C-NCAP 碰撞试验 190
7.4 碰撞试验测量系统 190
 7.4.1 电测量系统 190
 7.4.2 光测量系统 191
本章小结 193
复习思考题 193

第8章 汽车环境保护特性试验 194
8.1 汽车排放污染物测量 194
 8.1.1 汽油车排放污染物测量 194
 8.1.2 柴油车排放污染物测量 199
8.2 汽车噪声测量 203
 8.2.1 声学基本概念 203
 8.2.2 汽车噪声测量仪器 204
 8.2.3 汽车噪声测量方法 206
本章小结 209
复习思考题 209

第9章 汽车典型总成与零部件试验 ... 210
9.1 发动机试验 ... 210
9.1.1 发动机台架试验系统 ... 211
9.1.2 发动机主要性能参数测量 ... 211
9.1.3 发动机基本性能试验 ... 213
9.2 离合器试验 ... 218
9.2.1 离合器盖总成功能特性试验 ... 218
9.2.2 从动盘总成功能特性试验 ... 220
9.2.3 离合器耐久性及可靠性试验 ... 222
9.3 变速器总成试验 ... 224
9.3.1 机械式变速器台架试验 ... 224
9.3.2 自动变速器试验 ... 229
9.4 驱动桥总成试验 ... 230
9.4.1 驱动桥总成静扭试验 ... 230
9.4.2 驱动桥桥壳的刚度试验与静强度试验 ... 231
9.4.3 驱动桥桥壳垂直弯曲疲劳试验 ... 232
9.5 车轮性能试验 ... 233
9.5.1 动态弯曲疲劳试验 ... 233
9.5.2 动态径向疲劳试验 ... 234
9.5.3 冲击试验 ... 235
9.6 减振器特性试验 ... 236
9.6.1 示功特性试验 ... 236
9.6.2 温度特性试验 ... 237
9.6.3 耐久性试验 ... 238
本章小结 ... 239
复习思考题 ... 239

第10章 汽车虚拟试验技术 ... 240
10.1 概述 ... 240
10.1.1 虚拟试验的定义 ... 240
10.1.2 虚拟试验的特点 ... 241
10.1.3 常用虚拟试验软件 ... 241
10.2 虚拟试验在汽车工程领域的应用 ... 243
10.2.1 汽车主要使用性能虚拟试验 ... 243
10.2.2 碰撞安全性虚拟试验 ... 247
10.2.3 汽车零部件疲劳寿命虚拟试验 ... 248
本章小结 ... 250
复习思考题 ... 251

第11章 电动汽车试验 ························ 252
11.1 电动汽车动力蓄电池试验 ················ 252
11.2 电动汽车电动机试验 ···················· 258
11.3 纯电动汽车试验 ························ 264
11.4 混合动力电动汽车试验 ·················· 270
本章小结 ···································· 273
复习思考题 ·································· 274

参考文献 ································· 275

第1章 概 论

☑ 教学目标

1. 掌握汽车试验的分类方法。
2. 了解汽车试验的发展历程。
3. 掌握汽车试验的标准分类。
4. 掌握汽车试验的计划与组织方法。

☑ 教学要点

知识要点	相关内容
汽车试验的分类方法	能够按照试验目的、试验对象、试验方法和试验场地对汽车试验进行分类
汽车试验的发展历程	了解汽车试验检测设备与试验内容的发展历程
汽车试验的标准分类	掌握汽车试验标准的五个特点；能够按照汽车试验标准的适用范围与性质进行分类
汽车试验的计划与组织方法	掌握汽车试验在计划与组织中各阶段（准备阶段、实施阶段和总结阶段）的要求

1.1 汽车试验的发展与分类

汽车试验是指在专用试验场或其他专用场地（或试验室）内，使用专用的设备，依照试验大纲及有关标准，对汽车或总成部件进行各种测试的过程。也可根据需要，在常规道路上或典型地域进行相关试验，如限定工况的实际行驶试验和地区适应性试验等。

现代汽车是一种大批量生产、产品性能质量要求高、结构复杂及使用条件多变的产品。影响汽车质量的因素有很多，所涉及的技术领域也极为广泛，任何设计制造缺陷都可能造成严重的后果。因此，即使在其设计和制造上已考虑得非常周密，也必须通过试验来检验。通过试验，可以发现汽车在制造和使用过程中的缺陷及薄弱环节，深入了解汽车在实际使用中各种现象的本质和规律，从而保证产品性能、提高汽车的品质和市场竞争力，并推动其技术进步。

可见，汽车试验对于汽车制造业、汽车检测维修服务业具有举足轻重的作用。可以说，没有汽车试验的发展，就没有汽车工业的今天。因此，人们对汽车试验工程越来越重视，投入的人力、物力也越来越多，用于试验的设备、设施及手段也越来越先进。

1.1.1 汽车试验的发展历程

汽车试验是伴随着汽车工业的诞生和发展而逐渐成长起来的，其发展经历了以下几个阶段。

第 1 阶段，从第一辆汽车的研制开始至福特公司建成"汽车流水生产线"。

在这一阶段，汽车试验以研发性试验和道路试验为主，其主要试验方法是操作体验和主观评价。这一时期的汽车主要以手工方式生产，数量不多、品质差且生产成本高。人们对汽车性能和品质的要求不高，汽车试验工作处于一种较原始的状态。尽管如此，汽车试验工作仍受到汽车制造商和用户的普遍重视，任何一辆汽车在出厂前都要进行道路试验，用户在购买前大多要上车体验一番，汽车制造商还会举办一些展示汽车性能的比赛活动。

第 2 阶段，从第一条"汽车流水生产线"建成至 20 世纪 40 年代。

在这一阶段，汽车工业劳动生产率显著提高，生产成本下降，产量增加，汽车的使用范围扩大。这一时期的汽车在产品的可靠性、寿命、性能方面的问题较为突出，需通过试验研究加以解决，从而形成了汽车试验研究体系。在此期间，汽车试验除借助于其他行业较为成熟的技术和方法外，还有专业的试验方法。为适应汽车高品质、低售价和专业化生产的需要，各厂家进行了大量有关材料、工艺、可靠性及性能等方面的试验研究，开发出了符合行业发展要求的试验仪器设备（如转鼓试验台、疲劳试验台等），这些设备除在结构和控制方面有所改进外，其基本原理沿用至今。此外，道路试验在此阶段得到足够的重视，有实力的汽车公司开始建设汽车试验场。

汽车生产方式的变化带来了汽车试验方法的根本变革，汽车试验已由手工生产阶段的操作体验、主观评价发展为仪器检测和客观评价。汽车试验工作的基本方法在这一时期基本形成，且为后期的发展打下了良好的基础。

第 3 阶段，从 20 世纪 40 年代至 20 世纪 70 年代。

在这一阶段，全世界汽车保有量剧增，汽车结构和性能有了大幅度改善和提高。这一时期的汽车工业既保持着大规模生产，又有向多品种和高技术发展的趋势。由于汽车生产发展的需要，加之许多相邻工业、相邻学科的发展和渗透，汽车试验技术进入一个新的发展时期，大量基础性研究工作推动了汽车试验技术的发展。随着电子技术的发展，出现了各种数据采集、变换、放大、存储、处理及控制等方面的高精度电子仪器。电测量测试技术的应用在现代汽车试验中占有十分重要的地位。

自 20 世纪 60 年代日本丰田公司创立精益生产方式以来，世界各大汽车公司纷纷投入巨资开始大规模建设汽车试验室和汽车试验场。国际上有影响力的汽车公司几乎都拥有自己的汽车试验场。一些跨国大公司长年有数百辆整车在汽车整车试验室及汽车试验场进行试验，各总成部件的试验规模也相当大。

第 4 阶段，20 世纪 70 年代至今。

在这一阶段，汽车工业的发展不仅保持着大规模、多品种和高技术的特点，而且一些更科学、更合理的生产组织管理制度相继出台，使汽车试验技术得到同步提高和完善。在此阶段，计算机的应用对汽车试验起到了巨大的促进作用。计算机为汽车的性能预测、强度计算方面提供了快速、准确的运算工具（如操纵稳定性预测、空气动力学特性预测及车身与车架的有限元计算等），从而代替了大量多方案比较试验。运用计算机虚拟仿真试验，在设计阶段就能对产品的运行性能进行评价或体验，从而能缩短汽车的开发设计周期、降低研发成本、提高工作效能，并能在整车电气检测中开发适合自身特点的、灵活性强的检测系统。

此外，电子液压振动试验台和电控转鼓试验台等大型试验设备的广泛应用，以及汽车风洞、汽车试验场等大型试验设施的普遍建立，使汽车试验技术无论在方法上还是在装备上都得到了空前完善。

1.1.2 汽车试验的发展趋势

1. 试验内容逐年增加

一方面，为满足人们对汽车品质不断提高的要求，需要不断地增加试验项目和试验内容。例如，近年来人们认识到，要对车身的弯曲刚度、扭转刚度进行评价。车体刚度对汽车操纵性能有着不可忽视的影响，因此，不仅要对车身的弯曲刚度、扭转刚度等骨架刚度进行评价，还要对悬架安装部位的局部刚度进行评价。

另一方面，汽车功能的扩展、新能源汽车的出现，以及各种新结构、新材料、新技术在汽车上的应用，必然要求增加新的试验内容和试验项目。

此外，随着高等级公路及高速公路的飞速发展，汽车行驶速度显著提高、轿车进入家庭的进程加快，还出现了大量新手驾车上路等现象，这都不可避免地会带来许多新的问题。因此，需要更新和补充新的试验内容和试验方法。

2. 试验设备更先进

为了适应新的汽车试验内容，需不断更新试验方法、提高试验精度，并采用功能更强、精度与效率更高的设备来陆续取代传统的设备。汽车试验设备将具有以下重要特征：

1）自动化程度更高

现代汽车试验相关设备的开发，不仅包括设备自身结构和功能的开发，还包括对被试对象操控内容的开发。对这类设备自身的操作控制现已完全实现了自动化，而试验中的车辆或总成部件的操作也将由计算机自动进行控制。

2）功能集成化程度更高

功能集成包含以下两方面内容：

（1）一机多功能。例如，近几年开发的汽车道路试验仪器已彻底改变了过去一项性能一套仪器的传统，如今一套仪器几乎可以完成所有的道路试验项目。

（2）根据不同的汽车试验要求，将不同功能的设备进行合理组合，使之成为一个多功能的汽车试验系统，由计算机集中控制，以提高设备的工作效率、降低试验成本。

3）试验精度和效率更高

汽车试验内容和试验项目的复杂化与多样化，必然要求试验设备具有更高的测量精度和工作效率，以满足日渐严格的试验法规要求，并缩短试验时间。

3. 虚拟试验与实车试验结合得更紧密

控制技术和计算机的高速发展，使部分汽车试验能够在计算机上进行模拟测试和仿真分析，即能够开展虚拟试验技术。通过虚拟试验技术的应用，研发人员可以对车辆设计所需的各项技术指标和参数进行模拟测试，对汽车的各项性能进行仿真分析，在计算机模拟试验和实车道路试验之间建立一定的相互关系，为实车道路试验提供经济、有效的参考数据和方案。目前，许多发达国家都在积极开展这方面的研究。

由于这些先进的试验手段能得以有效应用的前提是汽车在实际道路上行驶的各种工况数据，而这些数据大部分是在试验场采集的，这就意味着计算机虚拟仿真技术与实车道路试验技术的关系将结合得更紧密。

1.1.3 汽车试验的分类

汽车试验可按试验目的、试验对象和试验场所进行分类。

1. 按试验目的分类

按不同的试验目的，汽车试验可以分为研究性试验、新产品定型试验和品质检查试验三大类。

研究性试验是指为了推进汽车的技术进步而开展的各项试验，如汽车新产品、新结构、新技术、新材料和新工艺等的验证试验，以及汽车试验新方法的探索性试验。因此，研究性试验又分为产品研发试验、材料试验、工艺试验和试验研究试验。

新产品定型试验是指以考核新开发的汽车产品是否符合设计要求，以及是否满足汽车法规规定为目的而开展的试验。

品质检查试验一般是指对汽车产品品质的定期检查试验。对目前生产的汽车产品，定期进行品质检查试验、考核产品品质的稳定性，以便及时检查出产品存在的问题，如汽车年度检验、产品抽查等。

2. 按试验对象分类

按试验对象的不同，汽车试验可以分为整车性能试验、总成试验和零部件试验三大类。

整车性能试验的目的是考核整车的主要技术性能，测试各项技术性能指标，如动力性、燃料经济性、接近角、离去角、最小离地间隙、最小转弯半径等。

总成试验主要考核机构及总成的工作性能（如发动机和变速器的机械效率、悬架装置的特性），以及它们的结构强度、疲劳寿命和耐久性等。

零部件试验主要考核汽车零部件设计和工艺的合理性，测试其精度、强度、磨损和疲劳寿命，以及研究材料是否选择得合适。

3. 按试验场所分类

按不同的试验场所，汽车试验可以分为试验室台架试验、试验场试验和室外道路场地试验三大类。

试验室台架试验的重要特征在于，试验不受环境的影响，可24小时不停地进行试验，它特别适用于汽车性能的对比试验和可靠性、耐久性试验。试验室台架试验的突出特点是试验效率高。它不仅适用于汽车的总成部件，也适用于汽车整车。

试验场试验是一种按照预先制定的试验项目和试验规范，在规定的行驶条件下进行的试验。在汽车试验场上可以设置各种不同的路面，如扭曲路面、比利时砌石路面、高速环道和汽车性能试验专用跑道等。在汽车试验场，可在不受道路交通影响的情况下完成汽车的各项性能试验，尤其是汽车的可靠性试验、耐久性试验及环境适应性试验。由于在汽车试验场上可以进行高强化水平的试验，因此可以大大缩短试验周期。

汽车产品最终都要交到用户手中，在不同气候、不同交通状况的地区、不同道路条件的路面上行驶。要想汽车的各项性能全面满足实际使用要求，就必须到实际的道路上进行考核，即进行室外道路场地试验。

因此，任何一种新开发出来的汽车产品都必须经历试验室台架试验、试验场试验和室外道路场地试验这一复杂的试验过程。

由于试验场试验和室外道路场地试验均在道路上进行，因此业内人士常将这二者统称为道路试验。

对于汽车试验而言，无论何种试验对象（整车、总成、零部件）、试验目的（质检、定型、科研），通常均应进行试验室台架试验、试验场试验和室外道路场地试验。其试验顺序是先进行试验室台架试验，若台架试验达到了相关要求，则进行试验场试验；当试验场试验的结果符合相关要求后，在汽车产品正式投放市场之前，必须进行室外道路场地试验。汽车总成及零部件的试验室台架试验均利用专用总成部件试验台架来独立进行试验，其试验场试验无法独立进行，必须将其装在整车上进行试验。

因此，若要简化汽车试验的分类，则可将汽车试验笼统地分为三类，即试验室台架试验、试验场试验和室外道路场地试验。

1.2　汽车试验标准

1.2.1　汽车试验标准的特点

1. 技术性和权威性

汽车试验标准（以下简称"标准"）是作为一种依据和规范提出的，其描述的内容详尽、完整且可靠，因此标准的技术成熟度很高。权威性是指若试验方法已形成标准，则在试验中就应严格遵照执行，不应随意改变。若在试验中未严格执行标准，则试验结果就失去了它的严肃性和可比性。因此，标准具有一定的法律属性，使产品的生产、使用和组织管理等都有据可依。

2. 自成体系性

标准无论从编写格式、描述内容、遣词用字上，还是在审批程序、管理办法及使用范围等方面，都不同于一般文献，而是别具一格、自成体系。标准的一个显著标志就是一个标准对应一个标准号。一个标准，即使仅有寥寥数页也单独成册出版，且一般只解决一个问题。

3. 先进性

通常，标准在制定后，随着国民经济的发展和技术水平的提高，会不断地进行修订、补充或以新代旧。国际标准化组织（International Standards Organization，ISO）规定：每五年将所有标准重新审订一次，在个别情况下可以提前修订，以保证标准的先进性。所以，标准对于了解一个国家的工业发展情况和科学技术水平具有很大的参考价值。标准的先进性有利于促进汽车试验技术和汽车制造水平的提高，标准的稳定则有利于试验方法的推广执行。

4. 交叉性

从企业标准到行业标准，直至国际标准，使用范围的扩大并不意味着级别依次上升。许多国家的国家标准是由具有代表性的行业标准或企业标准升级而来的，所以在内容上有许多重复、交叉的现象，且各国之间直接相互引用有关标准的现象屡见不鲜。因此，判断标准的水平，不能以使用范围的大小来盲目进行评价，而应以具体的技术参数和内容为依据。

5. 通用性

标准的通用性是指以试验方法标准为权威方法，在试验中有一定的指导作用。标准应适用于不同部门、多种车型的汽车试验。目前，标准向国际化发展的一个很重要的原因就是贸易全球化、产品国际化，要想参与国际竞争，把产品打入国际市场，就必须执行国际标准。目前，各国都在纷纷制定与国际标准兼容的国家标准。

1.2.2 汽车试验标准的分类

1. 按适用范围分类

按不同的适用范围，汽车试验标准可以分为国际标准、国际区域性标准、国家标准、行业标准、地方标准和企业标准。

1) 国际标准

国际标准是由 ISO 制定的。ISO 是世界上最大的非官方工业和技术合作国际组织，是联合国的高级咨询机构。我国于 1978 年 9 月加入 ISO，成为该组织的正式成员，其英文代号为 CSBS（China State Bureau of Standards，中国国家标准局）。凡是由 ISO 制定的标准，开头都有"ISO"标记，如《人体承受全身振动的评价指南》（ISO 2631—1985）。

2) 国际区域性标准

国际区域性标准由若干个成员国共同参与制定并共同遵守，最典型的如欧洲经济委员会（Economic Commission of Europe，ECE）和欧洲经济共同体（European Economic Community，EEC）制定的标准。ECE 法规不是强制性法规，各成员国可选择采用，各国通常在 ECE 法规基本要求下制定本国法规。EEC 是联合国理事会的下属机构，于 1958 年开始制定汽车安全法规。EEC 汽车安全法规是由 EEC 成员国讨论制定的，具有绝对权威性，一旦发布，各成员国必须强制执行。EEC 标准号由年份、编号和 EEC 代号三部分组成。例如，70/156EEC，即 1970 年颁发的第 156 号 EEC 指令。

3) 国家标准

国家标准是各国依据自己的国情制定的适用于本国的标准。我国国家标准简写为 GB；美国国家标准简写为 ANSI（American National Standards Institute）；日本国家标准简写为 JIS（Japanese Industrial Standards）。

4) 行业标准

行业标准是指对没有国家标准而又需要在全国某个行业范围内统一要求而制定的标准。行业标准是对国家标准的补充，是专业性和技术性较强的标准。行业标准的制定不得与国家标准相抵触，国家标准公布实施后，相应的行业标准即行废止。在我国，汽车行业标准简写为 QC；交通行业标准简写为 JT。美国汽车工程师学会（Society of Automotive Engineers，SAE）制定的标准简称 SAE 标准，在世界上具有很高的权威性。

5）地方标准

如果没有国家标准和行业标准，而需要在省、自治区、直辖市范围内统一工业产品的安全、卫生要求，则可以制定地方标准。地方标准由省、自治区、直辖市标准行政主管部门制定，并报国务院标准化行政主管部门和国务院有关行政主管部门备案，在公布国家标准或者行业标准之后，该地方标准即应废止。例如，北京市地方标准《在用柴油车加载减速烟度排放限值及测量方法》（DB 11/121—2010）。

6）企业标准

企业标准是指各汽车生产企业、汽车试验场根据本身的特点，参考相应的国际标准、国家标准而制定的标准，它仅限于在本企业内使用。为提高本企业产品的品质，企业标准通常比国家标准和国际标准更严格。

2. 按性质分类

按不同的性质，汽车试验标准可以分为强制性标准和推荐性标准。

1）**强制性标准**

强制性标准是指为了保障人身健康、安全，保护环境、节约能源而制定的强制执行的标准。这类标准一般称为法规。《中华人民共和国标准化法》规定：强制性标准必须执行，不符合强制性标准的产品禁止生产、销售和进口。例如，《机动车运行安全技术条件》（GB 7258—2017）即强制性标准。在我国，强制性汽车标准已有近百项。

2）**推荐性标准**

推荐性标准无强制性，企业自愿采用，但一经采用就应严格执行，不得随意改动。在我国，凡标准代号带"T"的，均为推荐性标准。例如，《汽车可靠性行驶试验方法》（GB/T 12678—1990）。

推荐性标准还可以细分为通用性试验标准和定型试验标准。通用性试验标准是车辆单项性能试验标准，一般不分车辆类型，即不管何种车辆，均可用此标准规定的方法进行某项性能的试验。定型试验是在车辆定型时进行的试验，定型试验标准因车辆类型的不同而有所不同，如《载货汽车定型试验规程》。

1.2.3　汽车道路试验方法通则

汽车道路试验接近实际使用情况，试验结果最具真实性。但是，影响道路试验结果的因素有很多，如气象条件、道路条件和驾驶操作等，从而导致试验结果比较离散。如果试验条件控制得不好，试验结果的可比性和重复性就会下降，严重时甚至会失真。因此，为保证试验结果的真实性、重复性和可比性，《汽车道路试验方法通则》（GB/T 12534—1990）（以下简称《通则》）对影响汽车试验结果的试验条件和车辆准备工作等方面作了统一规定。

1. 试验条件

《通则》规定的试验条件包括汽车装载质量、轮胎气压、燃料、润滑油（脂）、制动液、气象和道路、试验仪器和设备等。

1）**汽车装载质量**

（1）无特殊规定时，汽车装载质量均为厂定最大装载质量或使试验车辆处于厂定最大总质量状态。

（2）装载质量应均匀分布，装载物应固定牢靠，在试验过程中不得晃动和颠离；不应因潮湿、散失等条件变化而改变质量，以保证装载质量的大小、分布不变。

（3）乘员平均质量按表1-1所示数据进行计算，可用相同质量的重物代替。

表1-1 乘员平均质量　　　　　　　　　　　　　　　　　　　kg

车型			人均质量	行李质量	代替重物分布			
					座椅上	座椅前的底板上	吊在车顶的拉手上	行李厢（架）
载货汽车、越野汽车、专用汽车、自卸汽车、牵引汽车			65	—	55	10	—	—
客车	公共	长途	60	13	50	10	—	13
		座客	60	—	50	10	—	—
		站客	60	—	—	55	5	—
	旅游		60	22	50	10	—	22
轿车			60	5	50	10	—	5

2）轮胎气压

轮胎气压对汽车各项性能有重要的影响，因此要求试验汽车轮胎的种类、型号规格、花纹深度和轮胎气压均应符合该车技术条件的规定。试验用轮胎应使用新轮胎或磨损量不大于原花纹20%的轮胎，胎压偏差不超过±10 kPa。

3）燃料、润滑油（脂）和制动液

试验汽车使用的燃料、润滑油（脂）和制动液的牌号和规格，应符合该车技术条件或现行国家标准的规定。除可靠性行驶试验、耐久性道路试验及使用试验外，同一次试验的各项性能测定必须使用同一批燃料、润滑油（脂）和制动液。

4）气象、道路

试验时，应是无雨、无雾天气，风速不大于3 m/s，相对湿度小于95%，气温为0 ~ 40 ℃。对气象有特殊要求的试验项目，由相应试验方法规定。

除另有规定外，各项性能试验应在清洁、干燥、平坦的，用沥青或混凝土铺装的直线道路上进行。道路长2 ~ 3 km，宽不小于8 m，纵向坡度在0.1%以内。

5）试验仪器、设备

试验仪器、设备须经计量检定，在有效期内使用，并在使用前进行调整，确保功能正常，符合精度要求。如果设备过重，则应计入汽车装载质量。当使用汽车上安装的速度表、里程表测定车速和里程时，试验前必须按《汽车速度表、里程表检验校正方法》（GB/T 12548—1990）进行误差校正。

2. 试验车辆准备

1）接车检查

接车检查是指记录试验样车的生产厂名、牌号、型号、发动机号、底盘号、各主要总成号和出厂日期等，以检查车辆装备的完整性及调整情况，使之符合该车装配调整技术条件及《机动车运行安全技术条件》（GB 7258—2012）的有关规定。

2）车辆磨合

根据试验要求，对车辆进行磨合。除另有规定外，磨合试验按该车使用说明书的规定进行。

3）行驶检查

行驶检查在汽车磨合行驶之后、基本性能试验之前进行，主要检查汽车的技术状况，行驶里程不大于 100 km。

行驶道路为平坦的平原公路，交通流量小，有里程标志，风速不大于 5 m/s。单程行驶不少于 50 km，车速为汽车设计最高速度的 55%~65%，不允许空挡滑行，尽量保持匀速行驶。行驶前，应在出水管、发动机主油道（或曲轴箱放油螺塞）、变速器及后桥主减速器等的加油螺塞处安装 0~150 ℃ 量程的远程温度传感器（热电偶）；各总成冷却液及润滑油必须加到规定量。行驶检查时，每 5 km 测 1 次各点温度并记录当前的时刻、里程及车速等试验数据，绘制温升曲线，找出各总成的平衡温度和达到平衡温度时的行驶里程和时间。

在行驶中，还应检查各总成的工作状况、噪声及温度，注意转向器、制动器等零部件的性能。一旦发现异常，应及时找出原因并排除，待排除异常后，方可继续行驶。

在进行行驶检查的同时，还可以进行里程表校正、平均技术车速测量及平均燃料消耗量测定等，这些内容可根据要求选做。

4）预热行驶

试验前，试验车辆必须进行预热行驶，使汽车发动机、传动系统及其他部件预热到规定温度。

1.3　汽车试验的计划与组织

汽车试验是一项技术性很强的工作，事先必须有周密的计划和组织，否则就不能达到预期的目的。汽车试验过程可以分为试验准备、试验实施和试验总结三个阶段。

1.3.1　试验准备阶段

试验准备一般指按照试验的实际需要，对整个试验过程做出全面而系统的规划，即试验设计。其内容包括明确试验目的、确定试验内容、选择试验场地与设备、确定试验方法和处理试验数据等。

1）全面了解被试对象

全面、深入地了解被试对象是进行试验设计的前提。了解被试对象最直接且最有效的方法是从被试对象的设计研究者那里获取相关信息，或邀请设计研究者参与试验设计工作。若无法做到这一点，则试验设计人员应深入分析被试对象的全部技术资料。

2）充分了解试验要求

充分了解试验要求是科学、合理地设计试验的基础。试验要求通常包括两个层面：其一是试验精度要求；其二是通过试验来获取必要的有用信息。

对于任何一项试验，根据要求的试验精度不同，所需的试验仪器、试验方法、试验周期和试验成本会存在很大的差异。一般而言，试验精度要求越高，所需的试验仪器系统就越复杂，试验周期就越长，试验成本也越高。汽车试验是一项纯消耗性的工作，试验成本是汽车生产及研发成本的重要组成部分。因此，无论什么类型的试验，往往都遵循这样一个原则，即在满足试验精度要求的前提下，应尽可能地降低试验成本。通过试验来获取必要的有用信息，是指应避免做一些无用的试验。

3）研究相关试验标准与试验规范

尽管所要进行的试验没有现成的试验标准或试验规范，但相近的产品或相近的研究可能已有了相关的试验标准或试验规范，虽然或许其中绝大多数内容与本试验无关，但相近产品或相近研究的已有试验标准或试验规范的思想和内容一定会有可借鉴之处。广泛研究相关的试验标准或试验规范，可以使试验时少走弯路，从而缩短试验设计的周期。但是，参照相关的试验标准及试验规范并不等于简单地照抄、照搬。试验设计是一项创造性的工作，一定要充分反映本试验的特点。

4）深入分析已有试验条件及试验设备

充分利用已有的试验条件和设备、尽可能少用本单位没有的设备、力争避免采用待开发的设备，是试验设计过程中应遵循的一项重要原则。不过，千万别指望所有的新试验都能借助于已有的试验设备完成。在进行科研性试验时，往往不可避免地需要补充一些新的试验设备。

5）明确试验目的

明确试验目的就是解决为什么要进行该项试验的问题，即通过此次试验希望获取哪些信息，解决什么问题。对于一项全新的试验而言，明确试验目的可能需要一个逐步明确的过程。在开始进行试验之前，或许只有部分试验的目的是明确的。有些试验的目的则需等一些试验数据出来之后才能逐渐清楚。事实上，这是科研试验的一种普遍规律，即科研性试验需要在试验过程中逐渐完善。

6）确定试验内容

根据试验目的来确定试验内容就是要"对症下药"，既不要做一些无用的试验而浪费时间和金钱，也不要漏掉一些重要的试验项目而影响研究进展。

7）选择试验设备

在选择试验设备时，首先应使其满足试验所必需的功能要求，即应保证能有效地检测出试验内容中所涉及的所有被测量；其次应使其满足试验的精度要求。试验设备的精度与仪器的复杂程度、价格直接相关，通常精度高的设备，其结构也较复杂，价格也会较高。正确选择设备的原则是：在满足试验要求的前提下，不要片面地追求高精度。工程实践表明，试验设备的精度比试验所要求的精度高一个等级，就可以很好地满足上面所述的设备选用原则。最后，对由多种不同功能的仪器组合而成的仪器系统，应合理进行组建，并充分注意传感器的接入对测试系统动态特性的影响，以及设备级联带来的负载效应。

8）分析试验条件对试验结果的可能影响

对汽车试验而言，尤其是那些需要在室外进行的试验，由于室外的环境和气候条件不可控，且不同地区、不同季节和不同时段的环境和气候条件差异很大，如果所要进行的试验对环境和气候的变化敏感，则应对其做出严格的规定，以避免试验条件的变化对试验结果带来过大的影响。

9）确定试验方法

试验方法需对下述内容做出明确而详细的规定：试验对象的维修；在试验过程中，试验对象出现异常情况的处理；试验前的磨合与预热；试验的实施，仪器和试验对象的操控；试验数据的处理和修正；试验结果的评价。

当然，并不是所有试验项目的试验方法均包括这 6 项内容，试验目的不同，其试验方法所涉及的内容也会有差异。

10）制定试验大纲

试验大纲是指导试验工作的重要文献。试验大纲质量的高低，关系到试验工作质量的高低，甚至影响试验工作的成败。试验大纲的内容一般包括试验的任务和目的、试验的内容和条件、试验项目和测量参数、试验仪器、试验技术和方法、人员的组织与分工、试验进度计划等。

11）准备试验设备

根据大纲的要求，准备好试验所需的设备。应注意的是，所有设备均应满足试验要求的测量范围、容量和精度；试验前，应对所用设备进行标定，标定的数据应记录并填入试验报告中。

12）人员配备和试验记录准备

根据试验项目测取数据，配备操作、监测和记录人员，明确每个人的任务和相互之间的配合关系，熟练掌握设备的操作规程、车辆驾驶技术，并拟定试验记录表格和数据处理表格，对自动打印（或记录）的测试系统，要设计好打印格式、记录图形的方式与规格。

1.3.2 试验实施阶段

试验实施阶段是试验工作的中心环节，一般经历四个过程，即车辆设备的预热、工况的监测、读数采样和校核数据。

在试验中，无论是车辆还是总成部件，除另有规定（如冷起动试验）外，都应先经起动运转预热过程，使试验设备和被试车辆部件均达到正常工作状态的温度，然后负荷由小到大，转速由低到高进行试验。在试验过程中，必须随时监测车辆和设备的运转工况（如发动机冷却液温度、机油温度等），需要加载荷试验的，应特别注意极限加载值，以防止发生破坏设备的事故。按试验大纲有关规定，应在指定工况下进行读数采样。

另外，因试验常分为稳态试验和瞬态试验，所以在读取数据时应注意，稳态值应是在一定时间（如 5 s）内的值，而瞬态瞬时值应该与被试件的动作和记录同步。所以，瞬态瞬时值多采用自动采样记录系统，它可以快速记录大量数据，存储、输出记录的参数，必要时可以输出参数间的关系曲线或图形。数据测取结束后，应立即汇总主要的测试数据，校核各参数的测量值，并据此画出监督曲线，根据监督曲线来尽快大致分析并做出试验是否有效的判定。若数据互相矛盾或偏差过大，就应采取措施，必要时，应重新进行局部或全部的补救试验。

在具体试验实施阶段，必须遵守以下原则：

（1）不得临时改变试验项目或内容，以免因考虑不周、准备不足而发生意外。

（2）一旦发现故障，应立即停止试验，查找原因并进行维修。

（3）不应突破试验大纲中规定的各参量的极限值。

（4）同一测试项目要尽可能在相同的自然条件下进行。

（5）及时汇总并处理测试数据，发现问题应及时解决。

(6) 确保参加试验的人员的人身安全，做好安全保障措施。

1.3.3 试验总结阶段

试验总结包括：对试验中发现的问题、观察到的现象进行定性的分析和研究；对测取的数据，利用试验统计理论和误差分析方法进行处理，以确定实测所得的性能指标和各参数间的关系；强度、疲劳磨损试验应在试验完毕后，对被试车辆进行分解、检查和测量，并获取试验后的数据。

在完成上述试验工作后，应按国家标准中试验报告的格式，编写试验报告及定型试验工作总结材料，上报主管定型委员会，并将试验报告提交研制单位和使用单位。

试验报告的主要内容包括：前言（介绍试验任务的来源、研制单位、试验单位及试验基本情况）、目录、能反映试验车辆基本外形特征的照片（两张）、试验设备的相关信息、试验依据、试验车辆的技术指标、试验条件、试验内容和结果、试验结论与改进意见、附件（包括图表、曲线、照片、各种专项及台架试验报告、必要的技术资料、试验人员及职务等）、试验日期。

本章小结

1. 汽车试验可按试验目的、试验对象和试验场所进行分类；汽车试验标准具有一定的技术性和权威性、自成体系性、先进性、交叉性、通用性，可分为国际标准、国际区域性标准、国家标准、行业标准、地方标准、企业标准、强制性标准和推荐性标准。

2. 《汽车道路试验方法通则》（GB/T 12534—1990）对汽车试验条件和试验车辆准备进行了统一规定，使汽车道路试验接近实际使用情况，试验结果最具真实性。试验条件包括汽车装载质量、轮胎气压、燃料、润滑油（脂）、制动液、气象和道路条件、试验设备等，试验车辆准备包括接车检查、车辆磨合、行驶检查和预热行驶。

3. 汽车试验应进行周密地计划与组织，汽车试验过程包括试验准备、试验实施和试验总结三个阶段。

复习思考题

1. 何为汽车试验？简述汽车试验的必要性。
2. 简述汽车试验的发展趋势。
3. 简述汽车试验的类型。
4. 简述汽车试验标准的分类和特点。
5. 汽车试验过程一般分为哪几个阶段？

第 2 章　汽车试验基础理论

☑ 教学目标

1. 掌握测量系统的基本组成。
2. 掌握静态特性的特点。
3. 了解动态特性的特点。
4. 掌握三种误差的来源与特点。
5. 掌握异常数据的取舍方法。
6. 掌握采样与采样定理。
7. 了解计算机数据采集系统。
8. 掌握静态试验数据的处理方法。
9. 了解动态试验数据的处理方法。

☑ 教学要点

知识要点	相关内容
测量系统的基本组成	掌握汽车测量系统的基本组成，掌握汽车试验对测量系统的要求
静态特性的特点	掌握灵敏度、非线性度、回程误差、重复度的定义与特点
动态特性的特点	了解线性系统的基本性质；了解传递函数的基本性质
三种误差的来源与特点	掌握人员误差、环境误差、系统误差的来源与特点
异常数据的取舍方法	掌握过失误差与异常数据的分类；掌握三种异常数据的取舍准则
采样与采样定理	掌握采样与采样定理的概念；掌握实时采样与等效采样两种采样方式的优缺点
计算机数据采集系统	了解计算机数据采集系统的组成与各部分的定义
静态试验数据的处理方法	掌握静态试验数据的表达与回归分析
动态试验数据的处理方法	了解动态试验数据的处理方法

2.1 测量系统的组成与特性

2.1.1 测量系统的基本组成及要求

1. 测量系统的基本组成

测量系统是为实现一定的测量目的而由若干相互联系、相互作用的传感器和设备等元器件组成的有机整体。测量系统的基本任务是获取有用的信息,而信息又是蕴涵在某些随时间或空间变化的物理量(即信号)之中的。因此,首先要检测出被测对象所呈现的有关信号,再加以分析和处理,最后将结果提交给观察者或其他信息处理装置和控制装置。一般情况下,一个测量系统的组成可用图2-1所示的框图来表示。当然,测量系统的组成与研究任务有关,并不一定都包含该图中的所有环节。

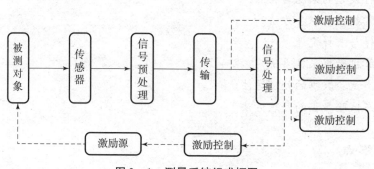

图2-1 测量系统组成框图

1) 激励源

激励源的作用是向被测对象输入能量,激发出既能充分表征有关信息又便于检测的信号。有些试验,被测对象在适当的工作状态下可产生所需要的信号;有些试验,则需要用外部激励装置对被测对象进行激励。

2) 传感器

传感器是指能感受规定的被测量并按一定规律转换成同一种或另一种输出信号的器件或装置。传感器通常由敏感元件和转换元件组成,敏感元件直接感受被测量,转换元件则将敏感元件的输出转换为适于传输和测量的信号。在许多传感器中,这两者是合为一体的。

3) 信号预处理

信号预处理就是将传感器输出的信号转换成便于传输和处理的规范信号。因为传感器的输出信号一般是微弱且混有噪声的信号,不便于处理、传输或记录,所以一般要经过调制、放大、解调和滤波等处理,或做进一步变换。例如,将阻抗的变化转换为电压或频率的变化;将模拟信号转换为数字信号;等等。

对于一些重要的测量项目,需将变换后的信号记录下来作为原始资料进行保存,或显示出来,以供测量者观察。

4) 信号处理

信号处理是指将中间变换的输出信号作进一步处理和分析,提取被测对象的有用信息。

5) 记录、显示或运用

记录、显示或运用就是将处理结果记录或显示，供测量者做进一步分析。若该测量系统是某一控制系统中的一个环节，则处理结果将被直接运用。

2. 对测量系统的要求

在汽车试验中，经常会遇到如何选择仪器及组成测量系统的问题。对测量系统的要求，要从测量对象、测量目的和要求出发，综合考虑测量精度要求、使用环境和被测物理量变化的快慢、测量范围、成本费用及自动化程度等因素。但对测量系统最基本的要求应当是具有单值的、确定的输入—输出关系，其中以输出和输入呈线性关系为最佳。只有测量结果在精度要求范围内不失真地反映被测物理量，测试系统的输出才能作为其输入（被测物理量）的量度，从而完成预定的测量任务。因此，必须了解测量系统的基本特性。

按照被测量在测量系统中的状态，测量系统的基本特性可以分为静态特性和动态特性两类。当被测量不随时间的变化而变化，或变化缓慢时，测量系统的输出与输入之间的关系称为静态特性；当被测量随时间的变化而变化时，测量系统的输出与输入之间的关系称为动态特性。

任何一个测量系统都可以简化成如图 2-2 所示的测量系统模型。通常的工程测试问题就是在处理输入量 $x(t)$、系统的传输特性 $h(t)$ 和输出量 $y(t)$ 三者之间的关系。

输入量 $x(t)$ → 系统的传输特性 $h(t)$ → 输出量 $y(t)$

图 2-2 测量系统模型

如果已知 $h(t)$，通过对 $y(t)$ 的观察与分析能推断 $x(t)$，这就是通常所说的测量。

如果已知 $x(t)$，通过对 $y(t)$ 的观察与分析能推断 $h(t)$，这就是通常所说的系统或仪器的定度过程。

如果 $x(t)$ 和 $h(t)$ 都已知，则可以推断或估计 $y(t)$，这就是通常所说的输出信号预测。理想的测量仪器或系统应具有单值确定的输入—输出关系，并且最好是单向线性系统。

所谓单向系统，是指测量系统对被测量的反作用影响可以忽略的系统。例如，在进行振动测试时，要求传感器质量很小，使其对被测振动物体固有频率的影响可忽略不计。又如，在测试轮胎的应力分布变化规律时，需要在轮胎面上埋入一些压力传感器，就需要压力传感器尽量小，使其对轮胎的弹性影响可忽略不计，当然，最好采用非接触式测试。

所谓线性系统，是指输出与输入是线性关系的系统。在静态测量中，系统的线性关系虽然是所希望的，但并不是必需的。因为在静态测量中，用校正曲线或输出补偿技术进行非线性校正并不困难；在动态测量中，应力求测量系统本身是线性系统，这不仅是因为在动态测量中进行非线性校正较困难，而且因为现在只能对线性系统作比较完善的数学处理与分析。但是，实际测量系统不可能在较大的工作范围内保持线性。因此，只能在一定的误差范围内和在一定的工作范围内作线性处理。

2.1.2 测量系统的静态特性

测量系统的静态特性表示被测物理量处于稳定状态，输入量和输出量都是不随时间变化而变化的常量（或变化极缓慢，在所观察的时间间隔内可忽略其变化，而视为常量）。输入

量和输出量的关系一般可表示为

$$y = a_0 + a_1 x + a_2 x^2 + \cdots + a_n x^n \tag{2-1}$$

式中，x——输入量；

y——输出量；

a_0，a_1，a_2，$\cdots$，a_n——常数。

当 $a_0 \neq 0$ 时，表示即使系统没有输入量，但仍有输出量，通常称为零点漂移（简称"零漂"），如图2-3所示。

在理想的静态测量系统中，其输出量应为单值，且与输入量呈线性比例，即静态特性为 $y = a_1 x$，是一条直线。实际测量系统的静态特性常用灵敏度、非线性度、回程误差和重复度等指标来表征。此外，还有分辨率、零点漂移、温度漂移及测量范围等。在实际应用中，可根据测量系统本身的特点和测量要求来确定相应的静态特性指标。

1. 灵敏度

灵敏度 S 是测量系统静态特性的一个基本参数。设测量系统的输入量 x 有一个增量 Δx，引起输出 y 发生相应的变化 Δy，则称

$$S = \frac{\Delta y}{\Delta x} \tag{2-2}$$

为该测量系统的绝对灵敏度，如图2-4所示。

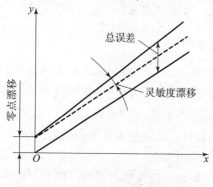

图2-3 零点漂移与灵敏度漂移

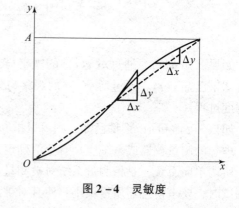

图2-4 灵敏度

对于特性呈直线关系的装置，有

$$S = \frac{\Delta y}{\Delta x} = \frac{y}{x} = 常量 \tag{2-3}$$

非线性测量系统的灵敏度就是该系统静态特性曲线上各点的斜率。当输出量和输入量为同一量纲时，灵敏度常称为测量系统的放大倍数。

以上仅考虑了被测量在变化时的灵敏度变化。实际上，在被测量不变的情况下，外界环境条件等因素的变化也可能引起测量系统输出量的变化，最后表现为灵敏度的变化（如温度改变引起测量仪器中电子元器件参数的变化或机械部件尺寸和材料特性的变化等），由此引起的测量系统灵敏度的变化称为灵敏度漂移。灵敏度漂移的根源是上述环境因素的变化使式（2-1）中的系数 a_0，a_1，a_2，$\cdots$，a_n 发生变化。如图2-3所示，常以在输入量不变的情况下每小时输出量的变化量来衡量。显然，性能良好的测量系统，其灵敏度漂移较小。

在选择测量系统（仪器）时，应当注意其灵敏度的合理性。因为一般来说，测量系统

（仪器）的灵敏度越高，测量范围就越窄，稳定性也越差。

2. 非线性度

非线性度是对测量系统的输出量与输入量之间能否保持常值比例关系（线性关系）的一种量度。在静态测试中，常用实验的方法来求取系统输入和输出关系曲线，并称其为定度曲线。定度曲线（实际特性曲线）偏离其拟合直线（理想直线）的程度就是非线性度，如图 2-5 所示。作为技术指标，非线性度是指在测量系统的标称输出范围（全量程 A）内，定度曲线与该拟合直线的最大偏差 B 与 A 的比值，即

$$非线性度 = \frac{B}{A} \times 100\% \tag{2-4}$$

3. 回程误差

回程误差也称迟滞误差，它是判断实际测量系统与理想测量系统特性之间差别的一项指标。理想测量系统的输出量与输入量应是单值一一对应的关系，而实际测量系统有时会对同一大小的输入量，在正向输入（输入量由小增大）和反向输入（输入量由大到小）时输出不同的量值，其差值称为滞后量 Δh，如图 2-6 所示。测量系统全量程 A 内的最大滞后量与 A 的比值称为回程误差或迟滞误差，即

$$E_r = \frac{\Delta h_{max}}{A} \times 100\% \tag{2-5}$$

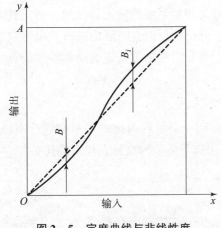

图 2-5 定度曲线与非线性度

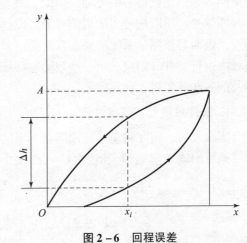

图 2-6 回程误差

回程误差一般是由滞后现象引起的。在磁性材料的磁化和一般材料的受力变形的过程中都能发生，也可能反映仪器的不工作区（也称为死区）的存在，而不工作区是输入变化对输出无影响的范围。摩擦力和机械元件之间的游隙是存在不工作区的主要原因。

4. 重复度

重复度是指在相同的试验条件下，对同一被测参数进行重复测量时测量值的一致程度。重复性的好坏，在很大程度上反映了测量结果中随机误差的大小。换言之，随机误差大，则测量结果的重复性差。

为了使测量结果尽可能地反映实际情况，要求测量系统应具有足够的灵敏度和较高的重

复度，以及尽可能小的非线性度和回程误差。

2.1.3 测量系统的动态特性

测量系统的动态特性是指输入量随时间的变化而变化时，其输出量随输入的变化而变化的关系。在输入量变化时，人们所测得的输出量不仅受研究对象动态特性的影响，还受测量系统动态特性的影响。为降低和消除测量系统的动态特性给测量带来的误差，对于动态测量的测量系统，必须考察并掌握测量系统的动态特性，判断测量时会产生什么误差。

要研究测量系统的动态特性，首先必须建立其数学模型。要从具体测量系统的物理结构出发，根据其所遵循的物理定律，建立把测量系统的输出量和输入量联系起来的运动微分方程。然后，在给定的条件下求解，从而得到任意输入量 $x(t)$ 激励下的测量系统的响应 $y(t)$。

由于测量系统一般是线性系统，所以它们的数学模型是常系数线性微分方程，经过简单的运算即可求得其传递函数。该传递函数能描述测量系统的固有动态特性。但在实践中，对于很多复杂的测量系统，即使做出不少近似的假设，也很难准确地列出其运动微分方程，并且即使运用上述理论分析方法得出了结果，也需要经过实际测量来进行验证。因此，较广泛使用的测量系统动态特性的研究方法是采用试验方法。

采用试验方法来分析测量系统动态特性的基本思路是：首先，根据测量系统实际工作时最常见的输入信号的形式，选择一些典型信号。在一定条件下，任意信号均可理解为由一系列不同频率的正弦信号的叠加。因此，最基本的典型信号是正弦信号。另外，常用的信号还有脉冲信号、阶跃信号及随机信号等。以这些典型信号为测量系统的输入量，然后测出其输出量，进而对该测量系统的动态特征做出分析和评价。分析既可以在时域内进行，也可以在频域内进行，并分别定义出一系列动态特征参数。以下将介绍在测量系统的动态特性研究中涉及的一些基本概念和原理。

1. 线性系统及其基本性质

实践表明，实际测量系统都能在一定的误差范围内和一定量程内被看作不变线性系统。线性系统的输入量 $x(t)$ 和输出量 $y(t)$ 之间的关系可用如下常系数微分方程来描述：

$$a_n \frac{d^n y(t)}{dt^n} + a_{n-1} \frac{d^{n-1} y(t)}{dt^{n-1}} + \cdots + a_1 \frac{dy(t)}{dt} + a_0 y(t)$$
$$= b_m \frac{d^m x(t)}{dt^m} - b_{m-1} \frac{d^{m-1} x(t)}{dt^{m-1}} + \cdots + b_1 \frac{dx(t)}{dt} + b_0 x(t) \quad (2-6)$$

式中，a_n，a_{n-1}，$\cdots$，a_1，a_0 和 b_m，b_{m-1}，$\cdots$，b_1，b_0——与系统结构参数有关的常数。

常系数线性微分方程一般具有叠加性、比例性、微分性、积分性和频率保持性。叠加性是指 n 个输入量同时作用于系统时的输出量，等同于这些输入量单独作用于系统时系统各输出量的和。比例性是指若线性系统的输入量增加 k 倍，则输出量也增大 k 倍。微分性是指系统对输入微分的响应等同于对原输入响应的微分。积分性是指若系统的初始状态为零，则系统对输入量积分的响应等同于原输入响应的积分。频率保持性是指若系统的输入量为某一频率的简谐函数，则系统的稳定输出量也是与之频率相同的简谐函数，只是幅值和相位有所不同。

线性系统的这些基本特性（特别是频率保持性）在动态测量中具有重要的作用。例如，若已知某线性系统输入的频率，则该系统输出的频率必然与之相同，显然，输出量中其他频率的信号就是来自外界的干扰（噪声）。又如，可利用频率保持性来判断系统的属性。对于一个未知系统，若已知其输出频率与输入频率相同，则可以判断该系统一定是线性系统。

2. 传递函数定义

若线性系统的初始条件为零，即在考察时刻之前（$t=0$），其输入量、输出量及其各阶导数均为零，则对式（2-6）进行拉普拉斯变换（简称"拉氏变换"），可得

$$(a_n s^n + a_{n-1} s^{n-1} + \cdots + a_1 s + a_0) Y(s) = (b_m s^m + b_{m-1} s^{m-1} + \cdots + b_1 s + b_0) X(s) \quad (2-7)$$

通常将输出量与输入量二者的拉氏变换之比称为系统的传递函数，常用 $H(s)$ 表示，即

$$H(s) = \frac{Y(S)}{X(S)} = \frac{b_m s^m + b_{m-1} s^{m-1} + \cdots + b_1 s + b_0}{a_n s^n + a_{n-1} s^{n-1} + \cdots + a_1 s + a_0} \quad (2-8)$$

工程中的测量系统一般为稳定系统，其传递函数分母中 s 的幂次数总是高于分子中 s 的幂次数，即 $n>m$。因此，分母 s 的幂次 n 代表微分方程的阶数，如 $n=1$、$n=2$ 分别称为一阶系统、二阶系统。

由式（2-8）不难看出，传递函数中没有输入项 $x(t)$，即其与系统的输入量无关；在传递函数中，各系数（a_n，a_{n-1}，$\cdots$，a_1，a_0 和 b_m，b_{m-1}，$\cdots$，b_1，b_0）是由系统结构特征决定的，系统的结构和类型不同，其取值也不同；传递函数 $H(s)$ 是根据适合任何线性系统的微分方程式（2-6）得到的，因此它适用于各类系统，如电系统、机械系统及机电混合系统等。

3. 多环节测量系统的传递函数

从数学表达角度来看，任何一个复杂系统都可看作由多个简单系统串联、并联、闭环或三种混合而成。若能求解串联系统、并联系统或闭环系统的传递函数，则可以求解任何复杂系统的传递函数。

1）串联系统的传递函数

图 2-7 所示为两个传递函数分别为 $H_1(s)$ 和 $H_2(s)$ 的串联系统，它们的阻抗匹配合适，互不影响彼此的工作状况，则所组成的系统传递函数 $H(s)$ 为

$$H(s) = \frac{Y(s)}{X(s)} = \frac{Z(s) Y(s)}{X(s) Z(s)} = H_1(s) H_2(s) \quad (2-9)$$

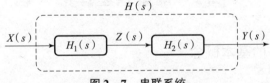

图 2-7 串联系统

类似地，对由 n 个子系统串联组成的大系统，其传递函数为

$$H(s) = \prod_{i=1}^{n} H_i(s) \quad (i = 1, 2, \cdots, n) \quad (2-10)$$

2）并联系统的传递函数

图 2-8 所示为一个并联系统，其传递函数 $H(s)$ 为

$$H(s) = \frac{Y(s)}{X(s)} = \frac{Y_1(s) + Y_2(s)}{X(s)}$$

$$= \frac{Y_1(s)}{X(s)} + \frac{Y_2(s)}{X(s)} = H_1(s) + H_2(s) \quad (2-11)$$

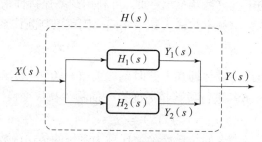

图 2-8 并联系统

类似地,对由 n 个环节并联组成的系统,其传递函数为

$$H(s) = \sum_{i=1}^{n} H_i(s) \quad (i = 1,2,\cdots,n) \tag{2-12}$$

3）闭环系统的传递函数

图 2-9 所示为两个子系统 $H_1(s)$ 和 $H_2(s)$ 组成的闭环系统,其传递函数为

$$H(s) = \frac{Y(s)}{X(s)} = \frac{X_1(s)H_1(s)}{X(s)} \tag{2-13}$$

$$X_2(s) = X_1(s)H_1(s)H_2(s) \tag{2-14}$$

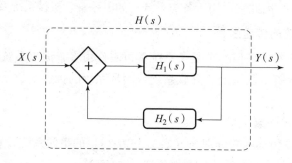

图 2-9 闭环系统

2.2 测量误差理论

2.2.1 测量误差的基本概念

1. 测量工作及其分类

在自然科学中,为研究客观事物的规律,需对各种参数进行测量。所谓测量工作,就是以确定被测参数的数值为目的的一系列试验操作。具体而言,就是应用某种测量仪器,将被测量参数与同一物理量的标准量进行比较,从而确定该参数数值的过程。根据测量方法的不同,测量工作可以分为直接测量和间接测量。

1）直接测量

直接测量是指通过测量仪器,将被测量参数与同一物理量的标准量直接比较,或者用事先经过标准量校正的测量仪器进行测量,从而直接求得被测量参数的数值。例如,用尺子测长度、用温度计测温度、用电流表测电流等。

2) 间接测量

间接测量是指通过直接测量与被测量有确定函数关系的其他量后，经过计算得到被测量参数的数值。例如，在测量发动机的输出功率时，可以先测出曲轴的转矩 $T(\text{N} \cdot \text{m})$ 及转速 $n(\text{r/min})$，然后利用式 $P_e = T_n/9\,549$ 求出功率 $P_e(\text{kW})$。

2. 测量误差及其分类

在任何测量工作中，受到各种因素的影响，测量所得到的数值 l（称为测量值）与被测量参数的真实值 X 不可能完全相等，总会存在差别，这个差别称为测量误差 Δ，即 $\Delta = l - X$。

1) 按误差性质分类

（1）系统误差。保持一定数值或按一定规律变化的误差，称为系统误差。例如，由仪器标度尺刻画得不准确、测量者在观察仪器指针时习惯斜视等原因引起的误差，就具有系统误差的性质。

（2）过失误差。由测量工作中的错误、疏忽大意等原因引起的误差，称为过失误差。例如，仪器操作错误、记录时看错了数字、写错了小数点位置等。这种误差的数值及正负没有任何规律。

（3）随机误差。即使在相同的条件下，对同一个参数重复地进行多次测量，所得到的测量值也不可能完全相同。这时，测量误差具有各不相同的数值与符号，这种误差称为随机误差，或称偶然误差。随机误差反映了许多相互独立的因素有细微变化时的综合影响。例如，在测量过程中，仪器内摩擦力的细微变化、环境温度的细微波动以及观测者视线的细微变动等。在任何测量工作中，随机误差都是无法避免的。随机误差就其个体而言，是没有规律、无法预先估计且不可控制的，但其总体符合统计学的规律，重复测量的次数越多，这种规律性就越明显。因此，可以用概率统计的方法来计算随机误差给测量结果可能带来的影响。

2) 按误差产生的原因分类

（1）仪器误差。仪器误差是指由于仪器的结构和制造不完善，或调整、校正不当等原因引起的误差。

（2）人员误差。人员误差是指由于测量者技术不熟练或受其他主观因素（如因工作疲劳引起的视觉器官的生理变化、固有习惯引起的读数误差及精神上的因素产生的一时疏忽等）引起的误差。

（3）环境误差。环境误差是指各种环境因素与要求的标准状态不一致而引起的测量装置和被测量本身的变化所造成的误差，如温度、湿度、气压、振动及电磁场等引起的误差。

3. 测量误差的表示

测量误差通常有四种表示形式，即绝对误差、相对误差、引用误差和允许误差。

1) 绝对误差

绝对误差定义为示值与真值之差，即

$$\Delta A = A_x - A_0 \qquad (2-15)$$

式中，ΔA——绝对误差；

A_x——示值，在一般测量中，示值就是测量系统或仪器给出的测量值，在比较法和平

衡测量法中,示值就是标准量具的标称值或标准信号源的调定值或定值;

A_0——被测量的真值,是客观存在的真实值,由于真值的不可知性,通常用约定真值或相对真值代替。

绝对误差可正可负,并且是有单位的量。绝对误差的负值称为修正值,也称为补值,一般用 c 表示,即 $c = -\Delta A = A_x - A_0$。测量仪器的修正值一般是通过计量部门检定给出的,从定义不难看出,示值加上修正值就获得相对真值,即实际值。

2) 相对误差

相对误差定义为绝对误差与真值之比,一般用百分数形式表示,即

$$\gamma_0 = \frac{\Delta A}{A_0} \times 100\% \quad (2-16)$$

这里的真值 A_0 也用约定真值或相对真值代替,在无法知道约定真值或相对真值时,往往用测量值(示值)代替。在测量实践中,测量结果准确度的评价通常使用相对误差,因为它方便直观。相对误差越小,准确度就越高。

3) 引用误差

引用误差是为了评价测量仪表的准确度等级而引入的,因为绝对误差和相对误差均不能客观、正确地反映测量仪表的准确程度。引用误差定义为绝对误差和测量仪表量程之比,用百分数表示,即

$$\gamma_n = \frac{\Delta A}{A_m} \times 100\% \quad (2-17)$$

式中,γ_n——引用误差;

A_m——测量仪表的量程。

测量仪表的各指示值(刻度)的绝对误差有正有负,有大有小。所以,确定测量仪表的准确度等级应用最大引用误差 γ_{nm},即绝对误差的最大绝对值 $|\Delta A|_m$ 与量程 A_m 之比,即

$$\gamma_{nm} = \frac{|\Delta A|_m}{A_m} \times 100\% \quad (2-18)$$

4) 允许误差

允许误差是指测量仪器在使用条件下可能产生的最大误差范围,它是衡量测量仪器的最重要的指标。测量仪器的准确度、稳定度等指标都可以用允许误差来表征。

4. 测量的精度与不确定度

反映测量结果与真实值接近程度的量为精度,它与误差大小相对应。因此,可用误差大小来表示精度的高低,误差小则精度高。精度包括精密度、准确度和精确度。

精密度表示在多次重复测量中测量值的重复性或分散程度。随机误差波动范围越大,测量值就越离散,测量的精密度就越低。因此,随机误差决定了测量的精密度。

准确度表示测量结果与被测量的真实值之间的偏离程度,系统误差越小,准确度就越高。因此,系统误差决定了测量的准确度。

精确度是测量结果的精密度与准确度的综合反映。精确度越高,表示系统误差和随机误差越小。

为清晰地表明精密度、准确度和精确度三者之间的关系,常以图 2-10 所示的射击打靶结果为例加以说明。子弹落在靶心周围有图 2-10 所示的三种情况:图 2-10 (a) 所示为

系统误差小而随机误差大,即准确度高而精密度低;图 2-10(b)所示为系统误差大而随机误差小,即准确度低而精密度高;图 2-10(c)所示为系统误差与随机误差都小,即精确度高。可见,精密度高时,准确度不一定高,反之亦然。如果精密度和准确度都高,则测量的精确度一定高,这也是在实际测量中希望得到的结果。

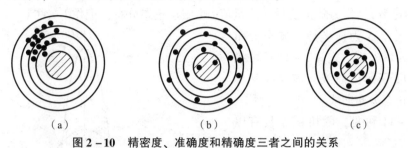

图 2-10 精密度、准确度和精确度三者之间的关系
(a) 准确度高、精密度低; (b) 准确度低、精密度高; (c) 精确度高

由于测量误差的存在而对被测量值不能肯定的程度称为测量不确定度。测量不确定度是一个描述尚未确定的误差特征的量,是表征测量范围的一种评定,而被测量的真实值就在其中。

由于测量不确定度是未定误差的特征描述,而不是具体的、符号和绝对值都已知的误差值,所以不能用于修正测量结果。一般用若干倍标准差 $K\sigma$ 来表达测量不确定度,σ 为标准差,K 为置信系数。为使测量不确定度的表达规范化,一般以标准的形式来制定其表达方法。相关标准可参考国家技术监督局颁布的中华人民共和国国家计量技术规范《测量不确定度评定与表示》(JJF 1059.1—2012) 和《测量不确定度表示指南》(ISO/IEC Guide 98-3: 2008)(简称 GUM)。

5. 测量误差分析的任务

如果不知道测量的准确度和精密度,那么测量结果将失去意义。因此,分析和评定测量的准确度和精密度,就成为测试中一项必不可少的重要工作。

测量误差分析就是研究误差的性质和规律,其主要任务是:研究和确定过失误差和巨大随机误差之间的界限,以便舍弃那些含有过失误差的测量值;研究随机误差的分布规律,分析和确定测量的精密度;研究系统误差的规律,寻找把系统误差从随机误差中分离出来的方法,并设法消除它的影响;从一系列测量值中求出最接近被测参数真实值的测量结果。

2.2.2 随机误差

1. 随机误差的正态分布规律

在相同的条件下对同一参数重复进行多次测量,可以认为是等精密度测量,所得到的测量值数列称为测量列。随机误差的存在使测量值具有不确定性,即前一个误差出现后,不能预测下一个误差的大小和方向。但就误差的总体而言,其具有统计规律性。大量的测量实践表明,若测量列中不包含系统误差和过失误差,则该测量列中的随机误差服从正态分布。于是,随机误差的概率分布密度函数可表示为

$$f(\Delta) = \frac{1}{\sqrt{2\pi}\sigma} e^{-\frac{\Delta^2}{2\sigma^2}} \qquad (2-19)$$

式中，σ——标准误差或均方根误差，$\sigma = \sqrt{\dfrac{1}{n}\sum_{i=1}^{n}\Delta_i^2}$，$n\to\infty$；

　　　Δ——随机误差。

一般用 $N(\mu, \sigma)$ 表示总体平均值为 μ、标准误差为 σ 的正态分布。于是，随机误差可记作 $\Delta \sim N(0, \sigma)$，作为随机变量的测量值 l 也服从正态分布，记作 $l \sim N(X, \sigma)$。

以随机误差 Δ 为横坐标，概率分布密度 $f(\Delta)$ 为纵坐标，式（2-19）可描述成图 2-11 所示的曲线，该曲线又称为随机误差正态分布曲线。

由图 2-11 可见，随机误差具有以下特征：

（1）单峰性。绝对值越小的误差出现的概率越大，而绝对值越大的误差出现的概率越小。

（2）对称性。绝对值相等的正负误差出现的概率相同。

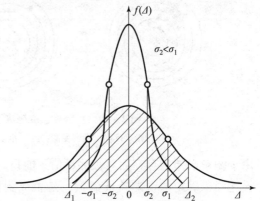

图 2-11　随机误差正态分布曲线

（3）有限性。在一定条件下，绝对值无限大的误差出现的概率近于零，即误差的绝对值不会超过一定的界限。

（4）抵偿性。在同一被测量的多次等精度测量中，随机误差的代数和趋近于零，即具有相互抵消的特性。抵偿性是随机误差最本质的性质，也就是说，凡具有抵偿性的误差，原则上都可以认为是随机误差。

由图 2-11 还可以看出，标准误差 σ 取不同数值时，分布曲线的变化规律相似，但 σ 较小者，曲线的中部升得更高，且下降得更快，这表明绝对值越小的误差出现的概率越大，测量比较精密。因此，可以用标准误差 σ 来衡量测量列的精密度。在 $[\Delta_1, \Delta_2]$，曲线之下的阴影面积就是随机误差落在 $[\Delta_1, \Delta_2]$ 的概率。

若已知测量列的标准误差 σ，则随机误差落在 $[-a, a]$（即 $|\Delta| \leq a$）的概率可计算如下，即

$$P(-a \leq \Delta \leq a) = \int_{-a}^{a} \dfrac{1}{\sqrt{2\pi}\sigma} e^{-\frac{\Delta^2}{2\sigma^2}} d\Delta \tag{2-20}$$

令 $t = \dfrac{\Delta}{\sigma}$，$K = \dfrac{a}{\sigma}$，代入式（2-20），得

$$P(-K\sigma \leq \Delta \leq K\sigma) = \dfrac{2}{\sqrt{2\pi}} \int_{0}^{K} e^{-\frac{t^2}{2}} dt \tag{2-21}$$

为便于应用，常将上述计算值编成概率积分表，其形式为

$$\Phi(K) = \dfrac{2}{\sqrt{2\pi}} \int_{0}^{K} e^{-\frac{t^2}{2}} dt \tag{2-22}$$

使用时，根据 a 和 σ 的数值，按 $K = a/\sigma$ 计算，然后查概率积分表，即可求得 $\Phi(K)$ 的数值。

2. 等精密度测量的最可信赖值

对某个参数进行 n 次等精密度测量，即可得到 l_1、l_2、…、l_n 测量值，这些测量值组成一个测量列。以 Δ_1、Δ_2、…、Δ_n 表示各测量值所包含的随机误差，以 X 表示待测量的真实值，则有

$$\begin{cases} l_1 = X + \Delta_1 \\ l_2 = X + \Delta_2 \\ \vdots \\ l_n = X + \Delta_n \end{cases} \quad (2-23)$$

以 L 表示测量值的算术平均值，即

$$L = \frac{1}{n}(l_1 + l_2 + \cdots + l_n) = \frac{1}{n}\sum_{i=1}^{n} l_i \quad (2-24)$$

由式（2-23）和式（2-24）可得测量值的真实值 X 为

$$X = \frac{1}{n}\left(\sum_{i=1}^{n} l_i - \sum_{i=1}^{n} \Delta_i\right) \quad (2-25)$$

根据随机误差符号的规律性可知，当测量次数无限增加时，可使 $\lim\limits_{n \to \infty} \frac{1}{n}\sum_{i=1}^{n} \Delta_i = 0$。此时，测量值的算术平均值就等于被测参数的真实值，即 $L = X$。但实际上，测量次数是有限的，所以测量值的算术平均值只是真实值的近似值。随着测量次数的增加，算术平均值就越接近真实值。因此，可以认为，测量值的算术平均值是最可信赖值。

测量值 l_i 与算术平均值 L 之差，称为残余误差，简称残差（或偏差），以 v_i 表示，则有

$$v_i = l_i - L \quad (2-26)$$

将各测量值的残差值相加，可得

$$\sum_{i=1}^{n} v_i = \sum_{i=1}^{n} l_i - nL = 0 \quad (2-27)$$

可见，各测量值残差的代数和等于零。残差的这一性质可以用于检查算术平均值的计算是否正确。

3. 测量列的精密度参数分析

测量列的精密度参数用于表示测量值偏离其算术平均值的程度。在一个等精密度测量列中，各测量值包含数值与符号各不相同的随机误差，在其中任选一个随机误差来代表整个测量列的误差情况，显然是不合理的，而以各随机误差的算术平均值代表测量列的误差情况也是不合理的，因为测量次数趋于无穷大时，随机误差的算术平均值趋近于零。通常选用下列参数之一来表示测量列的精密度：

1）标准误差 σ

标准误差 σ 定义为各随机误差的均方根，可用下式表示，即

$$\sigma = \sqrt{\frac{1}{n}(\Delta_1^2 + \Delta_2^2 + \cdots + \Delta_n^2)} = \sqrt{\frac{1}{n}\sum_{i=1}^{n} \Delta_i^2} \quad (n \to \infty) \quad (2-28)$$

标准误差 σ 是一个随机误差正态分布的参数；σ^2 是随机误差平方的数学期望，即测量值的方差。标准误差 σ 是各随机误差平方 Δ_i^2 的函数，因而对绝对值较大的误差比较敏感，

故能较好地反映测量列的精密度。σ 越小,测量列的精密度就越高。

根据式(2-22),取 $K=1$,查概率积分表可知 $\Phi(1)=0.6826$,说明绝对值小于 σ 的随机误差出现的概率约为 0.682 6。可见,标准误差 σ 不是误差的一个具体值,而是按一定置信概率(68.26%)给出的随机误差变化范围(置信区间)的一个评定参数。同理,分别取 $K=2$、$K=3$,可得绝对值小于 2σ 和 3σ 的随机误差出现的概率分别为 0.954 6 和 0.997 3。

2) 极限误差 Δ_{lim}

由上可知,绝对值大于 3σ 的随机误差出现的概率仅为 0.002 7,也就是说,在 370 次测量中可能出现 1 次。在一般测量工作中,测量次数远小于 370 次,因此,绝对值大于 3σ 的随机误差的出现是个小概率事件,实际上不会发生。因此,常将 3σ 作为极限误差,并用 Δ_{lim} 表示,即极限误差 $\Delta_{\text{lim}}=3\sigma$。

极限误差意味着在一个有限的测量列中,任何一个随机误差的数值都不超过 Δ_{lim}。确切地说,绝对值大于 Δ_{lim} 的随机误差出现的概率接近于零。

Δ_{lim} 越小,随机误差波动的范围就越小,测量工作的精密度就越高。

在测量次数较少($n \leqslant 370$)的情况下,如果出现绝对值大于 Δ_{lim} 的误差,就有理由认为这个误差属于过失误差。因此,可以把 Δ_{lim} 作为区分随机误差和过失误差的一种界限。

3) 概然误差 γ

绝对值小于 γ 的随机误差出现的概率为 0.5。根据此定义,令 $\Phi(K)=0.5$,查概率积分表可得 $K=0.6745$,于是概然误差 $\gamma=0.6745\sigma \approx \dfrac{2}{3}\sigma$。

4) 平均算术误差 δ

平均算术误差 δ 定义为各随机误差绝对值的算术平均值,可表示为

$$\delta = \frac{1}{n}(|\Delta_1|+|\Delta_2|+\cdots+|\Delta_n|) = \frac{1}{n}\sum_{i=1}^{n}|\Delta_i| \qquad (n\to\infty) \qquad (2-29)$$

实际上,平均算术误差 δ 就是随机误差绝对值的数学期望,由概率论可知

$$\delta = E(|\Delta|) = \int_{-\infty}^{+\infty}|\Delta|f(\Delta)\mathrm{d}\Delta = \sigma\sqrt{\frac{2}{\pi}} = 0.7979\sigma \approx \frac{4}{5}\sigma \qquad (2-30)$$

根据式(2-22),取 $K=0.7979$,查表得 $\Phi(0.7979)=0.5751$,即绝对值小于 δ 的随机误差出现的概率约为 0.58。

4. 有限次测量的精密度估计

上述测量列的精密度参数是以重复测量次数 n 趋近于无穷大为基础的,而在实际测量中,测量次数总是有限的,且被测参数的真实值是未可知的,因而无法求得测量值所包含的随机误差。因此,无法用式(2-28)来计算测量列的精密度参数 σ。但是,重复测量次数为 n 的测量列可以看作从无限的总体中抽取的容量为 n 的样本,该样本的标准偏差 $\hat{\sigma}$ 是对总体标准误差 σ 的一种估计,在一般测量工作中,用样本参数代替总体参数(即用 $\hat{\sigma}$ 代替 σ)而引起的误差是可以忽略的。

由于在有限容量的样本中只能求得测量值的残差,并且残差与随机误差具有相同的特征,也符合正态分布规律,因此,可通过残差来计算精密度参数 $\hat{\sigma}$,并将 $\hat{\sigma}$ 称为无限测量列总体的精密度参数 σ 的无偏估计,可表达如下:

$$\hat{\sigma} = \sqrt{\frac{1}{n-1}(v_1^2 + v_2^2 + \cdots + v_i^2)} = \sqrt{\frac{1}{n-1}\sum_{i=1}^{n} v_i^2} \qquad (2-31)$$

这种通过残差平方和估计精密度参数的方法，称为贝塞尔（Bessel）方法。

求得 $\hat{\sigma}$ 后，根据前述讨论有：$\hat{\gamma} = 0.6745\hat{\sigma}$ 为概然误差的无偏估计；$\hat{\delta} = 0.7979\hat{\sigma}$ 为平均算术误差的无偏估计；$\hat{\Delta}_{lim} = 3\hat{\sigma}$ 为极限误差的无偏估计。

5. 有限次测量的测量结果的精密度

根据一个有限的测量列，无法求得被测参数的真值，故只能用测量值的算术平均值作为测量结果，近似地代替真实值。测量结果的精密度参数是表征测量结果偏离客观真值的程度。前已述及，一个有限的测量列，实际上是从无限的总体中任意抽取的一个样本，而这样的样本有无数个，因而测量结果也是一个随机变量。测量结果（测量值的算术平均值）L 与被测参数真值 X 之差，称为测量结果的随机误差，以 λ 表示，其计算公式为

$$\lambda = L - X = \frac{1}{n}\sum_{i=1}^{n} l_i - X = \frac{1}{n}\sum_{i=1}^{n}(X + \Delta_i) - X = \frac{1}{n}\sum_{i=1}^{n}\Delta_i \qquad (2-32)$$

即测量结果的随机误差等于各测量值随机误差的算术平均值。测量结果的数学期望等于被测参数的真值，因此，测量结果是被测参数真实值的无偏估计。

由于测量结果的标准误差 σ_L 与测量列的标准误差 σ 都由同一测量条件决定，因此 σ_L 与 σ 间具有下列关系，即

$$\sigma_L = \frac{\sigma}{\sqrt{n}} \qquad (2-33)$$

根据贝塞尔方法计算时，可用下式表示：

$$\hat{\sigma}_L = \frac{\hat{\sigma}}{\sqrt{n}} = \sqrt{\frac{1}{n(n-1)}\sum_{i=1}^{n} v_i^2} \qquad (2-34)$$

式中，$\hat{\sigma}_L$——测量结果的标准误差 σ_L 的无偏估计；

n——测量列的容量，即重复测量次数。

由式（2-33）可知，测量结果的标准误差与测量列的标准误差成正比，而与重复测量次数的平方根成反比。因此，在测量列精密度一定的情况下，增加测量的次数可以提高测量结果的精密度（即减少测量结果的误差）。但是，要使测量结果的误差降低到原有的 1/10，就必须使测量次数增大至原有的 100 倍，这就需要花费大量的劳动和时间。

实际上，当重复测量次数 $n \geq 10$ 时，为了进一步提高测量结果的精密度，单纯增加测量次数将是不经济的，故应设法提高测量列的精密度。当然，重复测量次数也不能太少。在一般的试验测量工作中，建议将重复的次数 n 在 10~15 取值。

6. 测量结果的表达

测量工作的目的就是确定被测参数的数值。通过有限次重复测量，可以用测量值的算术平均值 L 来近似地代替真实值 X，这时，测量结果可表达为 $X \approx L$。由于测量值的算术平均值也存在随机误差，所以这种表达方式常用于粗略的测量中。

为准确表达测量结果，需用数理统计学中区间估计的方法，求得被测参数的真实值在某个置信概率下的置信区间，即

$$X = L \pm \frac{\hat{\sigma}}{\sqrt{n}} t_p(f) = L \pm \hat{\sigma}_L t_p(f) \tag{2-35}$$

式（2-35）表示，被测参数的真实值 X 在置信区间 $[L - \hat{\sigma}_L t_p(f), L + \hat{\sigma}_L t_p(f)]$ 的置信概率为 p。或者说，以置信概率 p 确信，以算术平均值 L 代替真实值 X 时，误差不超过 $\hat{\sigma}_L t_p(f)$。在实际工作中，如预先选定真实值 X 的置信区间，则可由 L 分布表确定对应的置信概率 p。

如果重复测量次数较多，则 $\hat{\sigma}$ 与 σ 的差别可以忽略不计，$\dfrac{(L-X)}{\hat{\sigma}_L}$ 可近似地看作标准化正态分布的随机变量。这时，测量结果可以表达为

$$\begin{cases} X = L \pm 3\hat{\sigma}_L (p = 0.9973) \\ X = L \pm 2\hat{\sigma}_L (p = 0.9546) \\ X = L \pm \hat{\sigma}_L (p = 0.6826) \end{cases} \tag{2-36}$$

显然，置信区间的宽度与给定的置信概率有关。因此，用式（2-35）和式（2-36）表达测量结果时，必须注明相应的置信概率。

2.2.3 系统误差

1. 系统误差及其分类

系统误差是指保持一定数值或按一定规律变化的误差。系统误差的规律性体现在每一次具体的测量中。因此，通过试验找到这种规律之后，就可以对测量值进行修正，以消除系统误差的影响。

根据其性质的不同，系统误差可以分为固定的系统误差和变化的系统误差。

1）固定的系统误差

在整个测量过程中，数值大小和正负号都保持不变的系统误差，称为固定的系统误差。例如，仪器标尺的刻度（或标度）误差就是一种常见的固定的系统误差。

2）变化的系统误差

在测量过程中，数值大小或正负号发生变化的系统误差称为变化的系统误差。根据变化规律的不同，其可以分为以下三种：

（1）累进的系统误差。累进的系统误差指测量过程中不断增大（或减小）的系统误差。其中，最简单的一种累进的系统误差是线性系统误差。

（2）周期性的系统误差。周期性的系统误差指周期性地改变数值或正负号的系统误差。

（3）复杂的系统误差。复杂的系统误差指变化规律比较复杂的系统误差。

2. 系统误差对测量的影响

对被测参数 X 进行 n 次重复测量，取得一个测量列。在一般情况下，测量值中既包含随机误差，也包含系统误差。设 θ_i 为系统误差，Δ_i 为随机误差，m_i 为包含系统误差和随机误差的各测量值，l_i 为只含随机误差的各测量值，M 为各测量值 m_i 的算术平均值，L 为各测量值 l_i 的算术平均值，则有

$$m_i = X + \Delta_i + \theta_i = l_i + \theta_i \quad (i = 1, 2, \cdots, n) \tag{2-37}$$

将上述各式相加并除以 n，得

$$M = L + \frac{1}{n}\sum_{i=1}^{n}\theta_i \text{ 或 } L = M - \frac{1}{n}\sum_{i=1}^{n}\theta_i = M + c \tag{2-38}$$

式中，c——为消除系统误差而引入的更正值，$c = -\frac{1}{n}\sum_{i=1}^{n}\theta_i$。

只含有随机误差的测量值的残差为 $v_i = l_i - L = (m_i - \theta_i) - L$，将式（2-38）代入并整理，得

$$v_i = m_i - M + \left(\frac{1}{n}\sum_{i=1}^{n}\theta_i - \theta_i\right) = v_i' + \left(\frac{1}{n}\sum_{i=1}^{n}\theta_i - \theta_i\right) \tag{2-39}$$

式中，v_i'——既包含系统误差又包含随机误差的测量值的残差，$v_i' = m_i - M$。

若 θ_i 为固定的系统误差，则 $v_i' = v_i$，即固定的系统误差的存在不会影响测量的精密度参数。

若 θ_i 为变化的系统误差，则 $v_i' \neq v_i$，即变化的系统误差的存在将影响测量的精密度参数。

在上述讨论中，θ_i 既可以是一种因素引起的系统误差，也可以是多种同类因素系统误差的合成。

3. 系统误差的判别方法

通过测量取得测量值后，首先应检查测量值中是否包含系统误差，这是一项十分重要的工作，在此将简要介绍几种系统误差的判别方法。

1) 残差分析法

根据式（2-39），各测量值 m_i 的残差 v_i' 可以写作

$$v_i' = m_i - M = v_i + \left(\theta_i - \frac{1}{n}\sum_{i=1}^{n}\theta_i\right) \tag{2-40}$$

由式（2-40）可知，无系统误差并且测量条件不变时，测量值的记录曲线应是一条仅含随机误差的直线，测量值围绕平均值上下变化。若存在系统误差，且系统误差大于随机误差，那么测量值残差的正负号变化趋势将主要取决于系统误差的变化规律。因此，根据残差的符号可以发现变化的系统误差的存在。具体判别方法如下：

（1）将测量值对应的残差按照测量的先后顺序排列，若发现残差有规则地向一个方向变化（例如，前段为负号而后段为正号（-、-、-、-、-、+、+、+、+、+），或前段为正号而后段为负号（+、+、+、+、+、-、-、-、-、-）），则测量值必定含有累进的系统误差。

（2）把测量值对应的残差按照测量先后顺序排列，若发现残差符号作周期性变化（如 +、+、+、+、+、-、-、-、-、-、+、+、+），则测量值含有周期性系统误差。

（3）在一个测量列中，当存在某些测量条件时，测量值的残差基本上保持相同的符号，但当上述条件消失或出现新的条件时，残差均改变符号，那么该测量列中含有随测量条件变化而出现（或消失）的固定的系统误差。

若系统误差的数值不超过随机误差，则可以采用下述方法判别：

（1）当重复测量的次数 n 足够多时，可将测量值的残差按测量的先后顺序排列，如果前一半测量值的残差和与后一半测量值的残差和之差显著不等于零，则该测量列存在累进的

系统误差。

(2) 在一个测量列中，如果条件改变前测量值的残差和与条件改变后测量值的残差和之差显著不等于零，则该测量列含有随测量条件改变而出现（或消失）的固定的系统误差。

2) 分布检验法

(1) 基本思想。因为随机误差服从正态分布，所以包含随机误差的测量值也服从正态分布。如果测量值不服从正态分布，就有理由怀疑测量值中含有系统误差。显然，分布检验法只适用于测量次数 n 足够多的情况。

为检验测量列是否服从正态分布，可应用图 2-12 所示的正态概率纸。正态概率纸的横坐标按等距分度，与普通坐标纸一样，而纵坐标则按正态分布的规律分度。满足正态分布的测量值在正态概率纸上应表现为一条直线。

(2) 具体判别方法。将测量值按波动范围分为若干组并列成表；然后，计算各组内测量值出现的频数、相对频数和累计相对频数；根据测量值和累计相对频数的数值在正态概率纸上画点

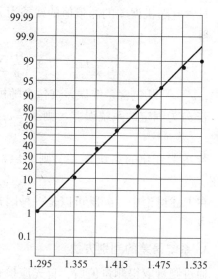

图 2-12 测量列在正态概率纸上的分布

（正态概率纸上的横坐标表示测量值，纵坐标表示累计相对频数）。若这些点（尤其是中间点）在一条直线上，则表明测量值只含有随机误差。由于样本的随机波动，因此允许出现少许偏差；如果偏差过大，则说明测量列不服从正态分布，就有理由怀疑存在变化的系统误差。

因为固定的系统误差的存在不会影响测量值的分布情况，所以用分布检验法不能判定是否有固定的系统误差存在。固定的系统误差只有在改变测量条件的情况下才可能被发现。因此，可在测量记录前人为地改变测量条件（如活动一下电源插座、导线、转动集流环，突然打开或关闭某台仪器等），取得多个测量列，然后用残差分析法对这些测量列进行检验，从而发现是否存在固定的系统误差。

【例 2-1】 对某参数重复测量 100 次，将测量值分为 10 组，各组内测量值出现的频数见表 2-1，试检验该测量列是否包含系统误差。

解：根据测量值在各组内出现的频数，计算相对频数和累计相对频数。

以各组右端点的数值为横坐标，以该组的累计相对频数为纵坐标，在正态概率纸上画点，若这些点基本上在同一条直线上，则可以判定该测量列服从正态分布，从而可说明测量值中不包含变化的系统误差。

表 2-1 测量值的分布

各组序号	各组右端点数值	频数	相对频数/%	累计相对频数/%
1	1.295	1	1	1
2	1.325	4	4	5
3	1.355	7	7	12

续表

各组序号	各组右端点数值	频数	相对频数/%	累计相对频数/%
4	1.385	22	22	34
5	1.415	24	24	58
6	1.445	24	24	82
7	1.475	10	10	92
8	1.505	6	6	98
9	1.535	1	1	99
10	1.565	1	1	100

4. 系统误差的消除

为使测量结果准确，应尽可能消除测量值中的系统误差。消除系统误差有以下几种基本方法：

1）消除根源法

消除系统误差最基本的方法是在测量前就去掉产生误差的根源。采用完善的测量方法、正确地安装和使用设备、保持稳定的测量条件、防止外界的干扰、测量人员应具备较高的素质并严格按照操作规范使用仪器，以及定期检定设备等，这些措施都可以避免系统误差的产生。

2）校正值修正法

在测量前，预先对测量系统进行校正，将测量仪器的系统误差检定或计算出来，取得仪器示值与准确值之间的关系，并绘制误差曲线或确定误差公式。取与误差大小相同、符号相反的数值作为修正值，将实测值加上修正值，即可得到不包含系统误差的测量结果。由于修正值本身也会带有误差，因此不可能完全修正，会残留少量系统误差，此时可将这部分误差按随机误差处理。

3）抵消补偿法

在测量中，应选择适当的方法使系统误差相互抵消。可以改变某些测量条件（如测量位置、测量方向等），使两次测量的误差大小相等、符号相反，再取其平均值，即可消除系统误差。

2.2.4 异常数据的取舍

1. 过失误差与异常数据

由测量工作中的错误、疏忽大意等原因引起的误差，称为过失误差。过失误差的数值一般比较大，会对测量结果产生明显歪曲，因而包含过失误差的测量值是不可信赖的，应予以舍弃。

在一个测量列中，可能出现个别过大（或过小）的测量值，这种包含巨大误差的测量值，通常称为异常数据。异常数据往往是由过失误差引起的，但也可能是由巨大的随机误差引起的。异常数据的取舍必须十分慎重。如果有充分的根据可以判定异常数据是由过失误差引起的，则应予以舍弃。对于原因不明的异常数据，只能用统计学的准则来决定其取舍。

2. 异常数据的取舍准则

用统计学的方法来决定异常数据的取舍，其基本思想是：数值超过某一界限的测量值（即残差超过某个极限值），出现的概率很小，是小概率事件。如果在一个容量不大的测量列中出现了这种测量值，那么可以认为这是由过失误差引起的异常数据，应予以舍弃。

由此可见，异常数据取舍的具体准则为测量值的残差是否超过某个极限值。而这个问题又取决于概率小到什么程度才被认为是小概率，不同的标准可以得出不同的残差极限值。接下来将介绍三种常用的异常数据取舍准则。

1) 拉依达准则（即 3σ 准则）

由概率积分表可知，服从正态分布的随机误差超出 $\pm 3\sigma$ 的可能性只有 0.27%，在一般的有限次测量工作中不可能出现。因此，如果测量列中发现有 $|v_i| > 3\sigma$ 的残差，就可将其看作过失误差，应予以舍弃（对于有限次测量，σ 可用估计值 $\hat{\sigma}$ 代替）。

拉依达准则是在测量次数 $n \to \infty$ 的前提下提出的，当 n 有限时（特别是 n 较小时），这个判据并不是很可靠。

2) 格拉布斯准则

格拉布斯准则规定，若有一服从正态分布的测量列，当残差 v_i 中有满足以下关系者：

$$|v_i| > G_0 \hat{\sigma} \qquad (2-41)$$

则可认为该测量值是一个包含过失误差的异常数据，应予以舍弃。

式中，G_0——临界值，取决于测量次数 n 和信度 α（通常取 0.050、0.025 或 0.010）。G_0 的值可以从表 2-2 中查出。

表 2-2 临界值 G_0

测量次数 n	信度 α			测量次数 n	信度 α			测量次数 n	信度 α		
	0.050	0.025	0.010		0.050	0.025	0.010		0.050	0.025	0.010
	G_0				G_0				G_0		
3	1.15	1.15	1.15	13	2.33	2.46	2.61	23	2.62	2.68	2.96
4	1.46	1.48	1.49	14	2.37	2.51	2.66	24	2.64	2.80	2.99
5	1.67	1.71	1.75	15	2.41	2.55	2.71	25	2.66	2.82	3.01
6	1.82	1.89	1.94	16	2.44	2.59	2.75	30	2.75	2.91	3.10
7	1.91	2.02	2.10	17	2.47	2.62	2.79	35	2.82	2.98	3.18
8	2.03	2.13	2.22	18	2.50	2.65	2.82	40	2.87	3.04	3.24
9	2.11	2.21	2.32	19	2.53	2.68	2.85	45	2.92	3.09	
10	2.18	2.29	2.41	20	2.56	2.71	2.88	50	2.96	3.09	
11	2.23	2.36	2.48	21	2.58	2.73	2.91	60	3.03	3.20	
12	2.29	2.41	2.55	22	2.60	2.76	2.94	70	3.09	3.26	

3) 肖维纳准则

肖维纳准则认为，对某参数重复测量 n 次，其测量值如果服从正态分布，则以概率 $\dfrac{1}{2n}$ 设定判别范围，当残差 v_i 超出该范围时，就意味着该测量值是异常数据，应予以舍弃。

依据此准则可知,残差 v_i 落在区间 $[-K_n\sigma, K_n\sigma]$ 的概率为 $1-\dfrac{1}{2n}$,即

$$\Phi(K_n) = \frac{2}{\sqrt{2\pi}} \int_0^{K_n} e^{-\frac{t^2}{2}} dt = 1 - \frac{1}{2n} \tag{2-42}$$

式中,K_n——肖维纳系数,$K_n = \dfrac{v_{ch}}{\sigma}$。其中,$v_{ch}$ 为肖维纳准则的残差限值,σ 为测量列的标准误差,对于有限次测量,σ 可用估计值 $\hat{\sigma}$ 代替。

由式(2-42)可知,根据测量次数 n 可以求得 $\Phi(K_n)$,然后查概率积分表即可求出 K_n 值。于是,残差限值可计算为 $v_{ch} = K_n\hat{\sigma}$。在实际工作中,可根据测量次数 n 直接由表 2-3 查得 K_n 值。

表 2-3 肖维纳系数 K_n 值

测量次数 n	K_n	测量次数 n	K_n	测量次数 n	K_n	测量次数 n	K_n
3	1.38	10	1.96	17	2.17	24	2.31
4	1.53	11	2.00	18	2.20	25	2.33
5	1.65	12	2.03	19	2.22	30	2.39
6	1.73	13	2.07	20	2.24	40	2.49
7	1.80	14	2.10	21	2.26	50	2.58
8	1.86	15	2.13	22	2.28	75	2.71
9	1.92	16	2.15	23	2.30	100	2.81

3. 实例分析

【例 2-2】 测量某零件尺寸(见表 2-4 第 2 列数据),试分别用拉依达准则、格拉布斯准则和肖维纳准则决定异常数据的取舍。

(1)利用拉伊达准则求解。

解:计算测量值的算术平均值 L 和残差 v_i,将 v_i 和 v_i^2 填入表 2-4 中。标准误差的估计值计算为

$$\hat{\sigma} = \sqrt{\frac{1}{15-1}\sum_{i=1}^{15} v_i^2} = \sqrt{\frac{1}{14} \times (0.01496)} = 0.033(\text{mm})$$

因 $|v_8| = 0.104 > 3\hat{\sigma} = 0.099$,故舍弃测量值 l_8。对剩下的 14 个测量值,计算算术平均值 L_c、残差 v_{ic} 及 v_{ic}^2,列于表 2-4 中。再次计算标准误差的估计值为

$$\hat{\sigma}_c = \sqrt{\frac{1}{14-1}\sum_{i=1}^{15} v_i^2} = \sqrt{\frac{1}{13} \times (0.003\ 374)} = 0.016(\text{mm})$$

这时,14 个测量值的残差的绝对值均未超过 $3\hat{\sigma}_c$(0.048),则说明已无过失误差引起的异常数据。

(2)利用格拉布斯准则求解。

解:选定信度 $\alpha = 0.05$,根据 $n = 15$,由表 2-2 查得 $G_0 = 2.41$,则残差极限值 v_G 计算为

$$v_G = G_0\hat{\sigma} = 2.41 \times 0.033 = 0.079\ 53(\text{mm})$$

因 $|v_8| = 0.104 > v_G$,故测量值 l_8 应舍弃。舍弃 l_8 后,$n_c = 14$,根据表 2-2,有 $G_{0c} = 2.37$,再次计算残差极限值 v_{Gc} 为

$$v_{Gc} = G_{0c}\hat{\sigma}_c = 2.37 \times 0.016 = 0.037\ 92 (\text{mm})$$

剩下的 14 个测量值的残差均未超过 v_{Gc},则说明不再存在因过失误差而引起的异常数据。

(3) 利用肖维纳准则求解。

解:根据 $n = 15$,由表 2-3 得 $K_n = 2.13$,则残差限值为

$$v_{ch} = K_n\hat{\sigma} = 2.13 \times 0.033 = 0.070\ 29 (\text{mm})$$

因 $|v_8| = 0.104 > v_{ch}$,故测量值 l_8 应予以舍弃。舍弃 l_8 后,$n_c = 14$,$K_{nc} = 2.10$,则

$$v_{chc} = K_{nc}\hat{\sigma}_c = 2.10 \times 0.016 = 0.033\ 6 (\text{mm})$$

剩下的 14 个测量值的残差均未超过 v_{chc},则说明不再存在由过失误差引起的异常数据。

表 2-4 测量值及其残差相应计算结果

序号	l_i/mm	v_i	v_i^2	l_{ic}/mm	v_{ic}	v_{ic}^2
1	20.42	+0.016	0.000 256	20.42	+0.009	0.000 081
2	20.43	+0.026	0.000 676	20.43	+0.019	0.000 361
3	20.40	-0.004	0.000 016	20.40	-0.011	0.000 121
4	20.43	+0.026	0.000 676	20.43	+0.019	0.000 361
5	20.42	+0.016	0.000 256	20.42	+0.009	0.000 081
6	20.43	+0.026	0.000 676	20.43	+0.019	0.000 361
7	20.39	-0.014	0.000 196	20.39	-0.021	0.000 441
8	20.30	-0.104	0.010 816	—	—	—
9	20.40	-0.004	0.000 016	20.40	-0.011	0.000 121
10	20.43	+0.026	0.000 676	20.43	+0.019	0.000 361
11	20.42	+0.016	0.000 256	20.42	+0.009	0.000 081
12	20.41	+0.006	0.000 036	20.41	-0.001	0.000 001
13	20.39	-0.014	0.000 196	20.39	-0.021	0.000 441
14	20.39	-0.014	0.000 196	20.39	-0.021	0.000 441
15	20.40	-0.004	0.000 016	20.40	-0.011	0.000 121
和	306.06	—	0.014 960	285.76	—	0.003 374
算术平均值	20.404	—	—	20.411	—	—

2.2.5 等精密度测量参数测量值的处理

1. 等精密度直接测量参数测量值的处理

对某参数进行等精密度直接测量时，其测量值可能同时包含系统误差、随机误差和过失误差，为了得到可靠的测量结果，对这些误差应按前述理论进行分析处理。现将处理步骤归纳如下：

（1）判断并消除系统误差。设测量列的测量值为 l_1、l_2、$\cdots$、l_n，根据系统误差的判别方法来判断测量列中是否含有系统误差。若测量列中含有系统误差，则可以根据其大小和变化规律将其消除。

（2）求算术平均值。消除系统误差后，按式（2-24）求出各测量值的算术平均值 L。

（3）求残差。按式 $v_i = l_i - L$，求出各测量值的残差。这时，可根据求得的残差，再判断测量列中是否含有系统误差。若存在系统误差，则应予以消除，并仍然由第（2）步开始计算。

（4）求测量列标准误差的估计值 $\hat{\sigma}$。按式（2-31）计算测量列标准误差的估计值 $\hat{\sigma}$。

（5）判断并舍弃含有过失误差的异常数据。根据异常数据的取舍准则，判断测量列中是否存在含有过失误差的异常数据，如果存在，则应将其舍弃；然后重新按第（2）~（4）步计算，直至不再存在由过失误差引起的异常数据为止。

（6）求算术平均值的标准误差 $\hat{\sigma}_L$。根据式（2-34）计算测量列算术平均值的标准误差。

（7）测量结果的表达（置信区间的估计）。先选定置信概率 p；然后按自由度，$f = n - 1$，查 t 分布表，得到 $t_p(f)$ 的值；最后按式（2-35）写出测量结果的表达式。

（8）如果重复测量次数多，则可直接按式（2-36）写出测量结果。

在按上述步骤处理数据时，第（1）步判断系统误差比较麻烦，可由第（2）步开始计算，根据系统误差的判断方法，将其放在有关步骤之后。

【例2-3】 在发动机处于稳定工作情况下，对输出转矩进行了10次测量，得到测量值为：143 N·m、143 N·m、145 N·m、143 N·m、138 N·m、140 N·m、144 N·m、145 N·m、143 N·m、140 N·m。试表达测量结果。

解： 发动机稳定工作时，可以认为输出转矩的真实值保持不变，假定测量是等精密度的，现对数据处理如下：

（1）判断系统误差。假定无固定的系统误差，可先由第（2）步开始计算，但以后需要判断有无变化的系统误差存在。

（2）计算测量值的算术平均值 $L = 142.4$ N·m。

（3）求残差，计算结果见表2-5。由于残差和为零，故算术平均值 L 的计算无误。根据残差分析法，残差的正负号变化无明显的规律，因此可判断测量列无变化的系统误差。

（4）根据式（2-31）得测量列的标准差 $\hat{\sigma}$ 为 2.32 N·m。

表 2-5 残差及其平方计算表

测量次序	测量值 l_i/(N·m)	残差 v_i/(N·m)	残差平方 v_i^2/(N·m)
1	143	+0.6	0.36
2	143	+0.6	0.36
3	145	+2.6	6.76
4	143	+0.6	0.36
5	138	-4.4	19.36
6	140	-2.4	5.76
7	144	+1.6	2.56
8	145	+2.6	6.76
9	143	+0.6	0.36
10	140	-2.4	5.76
残差和	1 424	0	48.40
算术平均值	142.4	—	—

(5) 判断过失误差。根据拉依达准则，$|v_i| < 3\hat{\sigma} = 6.96$ N·m，故可以判断测量值不含有过失误差。

(6) 计算算术平均值的标准差 $\hat{\sigma}_L = \dfrac{\hat{\sigma}}{\sqrt{n}} = \dfrac{2.32}{\sqrt{10}}$ N·m $= 0.73$ N·m。

(7) 测量结果的表达（置信区间的估计）。选定置信概率 $p = 0.997\,3$。按自由度 $f = n - 1 = 9$，查 t 分布表得 $t_{0.997\,3}(9) = 4.09$，则

$$X = L \pm t_p(f)\hat{\sigma}_L = 142.4 \text{ N·m} \pm 4.09 \times 0.73 \text{ N·m} = (142.4 \pm 2.98) \text{ N·m} \quad (p = 0.997\,3)$$

2. 间接测量参数（函数）的误差分析

间接测量就是通过直接测量与被测量参数有一定函数关系的其他参数，并利用相关函数关系来计算出被测参数。间接测量参数 Y（简称"函数"）可表示为

$$Y = F(X_1, X_2, \cdots, X_m) \tag{2-43}$$

式中，X_1，X_2，$\cdots$，X_m——彼此独立的可以直接测量的参数（简称"自变量"）。

在直接测量中，测量误差就是被测参数的误差；但在间接测量中，测量误差是各个直接测量参数误差的函数。因此，研究间接测量的误差也就是研究函数误差。其一般包括三项基本内容：已知函数关系和各个自变量的误差，求函数的总误差，即函数误差计算问题；已知函数关系和函数总误差，求确定各个自变量的误差，即函数误差分配问题；确定最佳的测量条件，即函数误差达到最小值时的测量条件。在此，仅讨论第一项内容。

1) 平均误差传递定律

已知 $Y = F(X_1, X_2, \cdots, X_{m-1}, X_m)$。假设对 X_1，X_2，$\cdots$，X_m 各进行 n 次测量，则将测量值代入上述函数式，可得 l_{Y1}，l_{Y2}，$\cdots$，l_{Yn}，组成一个间接测量列，如果以 $\sigma_i (i = 1, 2, \cdots, m)$ 表示 X_i 的测量列的标准误差，以 σ_Y 表示参数 Y 的测量列的标准误差，则 σ_Y 一定是 σ_i 的某种组合。

根据相关推导，有

$$\sigma_Y^2 = \left(\frac{\partial F}{\partial X_1}\right)^2 \sigma_1^2 + \left(\frac{\partial F}{\partial X_2}\right)^2 \sigma_2^2 + \cdots + \left(\frac{\partial F}{\partial X_m}\right)^2 \sigma_m^2 \tag{2-44}$$

令 $\dfrac{\partial F}{\partial X_i} = \alpha_i$，并称之为误差传递（积累）系数，则式（2-44）可改写为

$$\sigma_Y = \sqrt{\alpha_1^2 \sigma_1^2 + \alpha_2^2 \sigma_2^2 + \cdots + \alpha_m^2 \sigma_m^2} = \sqrt{\sum_{i=1}^{m} \alpha_i^2 \sigma_i^2} \tag{2-45}$$

假设参数 Y 的间接测量值 l_Y 服从正态分布，则式（2-45）可以扩展为

$$\xi_Y = \sqrt{\alpha_1^2 \xi_1^2 + \alpha_2^2 \xi_2^2 + \cdots + \alpha_m^2 \xi_m^2} = \sqrt{\sum_{i=1}^{m} \alpha_i^2 \xi_i^2} \tag{2-46}$$

式中，ξ——既可以代表测量列的精密度参数，也可以代表测量结果的精密度参数 σ_L，即可以代表与 σ 有线性关系的任何误差。

式（2-46）称为平均误差传递（积累）定律。所谓平均误差，是指随机误差总体的精密度参数，而不是某个具体的随机误差。

2) 间接测量参数测量值的处理

（1）间接测量参数的最可信赖值。对各自变量 X_i（$i = 1, 2, \cdots, m$）进行 n 次重复测量，将测量值代入函数式 $Y = F(X_1, X_2, \cdots, X_m)$，即得参数 Y 的 n 个间接测量值。在等精密度测量的情况下，参数 Y 的最可信赖值就是间接测量值的算术平均值 L_Y。并且可以证明，将各自变量的算术平均值 L_i 代入间接测量函数式，所得的数值等于间接测量值的算术平均值，即

$$L_Y = F(L_1, L_2, \cdots, L_m) \tag{2-47}$$

（2）间接测量结果的表达。在粗略的测量中，可用算术平均值 L_Y 来近似地代替真实值 Y。这时，测量结果可以表达为

$$Y \approx L_Y \tag{2-48}$$

间接测量参数的真值 Y 的区间估计较复杂。如果间接测量值 L_Y 服从正态分布，且重复测量次数较多，那么 $(L_Y - Y)/\hat{\sigma}_{L_Y}$ 可近似看作标准化正态分布的随机变量。这时，间接测量结果可表达为

$$Y = L_Y \pm \hat{\sigma}_{L_Y} \quad (p = 0.68) \tag{2-49}$$

式中，$\hat{\sigma}_{L_Y}$——算术平均值 L_Y 的标准误差估计值；

p——置信概率。

将各自变量的算术平均值 L_i 的标准误差估计值 $\hat{\sigma}_{L_i}$ 代入式（2-45），即可求得 $\hat{\sigma}_{L_Y}$。

若测量次数较少，则不宜用式（2-49）来表示 Y 的置信区间，采用下式来表达更合适，即

$$Y = L_Y \pm \lambda_{Y\lim} \tag{2-50}$$

式中，$\lambda_{Y\lim}$——参数 Y 的算术平均值 L_Y 的绝对极限误差，可表示为

$$\lambda_{Y\lim} = \left|\frac{\partial F}{\partial X_1}\lambda_{1\lim}\right| + \left|\frac{\partial F}{\partial X_2}\lambda_{2\lim}\right| + \cdots + \left|\frac{\partial F}{\partial X_m}\lambda_{m\lim}\right| = \sum_{i=1}^{m} |\alpha_i \lambda_{i\lim}|$$

式中，$\lambda_{i\lim}$——各自变量算术平均值 L_i 的绝对极限误差。

在极端情况下，如果对每个自变量只进行了 1 次测量，则只能根据测量仪器的精密度，估计各自变量的极限误差，并用式（2-50）来表达间接测量结果。

【例 2-4】 用水力测功器测量发动机的输出功率。摆锤秤量程为 0～1 600 N，转速表

量程为 0～2 400 r/min，精度均为一级；水力测功器常数 $C = 7.498 \times 10^{-5}$。在某一时刻，摆锤秤读数 $F = 510$ N，转速 n 为 1 210 r/min。试表达测量结果。

解：发动机的输出功率 $P(\text{kW})$ 的函数式为 $P = CFn$，由于对各自变量只测量了 1 次，故将测量值代入函数式可得测量结果，即

$$P = 7.498 \times 10^{-5} \times 510 \times 1\,210 = 46.27(\text{kW})$$

接下来分析测量结果的极限误差。各自变量的极限误差可根据测量仪器的精度等级予以估计，即 $\lambda_{F\lim} = 1\,600 \times 1\% = 16$ (N)，$\lambda_{n\lim} = 2\,400 \times 1\% = 24$ (r/min)，于是，测量结果的极限误差为

$$\lambda_{P\lim} = \left|\frac{\partial P}{\partial F}\lambda_{F\lim}\right| + \left|\frac{\partial P}{\partial n}\lambda_{n\lim}\right| = |Cn\lambda_{F\lim}| + |CF\lambda_{n\lim}|$$

$$= |7.498 \times 10^{-5} \times 1\,210 \times 16| + |7.498 \times 10^{-5} \times 510 \times 24| = 2.37(\text{kW})$$

测量结果（发动机输出功率）可表达为 $P = (46.27 \pm 2.37)$ kW。可见，虽然发动机输出功率的真值无法求得，但可以确信它在 43.90～48.64 kW 范围内。

2.3 数据采集技术基础

汽车试验中所需采集的信号，大多是在时间和幅值上均连续变化的模拟量。试验信号的处理绝大多数由数字计算机完成，而处理的结果又常以模拟量形式反馈给外部的试验系统。这就需要解决模拟量与数字量之间的相互转换问题，即采样与重构（恢复）。

2.3.1 采样与采样定理

为了将传感器输出的模拟信号送至计算机中进行处理，需先将其转换成数字量。将连续的模拟信号转换成数字量的过程称为采样，A/D 转换器是采样的常用工具。

连续的模拟信号 $x(t)$ 经过采样过程后变换为离散的信号（简称"采样信号"）$x_a(t)$。离散信号相邻两个采样值之间的时间间隔 Δt，称为采样周期，用 T_a 表示。

采样周期 T_s 决定了采样信号的质量与数量：如果 T_s 太小，会使 $x_a(t)$ 的数量剧增，占用大量计算机内存；如果 T_s 太大，会使模拟信号的某些信息丢失，这样，若将采样后的信号恢复成原来的信号，就会出现失真现象，从而影响数据处理的精度。因此，必须有一个选择采样周期 T_s 的依据，以确保 $x_a(t)$ 能不失真地恢复成原信号 $x(t)$，这就是香农（Shannon）采样定理。

设传感器输出的连续信号为 $x(t)$，其傅里叶变换为 $X(f)$，如果 $X(f)$ 和采样周期 T_s 满足下列条件：

(1) 频谱 $X(f)$ 为有限频谱，即当 $|f| > f_c$ （f_c 为最高分析频率，又称截止频率）时，$X(f) = 0$。

(2) $T_s \leq \dfrac{1}{2f_c}$。

那么，由采样信号 $x_s(t)$ 可以唯一地确定连续函数 $x(t)$，具体写作

$$x(t) = \frac{\Delta t}{\pi} \sum_{n=-\infty}^{\infty} x(n\Delta t) \frac{\sin\left[\dfrac{\pi}{\Delta t}(t - n\Delta t)\right]}{t - n\Delta t} \tag{2-51}$$

式中，$n = 0, \pm 1, \pm 2, \cdots$；$x(n\Delta t)$ 为第 n 点（即 $t = n\Delta t$）的函数值 x_n。

采样定理表明，$x(t)$ 只要满足 $|f| > f_c$ 时有 $X(f) = 0$，则以 $T_s \leq \dfrac{1}{2f_c}$ 采得的离散序列 $\{x_n\}$ 就能完全表征连续函数 $x(t)$。因此，采样定理提供了选择采样间隔的准则。若以 f_s 表示采样频率，则有

$$f_s = 1/T_s \geq 2f_c \tag{2-52}$$

2.3.2 采样方式

采样方式有实时采样（Real Time Sampling）和等效时间采样（Equivalent Time Sampling）两种。对于实时采样，当数字化开始，则信号波形的第一个采样点就被采样并数字化。然后，经过一个采样间隔，再采入第二个子样，这样一直将整个信号波形数字化后存入波形存储器。实时采样的优点在于信号波形一到就采入，因此其适应于任何形式的信号波形（重复的或不重复的、单次的或连续的）。且由于所有采样点是以时间为顺序的，因而易于实现波形显示功能。实时采样的主要缺点是时间分辨率较差，每个采样点的采入、量化和存储等必须在小于采样间隔的时间内完成。若对信号的时间分辨率要求很高，则实现起来比较困难。

等效时间采样技术可以实现很高的数字化转换速率，然而这种采样方式的应用前提是信号波形是可以重复产生的。由于波形可以重复取得，故采样可以用较慢的速度进行。采集的样本既可以是时序的（步进、步退、差额），也可以是随机的。这样，就可以把许多采集的样本合成一个采样密度较高的波形。通常，也将"等效时间采样"称为"变换采样"。

2.3.3 计算机数据采集系统

计算机数据采集系统主要由传感器、信号调理器、多路模拟开关、放大器、A/D 转换器、采样保持器、控制器和数据记录装置等组成，如图 2-13 所示。

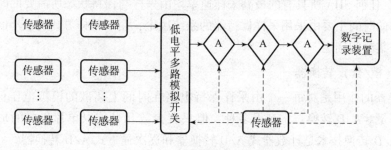

图 2-13 计算机数据采集系统

1. 多路模拟开关（MUX）

在工程测试中，经常会遇到多路数据采集的问题，如果每一路都单独采用各自的输入回路（即每一路都采用放大、采样/保持和 A/D 转换等环节），不仅会成倍增加成本，还会导致系统体积庞大以至于从结构上无法实现。因此，除少数特殊情况外，常采用公共的采样保持器及 A/D 转换器，而要实现这种设计，就需采用多路模拟开关。多路模拟开关的主要作

用是把多个模拟量参数分时地接通并送到 A/D 转换器,即完成由多到一的转换。

随着大规模集成电路的发展,各厂家已推出各种各样的多路模拟开关。多路模拟开关的通道数有 4 路、8 路和 36 路等。由于组成多路开关的电路不同,多路模拟开关又分为 TTL、CMOS、HMOS 等多种不同的结构形式。

多路模拟开关的选用应考虑以下因素:

(1) 对于信号电平较低的场合,可选用低压型多路模拟开关,但须具有严格的抗干扰措施。

(2) 在切换速度要求高、路数多的情况下,应尽可能选用单片的模拟开关,因为这样可使每路特性参数基本一致;在使用多片组合时,也宜选用同一型号的芯片,以尽可能使每个通道的特性一致。

(3) 在选择多路模拟开关的速度时,要考虑到与后级设备速度的匹配。通常,多路模拟开关的速度应略高于采样保持器和 A/D 转换器的速度。

(4) 在使用高精度采样保持器和 A/D 转换器进行精密数据采集时,应充分考虑模拟开关的传输精度。在数据采集系统中,多路模拟开关主要用作通道选择。

2. 采样保持器(SHA)

如果直接用 A/D 转换器对模拟量进行转换,则应考虑到任何一种 A/D 转换器都需要一定的时间来完成量化及编码的操作。在转换过程中,模拟量的变化将直接影响转换精度,特别是在同步系统中,应将几个并联的量均取同一瞬时值,若仍直接送入 A/D 转换器进行转换(共用一个 A/D 转换器),则所得到的几个量就不是同一时刻的值,无法进行计算和比较。所以要求输入 A/D 转换器的模拟量在整个转换过程中保持不变,但转换后要求 A/D 转换器的输入信号能够跟随模拟量变化。能够完成上述任务的器件,称为采样保持器。

采样保持器主要由模拟开关、存储介质和缓冲放大器 A 组成。采集时间是采样保持器的一个关键动态指标,主要取决于电容量和输入放大器的最大供电电流,采集时间范围为 15 ns ~ 10 μs。任何 SHA 所具有的最高采样速率均由采样与保持状态所需要的时间之和来决定。保持状态的时间主要由采用采样保持器的系统决定;用于采样方式的最小时间则由满足给定精度的采集时间确定。

3. A/D(模/数)转换器

A/D 转换器的作用是对每一个由采样保持电路在时间上离散的模拟电压值输出一个 n 位二进制数字量。A/D 转换技术有很多种,但只有少数几种能以单片集成的形式实现。最常用的两种 A/D 转换技术是计数器式 A/D 转换器和逐次逼近式 A/D 转换器。

(1) 计数器式 A/D 转换器。计数器式 A/D 转换器是最简单、最廉价的 A/D 转换器。一个计数器控制着一个 A/D 转换器,随着计数器由 0 开始计数,A/D 转换器输出一个逐步升高的阶梯电压。输入的模拟电压与 A/D 转换器生成的电压被送至比较器进行比较,当二者一致或基本一致(在允许的量化误差范围内)时,比较器辅以一个指示信号,立即停止计数器计数。此时,D/A(数/模)转换器的输出值就是采样信号的模拟近似值,其相应的数字值由计数器给出。

(2) 逐次逼近式 A/D 转换器。逐次逼近式 A/D 转换器采用的是从最高位逐位试探的方法。在转换前,将寄存器各位清 0。转换时,将最高位置为 1,并将 A/D 转换器的输出值与测得的模拟值进行比较。如果是"低于",则该位的 1 被保留;如果是"高于",则该位的 1 被清除。然后,次高位置为 1,再比较,决定去留,直至最低位完成相同的比较过程。寄存器从最高位到最低位都试探过一遍的最终值就是 A/D 转换的结果。

计数器式 A/D 转换器和逐次逼近式 A/D 转换器都属于负反馈式比较型 A/D 转换器。但对于一个 n 位 A/D 转换器,逐次逼近式只需 n 次比较就可以完成 A/D 转换;而计数器式的比较次数却不固定,最多可能需 2^n 次。逐次逼近式 A/D 转换器是中速(转换时间 1 ms ~ 1 μs)8 ~ 16 位 A/D 转换器的主流产品。

4. 数据采集系统控制

整个数据采集系统由控制器控制。控制器使系统的各个部件以适当的时间执行自己的功能。它依次给出一系列脉冲,使多路模拟开关选择通道、采样保持器进行采样保持、启动 A/D 转换器和数字记录装置投入工作。简单的数据采集系统只能实现顺序采样和选点采样,这两种采样方式都是反复执行同一程序。复杂的大型采集系统常由计算机控制。

2.4 试验数据的处理

2.4.1 静态试验数据的处理

1. 试验数据结果的表达

静态试验数据指的是不随时间变化而变化的测量数据。其数据一般是在等精密度(或不等精密度)测量条件下获得的离散的、带有误差的测量列。测量的结果通常用数字、图形和经验公式三种方式表达。数字表达就是采用测量误差分析理论写出测量结果;图形表达就是根据试验结果绘出尽可能反映真实情况的曲线;经验公式表达就是利用回归分析的方法来确定经验公式的函数类型及其参数。试验数据经验公式的表达能够比较客观地反映数据的内在规律性,并且形式紧凑,便于用数学分析方法进一步从理论上进行研究。

试验数据结果的图形表达形象直观,易显示出数据变化的趋势和特征,便于找出数学模型和预测某种现象,但若在作图过程中对某些问题处理不当,就会造成一些假象而得出错误的结论。因此,要想正确地用图形来表达试验数据,必须对坐标选择、分度和数据描点等问题进行认真考虑。

1) 坐标的选择与分度

常用的作图坐标有直角坐标和极坐标两种。其中,直角坐标又可以分为均匀分度的直角坐标和非均匀分度的直角坐标(如对数坐标、三角函数坐标等),作图时应根据具体情况进行合理选择。工程上多采用直角坐标。在数据变化具有指数特征时,用对数坐标可压缩图幅。

通常,将 x 作为自变量,以横坐标表示;将 y 作为因变量,以纵坐标表示。在直角坐标中,线性分度应用较多,分为 1、2、5 最为方便,应尽量避免使用易引起读数误差的 3、6、7、9 这类分度;坐标分度取值应与测量精密度吻合。分度值过小,就会人为地夸大测量精密度,造成错觉;反之,分度值过大,就会人为地降低原有的测量精密度。无论是自变量还是因变量,坐标线的标度值不一定从零开始。在分度值与测量精密度相适应的前提下,坐标线标度值的起点可取低于试验数据最小值的某一整数,终点可取高于最大值的某一整数,以便使试验数据的图像占满整个幅面。两坐标轴的比例尺不一定相同,可根据具体情况进行选择。坐标线标度值标出的有效数字应与测量数据的有效数字相同,每个坐标轴都应注明名称与单位。

2) 数据描点与曲线描绘

一般情况下,根据试验数据即可在坐标线上标出数据点。如果考虑试验的误差,则应采用空心圆、三角形、矩形、正方形、十字形及叉号等表示不同的数据,其中心代表算术平均值,半径或边长代表测量误差。矩形的一边等于自变量标准误差的两倍,即 $2\sigma_x$;另一边则等于因变量标准误差的两倍,即 $2\sigma_y$。如果自变量与因变量的标准误差相等,则习惯用空心圆代表各数据点,圆心为算术平均值,半径为标准误差值。

在曲线描绘中,数据点不可能全部落在一条光滑的曲线上。一般绘制曲线的原则是:曲线应光滑匀整,所有数据点要靠近曲线,大体上随机地分布在曲线两侧并落在误差带范围内,但不必都在曲线上。在曲线急剧变化的位置,数据点应选密一些。

当数据的分散度较大时,徒手绘制曲线较困难,在要求不太高时,可采用下面两种简便方法。

(1) 分组平均法。分组平均法就是把试验数据点分成若干组,每组包含 2~4 个数据点,然后分别求出各组数据点几何质心的坐标 $(\bar{x}_1, \bar{y}_1)$、$(\bar{x}_2, \bar{y}_2)$、…、$(\bar{x}_m, \bar{y}_m)$,按其几何质心坐标进行曲线描绘的方法。利用分组平均法描绘的曲线,由于进行了数据平均,因此在一定程度上减小了测量过程中随机误差的影响。各几何质心点的分散程度显著减少,从而使作图较为方便和准确。分组的数目应视具体情况而定。如果分组太细,则平均效果不明显;如果分组太粗,就会因平均点很少,给作图带来困难,还可能掩盖函数本身的特性。因此,可将曲线斜率较大(或变化规律重要)的部分分得细些,将曲线较平坦部分分得粗些。

(2) 残差图法。当描绘的曲线存在直线关系时,若所得直线是最佳的,则此时的残差和 $\sum v_i \approx 0$ 及残差平方和 $\sum v_i^2$ 趋向最小值。若所得直线与理想的最佳直线发生了偏斜,则此时的残差和 $\sum v_i \neq 0$。作 $v_i - x_i$ 的残差图,分析其变化规律,然后予以修正,这就是利用残差图法修正直线的基本思想,如图 2-14 所示。

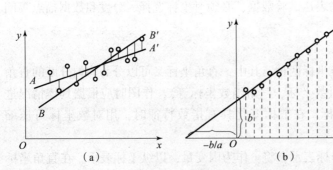
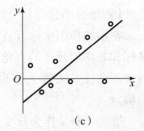

图 2-14　残差图法修正直线

残差图法步骤如下：

①列出图 2-14 (a) 所示的试验数据对 (x_i, y_i) 的值，并将其标注在坐标纸上。

②根据坐标点作一条直线，并求出此直线的方程 $y = ax + b$，如图 2-14 (b) 所示。

③求出各 x_i 所对应的残差 $v_i = y_i - (ax_i + b)$，作残差图，如图 2-14 (c) 所示。v_i 的分布表现了所描绘直线的偏差程度。

④求出残差直线方程 $v = a'x + b'$。

⑤根据修正值的定义，可求得直线 $y = ax + b$ 经修正后的直线方程为

$$y = a_1 x + b_1 \tag{2-53}$$

式中，$a_1 = a + a'$；$b_1 = b + b'$。

修正后的直线方程参数 a_1 和 b_1 并不是理想的最佳直线方程参数值，只是比 a 和 b 更接近实际值。通常修正一次即能满足一般要求，如果要求特别高，则可进行多次修正，直到满足要求为止。

2. 回归分析与曲线拟合

在静态试验数据处理中，寻求用简便的经验公式表达各变量之间的关系是很重要的。根据最小二乘法原理确定经验公式的数理统计方法称为回归分析；处理两个变量之间的关系称为一元回归分析；处理多个变量之间的关系称为多元回归分析。

通过回归分析来寻求经验公式，需要解决三个问题，即确定经验公式的函数类型、确定函数中的各参数值、对该经验公式的精度做出评价。

1) 一元线性回归

若两个变量间的关系是线性的，则称为一元线性回归，这是工程和科研中常见的直线拟合问题。

(1) 回归方程的确定。将两个变量的各个试验数据点画在坐标纸上，如果各点的分布近似于一条直线，则可考虑采用线性回归。设线性回归方程为

$$\hat{y} = a + bx \tag{2-54}$$

式中，$\hat{y}$——计算出的因变量值；

x——自变量值；

a、b——线性回归系数。

实测值 y 与计算值 $\hat{y}$ 之差 $v = y - \hat{y}$ 代表残差。残差 v 越小，说明回归直线越接近理想的最佳直线。因此，确定回归直线的原则是：找出一条直线与实测数据间的误差比任何其他直线与实测数据间的误差都小，即残差的平方和最小。这就是最小二乘法的基本思想，可写为

$$Q_y = \sum_{i=1}^{n} v_i^2 = \sum_{i=1}^{n} (y_i - \hat{y}_i)^2 = \min \tag{2-55}$$

式中，Q_y——残差的平方和；

y_i——实测值；

$\hat{y}_i$——回归直线上的理论计算值。

将式 (2-54) 代入式 (2-55)，则有

$$Q_y = \sum_{i=1}^{n} [y_i - (a + bx_i)]^2 = \min \tag{2-56}$$

令 $\dfrac{\partial Q_y}{\partial a} = 0$，$\dfrac{\partial Q_y}{\partial b} = 0$，即可求出 a 和 b 的数值，为

$$a = \bar{y} - b\bar{x} \qquad (2-57)$$

$$b = \frac{l_{xy}}{l_{xx}} \qquad (2-58)$$

式中,

$$\bar{x} = \frac{1}{n}\sum_{i=1}^{n}x_i \qquad (2-59)$$

$$\bar{y} = \frac{1}{n}\sum_{i=1}^{n}y_i \qquad (2-60)$$

$$l_{xx} = \sum_{i=1}^{n}(x_i - \bar{x})^2 = \sum_{i=1}^{n}x_i^2 - \frac{1}{n}(\sum_{i=1}^{n}x_i)^2 \qquad (2-61)$$

$$l_{xy} = \sum_{i=1}^{n}(x_i - \bar{x})(y_i - \bar{y}) = \sum_{i=1}^{n}x_i y_i - \frac{1}{n}\sum_{i=1}^{n}x_i \sum_{i=1}^{n}y_i \qquad (2-62)$$

式中,n——试验数据个数。

【例2-5】 某车辆在水平直路上行驶,在不同的距离s处测出车辆行驶的时间t,对应的数据见表2-6,试确定其回归方程。

表2-6 距离s与时间t试验数据

序号	1	2	3	4	5	6	7	8
距离s/m	700	900	1 160	1 190	1 270	1 490	1 620	2 130
时间t/s	3.8	4.2	4.7	4.8	4.9	5.4	5.6	6.7

解:取距离s为自变量,用横坐标表示;时间t为因变量,用纵坐标表示。将表2-6中的数据画在坐标纸上,如图2-15所示。

从图2-15可以看出,这些点近似于一条直线,于是可以利用一条直线来代替变量之间的关系,即

$$\hat{y} = a + bx$$

式中,$\hat{y}$——由公式算出的时间t值;

x——距离s的值;

a、b——线性回归系数。

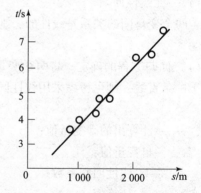

图2-15 时间t与距离s的关系曲线

由表2-6的实测数据,利用式(2-57)和式(2-58)可以求出回归系数a和b,并确定车辆行驶时间和距离之间关系的回归方程,即

$$\hat{y} = 2.47 + 0.001\ 95x$$

(2)回归方程精度与显著性检验。确定回归直线后,可根据自变量x来预报或控制因变量y值。预报或控制的效果即回归方程的精度问题。通常采用方差分析来检验回归效果,确定回归方程的精度。在任一组试验数据中,因变量y的变动情况可以用各测量值y_i与其平均值$\bar{y}$之差的平方和来表示,称为总离差平方和,记作Q_z。

$$Q_z = l_{yy} = \sum_{i=1}^{n}(y_i - \bar{y})^2 = \sum_{i=1}^{n}[(y_i - \hat{y}_i) + (\hat{y}_i - \bar{y})]^2$$

$$= \sum_{i=1}^{n}(y_i - \hat{y}_i)^2 + \sum_{i=1}^{n}(\hat{y}_i - \bar{y})^2 + 2\sum_{i=1}^{n}(y_i - \hat{y}_i)(\hat{y}_i - \bar{y}) \qquad (2-63)$$

由于 y_i 随机地分布在估计值 $\hat{y}_i$ 的两边,因此当试验点数很多时,式(2-63)中的第 3 项为零,则

$$Q_z = \sum_{i=1}^{n}(y_i - \hat{y}_i)^2 + \sum_{i=1}^{n}(\hat{y}_i - \overline{y})^2 = Q_y + U$$

式中,$Q_y = \sum_{i=1}^{n}(y_i - \hat{y}_i)^2$;$U = \sum_{i=1}^{n}(\hat{y}_i - \overline{y})^2$。$U$ 称为回归平方和,它反映了回归直线上的点 $\hat{y}_i$ 对平均值 $\overline{y}$ 的变动,如图 2-16 所示。Q_y 为残差平方和,它反映了试验数据 y_i 与回归直线的偏离程度。Q_y 的均方根值 $\hat{\sigma}$ 称为残差标准误差,它可以用来衡量所有随机因素对 y 的一次性观测的平均变差的大小。$\hat{\sigma}$ 越小,回归直线的精度就越高。

$$\hat{\sigma} = \sqrt{\frac{Q_y}{n-2}} = \sqrt{\frac{\sum_{i=1}^{n}(y_i - \hat{y}_i)^2}{n-2}}\sqrt{\frac{\sum_{i=1}^{n}[y_i - (a + bx_i)]^2}{n-2}} \tag{2-64}$$

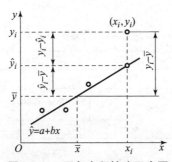

图 2-16 回归方程精确示意图

U 和 Q_y 可按下式计算,即

$$U = \sum_{i=1}^{n}(\hat{y}_i - \overline{y})^2 = \sum_{i=1}^{n}(a + bx_i - a - b\overline{x})^2$$
$$= b^2\sum_{i=1}^{n}(x_i - \overline{x})^2 = b^2 l_{xx} \tag{2-65}$$

$$Q_y = Q_z - U = l_{yy} - b^2 l_{xx} = l_{yy} - bl_{xy} \tag{2-66}$$

一个回归方程是否显著,即 y 与 x 的线性关系是否密切,取决于 U 及 Q_y 的大小。U 越大,Q_y 越小,说明 y 与 x 的线性关系越密切。回归方程显著性检验常采用 F 检验法(即方差分析法)和相关分析法。

① F 检验法。方差又称为均方,而自由度是表征在计算随机变量平方和时,有多少个随机变量独立线性函数要考虑的数。因此,方差分析的关键是在正确计算平方和的基础上决定其自由度。

总离差平方和 Q_z 的自由度 f 为 $n-1$。由于平方和相对应的自由度具有可叠加性,因此总自由度 f 也等于回归平方和的自由度 f_U 与残差平方和的自由度 f_{Q_y} 之和,即

$$f = f_U + f_{Q_y} \tag{2-67}$$

回归平方和的自由度 f_U 对应自变量的个数。在一元线性回归中,$f_U = 1$,因此

$$f_{Q_y} = f - f_U = n - 2 \tag{2-68}$$

令统计量 F 为

$$F = \frac{U/f_U}{Q_y/f_{Q_y}} \tag{2-69}$$

对于一元线性回归,有

$$F = \frac{U/1}{Q_y/(n-2)} \qquad (2-70)$$

根据显著性水平 α 及自由度 f_U、f_{Q_y},查 F 分布表即可得到 $F_\alpha(1, n-2)$ 值。在 F 分布表中,两个自由度 f_1 和 f_2 分别对应于 f_U 和 f_{Q_y}。检验时,一般需查出 F 分布表中对应的三种显著水平 α 的数值,记为 $F_\alpha(1, n-2)$,将这三个数值与由式(2-70)计算的 F 值进行比较:若 $F \geq F_{0.01}(1, n-2)$,则回归高度显著;若 $F_{0.05}(1, n-2) \leq F \leq F_{0.01}(1, n-2)$,则回归显著;若 $F < F_{0.10}(1, n-2)$,则回归不显著。

高度显著又称为在 0.01 水平上显著;显著又称为在 0.05 水平上显著;不显著是指 y 与 x 的线性关系不密切。

将上述方差分析的所有平方和及自由度归纳在一个简单的表格中,这种表称为方差分析表,参见表 2-7。

表 2-7 方差分析表

变差来源	平方和	自由度	方差	F 值	显著性
回归	$U = bl_{xy}$	1			
残差	$Q_y = l_{yy} - bl_{yy}$	$n-2$	$\hat{\sigma}^2 = \frac{U/1}{Q_y/(n-2)}$		
总计	$Q_z = l_{yy}$	$n-1$			

② 相关分析法。检查回归直线是否正确,还可以采用相关分析法。回归平方和 U 与总离差平方和 Q_z 的比值反映了回归的效果,该比值越大,即 U 越大,Q_z 越小,则两变量的线性关系越密切。因此,令

$$r = \sqrt{\frac{U}{Q_y}} = \sqrt{\frac{bl_{xy}}{l_{yy}}} = \frac{l_{xy}}{\sqrt{l_{xx}l_{yy}}} \qquad (2-71)$$

式中,r——相关系数,$0 \leq |r| \leq 1$。

若 $|r| = 1$,则表示所有的试验点都严格地分布在同一条直线上,即其有确定的线性关系;若 $|r|$ 趋近于零,则认为 x 和 y 之间没有线性关系。

2)一元非线性回归

在解决实际问题时,当两个变量之间不符合线性关系时,一般分两步求得所需的回归方程,即先选取合适的函数类型,然后求解相关函数中的回归系数和常数项。一元非线性回归分析是试验数据处理中的曲线拟合问题,一般通过变量转换把回归曲线转换成直线,然后用一元线性回归方法求解,或者直接用回归多项式来描述两变量之间的关系。

(1)化曲线为直线的回归。化曲线为直线的回归需经过四个步骤来完成:选取合适的函数类型;通过变量转换把非线性函数关系转化为线性函数关系;进行一元线性回归分析;通过变量反转换,将求出的线性关系还原为非线性关系,即得到所要求的拟合曲线。

在选取并确定合适的函数类型时,可以采用比较法,将试验数据作图后与典型曲线比较,以确定曲线类型;也可根据专业知识,从理论推导或根据试验经验来确定两个变量之间的函数类型。

典型曲线通过变量转换化成直线的经验公式如下：

① 双曲线 $\frac{1}{y} = a + \frac{b}{x}$：令 $Y = \frac{1}{y}$，$X = \frac{1}{x}$，$A = a$，$B = b$，则 $Y = A + BX$。

② 对数曲线 $y = a + b\lg x$：令 $Y = y$，$X = \lg x$，$A = a$，$B = b$，则 $Y = A + BX$。

③ 指数曲线 $y = ae^{bx}$：令 $Y = \ln y$，$X = x$，$A = \ln a$，$B = b$，则 $Y = A + BX$。

④ 幂函数曲线 $y = ax^b$：令 $Y = \lg y$，$X = \lg x$，$A = \lg a$，$B = b$，则 $Y = A + BX$。

必须指出，回归方程 $Y = A + BX$ 是对变量转换后的数据所作的最佳拟合。经过逆转换后所得的回归方程 $\hat{y} = f(x)$，虽然在一般情况下对原始试验数据具有较好的拟合精度，但不一定是最佳的拟合。因此，在可能的情况下，最好用不同类型的方程进行拟合，并比较其精度，然后择优选用。

（2）多项式回归。若一组试验数据很难用一个典型函数曲线来描述，则可用一个多项式来逼近。设多项式为

$$y = a_0 + a_1 x + a_2 x^2 + \cdots + a_m x^m \tag{2-72}$$

对试验数据进行多项式回归，首先要确定多项式的次数，然后求出系数值。多项式次数的确定一般采用差分法，多项式系数的确定常采用最小二乘法。

回归曲线拟合的效果可用相关系数 R 来评定。

$$R = 1 - \frac{\sum (y_i - \hat{y}_i)^2}{\sum (y_i - \bar{y}_i)^2} \qquad (i = 1, 2, \cdots, n) \tag{2-73}$$

注意：R 与将曲线函数转换后所求得的直线回归的相关系数 r 绝非一回事，不能混淆。R 越接近 1，表明所拟合曲线的效果越好，其回归越显著。

曲线拟合的精度也可用残差标准误差 $\hat{\sigma}$ 来表示，$\hat{\sigma}$ 越小，说明回归曲线的精度越高。$\hat{\sigma}$ 的计算式为

$$\hat{\sigma} = \sqrt{\frac{Q_y}{n-q}} = \sqrt{\frac{\sum_{i=1}^{n} (y_i - \hat{y}_i)^2}{n-q}} \tag{2-74}$$

式中，q——回归方程中待定系数的个数。

3）多元线性回归

若因变量 y 与多个变量有关，则为多元回归问题。多元回归中最简单的是多元线性回归。许多非线性回归和多项式回归都可以转化为多元线性回归问题来研究。

多元线性回归模型为

$$y = b_0 + b_1 x_1 + b_2 x_2 + \cdots + b_m x_m + \varepsilon \tag{2-75}$$

式中，b_0，b_1，b_2，$\cdots$，b_m——未知参数；

ε——随机误差。

设有 n 组试验测量数据 $(y_i, x_{i1}, x_{i2}, \cdots, x_{im})$，$i = 1, 2, \cdots, n (n > m)$，则其回归关系方程为

$$Y = BX + \varepsilon \tag{2-76}$$

式中，$\boldsymbol{Y} = \begin{bmatrix} y_1 & y_2 & \cdots & y_n \end{bmatrix}^T$；

$$\boldsymbol{B} = \begin{bmatrix} b_0 & b_1 & b_2 & \cdots & b_m \end{bmatrix};$$

$$\boldsymbol{X} = \begin{bmatrix} 1 & x_{11} & \cdots & x_{1m} \\ 1 & x_{21} & \cdots & x_{2m} \\ \vdots & \vdots & & \vdots \\ 1 & x_{n1} & \cdots & x_{nm} \end{bmatrix}^{\mathrm{T}};$$

$$\boldsymbol{\varepsilon} = \begin{bmatrix} \varepsilon_1 & \varepsilon_2 & \cdots & \varepsilon_n \end{bmatrix}^{\mathrm{T}}。$$

求回归方程实际上就是对模型中的参数 $\boldsymbol{B}$ 进行估计，可用高斯消元法、迭代法等数值计算法进行求解。

2.4.2 动态试验数据的处理

1. 数据的分类

动态试验数据指的是随时间变化而变化的测量数据，其通常是以时间为自变量的连续函数 $x(t)$。根据试验数据所表征的变化特点，试验数据可以分为确定性数据和随机性数据。

1) 确定性数据

能用明确的数学关系式描述的数据，称为确定性数据，它可以分为周期性数据和非周期性数据。周期性数据包括正弦周期性数据和复杂周期性数据；而非周期性数据包括准周期性数据和瞬变数据。

（1）正弦周期性数据。正弦周期性数据由单一频率 f_0 组成，可表示为

$$x(t) = X\sin(2\pi f_0 t + \varphi_0) \tag{2-77}$$

式中，X——振幅；

f_0——频率；

φ_0——初始相位角。

（2）复杂周期性数据。复杂周期性数据的时间历程（即波形）和频谱如图 2-17 所示。由傅里叶级数理论可知，任何一个满足于狄利克雷条件的周期性函数都可以展开成若干简谐函数之和，即

$$x(t) = X_0 + \sum_{n=1}^{\infty} X_n \sin(2\pi n f_1 t + \varphi_n) \tag{2-78}$$

式中，$X_0 = \dfrac{1}{T} \displaystyle\int_{-\frac{T}{2}}^{\frac{T}{2}} x(t)\,\mathrm{d}t$；

$X_n = \sqrt{a_n^2 + b_n^2}$ $(n = 1, 2\cdots)$；

$a_n = \dfrac{2}{T} \displaystyle\int_{-\frac{T}{2}}^{\frac{T}{2}} x(t)\cos(2\pi n f_1 t)\,\mathrm{d}t$；

$b_n = \dfrac{2}{T} \displaystyle\int_{-\frac{T}{2}}^{\frac{T}{2}} x(t)\sin(2\pi n f_1 t)\,\mathrm{d}t$；

φ_n——相位角，$\varphi_n = \arctan\dfrac{a_n}{b_n}$；

T——周期，$f_1 = \dfrac{1}{T}$。

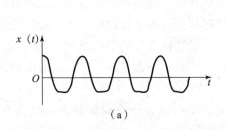 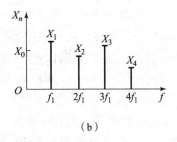

图 2-17 复杂周期性数据的时间历程和频谱

(a) 时间历程；(b) 频谱

（3）准周期性数据。准周期性数据的时间历程由几个频率之比为无理数的正弦波叠加而成，可表达为

$$x(t) = \sum_{n=1}^{\infty} X_n \sin(2\pi f_n t + \varphi_n) \quad (2-79)$$

频率比 f_n/f_{n+1} 为无理数，在频谱图上呈现为间隔不等且间隔之比为无理数的离散谱线，如图 2-18 所示。

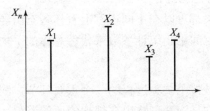

图 2-18 准周期性数据的频谱

（4）瞬变数据。式（2-80）即瞬变数据，其图形如图 2-19（a）所示。瞬变数据的频谱已不能用离散谱线表示，而呈现为连续谱，如图 2-19（b）所示。

$$x(t) = \begin{cases} A\mathrm{e}^{-at}\cos(bt) & t \geq 0 \\ 0 & t < 0 \end{cases} \quad (2-80)$$

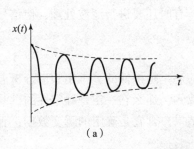 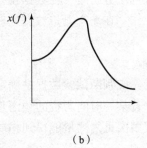

图 2-19 瞬变数据的时间历程和频谱

(a) 时间历程；(b) 频谱

2）随机性数据

不能用明确的数学关系式描述的数据，称为随机性数据。随机性数据在每个瞬时的值是

不确定的，只能用数理统计的方法来分析其统计特性。随机性数据是由随机现象产生的，而随机现象的进行过程用随机过程来描述。随机过程可分为平稳过程和非平稳过程两类。

所谓平稳过程，是指其统计特性不随时间的推移而变化的随机过程。具体而言，随机过程在任一组时间 t_1, t_2, …, t_n 的概率密度与 $t_1 + \Delta t$, $t_2 + \Delta t$, …, $t_n + \Delta t$ 的概率密度相同。

平稳过程的均值、方差、均方值是与时间无关的常量，其相关函数及协方差仅是时移 τ 的函数，而与过程的起止时刻 t 无关。因此，平稳过程最重要的特点是过程在不同时刻具有相同的统计特征。与平稳过程相反，非平稳过程的统计特性是随着时间的推移而变化的。平稳过程可分为各态历经过程和非各态历经过程。若随机过程的总体平均参数可用任一时间历程按时间平均所求得的统计参数来代替，则这类随机过程称为各态历经随机过程。

若满足

$$\left. \begin{aligned} E[X(t)] &= \lim_{T \to \infty} \frac{1}{2T} \int_{-T}^{T} x(t) \mathrm{d}t \\ E[X(t)X(t+\tau)] &= \lim_{T \to \infty} \frac{1}{2T} \int_{-T}^{T} x(t)x(t+\tau) \mathrm{d}t \end{aligned} \right\} \quad (2-81)$$

则说明平稳过程 $X(t)$ 具有各态历经性。

实践证明，许多随机现象都可以在不同程度上看作各态历经随机过程。因此，可以用时间充分长的单个样本函数的时间平均统计参数来代替总体的平均统计值。

2. 数据分析与处理的步骤

试验数据的分析与处理是整个试验过程的一个重要环节。测量系统所提供的数据通常以电压时间历程的形式出现，它是隐含事物内在规律的原始资料，只有经过一定的处理和分析才能从原始记录中获取有用的信息。数据分析与处理的步骤既与数据的最终用途有关，也与数据本身的类型有关。它大体包括数据准备、数据检验及数据分析等工作。

1）数据准备

为使数据适用于分析与处理，首先要进行数据预处理，其目的是检测和剔除在测量过程中由严重的噪声、信号丢失等原因造成的异常数据。

采用数字处理法分析时，在数据预处理后还要进行波形采样、数据标定、均值零化以及消除趋势项等工作。在动态测量数据处理中，有时还要进行滤波处理，使信号在分析前滤去干扰噪声。

2）数据检验

数据检验首先应判断试验数据是确定性的还是随机性的，常用频谱分析方法来判断试验数据的确定性。若某一时间历程的频谱是离散的，那么它一定是确定性的试验数据。若频谱是连续的，并且多次重复测量能得到相同的结果，则它是确定的瞬变数据；否则，为随机性的试验数据。

对于随机性数据，一般要对试验数据进行平稳性检验、周期性检验和正态性检验。

（1）平稳性检验。判断随机性数据是否平稳，最简单的方法是根据产生此数据的现象和物理特性，结合时间历程的图形来做出分析。如果产生此数据的基本物理因素不随时间变化而变化，那么就可以认为数据是平稳的；反之，则说明数据是非平稳的。采用这种直观分析方法进行平稳性检验，需要一定的实践经验。在不能做出直观判断时，可以运用统计检验原理——轮次（游程）检验法进行。这种检验法的基本思想是先把一个时间历程记录分成相等的 m 段，计算每一段的均值、方差和自相关函数，然后根据轮次检验法来判断是否存在非平稳的趋势，若没有非平稳的趋势存在，则数据是平稳的。

（2）周期性检验。周期性检验主要是判断数据中是否含有周期分量。其中，最有效的方法是先通过数据分析，再根据样本的概率密度函数、自相关函数和自功率谱图形来判断。根据表 2-8 给出的四种典型数据时间历程及统计特性图可知，周期性数据的概率密度函数呈碗形，而一般随机性数据的概率密度函数呈钟形；周期性数据的功率谱是 δ 函数，它的自相关函数是周期函数。当随机性数据中混有周期分量时，概率密度函数呈驼峰形，自相关函数呈现连续振荡形，功率谱函数图形会出现一个尖峰。

（3）正态性检验。正态性检验就是先利用计算机进行概率密度函数处理，然后与正态分布密度函数比较，从而做出判断。也可用 χ^2 检验法进行处理分析。

3）数据分析

试验数据的类型不同，分析方法也不同。对于确定性数据，可以寻求数学函数式或经验公式来表达。而对随机性数据，一般从以下三个方面进行描述：

（1）时间域描述：自相关函数和互相关函数。

（2）幅值域描述：均值、均方值、方差以及概率密度函数等。

（3）频率域描述：自功率谱密度函数和互功率谱密度函数等。

在工程技术测量中，有些随机性试验数据可简化成各态历经随机过程予以处理，因此其统计特性可用单个样本函数上的时间平均来描述。

本章小结

1. 汽车试验系统由若干相互联系、相互作用的传感器和设备等元器件组成，传感器检测出被测对象的有关信号，经信号处理装置，输入计算机进行分析和处理，由显示和记录装置进行对外输出和存储。

2. 测量误差既可用绝对误差表示，也可用相对误差表示。

3. 分类方法不同，误差的表达方式也不同。根据不同的特点与性质，可将误差分为系统误差、过失误差和随机误差。这三种误差产生的原因不同，其判别和消除的方法也不同。

4. 汽车试验中需采集的信号大多为时间和幅值均连续变化的模拟量，由计算机进行数字处理后又常以模拟量形式反馈给外部试验系统，需要采样与重构。

5. 试验数据的处理分静态试验数据的处理和动态试验数据的处理。

复习思考题

1. 简述测量系统的基本组成及各组成的功用。
2. 何为测量系统的静态特性和动态特性？静态特性的指标有哪些？
3. 简述测量误差。根据性质，测量误差可分为哪几类？测量误差的来源有哪些？
4. 简述系统误差的分类和消除系统误差的方法。
5. 何为残差？简述用残差分析法发现系统误差的基本思想。

6. 用统计学的方法来决定异常数据的取舍时，其基本思想是什么？
7. 动态试验数据可分为哪几类？简述各自的特点。
8. 简述分析与处理动态试验数据的步骤。
9. 随机性数据一般可从哪些方面进行描述？

第 3 章　汽车试验设备与设施

教学目标

1. 掌握车速测量仪的类型、组成与工作原理。
2. 掌握油耗仪的类型、组成与工作原理。
3. 掌握陀螺仪的类型、组成与工作原理。
4. 掌握转鼓试验台的类型、组成与工作原理。
5. 掌握道路模拟试验机的组成与工作原理。
6. 了解内燃机高海拔试验台的组成与工作原理。
7. 了解高/低温模拟试验室的结构、工作原理与试验项目。
8. 了解消声室与混响室的结构、组成与工作原理。
9. 掌握汽车风洞的组成与工作原理。
10. 掌握汽车试验场的功用、类型与试验道路等。

教学要点

知识要点	相关内容
车速测量仪的类型、组成与工作原理	了解第五轮仪与光电式车速测量仪的组成与工作原理；掌握 GPS 车速测量仪的组成与工作原理
油耗仪的类型、组成与工作原理	掌握质量式油耗仪的组成与工作原理；了解容积式油耗仪的组成与工作原理
陀螺仪的类型、组成与工作原理	掌握陀螺仪的基本特性；掌握垂直陀螺仪的组成与工作原理；了解角速度陀螺仪的组成与工作原理
转鼓试验台的类型、组成与工作原理	了解转鼓试验台的类型和结构；掌握转鼓试验台的工作原理
道路模拟试验机的组成与工作原理	掌握道路模拟试验机的试验内容、基本组成与工作原理
内燃机高海拔试验台的组成与工作原理	了解内燃机高海拔试验台的主要用途与工作原理
高/低温模拟试验室的结构、工作原理	了解高温试验室、低温试验室、高低温试验室的结构与试验项目

续表

知识要点	相关内容
消声室与混响室的组成与工作原理	了解消声室与混响室的定义、结构与特点
汽车风洞的组成与工作原理	掌握汽车风洞的特性、组成与类型；了解汽车风洞的工作原理
汽车试验场的功用、类型与试验道路	掌握汽车试验场的功用与类型；了解汽车试验场的试验道路与相关设施

3.1 典型试验仪器及设备

3.1.1 车速测量仪

汽车行驶速度、时间和位移是汽车多项使用性能试验和评价中必不可少的测量参数，虽然车辆里程表能够指示行驶里程和速度，但受车轮滚动半径、机械传动系统磨损、指示仪表精度等影响，仍然需要专用的高精度仪器对其进行测量。这种测量并记录汽车行驶过程的速度、时间和位移的仪器称为车速测量仪（简称"车速仪"）。最初的车速仪为带有传感器的小轮子，试验时与被测车辆固定连接，并由被测车辆拖动，在路面上随之滚动，因此常被称为第五轮仪。由于安装便捷性和测量精度等影响因素的限制，目前这种与地面接触的接地式车速测量仪已较少使用，在实际车速测量中常使用非接地式车速测量仪。非接地式车速测量仪根据测量原理的不同，比较有代表性的有光电式车速测量仪和基于GPS定位的车速测量系统。

1. 第五轮仪

第五轮仪，简称五轮仪，是早前汽车加速性能、滑行性能及燃料经济性等试验的一种常用仪器。第五轮仪一般由第五轮、传感器、显示器及脚踏开关等组成。图3-1所示为AM2020型第五轮仪的组成和安装示意。

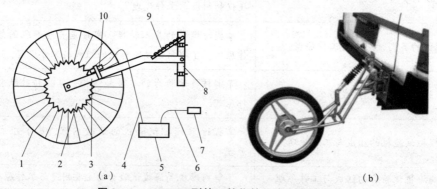

图3-1 AM2020型第五轮仪的组成和安装示意

(a) 组成；(b) 安装示意

1—第五轮；2—齿盘；3—连接臂；4—导线；5—显示器；6—开关导线；7—脚踏开关；
8—安装盘；9—加力弹簧；10—磁电传感器

试验时,将第五轮1固定在试验车辆的尾部或侧面,当第五轮1随汽车运动而转动时,磁电传感器10会感受到齿盘2的齿顶和齿谷的交替变化,并产生与齿数成一定比例数量的电脉冲。脉冲数与汽车行驶的距离成正比,脉冲频率与车速成正比。汽车行驶距离与脉冲信号的比例关系是一常量,通常称为"传递系数"。当显示器5收到由磁电传感器10传递过来的一定频率和数量的脉冲信号时,自动与传递系数相乘得到相应的距离,同时将距离与由晶体振荡器控制的时间相比得出车速,并显示、存储或打印出来。以上过程,在试验中隔一定时间进行一次,直至试验结束,从而完成试验过程中车速、距离和时间的实时测量。

传递系数与第五轮的周长和齿盘齿数有关,若第五轮实际周长为 $L(m)$,齿盘有 n 个齿时,磁电传感器每感受一次齿顶和齿谷的变化便发送两个脉冲信号,则传递系数为 $L/(2n)$。由于第五轮的周长随胎压和接地压力变化,因此每次试验前都应进行传递系数的标定。五轮仪的形式不同,传递系数的标定方法也不同,应根据所用五轮仪的使用说明进行。

接地式车速测量仪在试验过程中要求第五轮必须时刻与地面接触,且不能出现打滑,因而限制了试验道路种类的选择范围,不利于非公路车辆对应试验的实施。受到设备精度的限制,这种接地式车速测量仪不能进行大于 180 km/h 的车速测量。此外,由于这类设备体积相对较大,不利于携带,仪器安装的便捷性也不好,目前已较少使用。

2. 光电式车速测量仪

光电式车速测量仪是利用空间滤波原理检测车速的非接地式车速测量仪。以下以日本小野测器公司的 LC - 6765 车速测量仪为例来说明光电式车速测量仪的检测原理。

光电式车速测量仪由空间频率传感器和信号处理装置组成。空间频率传感器(图3-2)主要由投光器和受光器组成。投光器将强光射于地面,由于地面凹凸不平,从而形成明暗对比不同的地面反射光,然后由受光器中的梳状光电管接收。随着车辆的移动,光电管接收地面反射光的明暗变化脉冲,此脉冲频率与车速成正比。将明暗交替变化的频率信号经过一定的信号处理,即可获得车辆的行驶速度。

空间频率传感器的工作原理如下:

如图3-3所示,有一排以一定间距 P 排列的透光格子,当点光源以一定速度相对格子移动时,经过格子列以后,光的强度就变成忽明忽暗、反复出现的脉冲状态,此脉冲与光穿过格子的次数相对应,即每移动 P 距离就变换一次。假设点光源的移动速度为 v,光学系统的放大率为 m,则在格子列上移动的光点速度为 mv。这样,一明一暗的脉冲列的周期为 $P/(mv)$,即频率 $f = mv/P$ 与速度 v 成正比。速度 v 的变化则通过频率 f 的变化表现出来。

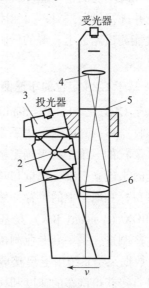

图3-2 空间频率传感器

1—透镜;2—灯;3—反射镜;
4—梳状光电管;5—光栅;6—聚光透镜

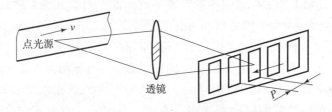

图 3-3 空间滤波原理

与点光源相比，一般的光学投影则稍有差异。这种光学投影（凹凸不均的形状）可以看作许多不同强度的点光源不规则地集中，且不改变相互位置，向着一定的方向平行移动的状况。

由此得来的光量，就是从这些点光源一个一个地测量的光量总和。然而，点光源的分布和强度不同，导致相位和亮度全然不同。但因频率完全相同，就组成了许多仅仅相位和振幅不同的信号，其平均频率为 mv/P，从而可得到相位和振幅均随机平稳变化的信号（窄带随机信号）。通过推测此中心频率，就可以解出移动速度和移动距离。

与五轮仪相比，光电式车速测量仪安装方便、测量精度高，适用于高速测量，最高测量车速可达 250 km/h；但其光源耗电量大，并且在车速很低时测量误差大，车速小于 1.5 km/h 时不能测量。此外，光电式车速测量仪靠内部的空间滤光片传感器来接收地面反射的光并进行信号采集，而在冰雪路面和潮湿的 ABS（Antilock Brake System，防抱死制动系统）性能测试路面上，湿的低附着系数路面无法实现光线的良好反射，导致信号丢失，仪器失效。

3. 基于 GPS 定位的车速测量系统

基于 GPS（Global Positioning System，全球定位系统）定位的车速测量系统主要包括 GPS 接收器和一套数据采集系统。它使用高性能的卫星接收器，利用位置已知的卫星（不少于 4 个）的三维坐标来确定被测目标的三维坐标 (x, y, z)，根据卫星发射的无线信号的传播延时来建立三维位置量和时间量的方程，结合测量得到的各卫星与目标位置的距离来确定被测目标在地面上的位置，然后计算被测目标的位移和速度。

VBOX（Velocity Box）是基于 GPS 定位系统进行车速测量的典型设备，由英国 Racelogic 公司生产制造，是一套专业测量、记录和分析显示车辆行驶数据的综合性便携式测试设备。VBOX 数据采集系统由卫星接收器、主机和多种外接模块及传感器组成，如图 3-4 所示。主机可直接获得汽车的速度和移动距离、横（纵）向加/减速度值、充分发出的平均减速度（MFDD）、时间以及制动、滑行、加速等距离。系统附加多种模块和传感器，可以采集油耗、温度、加速度、角速度及角度、转向角速度及角度、转向力矩、制动踏板力、制动踏板位移、制动风管压力等，便捷完成动力性、燃料经济性和操纵稳定性等十多项试验内容。

基于 GPS 定位车速测量系统的测量精度与光电式车速测量仪相当，且安装更便捷，对试验道路环境的要求较低，非常适合汽车综合测试使用。但整套试验设备价格昂贵，一般只有专业检测机构和科研院所采用。

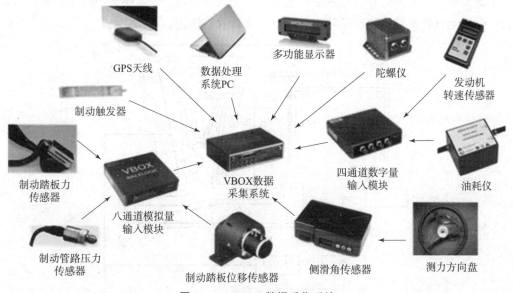

图 3-4 VBOX 数据采集系统

3.1.2 燃油消耗量测量仪

燃油消耗量测量仪又称油耗仪，它可测量某一段时间间隔或某一里程内流体通过管道的总体积或总质量。油耗仪按其测量方法的不同，可分为质量式油耗仪和容积式油耗仪。这两种油耗仪都能连续、累计地测量油耗，都可用于汽车燃料消耗量台架试验。

1. 质量式油耗仪

质量式油耗仪通过测定消耗一定质量燃料所用的时间或测量规定时间内消耗的燃油质量来计算耗油量。测量准确度不受发动机供油系统燃油回流的影响，特别是在测量具有回油管路供油系统的汽车时，只要将发动机回油管路中的燃油流入称量容器，即可排除发动机回油管路中的燃油蒸气（或空气）对油量准确度的影响。但质量式油耗仪不适用于动态测试，一般不能用于道路试验，多用于台架试验。

质量式油耗仪由称重装置、计数装置和控制装置组成，如图 3-5 所示。燃油从燃油箱经电磁阀 4 和油管 3 注入称重装置秤盘上的油杯 1，通过油管 2 供给被测定的发动机。电磁阀的开闭由两个微型限位开关 5 和 6 控制，而微型开关装在平衡块行程限位器 7 和微型限位开关 6 的继电器上。需要测量的油量由两个光敏二极管 8 和 9 以及装在指针上的光源 10 来控制。光敏二极管 8 是固定的，可用于控制记录装置。光敏二极管 9 装在活动滑块上，滑块通过齿轮齿条移动，齿轮轴与鼓轮 11 相连，鼓轮带有以 g 为单位的分度盘。燃料消耗量通过鼓轮的转动可显示在分度盘上。

用这种油耗仪自动测量燃料消耗量时，首先给油杯 1 充油，称量秤左端下沉。当平衡块行程限位器 7 到达微型限位开关 6 的位置时（微型限位开关 6 起挡块作用），微型限位开关 6 将关闭电磁阀 4 而停止充油。当油杯 1 中的燃油流向被测发动机时，由于质量减小而使称量秤左端上升，通过杠杆机构推动指针摆动，当光源 10 的光束射到光敏二极管 8 上时，光敏二根管 8 发出信号，记录仪开始工作。当油杯 1 中的燃油耗尽，光束便射到光敏二极管 9

上，光敏二极管9发出信号，记录仪停止工作。记录仪由两个带数字显示的半导体计数器组成，一个用于计算发动机曲轴的转速，另一个起秒表的作用。

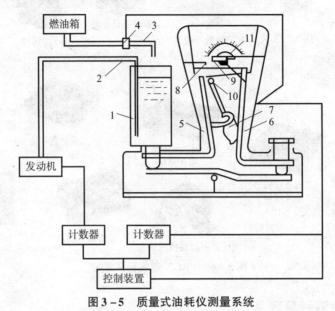

图3-5 质量式油耗仪测量系统

1—油杯；2，3—油管；4—电磁阀；5，6—微型限位开关；7—平衡块行程限位器；
8，9—光敏二极管；10—光源；11—鼓轮

注意：质量式油耗仪存在系统误差，即测量时油杯液面发生变化，伸入油杯的油管浮力的反作用力也变化，造成称量时的系统误差。此项系统误差必须根据汽车油耗量及油杯液面高度变化进行修正。此外，油耗量单位采用L/100 km时，在换算时必须考虑燃油密度与温度之间的关系。

在测量消耗一定质量的燃油所需的时间后，按式（3-1）计算单位时间内发动机的燃油消耗量。

$$G = 3.6 m/t \tag{3-1}$$

式中，G——燃油消耗量（kg/h）；

m——燃油质量（g）；

t——测量时间（s）。

2. 容积式油耗仪

容积式油耗仪是测量汽车燃油消耗量常用的仪器，它通过测定消耗一定容积的燃油所需的时间来计算容积耗油量。容积式油耗仪在用于多工况循环试验时可能出现的问题：高燃油流速时，过大的压力降可能影响发动机的供油性能；而流速低时，由于通过传感器元件泄漏（尤其是怠速泄漏），测量准确度有下降的趋势，将导致测量的准确度下降。

容积式油耗仪按其结构可分为活塞式油耗仪、膜片式油耗仪、齿轮式油耗仪和涡轮式油耗仪，其中活塞式油耗仪的应用最广泛。

活塞式油耗仪结构示意如图3-6所示。活塞式油耗仪主要由油耗传感器和信号转换器组成。转换器可以将燃油的体积转换为便于计量的旋转件的转动圈数，它由在同一水平面内的四个活塞中心曲柄连杆机构组成，如图3-7所示。四个活塞布置成90°的夹角，共用一

个曲柄，每个活塞中部都开有环形槽，环形槽可用来控制相邻缸的进油和排油。

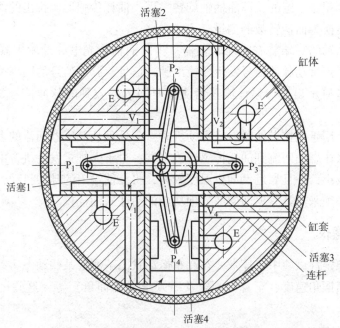

图 3-6 活塞式油耗仪工作原理示意

P_1，P_2，P_3，P_4—进油道 E 出油口

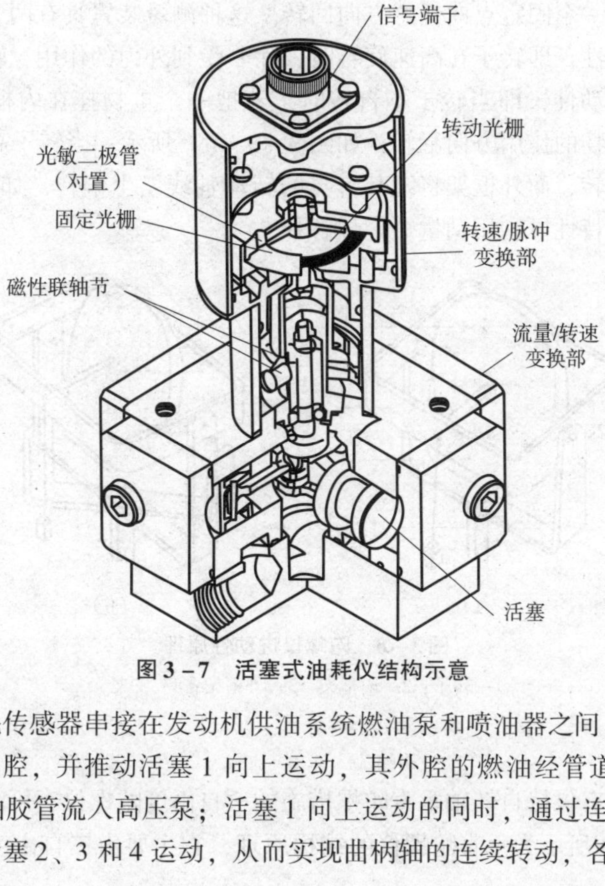

图 3-7 活塞式油耗仪结构示意

测量时，将油耗传感器串接在发动机供油系统燃油泵和喷油器之间，燃油在油泵压力作用下进入转换器的内腔，并推动活塞 1 向上运动，其外腔的燃油经管道 P_2、活塞 2 上的环槽、出油道 E 和耐油胶管流入高压泵；活塞 1 向上运动的同时，通过连杆带动曲柄轴旋转，曲柄带动其他三个活塞 2、3 和 4 运动，从而实现曲柄轴的连续转动，各缸按序进油、排油。

曲柄轴旋转一周，各缸分别工作一次。由于每个气缸的直径和活塞行程一定，因此每缸工作一次排出的燃油容积是一定的，即曲柄轴旋转一周，油耗传感器所排出的油是一定的，从而可以将燃油流量转换为曲柄转数的测量。

在转换器曲柄轴的一端装有磁性联轴器，将曲柄轴与光电脉冲发生器的转轴连接在一起，曲柄轴旋转时，带动脉冲信号发生器输出脉冲信号。脉冲信号的频率按一定比例直接转换成瞬时流量，并显示出来。累计流量为测量时间内接收到的脉冲信号数按比例（因数）转换成的油耗量。

活塞式油耗仪用于电控燃油喷射式发动机时，需处理从调压器回流的多余燃油。对于小排量发动机，可以让燃油回流到油耗传感器输出端；对于大排量发动机，由于从调压器返回的燃油压力迅速减小，并且靠近发动机温度较高，将会使输出的脉冲抖动，从而导致很大的测量误差，因此必须采用具有返回燃油处理功能的活塞式油耗仪。

3.1.3 陀螺仪

在汽车操纵稳定性试验中，经常要在汽车运动状态下测定某些动态运动参数，如汽车前进方位角、汽车横摆角速度、车身侧倾角及纵倾角（俯仰角）等，这些运动参数通常用陀螺仪进行测量。

1. 陀螺仪基本特性

狭义地讲，陀螺仪是一个安装在内外框架上、能高速旋转的转子，并且该转子还能在框架内绕自转轴线上的一个固定点向任意方向回转。这种测量装置具有两个基本特性：定向性和进动性。所谓定向性，即转子在高速旋转时，除非受到外力的作用，转子轴线的方向将一直保持不变。所谓进动性，即当转子不自转时，若把一个重物挂在内框架上，在重力作用下，内框架将向着重物的作用方向翻转，如图3-8（a）所示；当转子高速自转时，内框架受外力作用时并不翻转，而外框架将绕其自身的转动轴线发生偏转，如图3-8（b）所示。陀螺仪的这两个基本特性可利用动量矩定理解释。

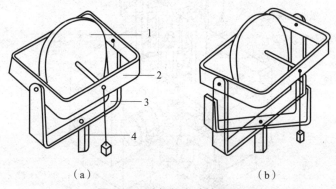

图3-8 陀螺仪进动性原理
1—转子；2—内框架；3—外框架；4—支架

2. 垂直陀螺仪

垂直陀螺仪是具有保持自转轴垂直陀螺措施的三自由度陀螺仪，可测量汽车车身的侧倾角和俯仰角。图3-9所示为垂直陀螺仪的结构原理，它主要由三自由度陀螺仪、修正装置和指示机构（或角度传感器）等部分组成。

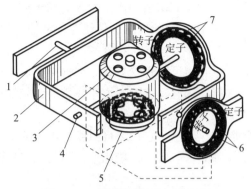

图 3-9 垂直陀螺仪的结构原理
1—外框轴；2—外框；3—陀螺房（内框）；4—内框轴；5—五极式液体开关；6，7—扁环形修正电动机

修正装置由摆式敏感元件和力矩器组成，摆式敏感元件常采用液体开关或水银开关。液体开关实际上是个液体摆，它相当于一个能够传输电信号的气泡水准仪，故其中装的是特殊的导电液体并设置有电极。图 3-9 中示意的液体开关为五极式，其中心电极与液体开关的壳体相连，另 4 个电极均布在壳体上部的圆周上，构成相互垂直的两对电极，液体开关安装在陀螺内框架的底面上。力矩器常用力矩电动机，但其结构做成扁环形或弧形，以使仪表结构紧凑，两个力矩电动机分别安装在陀螺内、外框轴方向。当陀螺外框轴平行于机体纵轴安装时，外框轴和内框轴方向的力矩电动机分别称为纵向修正力矩电动机和横向修正力矩电动机，液体开关与力矩电动机的连接电路称为修正电路。

当自转轴未偏离垂线时，液体开关保持水平，气泡处于中央位置，均等地盖住 4 个电极表面约一半的面积，中心电极经导电液体至 4 个电极的电阻相等，这时每个力矩电动机中两个控制绕组所通过电流的大小相等、方向相反，因而不产生修正力矩作用在陀螺仪上。

当自转轴偏离垂线时，液体开关随之倾斜，气泡向处于高位的电极移动，中心电极经导电液体至相应一对电极中的两个电极电阻不等，这时相应的修正电动机中两个控制绕组所通过电流的大小不等，因而产生修正力矩作用在陀螺仪上，使自转轴绕框架轴进动，直到液体开关中的气泡处于中央位置（即自转轴回到垂线）为止。利用指示机构（或角度传感器）测出自转轴绕框架轴的进动角度，即可得到车身的侧倾角与俯仰角。

使用这种陀螺仪测量车身侧倾角的最大问题是由于其自转轴不完全垂直于地面所造成的正弦波信号输出。因此，在试验前应使汽车以极低的车速转圈行驶，测出由此产生的偏差，以便在数据处理时进行修正。

使用带修正装置的三自由度陀螺仪时，在试验前可以利用修正装置将陀螺仪自转轴自动修正到地垂线位置。试验时，断开修正装置电路，以避免修正装置发出错误信号（例如，由离心力引起的信号）。试验时间不能太长，通常可允许数分钟，否则将会由于其他原因引起自转轴产生漂移而导致测量误差。

3. 角速度陀螺仪

角速度陀螺仪又称为二自由度陀螺仪，用来测定汽车的横摆角速度。角速度陀螺仪通常刚性安装在汽车底板上，安装时应保证其敏感轴与地垂线平行，偏差应不大于 1°。汽车在稳态转圈时，车身侧倾角对横摆角速度输出的影响很小，通常可忽略不计。但在转向和制动联合作用时，应进行修正。为使动态测试值不产生太大的相位滞后，当仪器相对阻尼系数为 0.2 时，其自振频率应不小于 50 Hz。角速度陀螺仪还应保证输入频率在 0～2.5 Hz，其输出是线性的。

与三自由度陀螺仪相比，二自由度陀螺仪只有一个框架，而无内外两个框架，故相对基座而言，它少了一个转动自由度。因此，在陀螺力矩作用下，陀螺仪将绕框架轴相对基座转动并出现转角，这被称为"强迫进动"。

图 3-10 所示为角速度陀螺仪示意，它在二自由度陀螺仪的基础上增设了弹性元件和阻尼器等。弹性元件也称为定位弹簧，一端与框架相连，另一端与壳体相连。常用阻尼器为空气阻尼器或液体阻尼器。

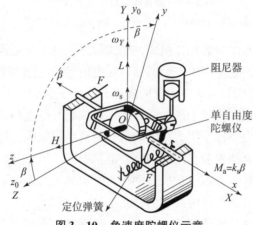

图 3-10 角速度陀螺仪示意

由二自由度陀螺仪特性可知，当基座绕二自由度陀螺仪所缺少自由度的轴线方向以角速度 ω_Y 转动时，由于支承推力矩 L 的作用，陀螺仪产生绕内框轴的进动，进动转角为 β，定位弹簧便发生弹性变形而产生绕内框轴的弹性力矩 M_a 作用在陀螺仪上。弹性力矩的方向（图中为绕内框轴 Ox 的正向）与陀螺仪绕内框轴的偏转方向相反，弹性力矩的大小与陀螺仪绕内框轴的相对转角 β 大小成正比，可表达为

$$M_a = k_s \beta \tag{3-2}$$

式中，k_s——定位弹簧的弹性系数（N·m/rad），即在单位转角下定位弹簧产生的弹性力矩。

当基座转动的方向变为相反方向时，陀螺仪绕内框轴的进动方向也随之改变。

3.1.4 负荷拖车

负荷拖车负责给试验车辆提供负荷，它是一种现代化的车辆测试设备。在进行车辆性能试验时，利用该设备就可以在平坦的试验路面上模拟车辆的各种行驶工况。负荷拖车有两类：有动力负荷拖车和无动力负荷拖车。二者的区别在于，前者既可以被拖动，也可以自己行驶；而后者只能被拖动行驶。下面以无动力电涡流负荷拖车为例，介绍负荷拖车的结构及工作原理。

1. 负荷拖车的结构

负荷拖车是电子元件和机械部分的组合。无动力电涡流负荷拖车的主要测控系统包括功率吸收器、力传感器、速度传感器、手控盒和计算机等。

1）功率吸收器

负荷拖车所产生的负荷是由功率吸收器提供的。功率吸收器是一种能从试验车辆吸收能量的电子机械装置，它能将旋转的动能转变为热能并予以吸收。吸收能量的多少由供给功率吸收器的电流大小决定，电流大小的调节由 DC/DC 控制器完成，而 DC/DC 控制器则由计算机控制。

电涡流负荷拖车的功率吸收器由定子和转子两部分组成，其中定子绕有 16 组电磁线圈。只有在电磁线圈有电流，而且转子转动的情况下，功率吸收器才能吸收能量，负荷拖车才能产生负荷。

负荷拖车的车轮轮轴通过传动系统与功率吸收器的转子相连，当拖车由车辆牵引前进时，车轮滚动，从而带动转子转动。但如果此时没有给定子的电磁线圈供电，功率吸收器将不吸收能量。当计算机发出指令控制供给功率吸收器电磁线圈的电流时，功率吸收器才能吸收能量。其表现为定子中 16 个线圈产生 16 个磁场，转子在转动中不断切割磁力线，每次切割都是转子中的固有微粒被极化（或重新极化），微粒周围则产生杂乱的分子电流，阻止磁场发生磁通量变化，转子受到与其转动方向相反的阻力矩，该阻力矩通过传动系统传递到车轮，于是产生了拖车的负荷。微粒被极化（或重新极化）的过程要吸收能量，这就是功率吸收器将动能转变为热能并予以吸收的过程。通过调节电磁线圈中的电流，可以控制极化（或重新极化）微粒的数量，从而达到控制拖车负荷大小的目的。

2）力传感器

力传感器在拖车的前部，用于测量拖车施加于被试车辆的负荷。试验时，负荷拖车产生负荷，力传感器受载，它将载荷转换为电信号并将其输入计算机进行处理。

3）速度传感器

速度传感器安装在负荷拖车的轮轴传动系统上，用于测量负荷拖车的速度，也就是被试车辆的速度。试验时，负荷拖车的车轮转动，速度传感器将产生脉冲信号并将其输入计算机。

4）手控盒

手控盒是一个与计算机相连的有线盒子，试验时，由它控制负荷拖车加载与否。手控盒上有两个按钮，绿色的为开始触发按钮，红色的为结束触发按钮，相对应的有绿、红两个指示灯。另外还有两个调节负荷拖车速度大小与负荷大小的调节开关，所希望的目标值能在计算机屏幕上显示。

5）计算机

这里的计算机是一个车载便携式计算机。负荷拖车具有足够长的连线，试验时，计算机接上信号线和电源线后，启动负荷拖车控制程序，试验人员在被试车辆上即可控制拖车模拟各种试验工况。

2. 负荷拖车的工作原理

负荷拖车在试验时，作为一个可调负荷拖挂在试验车辆之后，用以调节试验车辆的负荷。在试验中，试验车辆拖挂负荷拖车后的受力情况如图 3–11 所示。其受力平衡方程为

$$F_K = F_w + F_f + F_g \tag{3-3}$$

式中，F_K——试验车辆所受的牵引力（N）；

F_w——试验车辆所受的空气阻力（N）；

F_f——试验车辆所受的轮胎滚动阻力（N）；

F_g——试验车辆所受的拖钩牵引力（N）。

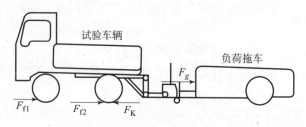

图 3-11　试验车辆的受力情况

试验车辆在行驶时，F_K、F_g、F_w 和 F_f 的关系如图 3-12 所示。其中，F_{K1}、F_{K2}、F_{K3} 和 F_{K4} 表示 1 挡、2 挡、3 挡和 4 挡时车辆的牵引力。

为测取试验车辆拖钩牵引力，在负荷拖车上设有测力传感器。试验时，负荷拖车由被测车辆牵引前进，拖车车轮滚动，通过传动系统带动交流发电机给车载蓄电池充电；同时还带动功率吸收器，通过功率吸收器吸收能量，对转子产生制动阻力矩，制动阻力矩传到拖车车轮使其制动，由车轮与地面的摩擦产生的摩擦阻力给前面的被测车辆施加负荷。而负荷拖车的控制单元计算机由蓄电池提供电源，试验人员可以通过操作计算机输入所要求的不同负荷及速度目标值，再由计算机向 DC/DC 控制器发出指令，由 DC/DC 控制器调节蓄电池供给功率

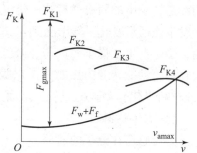

图 3-12　驱动力和行驶阻力关系

$F_{K1} \sim F_{K4}$：1-4 挡的牵引力

吸收器定子中电磁线圈的电流大小，改变负荷拖车的负荷，从而达到所要求的目标。计算机作为负荷拖车的主控单元，用来选择负荷拖车的控制模式并发出指令，而力传感器和速度传感器则向计算机传送负荷及速度的反馈信号。一旦计算机选定了负荷/速度参数，它将不断比较控制目标信息和实际的反馈信息，如果二者不相符，它将传给 DC/DC 控制器来调整指令，改变负荷拖车的负荷，直到二者一致，达到控制要求。

负荷拖车可用于汽车的牵引性能试验、汽车滑行阻力及滑行阻力系数的测定、模拟汽车爬坡以及为试验车辆提供可以调节的稳定负荷。

3.2　典型试验设施

3.2.1　转鼓试验台

转鼓试验台也称为底盘测功机，是检测汽车底盘输出功率及其相关参数的一种检测设备，它以转鼓的表面模拟路面，通过加载装置给转鼓轴施加负荷以模拟汽车在实际行驶时的阻力，以可调风速的供风系统来提供汽车迎面行驶风，从而在室内实现汽车道路行驶工况的模拟。

1. 转鼓试验台分类

1）双转鼓（滚筒）试验台

图 3-13 所示为双转鼓试验台，其转鼓直径比单转鼓试验台的要小，一般在 185~400 mm的范围内，随试验车速而定。转鼓曲率半径小，轮胎和转鼓的接触情况与在道路上的受压情况不一样，故试验精度较低。但这样的试验台对试验车辆的安放要求不高，使用方便，而且成本低，适合维修保养企业及汽车检测站在进行汽车技术状况检查和故障诊断时使用。

2）单转鼓（滚筒）试验台

图 3-14 所示为单转鼓试验台，其转鼓直径越大，车轮在转鼓上转动就越像在平路上滚动。但是，增大转鼓直径，会显著增加试验台的制造和安装费用，所以一般转鼓直径均在 1 500 mm以上，2 000~2 500 mm以下。单转鼓试验台对试验汽车的安放定位要求较严，车轮与转鼓的对中比较困难，但其试验精度比较高，故主要用于汽车制造企业。

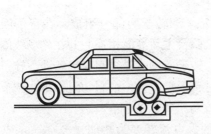

图 3-13　双转鼓试验台

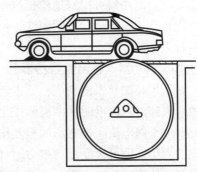

图 3-14　单转鼓试验台

2. 转鼓试验台结构

转鼓试验台一般由加载装置、测量装置、转鼓组件、举升装置、纵向约束装置以及测控管理系统等组成。图 3-15 所示为转鼓试验台机械部分组成示意。

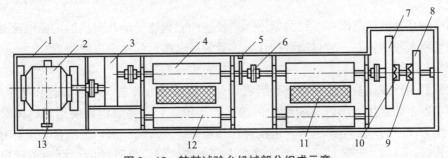

图 3-15　转鼓试验台机械部分组成示意

1—框架；2—电涡流测功机；3—变速器；4—主动滚筒；5—速度传感器；6—联轴器；
7、8—飞轮；9、10—电磁离合器；11—举升器；12—从动滚筒；13—压力传感器

1）加载装置

汽车在转鼓试验台上进行性能测试或技术状况检验时，要求试验台能模拟汽车在公路上行驶时所受的各种阻力。汽车行驶时的内部阻力是由汽车传动系统的摩擦引起的，这在道路

和转鼓试验台上是一样的，但外部阻力不同。汽车在道路上行驶时，其外部阻力是由前后轮的滚动阻力、车轮轴承的摩擦和空气的作用引起的。但汽车在转鼓试验台上运转时，只有驱动轮在运动。因此，空气阻力、爬坡阻力和从动轮的轴承摩擦等只能通过调节转鼓试验台上测功器的负载加以模拟，以使汽车的受力情况与在道路上行驶时一样。

功率吸收装置可用来吸收并测量汽车驱动轮上的功率和牵引力，转鼓试验台通常采用的测功器有水力测功器、电力测功器和电涡流测功器等几种类型。

（1）水力测功器。水力测功器用水作为制动介质，水在测功器的转子和定子间起联结作用，利用转子对水的冲击、切割和摩擦产生的阻力来消耗功率，通过调节进出水量，可得到不同的制动功率。在水流量一定时，测功器的制动扭矩随转子转速的提高而增大，这种测功器在大功率测量时性能稳定、造价较低，但精度不高。

（2）电力测功器。电力测功器又称为平衡电机，作为负载用时，通过发电来吸收功率，其功用相当于直流发电机，但平衡电机还可作为驱动机械，此时它输出功率，其功用相当于直流电动机。电力测功器可很好地模拟汽车的行驶阻力和惯性力，工作平稳，测试精度高。因此，它大大拓宽了转鼓试验台的用途，但由于其制造成本高，所以通常只在供科研试验用的转鼓试验台上采用。

（3）电涡流测功器。电涡流测功器其主要由定子和转子两部分组成。在定子四周装有励磁线圈，转子用高磁导率钢制成，圆盘转子与试验台主动滚筒相连，并在磁场线圈之间转动。当励磁线圈通过直流电时，两极间产生磁场，转子通过励磁线圈磁场转动，转子盘上便产生涡电流。由于涡电流和外磁场的相互作用，对转子盘产生一个制动阻力矩。调节通过励磁线圈电流的大小，即可改变制动阻力矩（即吸收功率）的范围。

电涡流测功器将吸收汽车驱动轮功率而产生的涡电流转变为热能，经空气（或水）散失。因此，电涡流测功器分为水冷式和风冷式两种。水冷式电涡流测功器的散热性能较好，因而能测量较大的持续功率，且运转噪声小，但制造成本较高。对于风冷式电涡流测功器，其要保证很好地散热，转子盘必须做成风扇式，让周围空气带走热量。但这种转子盘将使该测功器的功率消耗增加，且转速越高消耗的功率越大，车轮在转鼓上就越像在道路上滚动。

电涡流测功器测试范围广、结构紧凑、造价适中，只要变动几安培的励磁电流就可以自由地控制它所吸收的转矩，故目前被用作大多数转鼓试验台的功率吸收装置。

2）测量装置

测量装置是转鼓试验台的一个重要组成部分，包括测力装置、测速装置和功率值标度。电涡流测功器不能直接测出汽车驱动轮的输出功率值，它需要测出旋转运动时的转速与转矩，或直线运动时的速度与牵引力，再换算成其功率值。所以，测功试验台必须备有测力装置与测速装置。同时，转鼓试验台在对汽车进行加速性能、滑行性能、燃油消耗量等检测时，都需要测速装置准确地表示其车速。

（1）测力装置。测力装置测的是转鼓轴上的转矩，经变换后即得到作用在驱动轮上的切向力。在测功器的定子对其转子施加制动作用的同时，定子本身便受到大小相等、方向相反的反作用力矩。由于定子是可摆动的，故该力矩是由定子经一定长度的杆臂，传给测力装置，然后由仪表指示出其数值。测力装置有以下几种形式：

①液压测力装置。它由一个充满液体的测压传感器、标准压力表和连接油管组成。测功

器定子杆臂的端部压在传感器上,压力传感器通过液体把压力传到压力表。仪表指示精度一般为2%。

②机械测力装置。这种装置是倾斜平衡器式,作用在测功器定子上的反作用转矩,通过传动机构使倾斜平衡器的摆锤偏转,其偏转角与转矩的大小成正比。摆锤偏转的角度以力的单位表示在刻度盘上。这种装置可靠且精确,其精度在0.5%以内,但成本较高。

③电测力装置。一般的电测力装置由具有螺旋弹簧的测压盘、测试电位计、指示仪表及电源等组成。测功器定子杆臂的端部压在测压盘上。测压盘内弹簧压缩变形的程度由测功器扭矩的大小决定。弹簧的变形通过电位计转换为电量,在指示仪器上以力的单位示出。测试弹簧误差约为2%,指示仪器精度为1.5%~2%,总的测量误差在3%左右。

④电转矩仪。它由转矩传感器和转矩指示器组成。转矩传感器串接在转鼓轴和测功器轴之间,其两端通过连接凸缘由转鼓和测功器支撑。通常用铁丝等将传感器的定子轻轻地固定,以防其摆动。有的转矩传感器在其定子上有结实的支架,可以紧固在底架上。转矩的数值由转矩指示器示出。

(2) 测速装置。测速装置现多为电测式,由测速发电机和毫伏电压表组成。对于利用直流发电机的电压与转速成正比关系的测速装置,其精度约为2%,且易受温度影响;而对于利用交流发电机的电压测速装置,其精度较高,约为1%,已被广泛采用。

(3) 功率值标度。液压测力装置和机械测力装置的分度盘上的指示值多是以牛顿(N)为单位的力,即汽车驱动轮上的牵引力。这时汽车驱动轮的功率是根据牵引力与其相应的车速算出的。在电测装置中,可直接指示功率值。在一定力(或转矩)的作用下,测试电位计的电量与相应车速的测速发电机的电量同时输入功率指示仪表,在其刻度盘上可直接指示出功率值。

3) 转鼓组件

(1) 转鼓。一般情况下,转鼓均是用钢制成的,并采用空心结构,转鼓表面可以是光滑的,也可以是轻度粗糙的。对于双转鼓制动试验台,为提高转鼓表面的附着系数,有的转鼓表面被制成波纹状或带有凸台,或在转鼓表面上黏结一层摩擦性能良好的专门塑料。在实际使用中,带有凸台或表面焊有钢丝网的转鼓能获得良好的效果。对于测定或检验汽车动力性和燃料经济性的转鼓试验台或模拟汽车行驶工况的转鼓试验台上的转鼓,其表面多为光滑的,车轮与光滑鼓面间的附着能力能够产生足够的牵引力。对于供汽车振动试验用的转鼓试验台,其转鼓表面有的覆盖一层厚度按正弦规律变化的木块,有的则按所要模拟的道路振动特性而做成凸凹不平的形状。

转鼓直径对轮胎发热有直接影响,轮胎在转鼓上滚动时,转鼓直径小则轮胎的摩擦功增加,长时间高速运转,其温度将升高从而使胎面可能达到临界温度而早期损坏。因此,当速度达到200 km/h时,转鼓直径应不小于350 mm;当速度达到160 km/h时,转鼓直径应不小于300 mm。

(2) 飞轮。在测定稳定工况下的汽车性能时,在转鼓试验台上只装有作为负载的测功器,而且希望旋转部分的惯性矩应尽量小,以减小惯性对测试装置的影响。而在测定非稳定工况的汽车性能时,为模拟汽车质量,转鼓试验台旋转质量的动能应与行驶汽车的动能相等。因此,必须采用惯量可调节的飞轮、传动比可改变的增速器或通过电力驱动的调节来改变试验台旋转质量的动能,以适应各种车型的需要。

4）汽车举升装置

汽车转鼓试验台需要在主动和从动滚筒之间安装举升器。在测试前，将举升器升起，以便汽车进入试验台。在测试时，将举升器降下，以使车轮接触滚筒并驱动滚筒转动。测试完毕后，升起举升器，以便汽车顺利驶出试验台。

汽车举升器有气压式、液压式和电动式三种，目前气压式举升器应用得较多。

5）纵向约束装置

为保证汽车在转鼓上运行时其车轮能稳定地置于准确的位置，必须防止汽车在转鼓上的纵向移动，否则将出现与实际行驶状态完全不同的运动特性。因此，必须使用纵向约束装置。

纵向约束装置的使用方法有两种，即从动轮固定与钢丝绳固定。若汽车的所有车轮都在转鼓试验台上运转，则汽车的前、后、左、右都用张紧的钢丝绳。

用横向位移限制器测出后轴的横向位移，并通过伺服电动机使 A 和 B 两点有相同的横向位移。这样，后轴中心总是保持在线 AB 上，从而消除了随着汽车的横向位移和倾斜而产生的横向力。

6）轮胎冷却装置

在转鼓上长时间运转后，轮胎会过热，因此要用鼓风机向轮胎直接吹风，使它冷却，以防过热。冷却用的鼓风机安装在地坑覆盖板上，有的鼓风机能随鼓风机运转产生的风压自动调节其出风口开度。

7）测控管理系统

汽车转鼓试验台计算机测控管理系统是以工业控制计算机为核心的多功能测试系统。整个测控系统包括计算机、多功能控制卡、可控硅及其控制电路等。转鼓试验台采用智能测控仪表，能对模拟信号和脉冲信号进行采集处理，并能输出模拟量和开关量控制信号。它的有效性可以通过嵌入计算机的应用程序来调配，也可以通过应用程序的补偿措施得以改善和提高。

3. 转鼓试验台工作原理

1）汽车驱动轮输出功率测试原理

驱动轮输出功率的测试方式有两种：一种是恒速测功；另一种是恒扭测功。两种测试方式的工作原理基本相同。当滚筒稳定旋转时，定子上测力杠杆所测力矩与驱动轮对滚筒的驱动力矩相等。根据测力装置与测速装置的测量值，由式（3-4）可得驱动轮的输出功率。

$$P = \frac{T_t n}{9\,550} \tag{3-4}$$

式中，P——驱动轮的输出功率（kW）；

T_t——驱动轮的驱动力矩（N·m）；

n——滚筒的转速（r/min）。

2）汽车滑行能力测试原理

汽车驱动轮首先带动滚筒装置和飞轮机构以相应转速旋转，此时滚筒装置和飞轮机构具有的动能与汽车道路试验时具有的动能相等。汽车摘挡滑行后，储存在滚筒装置和飞轮机构内的动能释放出来，驱动汽车驱动轮和传动系统旋转，滚筒继续转过的圆周长与汽车路试时的滑行距离相对应

3）汽车传动系统传动效率测试原理

汽车传动系统的传动效率是指驱动轮输出功率与发动机有效功率的百分比。

利用转鼓试验台反拖，可测得传动系统消耗的功率，即在测得汽车驱动轮的输出功率后，立即踩下离合器踏板，此时储存在飞轮系统中的汽车行驶动能将反过来拖动汽车驱动轮和传动系统运转，运转阻力作用于滚筒，从而可得反拖驱动轮和传动系统消耗的功率。

另外，有的转鼓试验台带有交频调速器和大功率电动机组成的反向驱动系统，此时可直接通过电动机反拖来测量汽车底盘及测功机台架本身的损耗功率。

4）车速表与里程表校准

在转鼓试验台上测量汽车行驶速度是一项基本功能，用它来测量车速表的误差非常方便。由于转鼓试验台是按照车辆高速行驶的要求设计的，因此它可在较大范围内对车速表的误差进行校准。

测试前，在测试系统中输入要校正的速度点，然后使汽车以该设定车速行驶，当转鼓试验台测速装置所显示的车速达到该速度点时，检查车速表指示值，该指示值与设定值间的差值即车速表在该设定车速下的误差。

里程表的校准方法与车速表类似。先设定某一校准的里程数，然后让汽车在转鼓试验台上以某一速度运转，到达预期的里程表读数值时，使测试系统程序停止记录距离，待车速降为零后完成测试。将测试系统显示的汽车实际驶过的距离值与里程表读数值比较，即可知道该车里程表装置的准确性。

5）其他项目

转鼓试验台除了用于上述几项测试外，还用于汽车加速性能、最大爬坡度和最高车速的测量。转鼓试验台与排气分析仪和油耗仪配合使用，还可以测试汽车多工况排放指标和油耗指标。

3.2.2 道路模拟试验机

道路模拟试验是将整车或车辆的部分总成、构件置于试验机上，然后通过激振机构进行加振，以便所施加的振动尽量正确地再现在实际车辆上产生的现象。因为这种试验机能够再现汽车在实际行驶中遇到的各种复杂工况，所以叫作道路模拟试验机。在道路模拟试验机上进行试验的优点是试验条件恒定，可实施复杂的振动测试，可精确地测定和观察汽车各部分的振动状态，这是道路行驶试验不具备的，因此被广泛采用。

由于道路模拟试验机主要用于低频范围里的振动问题研究，所以试验时需要大型的频率低、激振力和振幅均很大的激振设备。其激振机构有电磁式振动台和电子液压式振动台两种，通常使用的是后者。除此之外，还可以将近似于各种路面的凹凸板安装在转鼓上，进行车辆振动试验，此方法较接近于车辆前后方向振动输入的实际状况。

1. 道路模拟试验机的试验内容

道路模拟试验机可以比较准确地再现预定路面、预定行驶条件下汽车的运动情况以及振动环境。就功能来说，其可开展的试验主要有以下两大类：

1）汽车振动性能研究

汽车振动性能研究主要研究汽车本身的振动特性，如汽车平顺性评价、悬架特性研究评价、模态试验等。此类功能的道路模拟试验机要求激振的幅值不大（20 mm 左右），但频率范围要足够宽（0~200 Hz）。

2）汽车结构耐久性试验

汽车结构耐久性试验主要给予汽车以苛刻的路面负荷，从而达到耐久性试验的目的。一般是以汽车在实际路面行驶时的期望响应点的响应信号为目标，通过迭代来再现汽车在实际路面上行驶的响应。该类模拟试验机激振振幅必须足够大（达到 250 mm），而激振频率低（0~50 Hz），这种试验对新开发的样车（或车身）是必需的。

2. 道路模拟试验机的基本组成

道路模拟试验机的组成按其功能可分为以下五部分：

1）信号产生系统

信号产生系统主要包括计算机及其外围设备、磁带记录仪、函数发生器等。计算机可以按照预定程序不断发出指令信号，并不断对试件振动情况进行检测，能对随机数据进行分析处理，在建立驱动信号时有迭代逼近的功能。

2）电控系统

电控系统的功能是对指令信号加以处理，将其转换成电驱动信号，并通过闭环严格地控制执行机构，准确地完成各种指令动作。当前，电控系统已全部实现数字量控制，并与计算机结合在一起，共同完成复杂的控制功能。

3）伺服控制系统

伺服控制系统的功能是将不断变化的电信号对应地转换成动力液压油的流量及压力输出，主要部件是伺服阀。

4）机械执行系统

激振机构常采用电子液压式激振器，其将动力液压油的流量及压力转换成机械运动，通过一定的夹具来驱动被试汽车，并将运动情况反馈到电控系统。机械执行系统主要包括作动器、位移传感器、压差传感器、夹具等。

5）动力供给系统

动力供给系统负责提供足够稳定的液压驱动力，主要包括液压泵站、储能器、分油器、液压管道等。

3. 道路模拟试验机的工作原理

道路模拟技术的基本工作原理：通过由计算机、信号测量装置和液压伺服系统组成的道路模拟系统，再现汽车实际行驶工况的力和运动。

图 3-16 所示为道路模拟试验机的工作原理示意，它有 4 个电子液压激振器，汽车的 4 个车轮直接放在激振器上部的工作台上。试验时，从油压泵 6 输出的高压液流，在电子伺服阀 3 的控制下，进入激振器内双向作用的工作油缸 4，使工作台做上下往复运动。装在激振器柱塞下端的位移传感器 5 检测所得的位移量，在检测放大器中按正比将其转换为电信号，该信号在校正放大器 2c 中，与磁带记录仪、函数发生器或其他特定仪器输出的指令信号进行比较和校正形成控制信号，并在校正放大器内放大，然后输入伺服阀，使激振器的柱塞按指令信号工作。因此，伺服阀、装有柱塞的工作油缸、位移传感器、检测放大器以及校正放大器构成一个按柱塞位移进行反馈的封闭校正回路。

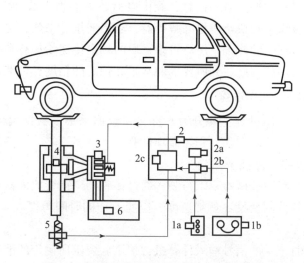

图 3-16 道路模拟试验机的工作原理示意

1a—遥控台；1b—磁带记录仪；2a—标准信号发生器；2b—放大器；2c—校正放大器；
3—电子伺服阀；4—工作油缸；5—位移传感器；6—油压泵

  液压激振器的操纵是借助磁带记录仪 1b，通过放大器 2b、遥控台 1a 和标准信号发生器 2a 等来实现的，在上述封闭校正回路中起主导作用的是电子伺服阀 3。激振器工作时所需的高压液流由油压泵供给，除了高压油泵外，还包括储油池、过滤器和油液冷却器等。高压油泵的功率通常为 5~200 kW，排量为 12~600 L/min，供油压力为 19 600~29 400 kPa，当要求的排量大时，通常采用多泵同时供油。汽车振动试验的特点是静载荷大，相对动载荷小，因此采用了储能器来支承静载荷，这样可减少油压泵的排量和功率消耗。

  道路模拟试验机的闭环数控系统如图 3-17 所示。闭环数控系统是实现室内再现技术的关键。试验时，将规定的载荷谱输入计算机，由计算机输出的控制信号经由数/模转换器，数字信号转换为模拟信号，通过功率放大器去控制激振器的动作，以进行各种试验。各种传

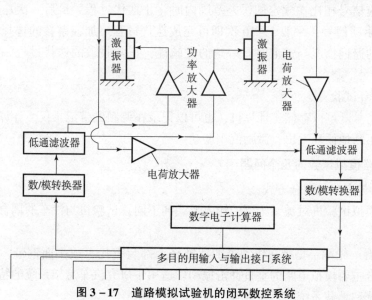

图 3-17 道路模拟试验机的闭环数控系统

感器从被试对象上取出各种加载后的信息，经由电荷放大器输入数/模转换器，将模拟量数字化。数字量的信息被输送到快速傅里叶解析器，求出傅里叶系数，送入计算机与标准载荷频谱进行比较，并进行相应的修正，然后将修正后的频谱传递给加载系统。通常需经过若干个这样的过程，才能使加载程度达到所要求的水平和预定的精度与标准。

4. 道路模拟试验机的工作过程

道路模拟试验机的工作过程主要分为6部分：数据采集、数据编辑、求系统的传递函数、导出初始驱动信号、迭代过程、程序循环试验。

1）数据采集（也称"路面采样"）

试验车辆在选择的路段按试验要求行驶，通过传感器、前置放大器和信号记录装置，同时记录各期望响应点的控制变量（如加速度、应变等）的时间历程。

2）数据编辑

将在道路上行驶时记录的信号输入计算机，按试验要求所确定的准则对原始信号进行取舍和编辑，从而获得汽车在道路模拟试验机上再现路面振动的期望响应信号。

3）求系统的传递函数

将试验车辆置于道路模拟试验机上，求出由汽车、传感器、前置放大器、试验台架、电控系统、计算机等组成的系统的传递函数。

4）导出初始驱动信号

由期望响应信号和系统的传递函数计算初始驱动信号。

5）迭代过程

用初始驱动信号激振，同时回收期望响应点的驱动响应信号。将此信号与期望响应信号比较，取得驱动响应的误差函数，由该函数与传递函数即可得到驱动的误差函数。将此函数乘以小于1的加权系数并叠加到初始驱动信号上，获得第一次迭代的驱动信号，用该信号激振汽车，同样可以得到第二次驱动的误差函数，将这次驱动的误差函数又乘以小于1的加权系数并叠加到第一次迭代的驱动信号上，得到第二次驱动信号。如此重复，直到回收的响应信号与期望响应信号相比在规定的误差范围内时终止迭代过程。最后一次迭代的驱动信号即正式的试验驱动信号，一般5～10次即可完成迭代过程。加权系数的选择取决于驱动响应对期望响应的逼近情况，选取时有一定的经验性，正常收敛的迭代过程一般选取系数为0.3～0.6。

6）程序循环试验

最终驱动信号既可以存储于计算机，也可以记录在调频磁带记录仪。计算机或磁带记录仪将驱动信号不断地循环发出，激励汽车振动。

5. 有关道路模拟试验的几个问题

1）试验机与汽车的耦合方式

根据道路模拟试验机对被试车辆的输入形式的不同，试验机与汽车的耦合方式可分为轮耦合和轴耦合。

（1）轮耦合。轮耦合是指在作动器的活塞杆上部装有托盘或平面钢带，将汽车车轮置于其上。轮耦合主要模拟道路的垂直冲击振动，适用于研究汽车悬架系统的特性，以及考核汽车的行驶系统和承载系统的可靠性等。

(2) 轴耦合。轴耦合是指将汽车车轮去掉，用夹具夹住汽车的轴头，再与作动器连接。该耦合方式可对轴头施加 3 个方向的载荷，模拟驱动力、制动力、侧向力对汽车的影响，适用于对轻型载货汽车和轿车进行的试验。除一般的整车考核外，轴耦合能更好地考核汽车钣金件的可靠性。在设计夹具时，应考虑惯性力和运动干涉等，对夹具的质量和几何尺寸有一定的要求。

2) 再现方式

(1) 时间域再现（波形再现）。时间域再现是指在试验室内严格地再现汽车在采样路面上的时间历程，其特点是能准确地描述非平稳随机过程，对被试汽车激振点与响应点之间的线性程度要求较低。由于再现较直观，所以应用得比较广泛。

(2) 频率域再现（功率谱模拟）。频率域再现是指在试验机上保持汽车的振动功率谱与期望响应的功率谱相同，对具体的时间历程无严格要求。它要求汽车在道路采样时应是平稳的随机过程，激振点与响应点之间的线性程度较好，频率域再现只用于轮胎联结方式中。

(3) 期望响应点（反馈点）位置及控制量。期望响应点是影响驱动信号迭代逼近速度和模拟精度的重要因素，要遵循下述原则：期望响应点应尽可能接近激振点，能准确地反映被试车辆所受振动（或力）的输入情况；期望响应点的信号强，干扰信号就弱；期望响应点应接近试验最感兴趣的部位。对控制量的选择应遵循下述原则：若垂直力来源于路面不平的作用，且频率为 0.5~40 Hz，则宜采用加速度进行模拟控制；若纵向力来源于汽车驱动力和制动力的作用，且低频成分丰富，则宜采用应力模拟的控制方式；若侧向力来源于汽车转弯和路面横向作用，则宜采用应力模拟控制方式。

3.2.3 内燃机高海拔模拟试验台

内燃机高海拔（低气压）模拟试验台可以在平原地区模拟高原环境的大气状况，进行内燃机性能试验，研究及评价内燃机及其附件在不同海拔高度环境的动力性、经济性、排放性以及起动性能。图 3-18 所示为某单位研制的一种内燃机高海拔（低气压）模拟试验台整体布置结构。

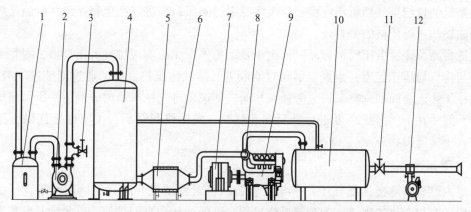

图 3-18 内燃机高海拔（低气压）模拟试验台整体布置结构

1—气水分离器；2—水环真空泵；3—排气调压阀；4—排气稳压箱；5—热交换器；
6—低压起动连通管；7—底盘测功机；8—废气涡轮增压器；9—发动机；10—进气稳压箱；
11—进气节流阀；12—空气流量计

1. 工作原理

高海拔大气条件对内燃机性能的主要影响因素包括大气压力、大气温度和空气相对湿度。其中，大气压力和温度的影响十分显著。我国高原地域广阔，由于季节、昼夜和天气不同，大气温度变化范围很大，若以年平均统计温度为模拟对象，则缺少实用意义。另外，大气温度模拟装置昂贵复杂，较难实现。因此，该试验台重点对高海拔大气压力变化进行模拟，不对温度和湿度进行模拟。

高海拔（低气压）模拟试验台通过进气节流，利用发动机运行过程中的进气抽吸作用，来实现进气低压模拟；在发动机排气管后用真空泵抽吸，实现排气背压的模拟；同时通过在发动机曲轴箱内保持同样的真空度来达到模拟高海拔大气压力的精确性。

具体工作原理：进气压力的模拟是通过进气节流降压来实现的。空气经过空气流量计和进气节流阀，进入进气稳压箱，再通过进气管经涡轮增压器进入发动机。当发动机工作时，由进气节流阀的节流作用在进气稳压箱中产生进气低压。通过调节进气节流阀开度来控制进气稳压箱中的进气压力，从而模拟不同海拔高度的大气压力。为保证测量数据的精确性，整个进气系统严格密封。进气稳压箱保证进气压力不受发动机进气气流波动的影响。

排气背压的模拟是通过真空泵从排气稳压箱中抽取真空来实现的。通常可采用两种方式：一种是引射式真空泵，由压缩空气或高压水流通过引射器将发动机的排气从排气稳压箱中强制抽出；另一种是抽气式真空泵，采用直吸式真空泵直接从排气稳压箱中抽取真空。采用射流式模拟方法，对压气机或水泵的功率要求较高，供气或供水量很大，整个系统价格昂贵，体积较大。因此，采用真空泵直接抽气式模拟方法，由真空泵从排气稳压箱中抽取真空，通过调节真空泵的进气旁通调压阀的开度，将排气稳压箱内的气压控制在所需模拟的压力。考虑到排气温度较高，会使真空泵内工质升温，致使其相关零件性能降低或受损，排气系统中增加了以水为工质的热交换器，使发动机排放的废气温度降至真空泵允许的范围，以确保内燃机高海拔（低气压）模拟试验台的安全运行。

曲轴箱内压力的模拟是通过与进、排气稳压箱相连接来实现与模拟大气压力的一致的。将曲轴箱机油口与排气稳压箱连接，同时将呼吸器测压口与进气稳压箱连接。将油尺探测口及整个曲轴箱进行严格的密封。

在进行高原环境低压模拟起动时，由于发动机停车无法实现进气低压模拟，需先将进气稳压箱与排气稳压箱连通，由真空泵同时抽取进、排气稳压箱真空，通过调节进气节流阀、进排气稳压箱连通阀和真空泵进气旁通调压阀，使进、排气稳压箱内分别达到所需模拟的大气压力，然后在不同海拔高度进行低压起动试验。发动机起动后，关闭进排气稳压箱连通阀，进入正常模拟状态。

2. 主要用途

通过内燃机高海拔（低气压）模拟试验台，可对发动机开展高原适用性研究，探索其性能指标随海拔变化的规律，为改善燃烧过程、降低油耗和炭烟排放，以及为开发和设计适合高原地区使用的新型发动机提供依据和资料。

另外，内燃机高海拔（低气压）模拟试验台不仅可以对发动机在不同海拔高度下的动力性、燃料经济性及排放性能进行试验研究，还可以通过试验，研究发动机附件在不同海拔高度下的适应性问题,如发动机打气泵在不同海拔高度下压力的变化情况、风扇转速的变化情况以及发动机散热器的压力变化情况等,这些针对发动机附件的研究工作为改善发动机整体性能研究提供了参考和依据,有助于发动机高海拔环境适应性问题的进一步研究。

3.2.4 高/低温模拟试验室

1. 高温模拟试验室

为使汽车适应高温、高热环境,了解其性能及部件的老化情况,汽车厂家根据各自汽车产品的需要,纷纷兴建高温模拟试验室。

1) 结构

(1) 日照装置。在试验室顶壁与侧壁均匀安置红外线灯(灯光照射强度及光照区域均可按试验要求进行调节),用以模拟在炎热的阳光下,测试汽车各部位的温升及受热状态。

(2) 供风系统。模拟汽车实际行驶的迎面行驶风,由大型鼓风机产生,配以风道及风速调节装置,组成供风系统。与空气动力风洞不同的是,风道出口截面积很小,同时风速调节范围要尽可能地覆盖汽车的车速。

(3) 加热装置。采用电加热与蒸汽加热两种形式,一般大型试验室采用蒸汽加热。

(4) 路面辐射装置。为再现路面热辐射状态,一般使用加热箱,并将其铺装在试验地面上。设定的温度范围为40~800 ℃。

2) 技术指标

(1) 温度。温度的上限有许多,如60 ℃、50 ℃、40 ℃等,通常以50 ℃为限。

(2) 湿度。湿度有300%~80%、300%~100%、0~95%、5%~95%几种,其中以5%~95%最合适。

(3) 风速。风速应尽可能覆盖整个车速范围。

3) 试验项目

(1) 冷却性能试验。在炎热地带和夏季气温很高的条件下,以是否能保证汽车主要部件保持适度的温度来评价其散热性能。检测内容包括发动机冷却液温度、发动机及变速器等机油油温、发动机进气温度以及燃油油温和气阻。

(2) 动力性能试验。在高温条件下,在燃油及进气温度上升、发动机功率降低的状态下,评价汽车的动力性能,或评价在高温条件下汽车熄火停车后的再起动性能。

(3) 耐热性能试验。在高温条件下高速行驶、爬坡行驶、城市市区行驶,以及行驶之后的停车怠速等各种行驶工况下,评价汽车结构部件的耐热性以及发动机舱内和车身各部位的橡胶件、塑料件的耐热性等。

(4) 空调性能试验。在高温潮湿强烈日照的条件下,评价车内环境的舒适性,检测内容包括驾驶室内的温度、湿度、凉风、风速、换气及车窗视野等。

2. 低温模拟试验室

低温模拟试验室用于模拟低温环境状态。与实地寒区试验比较,该试验具有节约人力、物力、财力,不受外界气候环境的影响,不受季节限制等优点;同时,具有环境控制精度高、稳定性好和重复性好的特点。

1) 结构

（1）低温试验间。低温试验间要求密封、保温、防腐，有足够的面积和高度，以及足够的地面承载能力。内设防潮照明、冷风机和蒸发器及温度、压力、转速、CO 报警器等传感器，并配有测试传感器、电源等需要的插座、排烟接口、拍摄支架等。低温试验间大门要能保证试验车辆通过，并要有良好的保温性能。在试验过程中，试验人员进出的小门外要有过渡室。过渡室除了能减少人员进出时低温试验间冷气的损失、保持低温试验间温度稳定以外，还可以使试验人员进出低温试验间前有一个温度适应过程，减少人体过强的"冷热冲击"，防止感冒。低温试验间还要设有保温除霜观察窗、通信线路插头、报警器等，以保证试验安全、有效地进行。如果低温试验间设置功率吸收装置（如底盘测功机），则可以完成车辆在低温条件下的各种行驶工况的模拟试验。

（2）制冷机房和制冷系统。制冷机房和制冷系统用于提供冷源，包括制冷压缩机、冷却器、中冷器、蒸发器、管线、阀门、电源和配电柜、测量参数显示装置和有关报警装置，同时要设置机组操作人员值班室。

（3）换气系统。换气系统用于排除室内有害废气，更换和补充低温试验间的新鲜的低温冷空气，排除人员及试验样品散发的热量，维持试验规定的低温状态。

（4）冷却液系统。冷却液系统是制冷系统必需的辅助设施，用以冷却制冷机组，一般包括冷却塔、水泵、水池和软化水装置等。

（5）测控及观察间。测控及观察间放置试验测量仪器、试验数据采集与处理系统，它是整个低温试验室的联络指挥中心。

（6）试验数据采集与处理系统。试验数据采集与处理系统包括温度、电流、电压、时间及转速等各类试验参数的采集与处理的设备，一般使用计算机进行。

（7）通用系统及配电动力系统。

2) 技术指标

根据检测标准选择，其温度多为 $-50 \sim -40$ ℃，湿度为 $5\% \sim 95\%$，风速与高温模拟试验室相同。

3) 试验项目

（1）汽车发动机的低温起动性能试验。汽车发动机的低温起动性能试验包括：发动机极限起动温度试验，即找出不带任何辅助起动装置发动机仍能起动的最低温度；发动机低温起动辅助装置的性能测试与匹配；发动机起动系统各参数的低温匹配，这些参数包括起动系统电压、起动机啮合齿轮的齿数、起动机功率和转速、蓄电池容量和蓄电池低温充放电能力等。

（2）发动机低温行驶性能匹配。发动机低温行驶性能匹配是指在低温环境下，发动机冷起动、暖机、起步以及车辆行驶等工况的发动机点火角、点火能量、供油量、节气门开度等参数的匹配。

（3）汽车行驶安全性检验。在我国强制性标准中，需要进行整车低温试验的有汽车风窗玻璃除霜系统试验和汽车风窗玻璃除雾装置试验。

（4）汽车寒区适应性试验。汽车寒区适应性试验包括汽车采暖性能试验和汽车起步性能试验，后者即在发动机起动后，经过最短的暖机时间，使汽车顺利起步行驶。

（5）刮水器等总成的低温性能试验。

（6）非金属零件的低温适应性试验。

（7）汽车燃油、润滑油、液压油等的低温性能验证试验。

（8）其他必要的低温性能、低温适宜性试验。

3. 高低温模拟试验室

高低温模拟试验室也可称为环境试验室，是狭义上的环境试验室，其结构为高温、低温二者合一，既可模拟高温环境，又可模拟低温环境。此外，还可将转鼓试验台放于其中。

3.2.5 消声室和混响室

汽车是世界上公认的噪声源之一，各国环境保护法规中都对汽车噪声级别加以限制。为便于开展汽车噪声的检测和相关研究工作，需要一个不受外界干扰的声学环境，即消声室和混响室。

1. 消声室

消声室（图 3-19）是指在闭合空间内建立的自由声场室。在此空间内，传播声波的介质均匀地向各个方向延伸，使声源辐射的声能"自由"地传播，既无障碍物的反射，也无环境噪声的干扰。

图 3-19 消声室

消声室根据空间吸声面数量的多少可分为全消声室和半消声室，如图 3-20 所示。半消声室内五面装有吸声体，地面为水磨石地面，作为声发射面，可模拟汽车行驶时的声音反射特点。整个消声室如同一个长方体"空盒"放在房间里，并通过弹簧坐落在与房间墙壁隔离的独立基础上。全消声室为六面挂装吸声体的净空间，一般用于发动机的声学测量。

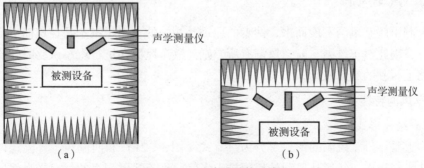

图 3-20 消声室结构示意

(a) 全消声室；(b) 半消声室

消声室的功能主要体现在以下几点：

（1）自由场空间。自由场是指声波在无限大空间里传播时，不存在任何反射体和反射面。消声室的主要功能是为声学测试提供一个自由场空间或半自由场空间。自由场半径是用于衡量自由场大小的指标，一个设计良好的消声室，自由场半径应为从中心点到离尖劈 1.0 m 的距离。

（2）背景噪声。消声室的另一项功能是提供低背景噪声的环境以适应测试环境的要求。在测试频率范围内，背景噪声的声压级至少要比被测声源的声压级低 6 dB，最好低 12 dB。

（3）截止频率。在消声室设计中，通常把尖劈吸声系数为 0.99 的最低频率称为截止频率。墙面的吸声系统能保证 99% 的吸声系数时，可保证消声室在截止频率以上是满足自由场条件的。在截止频率以下的测量，可根据《声学——声压法测定噪声源声功率级和声能级——反射面上方采用包络测量表面的简易法》（ISO 3746—2010）和《声学——声压法测定噪声源声功率级和声能级——在混响环境现场使用的工程法/简易法》（ISO 3747—2010）的标准进行修正测量。

在消声室内，可开展的试验项目有：发动机声功率级测量、声场分布、1 m 声压级测量等；排气系统噪声研究、排气噪声测量；冷却系统噪声研究；传动系统噪声研究；起动机、发动机等电气噪声研究；气、电喇叭频谱分析，可靠性试验；声学仪器的计量；等等。

2. 混响室

混响室是一个能在所有边界上全部反射声能，并在其中充分扩散，形成各处能量密度均匀、在各传播方向作无规分布的扩散声场的试验室。据此要求，混响室的混响时间应尽量长，以保证声能充分扩散，因此一般建成各表面不相互平行的不规则房间，或其长、宽、高中任何两个尺度之比不等于或很接近于某一整数的矩形房间，几个国际标准化组织推荐采用的比值（长：宽：高）为 1.54：1.28：1、1.58：1.25：1、1.69：1.17：1、2.13：1.17：1、2.38：1.62：1。房间全部表面的平均吸声系数应不超过 0.06，一般可通过在房间的表面上刷瓷漆、铺瓷砖或贴铜箔等方法来实现。为增加声能的扩散，改善声场的均匀性，可在房间内悬挂固定的扩散片，安装大型转动或摆动的扩散体。

在混响室内，可开展的试验项目有机器声功率级的测量、汽车车身隔声性能研究及吸声材料吸声系数的测量等。此外，可使消声室与混响室联合使用，用于材料隔声性能的研究。

3.2.6　汽车风洞

汽车风洞由航空风洞发展而来，两者的原理是相同的。由于汽车是在地面上行驶而不是在空中飞行，因此汽车风洞与航空风洞有所差别。汽车风洞在进行汽车试验时的流场与汽车在实际道路上行驶的气流流动状态相同或接近。

1. 汽车风洞特性

1）风洞结构形式

从结构上看，汽车风洞的形式可分为直流式（图 3-21）和回流式。直流式风洞的特点是：气流从大气吸进，然后从风洞的后部排入大气。直流式风洞里的气流受自然风的影响较大，噪声普遍较高。

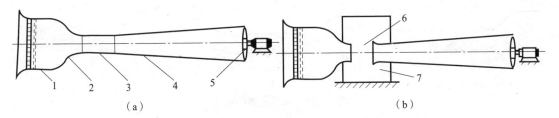

图 3-21　直流式风洞

(a) 闭口试验段；(b) 开口试验段

1—稳定段；2—收缩段；3、6—试验段；4—扩压段；5—风扇；7—密闭室

回流式风洞又分双回流式风洞（图 3-22）和单回流式风洞（图 3-23）。其特点是空气沿封闭路线循环流动，气流不受自然风的影响，流态稳定。

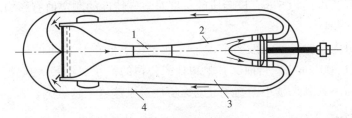

图 3-22　双回流式风洞

1—试验段；2—扩压段；3—静止空气空间；4—环形回流道

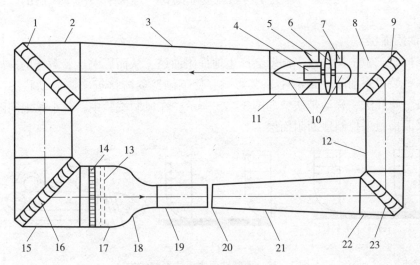

图 3-23　单回流式风洞

1、9、16、23—导流片；2—第三拐角；3、12、21—扩压段；4—电动机；5—止旋片；6—风扇；
7—导向片；8—第二拐角；10—整流罩；11—动力段外壳；13—整流网；14—整流器；
15—第四拐角；17—稳定段；18—收缩段；19—试验段；20—调压缝；22—第一拐角

2) 风洞试验段形式

如图 3-24 所示，风洞试验段形式分为开口试验段、闭口试验段和开槽壁试验段。实车风洞闭口试验段横截面积大多选在 20 m² 以上；开口或开槽壁试验段阻塞的影响小，试验段横截面积为 12～20 m²。模型风洞多采用闭口试验段形式，试验段的横截面积约为 12 m²。

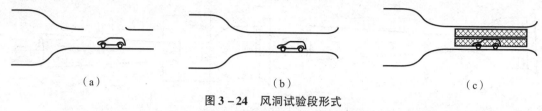

图 3-24 风洞试验段形式

(a) 开口试验段；(b) 闭口试验段；(c) 开槽壁试验段

在采用闭口试验段风洞进行试验时，若模型的高度不超过模型支承地板到风洞顶壁高度的 1/3，模型在最大侧偏角下的正投影宽度不超过风洞试验段宽度的 1/3，阻塞度控制在 5% 以内，则试验数据可以不进行洞壁阻塞修正。否则，须进行阻塞修正。

风洞试验段的长度一般为模型长度的 2~5 倍。全尺寸风洞试验段的长度在 10 ~25 m，而一般轿车的实际长度约为 5 m。试验段的长度对空气特性的测定值有影响。

3) 风洞最大风速

实车风洞的最大试验风速一般要求大于（或至少不低于）汽车的最高车速。现代汽车的最高车速已超过 200 km/h。目前，奔驰和日产公司的汽车风洞最大风速为 270 km/h。随着轿车的空气阻力系数越来越小，其空气动力特性对风速越来越敏感。

4) 风洞收缩比

风洞收缩比的选择直接关系到风洞试验段气流的紊流度、均匀度等。现有风洞的收缩比分布很广，从 1.45:1 到 12:1。为了将紊流度降低到一定水平，汽车风洞的收缩比通常最低选用 4:1。

5) 地面附面层

由于在风洞试验中试验段下洞壁会产生地面附面层，从而影响试验数据的准确性，因此通常采用一些装置来消除（或减小）其影响，使下洞壁气流接近实际流动状态。常用的方法有吸气法、吹气法、移动带法，如图 3-25 所示。在风洞试验中，最小离地间隙小的车型特别需要采取措施来控制地面附面层。

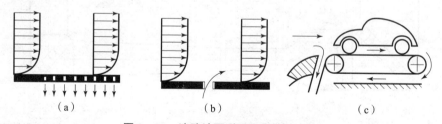

图 3-25 消除地面附面层影响的方法

(a) 吸气法；(b) 吹气法；(c) 移动带法

汽车支承一般为四轮支承，支承板与风洞下洞壁（或地板）平齐，以消除支架干扰等带来的影响。

2. 汽车风洞类型

1) 空气动力风洞

空气动力风洞分为实车风洞和模型风洞。其中，实车风洞主要进行实车或全尺寸模型的空气动力试验，而模型风洞进行缩尺模型的空气动力试验。

与实车风洞试验相比,缩尺模型的试验费用低,改动方便,其试验量是实车试验的几倍。随着综合性风洞的日益增多以及对原有实车风洞的改造,实车风洞中也可进行缩尺模型的试验。汽车缩尺模型采用的缩尺比通常为 3∶8、1∶3、1∶4、1∶5。模型风洞的风速范围为 30~70 m/s。

另外,汽车风洞里可安装一些附加设备,以提高风洞的试验能力。例如,加置底盘测功机进行发动机冷却系统冷却能力性能试验;加置降雨装置模拟降雨条件;等等。

2) 噪声风洞

噪声风洞用于研究气流造成的车体噪声(如风噪声、漏风噪声等),是现代汽车重要的研究课题。噪声风洞的设计原理是:采取一系列措施,如在风道盖顶和围墙加吸声材料和装置、在转角叶片加吸声材料并整形等,使试验段成为无回声室,从而降低风洞背景噪声,使汽车的风噪声测量成为可能。

3) 气候风洞

气候风洞用于汽车的环境适应性试验,其试验横截面积在 10~12 m^2。气候风洞的阻塞度修正因子需通过在大型风洞或道路上校测来确定,并据此对风洞中的气流速度进行调整。对气流的调整还可采用缓冲板等辅助设备,以使汽车表面的压力分布尽可能与道路上的表面压力分布一致。

4) 气候风室

气候风室又叫空调室,其试验段横截面积为 5 m^2,甚至更小。在气候风室中,轿车前部的压力分布能够趋近真实情况,它通过修正风速得到,这样的压力分布可以满足发动机冷却系统性能试验要求。气候风室内一般有日照模拟装置,室内温度可以调节,能进行汽车的空调试验。

目前,气候风洞和气候风室的最高风速都能达到 180 km/h,其温度调节范围通常为 -50~50 ℃。

5) 小型全尺寸风洞

小型全尺寸风洞的试验段横截面积范围为 10~20 m^2,它们的试验段要么是 3/4 开口的,要么是开槽壁的。通过对试验数据进行修正,结果可令人满意。

3.3 汽车试验场

3.3.1 功用与类型

汽车试验场是再现汽车在使用中遇到的各种各样的道路条件和使用条件的试验场地。试验道路是实际存在的各种各样的道路经过集中、浓缩、不失真的强化并典型化的道路。汽车在试验场试验比在试验室或一般行驶条件下的试验更严格、更科学、更迅速。

英国的 MIRA 汽车公司、美国的通用和福特汽车公司、德国的大众汽车公司,以及日本的丰田、日产、本田等世界著名汽车公司早在 20 世纪中叶就建有自己的汽车试验场。我国最早的汽车试验场是于 1958 年开工建设的海南汽车试验场。随着我国汽车工业的发展,先后又建成了安徽定远汽车试验场、东风襄阳汽车试验场、交通部公路交通试验场、一汽农安汽车试验场、上海大众汽车试验场、上汽通用广德汽车试验场、比亚迪韶关汽车试验场、中汽中心盐城国际汽车试验场、重庆长安汽车综合试验场等。

汽车试验场的主要功用是：

(1) 开展汽车产品的质量鉴定试验。

(2) 开展汽车新产品的开发、鉴定与认证试验。

(3) 为试验室零部件试验或整车模拟试验以及计算机模拟确定工况，提供采样条件。

(4) 开展汽车标准及法规的研究和验证试验等。

汽车试验场从功能上可分为综合性试验场和专用试验场。从规模上，其可分为大型试验场、中型试验场和小型试验场。大型试验场面积在 10 km² 以上，试验道路总长超过 100 km，道路种类相对比较齐全，多属于综合性试验场。美国三大汽车公司（即通用、福特和克莱斯勒）都有这样的大型综合性试验场。在各种汽车试验场中，中小规模的占大多数，其中综合性试验场由于受面积所限，布置相对比较紧凑，但试验道路和设施的种类比较齐全，亚洲和欧洲大部分试验场属于此类。在中小型规模的汽车试验场中，很大一部分是汽车零部件公司为满足产品开发和法规要求而修建的专用功能试验场，如德国 WABCO 公司设在汉诺威附近的试验场，其主要试验道路是附着系数从 0.15~0.50 的五条制动试验路，以满足该公司开发和评价防抱死制动系统 ABS、ASR 和 EBS 等的需要。当然，专用功能汽车试验场也有大型的，如美国通用汽车公司在马萨（Mase）建的沙漠热带汽车试验场，总面积达 18 km²。当地气候干燥，夏季最高温度可达 45 ℃，是鉴定发动机冷却系统、供油系统以及整车的动力性、经济性、空调系统性能等的理想试验环境。

3.3.2 试验道路与相关设施

由于规模和功能的差别，各汽车试验场的试验道路和设施的种类、几何形状、路面参数等各不相同，甚至同样的设施具有不同的名称。以下仅就常规道路和设施进行说明。

1. 高速环形跑道

高速环形跑道为车辆进行连续高速行驶而建立，是构成试验场的核心道路之一。常见的环形跑道形状有椭圆形、电话听筒形、三角形和圆形等，长度从每圈几百米到数千米不等。高速环形跑道一般由进行直线加速的平坦直线部分和维持高速转弯的带倾斜的曲线部分，以及连接这两部分的过渡曲线部分组成。有的环形跑道还在不同位置设置了大型鼓风机，以产生侧向风，用于评价侧向风对车辆及驾驶人造成的影响。

为确保驾驶人在不过度紧张和疲劳的条件下安全地进行连续高速行驶，需保证直线部分具有一定的平坦度和宽度，以及与曲线部分的光滑连接，特别是在曲线部分。如图 3-26 所示，应根据曲线上的设定目标车速 v 产生的离心力 F_c 来确定倾斜角度 θ，以使汽车能够像在直线行驶中那样被操控。

2. 综合性能试验道路

综合性能试验道路又称为水平直线性能路。其一般为电话听筒形，直线部分是试验段，要求路面平坦均匀；横坡在保证排水的前提下尽量小，纵坡不得大于 0.2%，最好是水平的；长度在 1 000 m 以上，宽度大于 8 m。其主要进行汽车动力性、经济性、制动性能等试验。有些中小型试车场将直线段中间加宽到数十米，进行操纵稳定性等试验，两端是回转弯道，主要起掉头和加速作用。当直线段不足够长时，回转弯道设一定的超高以提高试验车速。

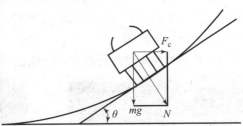

图 3-26　高速环形跑道弯道

N—坡面支持力；mg—汽车重力

3. 回转特性试验广场

回转特性试验广场一般为直径 100 m 左右的圆形广场（图 3-27），内倾坡或外倾坡小于 0.5%，路面平坦均匀，而且能长期保持比较稳定的附着系数，其主要用于测试和评价汽车的转向特性。有的还设有淋水或溢水设施，用来测试汽车在湿滑路面上的回转特性。

图 3-27　回转特性试验广场

4. 低附着系数试验道路

低附着系数试验道路，又称为 ABS 性能试验路，用于模拟冰冻、降雪、下雨等易打滑路面，是进行防抱死制动、防侧滑、牵引力控制、四轮制动驱动控制以及操纵稳定性试验等不可缺少的路面。车轮与路面间的低附着系数通常采用在柏油路面或经特殊材料加工处理后的路面上洒水实现。为使路面形成均匀水膜，路面铺装时横向坡度一般控制在 0.5% 左右，且在道路两侧安装喷水设施，以便调整喷水量。

根据路面附着系数不同，典型低附着系数道路分为三种：单一附着系数路面、左右对开路面（车辆左右两侧车轮与路面间附着系数不同）和前后对接路面（车辆前后轴车轮与路面间附着系数不同）。根据车辆试验目的，试验道路可以包括直线段、曲线段和具有一定宽度的广场状路段，有的也将这三种试验跑道组合到一起，可以进行比较高级的车辆试验。常见低附着系数路面为玄武岩瓦块（图 3-28）或瓷砖铺装，也有用混凝土进行表面研磨抛光，甚至在抛光面上再涂上某种树脂来降低附着系数，在洒上均匀水膜后，其附着系数通常可低至 0.05～0.45。

5. 操纵性和平顺性试验道路

该试验道路由不同半径的弯曲路（包括回头弯和 S 弯）以及存在各种缺陷的路段组成，弯道一般不设超高。缺陷路上布置有凸出或凹下去的窨井盖（图 3-29）、横沟、铁路岔口、局部修补的补丁和反向超高等。其主要用于检验汽车的操纵性、稳定性、平顺性及噪声等，同时也可作为一种典型的坏路进行汽车可靠性试验。

图 3-28 低附着系数试验道路

图 3-29 窨井盖群试验道路

6. 石块路

石块路（图 3-30）是汽车行业一致认同的汽车可靠性试验路，长度从几百米到几千米不等，宽为 3.5~4.0 m，几乎每个试车场都有。因为这种路最早取自比利时某些年久失修的石块路，所以又称为比利时路。它是考核汽车轮胎、悬架系统、车身、车架以及结构部件的强度、振动和可靠性的理想试验道路。

7. 卵石路

卵石路（图 3-31）就是将直径为 180~310 mm 的鹅卵石稀疏地、不规则地埋入水泥混凝土路槽中，卵石高出地表部分的高度为 40~120 mm，铺砌成几百米长的卵石路。汽车在卵石路上行驶时，除了引起垂直跳动外，不规则分布的卵石路还对车轮、转向系统和悬架系统造成较大的纵向和横向冲击。卵石路是大中型载货汽车、自卸车等可靠性试验道路之一。

图 3-30 石块路

图 3-31 卵石路

8. 扭曲路

扭曲路（图 3-32）由左右两排互相交错分布的凸块组成，凸块形状以梯形最简单，也有正弦波形或环锥形,作用都是一致的,就是使汽车产生强烈的扭曲,以检验车辆的车架、车身结构强度和各系统的连接强度、干涉等。凸块高度一般为80~200 mm,分别修筑成甲、乙、丙等种类的扭曲路。例如,海南试验场规定大中型载货汽车要通过200 mm的甲种扭曲路,微型车只需通过80 mm的丙种扭曲路。

9. 搓板路

搓板路(图3-33)的凸起近似正弦波,是沙石路上常见的路况。波距为500~900 mm,行驶车速很高的波距可达到1 000 m。汽车以较高车速在搓板路上行驶时,簧下质量呈高频振动,簧上质量较平稳。试验场用水泥混凝土修筑的搓板路大多采用的波高为25 mm,波距为500~800 mm。为了造成左右车轮的相位差,常将左右两侧的搓板错位布置或斜置某一角度。搓板路用于汽车的振动特性、平顺性和可靠性试验。

图3-32 扭曲路

图3-33 搓板路

10. 标准坡道

标准坡道(图3-34)用于汽车爬坡性能、驻车制动器驻坡性能、坡道起步和离合器研究开发等试验。标准坡道是常用坡道从10%~60%并列布置或阴阳坡两面布置的数条坡道,坡长不小于20 m。为满足越野车辆试验要求,坡道的坡度可达到100%。大于20%的坡道需嵌有横木条,以增加附着力。为保证试验安全,在坡顶还可设置绞盘牵引机构及回转平台。随着制动驱动控制技术的发展,为了评价新技术性能,国外也有在坡道上贴瓷砖以降低附着系数的坡道。

图3-34 标准坡道

11. 山路

山路一般利用自然地形修建,也可利用现有公路改建,通常考验汽车发动机、传动系统和制动系统的使用性能。我国定远汽车试验场场区山路全长5 700 m，路面由混凝土铺装，最大坡度为20%，连续坡长为2 000 m，平均坡度为5%。

12. 溅水池与涉水池

溅水池一般与石块路并行，水深0.15 m左右且可调，池两侧设挡水墙。汽车连续在石块路上行驶时，悬架系统，特别是减振器发热严重，造成非正常损坏。所以试验场一般规定汽车在石块路上每转两圈必须通过一次溅水池，以起到冷却悬架系统的作用。

涉水池（图3-35）可修成环形或长条形，水深可调，用于制动器浸水恢复试验、汽车下部和底板浸水密封性试验以及电气装置防水性能试验等。

图3-35 涉水池

除以上道路和设施之外，有些汽车试验场还有长坡路、枕木路、砾石路、盐水池、灰尘洞、噪声发生路、静路（标准路面），以及沙石路、越野路等。越野路主要是崎岖不平的、无铺装路面的道路，同时有沙地、沼泽地等地面通过性试验设施以及弹坑、横沟、垂直台阶、驼峰等地形通过性试验设施，用于考核越野车在无路区的通道性能。

13. 安全和环境设施

每一项试验道路和设施的设计，都应同时考虑汽车试验安全的需要。高速环道的两侧，除供临时停车的硬路肩外，要设不小于10 m宽的安全地带并种植草皮；弯道外侧、桥涵处、填方处以及在安全带内设置的标志杆、灯柱、测速装置等都应安装安全护栏；高环入口应该是唯一的，并且能实施有效的控制。其他试验道路和设施，也最好设置宽3.5 m以上的辅助道路和一定宽度的紧急停车带。辅助道路是故障车辆或交通事故的救援通道，同时作为监测路以保证测试车和摄影车对试验车辆的跟踪，所有的试验道路都必须有醒目的标线和指示标牌，而且其在夜间灯光的照射下也是清晰的。

此外，充分利用空地种植树木花草，在试验道路两侧形成高低错落、形态各异的绿化带，可以有效发挥挡风、抑制灰尘、降低噪声和排气污染、防止夜晚灯光炫目等作用，同时能给人生机盎然的感觉和轻松的心情，这对减轻试验人员的枯燥感和疲劳感是很有效的。

此外，为配合车辆及其部件的试验研究工作，场内还设有必要的辅助建筑和设施，如车库、油库、维修保养车间及水电供应设备等。

本章小结

1. 接地式车速测量仪一般由第五轮仪、传感器、显示器及脚踏开关等组成。但在试验过程中，要求第五轮必须时刻与地面接触，且不能出现打滑，因而限制了试验道路种类的选择范围，不利于非公路车辆对应试验的实施。光电式车速测量仪由空间频率传感器和信号处理装置组成。与第五轮仪相比，光电式车速测量仪安装方便、测量精度高，适用于高速测量，最高测量车速可达 250 km/h。但其光源耗电量大，并且在车速很低时，测量误差大，在车速小于 15 km/h 时不能测量。GPS 定位车速测量系统主要包括 GPS 接收器和一套数据采集系统，它根据卫星发射的无线信号的传播延时建立三维位置量和时间量的方程，结合测量得到的各卫星与目标位置的距离来确定被测目标在地面的位置，然后计算被测目标的位移和速度。

2. 容积式油耗仪通过测量燃油流量以及测定时间间隔或行驶里程，计算平均燃油消耗量；质量式油耗仪通过测量燃油质量和测定时间间隔或行驶里程，从而计算平均燃油消耗量。采用容积法测定燃油消耗量，会因燃油密度和环境温度变化而导致测量误差；采用质量法测定燃油消耗量，不受燃油密度等因素的影响。

3. 垂直陀螺仪是具有保持自转轴垂直陀螺措施的三自由度陀螺仪，可测量汽车车身侧倾角和俯仰角。垂直陀螺仪主要由三自由度陀螺仪、修正装置和指示机构或角度传感器等部分组成。角速度陀螺仪又称二自由度陀螺仪，用于测定汽车的横摆角速度。与三自由度陀螺仪相比，二自由度陀螺仪只有一个框架，而无内外两个框架，故相对基座而言，它少了一个转动自由度。

4. 负荷拖车用于为试验车辆提供负荷，它是一种现代化的车辆测试设备。在进行车辆性能试验时，利用该设备就可以在平坦的试验路面上模拟车辆的各种行驶工况。

5. 转鼓试验台也称为底盘测功机，是检测汽车底盘输出功率及其相关参数的一种检测设备，它以转鼓的表面模拟路面，通过加载装置给转鼓轴施加负荷以模拟汽车在实际行驶时的阻力，以可调风速的供风系统来提供汽车迎面行驶风，从而在室内实现汽车道路行驶工况的模拟。

6. 道路模拟试验是将整车或车辆的部分总成、构件置于试验机上，然后通过激振机构进行加振，以便所施加的振动能尽量正确地再现在实际车辆上产生的现象。

7. 高海拔（低气压）模拟试验台可以在平原地区模拟高原环境的大气状况，进行内燃机性能试验，研究及评价内燃机及其附件在不同海拔高度环境的动力性、经济性、排放性以及起动性能。

8. 为使汽车适应高温高热、低温低热环境，了解其性能及部件的老化情况，通过建立高温模拟试验室、低温模拟试验室与高低温模拟试验室来对汽车进行测试。

9. 消声室是指在闭合空间内建立的自由声场室，在此空间内，传播声波的介质均匀地向各个方向延伸，使声源辐射的声能"自由"地传播，既无障碍物的反射，也无环境噪声的干扰。混响室是一个能在所有边界上全部反射声能，并在其中充分扩散，形成各处能量密度均匀、在各传播方向作无规分布的扩散声场的试验室。

10. 汽车风洞是通过模拟汽车在实际道路上行驶时汽车周围流场变化的试验室。

11. 汽车试验场是再现汽车在使用中遇到的各种各样的道路条件和使用条件的试验场地。

复习思考题

1. 简述光电式车速测量仪的基本结构和工作原理。
2. 简述活塞式油耗仪的基本组成和工作原理。
3. 简述陀螺仪的两个基本特性以及垂直陀螺仪和角速度陀螺仪在汽车上的适用测量对象。
4. 简述负荷拖车的工作原理。
5. 转鼓试验台常用的测功器有哪几种？其基本结构和工作原理各是什么？
6. 简述内燃机高海拔模拟试验台的主要用途。
7. 何为消声室？何为混响室？在消声室和混响室中可开展哪些试验？
8. 简述汽车风洞的类型与功能。
9. 简述汽车试验场的功用与类型。
10. 汽车试验场主要有哪几种试验道路？

第4章　汽车主要参数测量

> **教学目标**

1. 了解汽车几何参数测量的基本概念。
2. 掌握汽车几何参数测量的定义。
3. 掌握汽车质量参数的测量方法。

> **教学要点**

知识要点	相关内容
汽车几何参数测量的基本概念	了解三维坐标系和基准点的定义
汽车几何参数测量	掌握汽车几何参数测量的准备工作与测量步骤
汽车质量参数的测量方法	掌握整车质量、质心质量、转动惯量的测量方法

4.1　汽车几何参数测量

汽车的几何参数是表征汽车结构的重要参数，其测量目的如下：

（1）检验新试制或现生产汽车的结构是否符合设计要求，从中发现设计、制造及装配中的问题。

（2）测定未知参数的样车尺寸，为汽车设计师提供参考数据。

（3）对进行可靠性、耐久性试验的汽车进行主要尺寸参数的测定，评价其尺寸参数在试验过程中保持原技术状态的能力，为进一步提高汽车的可靠性和耐久性提供依据。

4.1.1　基本概念及尺寸编码

1. 三维坐标系

三维坐标系是在汽车设计阶段建立的抽象的三个相互垂直的空间平面，这三个平面分别称为 X 基准面、Y 基准面、Z 基准面，这三个基准面只存在于图样，实际车身上并不可见，它们是决定汽车外部尺寸和内部尺寸关系的基准。

通常情况下，将车辆的纵向对称面确定为 Y 基准面；X 基准面是垂直于 Y 基准面和车辆支承平面的某一平面，具体位置由制造厂规定；Z 基准面是垂直于 X 基准面和 Y 基准面且平行于支承平面的某一平面，具体位置由制造厂规定。按照我国的设计习惯，Y 基准面为汽车的纵向对称面；X 基准面通常为过车辆前轴中心线且与 Y 基准面和车辆支承平面垂直的平面；Z 基准面垂直于 Y 基准面和 X 基准面，有的厂家以车架上表面为 Z 基准面，有的以地平面为 Z 基准面，有的选过前后轴中心且垂直于 Y 基准面和 X 基准面的平面为 Z 基准面，如图 4-1 所示。

建立了三维坐标系以后，汽车所有被测几何参数都依据该坐标系的三个基准面进行测量和标注。

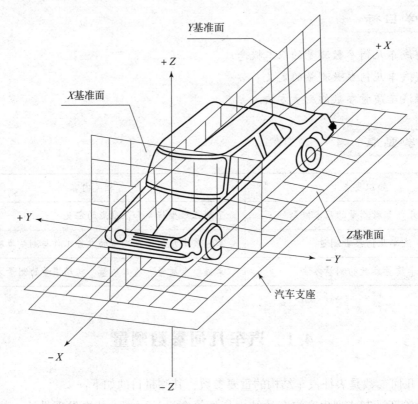

图 4-1　X 基准面、Y 基准面和 Z 基准面

2. 基准点

基准面在车体上是看不到的，为了明确基准平面的位置，通常在车体上明确标出三个或多个实际点（压坑或孔），这些实际点按三维坐标系确定位置，称为基准点，它们是由制造厂自行规定的。有了基准点，三维坐标系在车体上也就明确了。

从我国车辆设计现状看，一般车体上并未表示出基准点的位置，这种情况下可按车架上表面为特征点面，确定 Z 基准面，X 基准面为过前轴中心垂直于 Y 基准面的平面。

3. R 点和 H 点

R 点是制造厂确定座椅位置的基准点。它是模拟人体躯干和大腿髋关节中心位置，并相对于所设计车辆的结构而建立的坐标点，这一点也称为座位基准点。

确定了 R 点后，驾驶室内各尺寸都可分别以此为基准予以测量。但要精确确定 R 点坐标位置，就要使用三维 H 点人体模型和三维坐标测量仪。

H 点在三维 H 点人体模型上的位置是躯干与大腿的铰接中心点,它位于此模型两侧 H 点标记钮的连线的中点上。三维 H 点人体模型如图 4-2 所示。

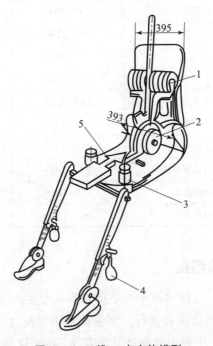

图 4-2 三维 H 点人体模型
1—小腿重块;2—大腿重块;3—臀部重块;
4—躯干重块;5—载荷作用方向和作用点

汽车座椅的实际 H 点是将人体模型以制造厂规定的正常驾驶或乘坐的姿势放置到座椅的最后位置,此时与人体模型上 H 点标记钮连线中点重合的座椅上的空间点即 R 点。

理论上,座椅的实际 H 点应与 R 点的位置一致(即一点)。但是,受到制造、测量的误差影响,这两个点的位置往往会出现偏差。如果测量的结果是座椅的实际点处于以 R 点为对角线交点,水平边长为 30 mm,铅垂边长为 20 mm,并且在座椅纵向中心平面上的矩形内,则认为所测量的座椅符合要求。

4. 尺寸编码

按《道路车辆——轿车尺寸标注编码》(ISO 4131—1979)和《汽车主要尺寸测量方法》(GB/T 12673—1990)的规定,汽车内部尺寸和外部尺寸都有统一的编码,它由词首、代号和数字三部分组成。

例如,ISO - H136,"ISO" 是词首,指国际标准 ISO 4131—1979 规定的尺寸,如果是国家标准规定的尺寸,则用 QGB 作为词首;"H" 是表示尺寸种类的代号,共有 L(长度)、H(高度)、W(宽度)和 V(体积)四种;"136" 表示尺寸号,数字 1~99 表示车身内部尺寸,100~199 表示车身外部尺寸,200~299 为货车或行李尺寸,300~399 为旅行轿车行李厢尺寸,400~499 为载货汽车外部尺寸,500~599 为载货汽车货物尺寸。

部分尺寸编码的含义见表 4-1。

表4-1 部分尺寸编码的含义

编码	含义	编码	含义
ISO-W101	前轮距	ISO-H119	空车纵向通过半径
ISO-W102	后轮距	ISO-H147	满载纵向通过半径
ISO-W103	车宽	ISO-H157	最小离地间隙
ISO-W100	空车车辆高	ISO-L101	轴距
ISO-W101	满载车辆高	ISO-L103	汽车长
ISO-W106	空车接近角	ISO-L104	前悬
ISO-W107	空车离去角	ISO-L105	后悬
ISO-W113	最大总重车辆高	ISO-L411	双后轴距离
ISO-W117	满载接近角	ISO-H108	前轮胎静力半径
ISO-W118	满载离去角	ISO-H109	后轮胎静力半径

4.1.2 主要几何参数测量

在测量汽车外部尺寸时,可按《汽车主要尺寸测量方法》(GB/T 12673—1990)中规定的外部宽度、高度和长度等测量项目进行,测量汽车内部尺寸时按《轿车客厢内部尺寸测量方法》(QC/T 577—1999)中规定的测量项目进行。由于这两个标准不可能包括各种汽车的全部尺寸,尤其是专用汽车尺寸,因此,其他一些尺寸可以参照这两个标准或根据技术要求自行确定测量项目。

1. 测量场地要求及常规设备

测量场地应平整、坚实、清洁,最好是水磨石地面。其平面度应为 1 m^2 内在 ±1 mm 以内,面积应能容纳被测车辆。

测量设备最理想的是三维坐标测量仪,它能精确地测量三维空间的点、线、面的位置关系,若与三维 H 点人体模型配合使用,能实现国际标准中要求的主要尺寸的测量。但是,该设备价格昂贵,国内只有极少数单位有此设备,加之目前尚未研制出符合我国人体尺寸的三维 H 点人体模型,而只能以国外(如日本)的三维 H 点人体模型代用,因此,使用三维坐标测量仪测量汽车主要尺寸尚未普及,绝大多数情况下仍使用常规测量仪器。常用的测量仪器有高度尺、离地间隙仪、角度尺、钢卷尺、水平仪、铅锤、油泥、划针等。

2. 测量前的准备工作

被测量的汽车必须符合测量条件及设计任务书规定的要求,这样测量的数据才真实可信。为此,测量之前应做好以下准备工作:

1) 将汽车调整到符合技术条件的状态

(1) 检查汽车各总成、零部件、备用轮胎及随车工具等是否齐全,是否装配在规定的位置;燃油、润滑油及冷却液等是否加注足量。

(2) 检查下列各项内容,并将其调整到符合技术条件的状态:座椅、各种操纵踏板的行程及前轮定位等;后视镜等汽车外部可动的附件或附属装置所处的状态是否正常,其中收音机天线应处于回收状态;货厢栏板是否处于关闭状态(测定货厢底板离地高度时除外);车门、发动机罩、行李舱盖及通风孔盖等是否处于全关闭状态;汽车牌照架是否处于正常位置(不包括汽车牌照);内饰件及车内附属设备是否符合本车型规定的标准。

(3) 严格检查轮胎气压。轮胎气压是汽车尺寸测定中极为重要的条件,它主要影响铅垂方向的汽车尺寸,对其应严格检查。要求轮胎气压必须符合技术条件的规定,气压误差不允许超过 ±10 kPa。

2) 将汽车载荷装载到规定的状态

在测量汽车尺寸参数的过程中,各种尺寸参数都要求在一定的载荷下测量,为此,应根据测量的尺寸参数,将汽车装载到相应的载荷状态。

汽车的载荷状态分以下三种:

(1) 整备质量状态。整备质量状态是指汽车处于装备齐全,燃油、润滑油及冷却液等加注足量,无载荷、无乘员时的状态。

(2) 设计载荷状态。设计载荷状态是指汽车在整备质量状态下乘坐乘员后的状态,乘员质量按《汽车道路试验方法通则》(GB/T 12534—1990) 中的规定计算,见本书表 1-1,乘员乘坐分布情况见表 4-2。

表 4-2 乘员乘坐分布情况

座位数/个	成员数/人	成员分布情况
2、3	3	2 人皆坐在前排座椅上
4、5	3	2 人乘坐在前排座椅上,1 人乘坐在后排座椅上
6、7	4	前排和最后排座椅上各乘坐 2 人
8、9	5	2 人皆乘坐在前排座椅上,3 人乘坐在最后排座椅上(当最后一排仅设 2 个座椅时,应乘坐在倒数第二排座椅上)

(3) 满载状态。满载状态是指厂定最大总质量状态,即指按规定的装载质量加载荷,驾驶室按规定人数乘坐,装备齐全,燃油、润滑油及冷却液等加注足量的状态。厂定最大总质量是汽车制造厂根据该汽车的使用条件,考虑制造材料的刚度、强度等多方面因素核定出的质量。进行装载测量时,载荷物应该分布均匀,确保轴载质量、轮载质量分配正确,以得到正确的尺寸参数测量结果。《汽车道路试验方法通则》(GB/T 12534—1990) 中对各种车型的乘员质量、行李质量及代替重物的分布等都做了明确规定。

3. 测量步骤

进行整车尺寸测量的步骤一般如下:

(1) 清洗车辆,去除油污、泥土等。

(2) 将各车轮分别支起并离开地面,在各车轮轴头处粘上一层油泥,然后依次在车轮轴头处的地面上放置划针,旋转车轮,使划针在轴头油泥表面上划出一尽量小的圆圈,每两侧车轮上圆圈的圆心连线即该车轴中心线。

(3) 落下汽车,并将其开上测量平台,而后用钢卷尺分别测量两侧转向轮至参照点的距离(可在转向轮轮胎面中心线上量起,参照物可以是车架纵梁上某一记号点),转动转向盘使两个距离相等,此时汽车便以直线行驶状态停放在测量平台上。再分别于汽车的前部和后部下压汽车,摇晃数次,以消除悬架内部阻尼对车身位置的影响。

4. 测量方法

1) 水平尺寸测量

测量汽车水平尺寸时,可用钢卷尺直接测量,也可用铅锤将测量尺寸两端投影到地面,并将投影点用笔做明显的"+"记号,然后测量两投影点间的距离。这些投影点如下:

(1) 各车轮中心的投影。投影时需要正对油泥圆圈中心投影,利用这些投影能够测量出各轴之间的距离。

(2) 各轮胎前、后胎面外缘的中心投影,用以测量各轴的轮距。

(3) 汽车前、后最外点的投影,用以测量汽车总长并与(1)的投影点相结合,测量汽车的前悬、后悬。前悬是指通过两前轮中心的铅垂面与抵靠在汽车最前端(包括前拖钩、车牌照架等任何固定在汽车最前部的刚性零部件)并垂直于 Y 基准面的铅垂面之间的距离;后悬是指通过汽车两个最后车轮中心的铅垂面与抵靠在汽车最后端(包括牵引装置、车牌照架等固定在汽车最后部的任何刚性零部件)并垂直于 Y 基准面的铅垂平面之间的距离。如果被测汽车是二轴汽车,那么前悬、轴距、后悬与汽车总长将构成一尺寸链,此时应选择一个最不重要的尺寸作为尺寸链的链口。一般选择前悬或后悬作为链口,以使前悬、轴距、后悬三个尺寸相加等于汽车总长。

(4) 汽车左、右侧最外点投影,用以测量汽车宽度。车宽指分别过车辆两侧固定突出部位最外侧点且平行于车辆纵向对称平面的两平面间的距离。左、右侧最外点是指除后视镜、侧面灯具、挠性挡泥板、折叠式踏板、防滑链以及轮胎与地面接触部分的变形位置以外零部件上的点。

(5) 前、后车门开启时最外点投影,用以测量前、后车门开启时的最大宽度。

(6) 对开式尾部车门开启时两车门最外点投影,用以测量尾部车门完全开启时的汽车宽度。

(7) 各车轮挡泥板外缘投影,用以测量前、后车轮挡泥板汽车宽度。

(8) 两外后视镜调整到工作位置时最外点投影,用以测量外后视镜汽车宽度。对于只设置一个外后视镜的汽车,测量其最外点投影至 Y 基准面的距离。

(9) 当汽车行李舱盖开启最大时,如果其最后点超出了该汽车的最后端,则投影,并测量其最后点到汽车最前点的距离,作为行李舱盖开启时汽车总长。

(10) 前翻转式驾驶室未翻转时前保险杠最前端投影,以及驾驶室翻转最大位置对其前端的投影,用以测量分别过这两处投影且垂直于 Y 基准面两个铅垂面之间的距离,即驾驶室翻转时前保险杠到驾驶室的距离。

以上(1)~(10)的尺寸测量均在整备质量状态下进行。所说的两投影之间的距离均为两投影所在的两个平行于基准面的平面之间的距离;在全部直接测量尺寸完成后,包括后述测量项目和投影工作完成后,用纸板将可能被车轮辗压的投影点记号盖上,以便汽车驶出测量场地后进行测量。

2) 高度尺寸测量

可借助高度尺、离地间隙仪、钢卷尺及铅锤等进行直接或间接测量。

(1) 汽车总高。使用测量架或用平板抵靠在汽车最高固定部位上,再辅以铅锤,用钢卷尺直接测量。汽车总高测量应在整备质量、最大总质量及允许最大总质量三种状态下进行。对于货车，其总高多为货厢保险架高度，另外，还应测量驾驶室顶高度，两者之差是安全标准中的重要参数。

（2）行李舱盖开启车辆总高。在汽车处于整备质量状态下，将行李舱盖开启到最大位置，辅以铅锤，用钢卷尺直接测量。

（3）前照灯、尾灯中心高度。在汽车处于整备质量、最大总质量状态下，分别用高度尺直接测量。

（4）前、后轮胎静力半径。在汽车满载状态下，使用高度尺对准轴头油泥圆圈中心，测量其至地面的距离，分别得到前、后轮胎的静力半径。

（5）最小离地间隙。在汽车处于最大总质量状态时，用离地间隙仪测量。最小离地间隙是指支承平面与车辙中间部分最低点的距离，除测量这一距离外，还应标明处于最低点的零部件名称。中间部分是指与汽车 Y 基准面等距且平行的两个平面之间的部分。两平面之间的距离应为同一轴上两端车轮内缘间最小距离的 80%。

（6）前、后保险杠中心离地高度及宽度。在汽车处于整备质量状态时，用高度尺及钢卷尺直接测量。

（7）前、后拖钩中心离地高度。在汽车整备质量状态下，用高度尺或钢卷尺及铅锤测量。

（8）货厢底板离地高度。在汽车分别处于整备质量、最大总质量状态下，将货厢底板放下，用高度尺或钢卷尺、铅锤在 Y 基准面内测量货厢底板尾部到支承平面的距离，即货厢底板离地高度。

3）角度尺寸测量

（1）接近角、离去角及纵向通过角。接近角是指水平面与切于前轮胎外缘的平面之间的最大夹角（前轴前面任何固定在车辆上的刚性部件不得在此切平面的下方）；离去角是指水平面与切于车辆最后车轮轮胎外缘的平面之间的最大夹角（位于最后车轴后方的任何固定在车辆上的刚性部件不得在此平面的下方）；纵向通过角是指当垂直于 Y 基准面且分别切于前、后车轮轮胎外缘两平面的交线触及车体下部较低部位时，两平面所夹的最小锐角。当汽车处于整备质量和最大总质量状态下，分别用辅助平板和角度尺直接测量这三个角度。如果需要精确测量，则应采用作图法，即先测定特征点的位置（高度尺寸和水平尺寸）、轮胎静力半径和自由半径，然后绘图，求出这三个角度。

（2）驾驶室翻转角。汽车在整备质量状态下，用角度尺直接测量驾驶室从原始位置翻转到极限位置时的角度。另外，还可以采用下述方法测量：自制一画有角度刻度的纸板，在角度顶点处挂一铅锤，使铅垂线原始位置与 0° 刻度线对齐，并将铅垂线粘贴在驾驶室外部，然后将驾驶室前翻至极限位置，则铅垂线所对纸板的角度即驾驶室翻转角。

（3）车门玻璃内倾角、风窗玻璃倾角及后窗玻璃倾角等。在汽车处于整备质量状态时，借助平板和铅锤，用角度尺直接测量。

（4）货厢尺寸及内部尺寸。货厢尺寸可用钢卷尺直接测量；内部尺寸的测量多数涉及尺点，最好使用三维 H 点人体模型和三维坐标测量仪测量。若没有这两种设备，则只能测量出一部分参数。

4）装货容积测算

(1) 行李厢有效容积 V_1 (m³)。

①与客厢不相通的封闭式行李厢的体积测量。行李厢的内部装备（备轮、千斤顶等）应根据制造厂的设计布置。以最多数量的"单位模"（具有最大半径为 10 mm 的圆棱，体积为 8 dm³，长为 (400±4) mm，宽为 (200±2) mm，高为 (100±1) mm 的矩形平行六面体）填满行李厢，"单位模"的堆叠应不影响行李厢的开启。填入行李厢中的"单位模"的体积总和即行李厢的体积。

②与客厢相通的行李厢的体积测量。对制造厂为获得最大装载体积而采取的专门设施（如折叠式或可卸式后座椅或靠背），应采用分别测量的方法。对处于正常乘坐位置的后座椅和靠背，体积测量的上限是驾驶人座椅的 R 点上方 400 mm 处的水平平面；对折叠或可卸的后座椅和靠背，体积测量的前限是紧靠行李厢的座椅靠背的垂直平面。行李厢内部装备按制造厂的设计布置，以最多数量的"单位模"填满行李厢。填入行李厢的"单位模"的体积总和，即行李厢的体积。

(2) 旅行车容积 V_2 (m³)。其计算公式为

$$V_2 = W_1 \times H_1 \times L_2 \times 10^{-9} \tag{4-1}$$

式中，W_1——后厢肩部空间，测量内饰表面之间的最小距离（m），在通过 R 点的 X 平面内并在该点之上不小于 254 mm 处测量；

H_1——货厢高（m），在 Y 基准面和过后轴中心线的 X 平面上测量货厢底板上表面到上盖内表面的距离；

L_1——前排座椅肩高处装货长（m），在 Y 基准面内，从肩高部位，水平测量从前排座靠背顶端后面到关闭后尾板或门的内表面最小距离。

(3) 后开舱门客车容积 V_3 (m³)。其计算公式为

$$V_3 = \frac{L_1 + L_2}{2} \times W_1 \times H_2 \times 10^{-9} \tag{4-2}$$

式中，L_1——装货长（m），在 Y 基准面和过驾驶人座椅靠背顶面的 Z 平面交线上，测量过驾驶人座椅靠背背面 X 平面到后舱门内侧的水平距离；

L_2——装货长（m），在 Y 基准面内，在货厢底板上测量驾驶人座椅靠背到后舱门内表面的距离；

H_2——前座椅靠背到货厢底板高（m），测量前座椅靠背顶部到货厢底板的平面距离。

(4) 隐藏载货容积 V_4。按制造厂规定。

(5) 半封闭厢式货车容积 V_5 (m³)。其计算公式为

$$V_5 = L_3 \times W_2 \times H_3 \times 10^{-9} \tag{4-3}$$

式中，L_3——货厢顶部长（m）；

W_2——货厢底板装货宽（m）；

H_3——货厢高（m），在过后轴中心线的 X 平面内测量货厢底板表面到货厢挡板上平面的距离。

(6) 封闭式货厢式货车容积 V_6 (m³)。其计算公式为

$$V_6 = L_4 \times W_2 \times H_4 \times 10^{-9} \tag{4-4}$$

式中，L_4——前排座肩高处装货长（m）；

H_4——货厢高（m），货厢底板平面到货厢顶部内表面的最短距离。

5）玻璃总面积 S

玻璃总面积 S 为车辆风窗玻璃面积 S_1、侧窗玻璃面积 S_2 和后窗玻璃面积 S_3 三者之和。

4.2 汽车质量参数测量

汽车质量参数主要包括整车质量、载荷分配、质心位置和车辆转动惯量等。这些物理参数测量结果的准确性对汽车操纵的稳定性、制动性和动力性等性能试验结果的分析和验证有重要的影响。

汽车质量参数的测量设备主要有卷尺、重锤、角度尺、车轮负荷计或地秤、摇摆试验台、拉力计等，地秤或车轮负荷计精度为 0.5%。秤台面积应能将整个汽车放在上面，秤台出入口地面应与台面保持同一水平面。根据汽车的质量选择适当量程的地秤或车轮负荷计。称量前，清洁被测车辆，并对测量设备进行校验。无特殊规定时，一般测定空车及满载两种情况。测量时，汽车要停稳，发动机熄火，变速器置于空挡，制动器放松，不允许用三角木顶车轮。

4.2.1 整车质量测量

整车质量测量参照《汽车质量（重量）参数测定方法》（GB/T 12674—1990）执行。

1. 测量方法

汽车四个轮胎承受的总载荷为车的总质量。四个轮胎所承受的载荷不一定均等，因此，为方便起见，测量汽车的总质量通常通过测量汽车的轴荷来实现。

汽车轴荷测量分为空载和满载两种。汽车空载时，首先从一个方向低速驶上秤台，依次测量前轴、后轴质量。当秤台面较大时，可依次测量前轴、整车和后轴质量。然后，汽车掉头，从反方向低速驶上秤台，按上述程序重复测量前述几个参数，以两次测得的平均值作为测量结果。为保证测量精度，秤台出入口地面应与台面保持同一水平。满载时，货厢内的载荷物装载应均匀，驾驶人和乘客座椅上放置 65 kg 的砂袋来代替乘员质量，用上述相同的方法分别测量满载的前轴、整车和后轴质量。对于多轴汽车，前轴或后轴质量是指双轴轴载质量，半挂车轴载质量是指挂车全部轴载质量。

2. 数据处理

整备质量 m_0 和最大总质量 m 为两个方向质量测量结果的算术平均值，空载时测得的质量为整备质量，满载时测得的质量为最大总质量。同理，轴载质量 $\overline{m}_{0i}$（第 i 轴）为对应轴两个方向测量结果的算术平均值。当轴载质量之和不等于整车质量时，用各轴的轴载质量的比例分配整车质量，再按式（4-5）计算修正后的轴载质量，即

$$m_{0i} = \frac{\overline{m}_{0i}}{\sum_{i=1}^{n} \overline{m}_{0i}} m_0 \tag{4-5}$$

式中，m_{0i}——修正后的第 i 轴轴载质量（kg）；

$\sum_{i=1}^{n} \overline{m}_{0i}$ ——各轴轴载质量之和（kg）。

4.2.2 质心位置测量

1. 质心横向位置测量

一般认为，汽车的质心横向位置处于汽车的纵向对称平面内。实际上，由于燃料箱、蓄电池等非对称布置，汽车质心横向位置并不在汽车纵向平面内。对于前后轴轮距相等的汽车，在地秤上分别测得左侧和右侧车轮载荷，如图 4-3 所示，图中 C 为质心位置。

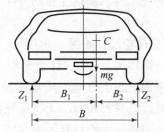

图 4-3 前、后轴轮距相等时质心横向位置测定示意

按式（4-6）计算质心的横向位置：

$$B_1 = \frac{BZ_2}{mg}, \quad B_2 = \frac{BZ_1}{mg} \tag{4-6}$$

式中，B_1，B_2——质心至车轮左侧和右侧的距离（mm）；

　　　　B——汽车轮距（mm）；

　　　　m——汽车整备质量（kg）；

　　　　Z_1，Z_2——左侧和右侧车轮载荷总和（N）；

　　　　g——重力加速度，取 9.8 m/s^2。

为验证测量结果的准确性，按式（4-7）进行校核，即

$$B = B_1 + B_2 \tag{4-7}$$

2. 质心纵向位置测量

使用地秤或其他等效设备测量汽车整备质量、前后轴轴载质量，如图 4-4 所示，图中 C 为质心位置。

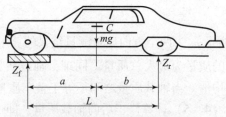

图 4-4 质心纵向位置测量示意

由图 4-4 所示的几何关系，可得

$$a = \frac{LZ_r}{mg} = L\frac{m_2}{m} \tag{4-8}$$

$$a = \frac{LZ_f}{mg} = L\frac{m_1}{m} \tag{4-9}$$

式中，a，b——汽车质心到前、后轴的距离（mm）；

L——汽车轴距（mm）；

Z_f，Z_r——前、后轴轴荷（N）；

m_1，m_2——前、后轴轴载质量（kg）。

3. 质心高度测量

常见质心高度的测量方法有力矩平衡法、摇摆法和侧倾法等。

1）力矩平衡法

力矩平衡法也称重量反应法。测量时，将汽车的前悬架、后悬架锁死在正常位置上，如图 4-5 所示，将汽车的一根车轴放置在地秤上，而将另一根车轴抬高到一个高度 n。在抬高车轴时，一般不要在地秤上的车轮前、后放三角木，也不要使举升器触及车轮以外的任何零部件，以免产生附加力矩而影响测量结果。由图 4-6 所示的几何关系可以看出，如果求出距离 b'，就能够用绘图法找到 b' 与 b 左侧边界线的交点 C，此点即汽车的质心位置，此时质心高度 h_g 就可以用比例尺量出。

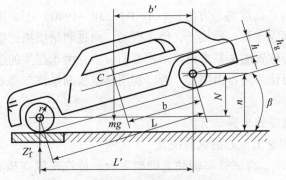

图 4-5 力矩平衡法测量质心高度的示意

对后轴中心取力矩，则有

$$b' = \frac{Z_f'}{mg}L' = \frac{Z_f'}{mg}\sqrt{L^2 - N^2} = \frac{Z_f'}{mg}\sqrt{L^2 - (n-r)^2} \tag{4-10}$$

式中，b'——后轴抬起后，后轮中心到质心的水平距离（mm）；

Z_1'——后轴抬起后，地秤称量的前轴轴荷（N）；

L'——后轴抬起后，后轮中心距前轴中心的水平距离（mm）；

N——后轴抬起后，后轮中心距前轴中心的铅垂距离（mm）；

n——后轴抬起后，后轮中心距地面的距离（mm）；

r——车轮静力半径（mm）。

利用绘图法求解汽车质心高度比较精确，但测量方法比较繁杂。以下利用图 4-6 所示的几何关系做进一步推导，以期通过简单测量求出汽车的质心高度。

由图 4-5 所示的几何关系可得

$$b' = b\cos\beta + h\sin\beta \tag{4-11}$$

$$L' = L\cos\beta \tag{4-12}$$

将式 (4-11) 和式 (4-12) 代入式 (4-10), 得

$$bcos\beta + hsin\beta = \frac{Z'_f}{mg}Lcos\beta$$

整理后得

$$Z'_f L = mgb + mgh\tan\beta \tag{4-13}$$

将式 (4-9) 代入式 (4-13), 得

$$h = \frac{L(Z'_f - Z_f)}{mg\tan\beta} \tag{4-14}$$

由图 4-6 所示的几何关系, 还可得

$$h_g = r + h \tag{4-15}$$

将式 (4-14) 代入式 (4-15), 可得汽车质心高度 h_g 为

$$h_g = r + \frac{L(Z'_f - Z_f)}{mg\tan\beta} \tag{4-16}$$

式中, r——轮胎的静力半径;

β——汽车相应的抬高角度。

2) 摇摆法

摇摆法是《汽车重心高度测量方法》(GB/T 12538—1990) 中采用的一种方法。所谓摇摆法, 就是将被测车辆固定在一摆架上, 使之摆动, 通过测量摆架的摆动周期, 并利用摆动质量、摆动周期与质心位置的关系求出汽车质心的位置。由于摆架的摆动相当于复摆, 复摆在微小角度摆动时才可认为是自由摆动, 所以利用摇摆法测量汽车质心高度时, 摆架的摆动角度不宜过大。

摇摆法测量质心高度的步骤如下:

(1) 试验前, 先测量出质心的纵向位置。

(2) 如图 4-6 所示, 将试验车辆驶上摆架平台, 使汽车纵向质心对准平台的中心线, 其偏差不大于 ±5 mm。拉紧汽车驻车制动器, 并用三角木挡住前后车轮, 以防车轮滚动或晃动。

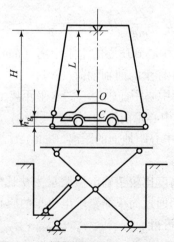

图 4-6 摇摆法测量质心高度示意

(3) 检查摆架平台是否处于水平位置,如果不是,则应调平。

(4) 摆动摆架,使之在1°范围内摆振,待摆振稳定后,连续测量10个周期的长摆摆振时间,试验进行三次,每次单摆周期的均值之差应小于0.000 5 s。

(5) 长摆测定后,举升托架,使平台摆架升高至设计规定的短摆高度,挂上四条短摆钢链,利用短摆架重复以上测量,测量短摆架的摆动周期。

(6) 计算摆动周期平均值及汽车质心高度。

计算长、短摆臂摆架摆动周期的平均值,即

$$T_1 = \sum_{i=1}^{3} T_{10}/30 \tag{4-17}$$

$$T_2 = \sum_{i=1}^{3} T_{20}/30 \tag{4-18}$$

式中,T_1,T_2——长、短摆摆动周期的均值(s);

T_{10},T_{20}——长、短摆10个摆动周期的摆动时间(s)。

汽车质心高度 h_g 的计算为

$$h_g = \frac{T_1^2 g(W_{s1}L_1 + mL_{s1}) - T_2^2 g(W_{s2}L_2 + mL_{s2}) + W_{s2}L_2^2 T_{s2}^2 g - W_{s1}L_1 L_{s1}^2 g - 4\pi^2 m(L_{s1}^2 - L_{s2}^2)}{mg(T_1^2 - T_2^2) - 8\pi^2 m(L_{s1} - L_{s2})}$$

(4-19)

式中,m——汽车整备质量(kg);

W_{s1},W_{s2}——长、短摆架自身质量(kg);

L_{s1},L_{s2}——长、短摆架平台上表面至摆架刀口的距离(mm);

L_1,L_2——长、短摆架自身质心至摆架刀口的距离(mm);

T_{s1},T_{s2}——长、短摆架摆动周期(s)。

3) 侧倾法

(1) 试验准备。该项试验需用侧倾试验台、车轮负荷计等试验设备。试验前,应将侧倾试验台调整到台面处于水平状态。

试验车辆应装备齐全,处于整备质量状态,并装配在规定的位置上;汽车门、窗应完全关闭,座椅调整到标准位置;轮胎气压充至技术条件中的规定范围;采取有效措施,以防汽车侧倾时燃料、润滑油及冷却液等泄漏;如果试验车辆装有空气弹簧悬架,则应将悬架调整到标准技术状态,然后锁死。

将汽车驶上侧倾试验台,用台面侧下部的车轮挡住装置(一般是防侧滑挡块)挡住车轮(图4-7),以防其下滑。但防侧滑挡块一般应低于30 mm,过高将影响测量精度。另外,还要使用钢丝绳以自由状态对汽车进行保护性约束,以防汽车翻出试验台面。

(2) 用液压举升机构举起试验台面及被试汽车,使其向右倾斜,侧倾角每增大5°应测量一次试验台面和汽车前、后部位的倾斜角度,同时用车轮负荷计测量车轮负荷。操作时,应当缓慢举升试验台,直到汽车左侧车轮负荷为零或左侧车轮脱离试验台面时为止。向右倾斜试验共进行三次,要求每次测量结果的相对误差不大于1%。

如果汽车质心位于汽车纵向对称平面内,则可根据举升角度直接计算出质心高度 h_g,即

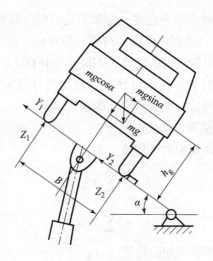

图 4-7 侧倾法测量质心高度示意

$$h_g = \frac{B}{2}\cot\alpha_{\max} \tag{4-20}$$

式中，B——轮距（mm）；

$\alpha_{\max}$——最大侧倾角（°）。

（3）若汽车质心的横向位置不处于车辆纵向对称面内，则应使汽车再向左倾斜，重复试验步骤（2）。

（4）分别取向左、向右侧倾三次所测最大倾角的算术平均值作为测量结果，并按下式计算质心高度 h_g，即

$$h_g \approx \frac{B_1}{\tan\alpha_r} \tag{4-21}$$

$$h_g \approx \frac{B_2}{\tan\alpha_l} \tag{4-22}$$

式中，B_1，B_2——质心距右、左轮的距离（mm）；

α_r，α_l——向右、向左倾斜时，所测最大倾角的算术平均值（°）。

利用式（4-21）与式（4-22）计算出的质心高度应相等，若不相等，则应取其算术平均值作为测量结果。

4.2.3 转动惯量测量

车辆发生横摆、侧倾和俯仰时，转动惯量对这些回转运动有很大影响。在测量质心高度后，可以测量车辆的俯仰、侧倾和横摆运动的转动惯量。

转动惯量的测量可以使用绳吊法，通过测量汽车的摆动周期 T 来计算车辆绕不同坐标轴的转动惯量，如图 4-8 和图 4-9 所示。绕 Y 轴转动惯量的测量与绕 X 轴方向的测量方法相同，只是在试验时车辆在试验台上摆放方向不同。

绕 Z 轴方向的转动惯量 J_Z 的计算公式为

$$J_Z = \frac{T^2 r_1 r_2 W}{4\pi^2 h} \tag{4-23}$$

式中，r_1——质心与平台左侧固定点之间的距离；
r_2——质心与平台右侧固定点之间的距离；
h——吊绳固定点与旋转点之间的距离。

绕 X 轴方向的转动惯量 J_X 的计算公式为

$$J_X = \left(\frac{T^2}{4\pi^2} - \frac{h}{g}\right)hW \tag{4-24}$$

式中，T——汽车的摆动周期（s）；
W——汽车重力（N）。

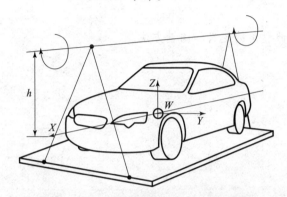

图 4-8　绕 Z 轴的转动惯量测量示意　　图 4-9　绕 X 轴的转动惯量测量示意

若使用旋转台测量转动惯量，所测参数如图 4-10 所示，绕 Z 轴方向的转动惯量计算为

$$J_Z = \frac{T^2}{4\pi^2}KL^2 - J_0 \tag{4-25}$$

式中，J_0——旋转台的转动惯量（kg·m²）；
K——弹簧刚度（N/m）；
L——从旋转中心到弹簧固定位置的长度（m）；
T——旋转周期（s）。

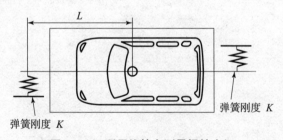

图 4-10　利用旋转台测量惯性力矩

注意：汽车绕 Z 轴的横摆运动不区分簧上质量和簧下质量，而绕 Y 轴的俯仰和绕 X 轴的侧倾运动只测量簧上质量的转动惯量。

本章小结

1. 汽车几何参数测量：待测量场地与测量仪器进行充分准备后，对汽车水平尺寸、高度尺寸、角度尺寸、行李厢容积进行测量。

2. 汽车质量参数测量以整车质量、质心位置和转动惯量测量为主。

复习思考题

1. 简述汽车几何参数的测量目的。
2. 在测量汽车尺寸参数的过程中，各种尺寸参数都要求在一定的载荷下测量，汽车的载荷状态有哪几种？将汽车加载到规定载荷状态应注意哪些事项？
3. 简述汽车整车质量的测量方法。
4. 简述汽车的接近角、离去角及纵向通过角的定义和测量方法。
5. 简述常用的汽车质心高度测量方法。
6. 简述汽车转动惯量的测量方法。

第 5 章 汽车基本性能试验

教学目标

1. 掌握汽车动力性试验的试验方法与数据处理方法。
2. 掌握汽车燃料经济性试验的试验方法。
3. 掌握汽车制动性能试验的试验方法。
4. 掌握汽车操纵稳定性试验的试验方法。
5. 掌握汽车平顺性试验的试验方法。
6. 掌握汽车通过性试验的试验方法。

教学要点

知识要点	相关内容
汽车动力性试验	掌握滑行试验、车速试验、加速性能试验、爬坡试验、牵引性能试验的试验方法与相关数据处理方法
汽车燃料经济性试验	掌握轻型、重型汽车燃料经济性试验的试验方法
汽车制动性能试验	掌握汽车制动性能试验的检测标准;掌握制动性能道路试验与台架试验的试验方法
汽车操纵稳定性试验	掌握稳态回转、转向盘转角、转向回正、转向轻便性、蛇形试验的试验方法
汽车平顺性试验	掌握悬架固有频率与阻尼试验;掌握平顺性脉冲输入行驶试验的试验方法
汽车通过性试验	掌握特殊路面通过性试验、地形通过性试验的试验方法

5.1 汽车动力性试验

汽车的动力性是指汽车在良好路面上直线行驶时,由汽车受到的纵向外力决定的、所能达到的平均行驶速度。从获得尽可能高的平均行驶速度的观点出发,汽车的动力性主要由汽车的最高车速、加速时间和汽车能爬上的最大坡度这三方面的指标来评价。

汽车的动力性是汽车最基本、最重要的性能之一。通过汽车动力性各项评价指标的测定,可以考察汽车是否符合设计要求,是否满足用户的使用要求,从而为改进设计提供依据。此外,汽车动力性评价指标还用于两种车型的优劣比较及生产质量的检查和科学研究等方面。

5.1.1 滑行试验

滑行是指汽车加速到某预定速度后,摘挡脱开发动机,利用汽车的动能继续行驶至停车的过程。汽车滑行性能的好坏对其动力性和燃料经济性有着重要的影响。

滑行试验一般是为了检查汽车底盘的技术状况和调整状况,同时也是测定汽车道路行驶阻力的方法之一,此行驶阻力可作为室内台架试验时设定底盘测功机系数的依据,可通过滑行阻力系数来反映汽车行驶阻力的大小。

滑行性能可用初速度为 50 km/h 时的滑行距离和滑行时间来评价。

1. 滑行距离测定

在同一车速下,汽车滑行距离的长短取决于滚动阻力系数和空气阻力系数和汽车总质量等参数,以及汽车底盘的技术状况和调整状况。滑行距离长有利于提高汽车的动力性和经济性。

滑行试验选在试验道路的中段(长 800~1 000 m)进行。关闭汽车门窗,其他试验条件参照《汽车道路试验方法通则》(GB/T 12534—1990)的规定。试验时,以 (50±0.3) km/h 的车速匀速行驶,当行驶到试验区段起点时,迅速踩下离合器踏板,将变速器挂空挡进行滑行,直至停车。记录车速从 50 km/h 开始到停车整个滑行过程的滑行时间和滑行距离。在滑行过程中,应保持汽车直线行驶,尽量不转动转向盘,不允许使用制动器。试验至少往返滑行一次,并且往返区段应尽量重合。

由于滑行初速度较难准确地控制在 50 km/h,为使试验结果具有可比性,应将实测的滑行距离换算成标准滑行初速度 v_0 = 50 km/h 时的滑行距离,即

$$s = \frac{-b + \sqrt{b^2 + ac}}{2a} \tag{5-1}$$

式中,s——初速度为 50 km/h 时的滑行距离(m);

a——计算系数(1/s²),$a = \frac{v_0'^2 - bs'}{s'^1}$,其中,$v_0'$ 为实测滑行速度(m/s),s' 为实测滑行距离(m);

b——常数,当汽车总质量≤4 000 kg 且滑行距离≤600 m 时,b = 0.3;其他情况下,b = 0.2;

c——常数,且 c = 771.6 m²/s²。

取换算后两个方向滑行距离的平均值为试验结果。利用测量距离,绘制车速—滑行距离曲线、车速—滑行时间曲线,如图 5-1 所示。

2. 滑行阻力系数的测定

滑行阻力包括滚动阻力、空气阻力和传动系统的摩擦阻力等。低速滑行试验测量出的滑行阻力系数,可近似为滚动阻力系数;高速滑行试验测量出的滑行阻力系数,可近似看成由滚动阻力和空气阻力两部分组成,进而求出空气阻力系数。滑行阻力系数的测定通常采用定距离测定法、定初速度测定法和负荷拖车测定法。

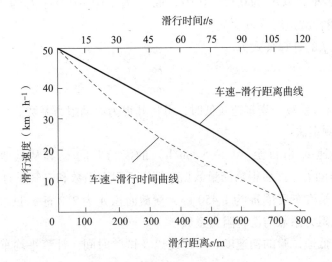

图 5-1 汽车滑行特性曲线

1) 定距离测定法

试验前，在试验场地选定长 100 m 的测量路段，并将其分为两段，每段各 50 m。然后反复预试，找出该车在 (20±2)s 时间内滑行通过 100 m 路段的滑行初速度，一般为 20 km/h 左右。

试验时，使汽车匀速接近测量段起点，在到达起点的瞬间迅速分离离合器，使变速器置空挡，让汽车滑行通过 100 m，将时间控制在 (20±2)s；否则，重做。测定通过开始 50 m 路段和整个 100 m 路段的滑行时间 t_1 和 t_2。试验往返测量至少三次。若测量重复性差，应进行补充试验，直至合格。

由于滑行速度较低，空气阻力和传动系统的摩擦阻力可忽略不计。又因道路平直，汽车的滑行阻力仅为滚动阻力，并可视为常数，故汽车滑行过程可视为匀减速运动。

设滑行减速度为 dv/dt，滑行初速度为 v_0，由 50 m 和 100 m 的滑行时间可列出下述方程组，即

$$\left. \begin{array}{l} 50 = v_0 t_1 - \dfrac{1}{2} \dfrac{dv}{dt} t_1^2 \\ 100 = v_0 t_2 - \dfrac{1}{2} \dfrac{dv}{dt} t_2^2 \end{array} \right\} \tag{5-2}$$

联立方程，求得滑行减速度为

$$\frac{dv}{dt} = \frac{100}{t_2}\left(\frac{1}{t_1} - \frac{1}{t_2 - t_1}\right) \tag{5-3}$$

所以滑行阻力为

$$F_h = (m + m')\frac{dv}{dt} \tag{5-4}$$

式中，F_h——滑行阻力（N）；

m——汽车总质量（kg）；

m'——旋转部件的当量惯性质量（$m' = \delta m$）（kg）；

δ——旋转质量换算系数，$\delta = 1 + \delta_1/I_g^2 + \delta_2$；对于载货汽车，取 δ_1 为 0.04~0.05，对

于小客车，取 δ_1 为 0.05~0.07；取 δ_2 为 0.03~0.05；I_g 为变速器传动比；

dv/dt——滑行减速度（m/s^2）。

滑行阻力系数 f 的计算公式为

$$f = \frac{F_h}{mg} \tag{5-5}$$

式中，f——滑行阻力系数。当车速较低时，可将其视为滚动阻力系数。

2) 定初速度测定法

分别测量从高速 v_1 滑行至（$v_1 - 5$ km/h）的滑行时间 t_1 和从低速 v_2 滑行至（$v_2 - 5$ km/h）的滑行时间 t_2，然后根据测量数据估算滑行阻力系数和空气阻力系数。

【例 5-1】 某汽车质量 m 为 1 450 kg，横截面积 A 为 2.2 m^2，试根据表 5-1 中的数据估算汽车的空气阻力系数与滑行阻力系数。

解：根据高、低速试验的初速度、末速度以及试验时间，计算平均车速和平均减速度、参见表 5-1。

表 5-1 试验数据与处理

项目 参数	高速试验	低速试验
初速度/(km·h^{-1})	$v_{a1} = 60$	$v_{a2} = 15$
末速度/(km·h^{-1})	$v_{b1} = 55$	$v_{b2} = 10$
试验时间/s	$t_1 = 6.5$	$t_2 = 10.5$
平均速度/(km·h^{-1})	$v_1 = (v_{a1} + v_{b1})/2 = 57.5$	$v_1 = (v_{a2} + v_{b2})/2 = 12.5$
平均减速度/(km·h^{-1})	$a_1 = (v_{a1} - v_{b1})/t_1 = 0.77$	$a_2 = (v_{a2} - v_{b2})/t_2 = 0.48$

根据以下两式估算空气阻力系数与滑行阻力系数，有

空气阻力系数 C_D 为

$$C_D = \frac{6m(a_1 - a_2)}{A(v_1^2 - v_2^2)} = 0.36 \tag{5-6}$$

滑行阻力系数 f 为

$$f = \frac{28.2(a_2 v_1^2 - a_1 v_2^2)}{10^3 (v_1^2 - v_2^2)} = 0.013 \tag{5-7}$$

3) 负荷拖车测定法

利用负荷拖车测量滑行阻力及滑行阻力系数时，由负荷拖车牵引试验车辆。此外，为了除掉发动机及传动系统的摩擦阻力，还需将试验车辆的半轴取出。测量时，负荷拖车以较低的速度等速牵引试验车辆行驶。由于车速低，并且是等速行驶，汽车的空气阻力和加速阻力皆很小，可以忽略不计，这样牵引力与试验车辆的滚动阻力很接近，测出的拖钩牵引力可视为滚动阻力，即汽车的滑行阻力。

滑行阻力测出后，可以按式（5-8）计算该路段的滑行阻力系数，即

$$f = \frac{P_f}{mg\cos\alpha} \tag{5-8}$$

式中，f——试验车辆的滑行阻力系数；

P_f——测出的试验车辆所受的滚动阻力（N）；

m——试验车辆的质量（kg）；

α——路面坡度（°）。

5.1.2 车速试验

车速试验包括最高车速试验和最低稳定车速试验。

1. 最高车速试验

最高车速是指汽车在无风情况下，在水平良好路面（混凝土或沥青路面）上能达到的最高行驶速度。最高车速能反映汽车依靠动力所能达到的车速极限。因此，试验前应关闭汽车门窗和空调系统等附加设施，试验车辆按通用试验条件的规定准备。按最新国家标准的要求，最高车速试验包括直线跑道双方向试验、直线跑道单方向试验和环形跑道试验三种试验方法。

1）直线跑道上的最高车速试验

跑道采样区长度应至少为 200 m，并用标杆做好标志。跑道加速区应与测量区具有相同的特性，且平直、足够长，以保证车辆在到达测量区前能够稳定保持在最高车速。加速区和测量区的纵向坡度应不超过 0.5%，单方向试验中的直线跑道纵向坡度应不超过 0.1%。测量区的横向坡度应不超过 3%。

（1）标准试验规程（双方向试验）。为减小道路坡度和风向（风速）等因素造成的影响，依次从试验跑道的两个方向进行试验，并尽量使用跑道的相同路径。测量试验单程所用的时间为 t_i。在试验中，车辆行驶速度变化应不超过 2%。每个方向上的试验不少于 3 次，所用时间（6 个 t_i）的变化不超过 3%。

试验车辆的最高速度为

$$v_{\max} = \frac{3.6L}{t} \tag{5-9}$$

式中，$v_{\max}$——最高车速（km/h）；

t——往返试验所测时间的算术平均值（s），$t = \frac{1}{6}\sum_{i=1}^{6} t_i$；

L——测量地段跑道长度（m）。

（2）单方向试验。由于试验跑道的自身特性，汽车不能从两个方向达到其最高车速，则允许只从一个方向进行试验。试验需连续 5 次重复进行，风速在车辆行驶方向的水平分量应不超过 2 m/s。

考虑到风速的影响，最高车速应按下式修正，即

$$v_i = v_{ri} \pm v_{fi} f \tag{5-10}$$

式中，如果风的水平分量与汽车行驶方向相反，则选择"+"号，否则就选择"-"号；

v_{ri}——汽车每次行驶的最高车速（km/h），$v_{ri} = 3.6L/t_i$；

t_i——汽车行驶 L 距离所用的时间（s）；

v_{fi}——风速水平分量（km/h），$v_{fi} = |v_i| \times 3.6$，$v_i$ 为行驶方向所测风速水平分量（m/s）；

f——修正因数，取 0.6。

去掉 v_i 的两个极值，由下式计算最高车速 v_{max}，即

$$v_{max} = \frac{1}{3}\sum_{i=1}^{3} v_i \tag{5-11}$$

2）环形跑道上的最高车速试验

汽车以最高车速在环形跑道上行驶，记录汽车行驶一圈所用的时间为 t_i。试验至少进行 3 次，且不对转向盘施加任何动作以修正行驶方向。每次的测量时间 t_i 的差异不超过 3%。最高车速计算为

$$v_a = \frac{3.6L}{t'} \tag{5-12}$$

式中，t'——3 次试验所测时间的算术平均值（s）；
　　　L——汽车实际行驶的环形跑道长度（m）。

在用环形跑道测量最高车速时，需采用经验因数来修正速度 v_a，尤其要考虑环形跑道离心力的影响以及随之发生的汽车方向的变化。修正后的汽车最高车速为

$$v_{max} = kv_a \tag{5-13}$$

式中，k——根据相应规程确定的修正因数，$1.00 \leq k \leq 1.05$。

2. 最低稳定车速试验

最低稳定车速是指最低的能稳定行驶的车速，该车速能保证汽车在急速踩下加速踏板时发动机不熄火，传动系统不抖动，汽车能够平稳、不停地加速，且对应的发动机转速不得下降。

最低稳定车速试验按《汽车最低稳定车速试验方法》（GB/T 12547—2009）进行。试验时，将试验车辆的变速器和分动器（如果有）置于所要求的挡位，从发动机怠速转速开始，使汽车保持较低的、能稳定行驶的车速行驶，并通过试验路段。通过测速仪或车速行程测量装置观察车速，并测定汽车通过 100 m 试验路段时的实际平均车速。在汽车驶出试验路段时，立即急速踩下加速踏板，发动机应不熄火，传动系统应不抖动，汽车能够平稳、不停地加速，且对应的发动机转速不得下降。如果这些条件不能满足，则应适当提高试验的车速，然后重复进行，直到找到满足前述条件的汽车最低稳定车速。

试验应往返进行至少 1 次。在试验过程中，不允许为保持汽车稳定行驶而切断离合器或使离合器打滑，并且不得换挡。取实测车速的算术平均值为该汽车该挡位的最低稳定车速。

5.1.3 加速性能试验

加速性能是指汽车从较低车速加速到较高车速时获得最短时间的能力，它主要用加速时间来衡量。表征汽车加速性能的指标有起步换挡加速时间和超越加速时间，相应的测试汽车加速性能的试验方法有全油门起步加速性能试验和全油门超越加速性能试验两种。试验方法按《汽车加速性能试验方法》（CB/T 12543—2009）进行，该标准适用于 M 类和 N 类车辆。

1. 试验方法

1）全油门起步加速性能试验

全油门起步加速性能试验包括两项内容，即将车辆由静止状态全油门加速到 100 km/h（如果最高车速的 90% 达不到 100 km/h，则应取最高车速的 90% 向下圆整到 5 的整数倍的

车速作为试验终了的车速）和使车辆由静止状态全油门加速通过 400 m 的距离，记录这两个试验项目的行驶时间。

2）全油门超越加速性能试验

试验时，使车辆由 60 km/h 全油门加速到 100 km/h，同样，如果最高车速的 90% 达不到 100 km/h，则应取最高车速的 90% 向下圆整到 5 的整数倍的车速作为试验终了的车速，记录行驶时间。

试验应往返进行，每个方向至少进行三次。若一次试验发生问题，则该往返试验均应重做。

2. 变速器操作程序

1）手动变速器

对于全油门起步加速性能试验，应在车轮滑转最小的情况下使汽车达到最大加速性能，当车辆运动时触发记录装置。离合器的操纵及换挡时刻的选择：应使加速性能发挥最大但不应超过发动机的额定转速。

对于全油门超越加速性能试验，加速前应将车速控制在 58~60 km/h 并保持匀速行驶至少 2 s，当车速达到 60 km/h 时触发记录装置。变速器在试验过程中不应换挡。

在做加速性能试验时，对于 M_1 类车辆和最大设计总质量小于 2 t 的 N_1 类车辆的挡位选择如下：

对于 4 挡或 5 挡的手动变速器，挡位应置于最高挡和次高挡；

对于 6 挡的手动变速器，挡位应置于第 4 挡和第 5 挡；

对于 3 挡的手动变速器，仅使用最高挡位。

对于 M_2 和 M_3 类汽车以及最大设计总质量不小于 2 t 的 N 类车辆，挡位应置于最高挡和次高挡。

2）自动变速器

对于全油门起步加速性能试验，在发动机怠速情况下（若有必要，可踩下制动器），将变速器置于 D 位，车辆起步加速，应在车轮滑转最小的情况下使车辆达到最大加速性能，当车辆运动时触发记录装置。

对于全油门超越加速性能试验，变速器应置于 D 位。允许在汽车变速控制器的控制下换挡。试验前，车辆应加速到 58~60 km/h 并保持匀速行驶至少 2 s。当车速达到 60 km/h 时触发记录装置。

3）手自一体变速器

对于手自一体变速器，必须分别进行手动模式和自动模式下的加速性能试验。

3. 试验数据处埋

计算所有有效试验数据的算术平均值、标准偏差和变化系数（标准偏差/算术平均值），具体为

$$\bar{x} = \sum_{i=1}^{n} x_i / n \tag{5-14}$$

$$SD = \sqrt{\frac{\sum_{i=1}^{n}(\bar{x} - x_i)^2}{n-1}} \tag{5-15}$$

$$k = \text{SD}/\bar{x} \qquad (5-16)$$

式中，$\bar{x}$——算术平均值；
x_i——第 i 次试验数据；
n——试验总次数；
SD——标准偏差；
k——变化系数。

试验要求全油门起步加速性能试验的变化系数 k 不得大于 3%；全油门超越加速性能试验的变化系数 k 不得大于 6%。

根据试验数据，作出车速-加速时间曲线与车速-加速距离曲线，如图 5-2 和图 5-3 所示。

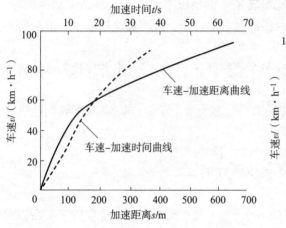

图 5-2　全油门起步加速性能试验曲线　　图 5-3　直接挡超越加速性能试验曲线

5.1.4　爬坡试验

爬坡试验分为爬陡坡试验和爬长坡试验。爬陡坡试验的评价指标是汽车的最大爬坡度。汽车的最大爬坡度是指汽车处于最大总质量状态时，变速器置于最低挡，在坚硬路面上所能爬上的最大坡度。汽车爬长坡试验用于检查汽车长时间在较大功率输出工况下的动力性、发动机和动力传动系统的热状态和机械状态、变速器换挡的使用状况，以及燃料消耗量等。

1. 爬陡坡试验

1）坡路实测法

汽车爬陡坡的试验坡路是专门修建的一系列具有防滑措施的混凝土铺装或沥青铺装或其他材料铺装的表面平整的、坚实的直线坡道。当坡度大于（或等于）最大爬坡度的 30% 时，路面必须用混凝土铺装；当坡度小于最大爬坡度的 30% 时，可用沥青铺装。每个坡道的长度不小于 25 m，中部设置 10 m 长的速度测试路段，在坡道的前端设有 8~10 m 的平直路段。另外，每个坡道的坡度应均匀一致；坡度大于最大爬坡度的 40% 的坡道，必须设置安全防护装置。如果没有专门修建的坡道，可用表面平整、硬实的自然直线坡道代替。

试验前，将试验车辆预热行驶，使油温、水温达到正常的工作状态，然后停于接近坡道的平直路段上。将试验车辆的变速器挂最低挡,即使设有分动器或副变速器,也应置于最低挡,起步后迅速将加速踏板踩到底。保持节气门全开(或喷油泵齿条行程最大),一直用最低挡(不允许换挡)爬至坡顶。与此同时,测定汽车通过 10 m 测定路段的时间、发动机转速,监视各仪表的工作状况,监视并测定发动机冷却液温度、润滑油温度和压力,以及一些总成的润滑油温度。当汽车爬至坡顶时,检查汽车各部位有无异常现象,并做记录,同时记录坡道的坡度、长度、类型及道路表面状况等。

如果试验车辆爬上了该坡道,就到大一级坡度的坡道上进行上述试验。以此类推,直到汽车不能爬上更大坡度的坡道为止。如果第一次爬不上去,可进行第二次,但不允许超过 2 次。最后,以能爬至坡顶的最陡坡道的坡度为该车最大爬坡度。

另外,如果汽车中途爬不上坡,则应测量停车点(后轮接地中心)到坡底的距离,并记录爬不上坡的原因,以供分析。

如果找不到汽车制造厂规定坡度的坡道,也可在其他坡度的坡道上进行试验。此时,可以通过增减载荷或改变变速器挡位的办法爬坡,并按式(5-17)折算成试验车辆制造厂定最大总质量状态下,变速器挂最低挡位时的爬坡度。

$$\alpha_{\max} = \arcsin\left(\frac{m}{m_0}\frac{i_1}{i}\sin\alpha\right) \tag{5-17}$$

式中,$\alpha_{\max}$——折算后的最大爬坡度(°);
  α——试验用坡道的实际坡度(°);
  m_0——试验车辆制造厂规定的最大总质量(kg);
  m——试验时试验车辆的实际总质量(kg);
  i_1——变速器最低挡时传动系统的传动比;
  i——试验时试验车辆传动系统的实际传动比。

2)负荷拖车测量法

用负荷拖车测量汽车最大爬坡度时,让汽车在平整、坚实的水平直线铺装路面上行驶,使用负荷拖车作为负荷,通过换算试验结果而求得最大爬坡度。

试验时,将变速器挂最低挡,节气门全开(或喷油泵齿条行程最大),拖动负荷拖车,牵引杆处于水平位置并与试验车辆和负荷拖车的纵向中心平面平行。牵引杆内安装拉力传感器,用以测量拖钩牵引力。通过负荷拖车的制动施加负荷,测量试验车辆最大拖钩牵引力 F_{tmax},并计算最大爬坡度为

$$\alpha_{\max} = \arcsin\left(\frac{F_{tmax}}{m_0 g}\right) \tag{5-18}$$

式中,$\alpha_{\max}$——折算后的最大爬坡度(°);
  m_0——试验车辆制造厂规定的最大总质量(kg)。

如果没有负荷拖车,也可用最大总质量状态下的汽车来代替负荷拖车进行试验。试验时,被拖车也置于最低挡,并用制动器逐步增加制动强度,直到试验汽车拖不动为止。将牵引过程中测量的最大牵引力作为最大拖钩牵引力。

2. 爬长坡试验

试验坡道为表面平整、坚实的连续上坡道,要求坡道长为 8~10 km,其中上坡路段应

占坡道长度的90%以上，最大纵向坡度不小于8%。

试验前，检查汽车是否处于良好的技术状态，尤其要检查发动机供油系统和冷却系统、动力传动系统及制动系统的工作状况，里程表应经过校正。

试验时，将试验车辆停放在坡道起点处，并记录里程表指示里程，启动燃油流量计，然后起步开始爬坡。爬坡中应尽可能使用较高的挡位，并且在各挡位下都应全负荷行驶，在保证安全和交通法规允许的前提下以较高车速行驶，一直爬至试验终点。在爬坡过程中，每行驶 0.5 km 记录一次各部位的温度值，以及试验全过程中的换挡使用次数和使用时间（或行驶里程），观察仪表、发动机及动力传动系统等工作状况。当爬至试验终点时，记录此时的时刻、里程表指示值、燃油流量计读数等，连同试验起点时的这些参数值，计算出平均车速和平均百千米燃料消耗量。

如果在爬坡过程中，发现发动机冷却液沸腾、发动机润滑油温度超过 105 ℃、供油系统发生气阻、发动机强烈爆燃或动力传动系统脱挡等使汽车不能正常行驶的现象，应立即停车检查，并记录停车处的行驶里程、行驶时间、燃料消耗量以及各部位温度。同时，还要详细记录故障形态，以供试验结果分析使用。

5.1.5 牵引性能试验

汽车牵引性能试验主要用于确定汽车牵引挂车的动力性能。它包括牵引性能试验与最大拖钩牵引力试验两方面内容。

1. 牵引性能试验

汽车牵引性能试验采用试验车辆牵引负荷拖车的方式进行，没有负荷拖车时，也可以用处于最大总质量状态的其他汽车代替负荷拖车。试验前，在试验车辆上安装车速仪，并用牵引杆连接试验车辆与负荷拖车，在牵引杆内部安装一只拉力传感器，试验时要求牵引杆保持水平，其纵向与试验车辆及负荷拖车的纵向中心平面平行。

试验时，汽车起步，加速换挡至试验需要的挡位，节气门全开（或喷油泵齿条行程最大），加速至该挡最高车速的80%左右，负荷拖车施加负荷，在发动机正常使用的转速范围内，测取5~6个间隔均匀的稳定车速和该车速下的拖钩牵引力。试验往返进行一次，取其算术平均值作为试验结果。根据试验结果绘制各挡牵引力性能曲线，如图 5-4 所示。

2. 最大拖钩牵引力试验

汽车最大拖钩牵引力试验所需的仪器及试验道路与汽车牵引性能试验相同。试验时，由试验车辆拖动负荷拖车运动，试验车辆动力传动系统均处于最大传动比状态，自锁差速器应锁住。如果用钢丝绳牵引，则两车之间的钢丝绳不得短于 15 m。

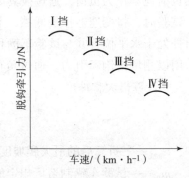

图 5-4 牵引力曲线

试验开始时，试验车辆缓慢起步，待钢丝绳（或牵引杆）拉直后，逐渐将加速踏板踩到底，以该工况下最高车速的80%的速度行驶。当驶至测定路段时，负荷拖车开始平稳地施加负荷，使试验车辆的车速平稳下降，直至发动机熄火或驱动轮完全滑转为止，从拉力传感器上读取最大拖钩牵引力。试验往返进行一次，以两个方向测得的最大拖钩牵引力的算术平均值作为最终试验结果。

5.2 汽车燃料经济性试验

5.2.1 概述

汽车的燃料经济性是指在保证动力性的条件下，汽车以尽量少的燃料消耗量经济行驶的能力。燃料经济性常用一定运行工况下汽车行驶百公里的燃料消耗量，或一定燃料量能使汽车行驶的里程数来评价。我国和欧洲主要采用前一种评价指标。

由于汽车使用工况极为复杂，因而汽车燃料经济性试验与汽车动力性试验相比要复杂得多。目前，各国测定燃料经济性的方法多种多样，从对试验中各种因素的控制程度来看，可分为以下四种试验方法。

（1）不控制的道路试验。不控制的道路试验是指对行驶道路、交通情况、驾驶习惯和周围环境等各方面因素都不加控制的道路试验。实际上，这种试验是将试验车辆投放到试验点（使用单位）的使用试验。

（2）控制的道路试验。控制的道路试验是指在维持行驶道路、交通情况、驾驶习惯等使用因素基本不变的条件下测定燃料消耗量的道路试验。

（3）道路上的循环试验。道路上的循环试验是指汽车完全按规定的车速－时间规范在试验道路上进行的试验。

（4）底盘测功机上的循环试验。底盘测功机上的循环试验是指按照一定的工况循环在底盘测功机上进行的试验，它能严格控制试验条件，排除外界干扰，并能完成复杂的工况循环。

从燃料消耗量的具体测量方法来看，汽车燃料消耗量的测量有直接测量法和间接测量法两种。直接测量法只需将油耗仪串接在发动机供油管路中，实时测出消耗的燃油量；间接测量法则通过测取表征燃油消耗的特征参数，再经计算得出消耗的燃油量。目前，间接测量法中比较成熟的方法是碳平衡法。碳平衡法依据的基本原理是质量守恒定律：汽（柴）油经过发动机燃烧后，排气中碳质量的总和与燃烧前的燃油中碳质量总和应该相等。碳平衡法对较复杂行驶工况下的汽车燃油消耗量测量比较准确。

我国现行汽车燃料消耗量试验标准主要有《商用车辆燃料消耗量试验方法》（GB/T 12545.2—2001）、《轻型汽车燃料消耗量试验方法》（GB/T 19233—2008）、《汽车燃料消耗量试验方法第 1 部分：乘用车燃料消耗量试验方法》（GB/T 12545.1—2008）以及《重型商用车辆燃料消耗量测量方法》（GB/T 27840—2011）。《商用车辆燃料消耗量试验方法》（GB/T 12545.2—2001）适用于 M_2、M_3 类和最大设计总质量大于或等于 2 t 的 N 类车辆。《轻型汽车燃料消耗量试验方法》（GB/T 19233—2008）规定了汽车在模拟市区和市郊工况循环下，通过测定汽车排放的二氧化碳、一氧化碳以及碳氢化合物的排放量，用碳平衡法计算燃料消耗量的试验和计算方法，以及生产一致性的检查和判定方法。该标准适用于以点燃式或压燃式发动机为动力，最大设计车速大于或等于 50 km/h 的 M_1 类、N_1 类和最大设计总质量不超过 3 500 kg 的 M_2 类车辆。

《重型商用车辆燃料消耗量测量方法》（GB/T 27840—2011）主要适用于最大设计总质量大于 3 500 kg 的燃用汽油和柴油的商用车辆。可见，除最大设计总质量不超过 3 500 kg 的 M_2 类车辆外，该标准几乎完全代替了《商用车辆燃料消耗量试验方法》（GB/T 12545.2－2001）。根据《轻型汽车污染物排放限值及测量方法（中国Ⅲ、Ⅳ阶段）》（GB 18352.3—2005）中关于轻型汽车的定义（指最大总质量不超过 3 500 kg 的 M_1 类、M_2 类和 N_1 类汽车），结合上述标准的适用范围可见，我国目前汽车燃料消耗量的试验方法可从轻型汽车和重型商用车两个角度加以讨论。表 5－2 所示为机动车的分类。

表 5－2 机动车分类

机动车辆	M 类车辆（乘用车）	M_1	车轮数≥4
			座椅数量≤8（不包括驾驶员）
		M_2	车轮数≥4
			座椅数量≤8（不包括驾驶员）
			最大总质量≤5 t
		M_3	车轮数≥4
			座椅数量＞8（不包括驾驶员）
			最大总质量≥5 t
	N 类车辆（货车）	N_1	车轮数≥4
			最大总质量≤3.5 t
		N_2	车轮数≥4
			最大总质量≤3.5 t
		N_3	车轮数≥4
			最大总质量≥12 t
	O 类车辆（挂车）	O_1	设计总质量 t：t≤0.75t
		O_2	0.75t≤t≤3.5t
		O_3	3.5t≤t≤10t
		O_4	t≥10t

5.2.2 轻型汽车燃料经济性试验

轻型汽车中的 M_1、N_1 类车辆的燃料经济性试验方法参照《轻型汽车污染物排放限值及测量方法（中国Ⅲ、Ⅳ阶段）》（GB/T 12545.1—2008）执行，它包括三个试验项目，即《轻型汽车污染物排放限值及测量方法（中国Ⅲ、Ⅳ阶段）》（GB 18352.3—2005）规定的工况循环燃料消耗量试验、90 km/h 的等速行驶燃料消耗量试验和 120 km/h 的等速行驶燃料消耗量试验（对最高车速低于 120 km/h 的车辆，应以其最高车速等速行驶进行试验）。轻型汽车中的 M_2 类车辆的燃料经济性试验包括两个试验项目，即等速工况和循环工况下的燃料消耗量试验。其中，等速工况试验参照《商用车辆燃料消耗量试验方法》（GB/T 12545.2—2001）执行,循环工况为《轻型汽车污染物排放限值及测量方法(中国Ⅲ、Ⅳ阶段)》(GB 18352.3—2005)规定的市区加市郊循环工况。

1. 等速行驶燃料消耗量试验

等速行驶燃料消耗量试验既可在底盘测功机上进行,也可在道路上进行。

车辆试验质量、载荷分布以及变速器挡位的选择参照相关标准执行。

1) 试验方法

(1) 道路试验。试验道路应干燥,路面可有湿的痕迹,但不应有任何积水。平均风速小于3 m/s,阵风不应超过5 m/s。在第一次测量之前,应使车辆充分预热,并达到正常工作条件。在每次测量前,车辆应在试验道路上以尽可能接近试验速度的车速行驶至少5 km,以保持温度稳定。在测量燃料消耗量时,若速度变化超过±5%,则冷却液、机油和燃油温度变化不应超过±3 ℃。

对于M_2类车辆,测量路段长度为500 m,试验车速从20 km/h开始(当最小稳定车速高于20 km/h时,从30 km/h),以车速10 km/h的整数倍均匀选取车速,直至最高车速的90%,至少测定五个试验车速。试验时,变速器挡位采用直接挡或直接挡和超速挡。对带自动变速器的车辆,采用高速挡。测量汽车等速通过500 m测量路段的时间及燃料消耗量。同一车速应往返进行两次测量。

对于M_1、N_1类车辆,测量路段的长度应至少为2 km,可以是封闭的环形路(测量路程必须为完整的环形路),也可以是平直路(试验应在两个方向上进行)。试验车速为90 km/h和120 km/h。

为确定在指定速度时的燃料消耗量,应至少在低于或等于指定速度时进行两次试验,并在至少高于或等于指定速度时进行另两次试验。每次试验行驶期间的速度误差不超过±2 km/h,每次试验的平均速度与试验指定速度之差不应超过2 km/h。

(2) 底盘测功机试验。试验前,使车辆达到试验温度,一旦达到试验温度,就以接近试验速度的速度在底盘测功机上行驶足够长的距离,以便调节辅助冷却装置来保证车辆温度的稳定性。该阶段持续时间应不少于5 min。依据相关规定,按适当的试验速度和规定的试验质量设定底盘测功机,以达到总的道路行驶阻力。试验时,测量的行驶距离不少于相应的道路试验距离,速度变化幅度应不大于0.5 km/h。试验应至少进行四次测量。

2) 燃料消耗量的计算

每次试验行程的燃料消耗量计算如下:

(1) 采用质量法确定燃料消耗量$C[L/(100 km)]$。其计算公式为

$$C = \frac{M}{DS_g} \times 100 \qquad (5-19)$$

式中,M——燃料消耗量测量值(kg);

D——试验期间的实际行驶距离(km);

S_g——标准温度(20 ℃)下的燃料密度(kg/m³)。

(2) 采用容积法确定燃料消耗量$C[L/(100 km)]$。其计算公式为

$$C = \frac{V[1+\alpha(T_0-T_F)]}{D} \times 100 \qquad (5-20)$$

式中,V——燃料消耗量(体积)的测量值(L);

α——燃料容积膨胀系数,当燃料为汽油和柴油时,该系数为 0.001/℃;
T_0——标准温度(20 ℃);
T_F——燃料平均温度(℃),即每次试验开始和结束时,在容积测量装置上读取的燃料温度的算术平均值。

3) 指定速度的燃料消耗量计算

指定速度的燃料消耗量,应根据前述取得的试验数据用线性回归法来计算。若试验在道路两个方向上进行,则应分别记录在每个方向上获得的值。

为使置信度达到 95%,指定速度的燃料消耗量的精度应达到 ±3%。为了得到此精度,可增加试验次数。指定速度的燃料消耗量精度计算公式为

$$\text{精度} = \frac{K}{C}\sqrt{\frac{\sum(C_i - \hat{C}_i)^2}{n-2}}\sqrt{\frac{1}{n} + \frac{(v_{\text{ref}} - \bar{v})^2}{\sum(v_i - \bar{v})^2}} \times 100\% \qquad (5-21)$$

式中,C_i——在速度 v_i 时测量的燃料消耗量(kg);
$\hat{C}_i$——在速度 v_i 时用线性回归法计算出的燃料消耗量(kg);
v_{ref}——指定速度(km/h);
C——在指定速度 v_{ref} 时,用线性回归法计算出的燃料消耗量(kg);
v_i——第 i 次试验的实际速度(km/h);
$\bar{v}$——n 次试验的平均速度(km/h),$\bar{v} = \sum v_i/n$;
n——试验次数;
K——不同试验次数给定的计算数值,见表 5-3。

表 5-3 K 值

n	4	5	6	7	8	9	10	12	14	16	18	20
K	4.30	3.18	2.78	2.57	2.45	2.37	2.31	2.23	2.18	2.15	2.12	2.10

如果在平均速度为 $(v_{\text{ref}} \pm 0.5)$ km/h 时测量燃料消耗量,则可用获得的试验数据的平均值计算规定速度下的燃料消耗量。

4) 试验结果的校正

在等速试验时,若试验环境条件变化超过 2 ℃ 或 0.7 kPa,则应在确定燃料消耗量和试验精度值之前,对在一定环境条件下确定的燃料消耗量值进行校正,校正到标准条件下的燃料消耗量,即

$$C_{\text{校正}} = K' C_{\text{测量}} \qquad (5-22)$$

式中,$C_{\text{校正}}$——标准条件下的燃料消耗量[L/(100 km)];
$C_{\text{测量}}$——试验环境条件下测量的燃料消耗量[L/(100 km)];
K'——校正系数,

$$K' = \frac{R_R}{R_T}[1 + K_R(t - t_0)] + \frac{R_{\text{AERO}}}{R_T}\frac{\rho_0}{\rho} \qquad (5-23)$$

式中,t_0——试验开始前的环境温度(℃);
R_R——试验速度条件下的滚动阻力(N);

R_{AERO}——试验速度条件下的空气阻力（N）；

R_T——总的行驶阻力（N），$R_T = R_R + R_{AERO}$；

K_R——滚动阻力相对温度的校正系数，取 $3.6 \times 10^{-3}/℃$；

t——试验期间的环境温度（℃）；

ρ——试验条件下的空气密度（kg/m^3）；

ρ_0——标准条件下的空气密度（kg/m^3），取 $1.189 kg/m^3$。

通常，R_R、R_{AERO} 和 R_T 的值由制造厂提供，如果得不到这些值，经制造厂同意，也可采用《汽车燃料消耗量试验方法》（GB/T 12545.1—2008）附录 C 中给出的值。

2. 多工况循环燃料消耗量试验

1) 试验运转循环

轻型汽车的多工况循环燃料消耗量试验必须在底盘测功机上进行，试验采用《轻型汽车污染物排放限值及测量方法（中国Ⅲ、Ⅳ阶段)》（GB 18352.3—2005）规定的运转循环。该运转循环如图 5-5 所示，由一部（市区运转循环）和二部（市郊运转循环）组成，每个完整的运转循环历时 1 220 s。

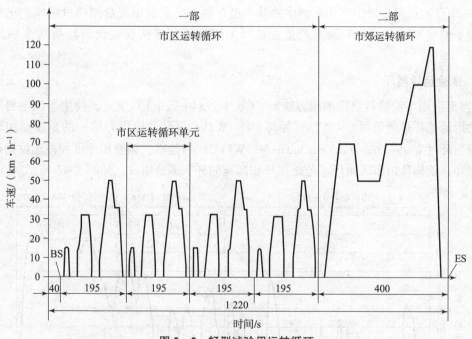

图 5-5 轻型试验用运转循环

BS—开始采样；ES—结束采样

如果试验车辆不能达到试验循环要求的加速度和最大车速值，则应将加速踏板踩到底，直至回到要求的运行曲线。底盘测功机的载荷和惯量设定，应根据试验的具体要求，参照《轻型汽车污染物排放限值及测量方法（中国Ⅲ、Ⅳ阶段)》（GB 18352.3—2005）附录 C 的规定进行。

2) 燃料消耗量计算——碳平衡法

多工况循环的燃料消耗量常通过测量汽车排放物中的一氧化碳、二氧化碳和碳氢化合物的排放量，利用碳平衡法来计算。用碳平衡法计算汽车燃料消耗量的具体公式如下：

对于装备汽油机的车辆：

$$F_C = \frac{0.1154}{\rho}(0.866M_{HC} + 0.429M_{CO} + 0.273M_{CO_2}) \qquad (5-24)$$

对于装备柴油机的车辆：

$$F_C = \frac{0.1155}{\rho}(0.866M_{HC} + 0.429M_{CO} + 0.273M_{CO_2}) \qquad (5-25)$$

式中，F_C——燃料消耗量 [L/(100 km)]；

M_{HC}——测得的碳氢排放量（g/km）；

M_{CO}——测得的一氧化碳排放量（g/km）；

M_{CO_2}——测得的二氧化碳排放量（g/km）；

ρ——288 K（15 ℃）时试验燃料的密度（kg/L）。

5.2.3 重型商用车燃料经济性试验

我国重型商用车燃料经济性试验按照《重型商用车辆燃料消耗量测量方法》（GB/T 27840—2011）执行。对于商用车辆中的基本型车辆，要求采用底盘测功机法确定燃料消耗量；对于变型车辆，可由车辆生产企业选择采用模拟计算法或底盘测功机法来确定燃料消耗量。

1. 试验运转循环

《重型商用车辆燃料消耗测量方法》（GB/T 27840—2011）规定，商用车辆燃料消耗量试验的运转循环必须采用 C‐WTVC 循环。C‐WTVC 循环是以世界统一的重型商用车辆瞬态车辆循环（World Transient Vehicle Cycle，WTVC）为基础，调整加速度和减速度而形成的驾驶循环，该循环由市区循环、公路循环和高速循环三部分组成，如图 5‐6 所示。

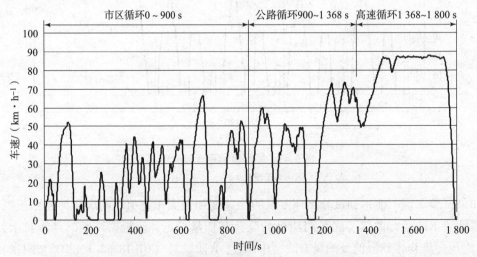

图 5‐6 重型商用车的 C‐WTVC 循环曲线

针对不同车辆类别、运行条件不同而导致燃料消耗量差别较大的情况，该标准规定了五类车辆在 C‐WTVC 循环中市区、公路和高速部分的特征里程分配比例，如表 5‐4 所示。

表 5-4 特征里程分配比例

车辆类型	最大设计总质量 GCW 和 GVW/kg	市区比例 $D_{市区}$/%	公路比例 $D_{公路}$/%	高速比例 $D_{高速}$/%
半挂牵引车	9 000 < GCW ≤ 27 000	0	40	60
	GCW > 27 000	0	10	90
自卸汽车	GVW > 3 500	0	100	0
货车（不含自卸车）	3 500 < GVW ≤ 5 500	40	40	20
	5 500 < GVW ≤ 12 500	10	60	30
	12 500 < GVW ≤ 25 000	10	40	50
	GVW > 25 000	10	30	60
客车（不含城市客车）	3 500 < GVW ≤ 5 500	50	25	25
	5 500 < GVW ≤ 12 500	20	30	50
	GVW > 12 500	10	20	70
城市客车	GVW > 3 000	100	0	0

2. 燃料消耗量试验方法

1）底盘测功机法

底盘测功机应能准确模拟车辆的道路行驶阻力、加减速工况和试验车辆最大设计总质量状态下的当量惯量。测量系统应能分别测量 C-WTVC 循环市区、公路和高速部分的燃料消耗量，并满足相应的精度要求。在正式试验前，宜进行 1~2 个完整的 C-WTVC 循环或采用其他方法对试验车辆和底盘测功机进行充分预热。

在试验过程中，调整底盘测功机，并按规定进行阻力设定。此外，应确保车辆处于载荷状态时，在试验过程中不打滑；应根据车辆特点选择相应挡位。换挡策略由车辆生产企业和检测机构共同确定。减速行驶时，应完全放开加速踏板，继续保持离合器接合状态，直至试验车速降至该挡位最低稳定车速时，才分离离合器、降挡或停车。必要时，可使用车辆的制动器及辅助制动装置进行减速。

车辆试验应运行三个完整的 C-WTVC 循环，并在每个完整的 C-WTVC 循环结束后分别记录试验结果。如果其中某一部分的特征里程分配加权系数为零，则可以直接跳过该部分，进入下一部分。在相邻两个完整的 C-WTVC 试验循环之间，车辆及相关设备应继续运行（或采用其他方法），以保持热机状态。

在试验过程中，车辆实际运行状态应尽量与 C-WTVC 循环一致，其速度偏差应不超过 ±3 km/h，每次超过速度偏差的时间应不超过 2 s，累计应不超过 10 s。当试验车辆不能达到 C-WTVC 循环要求的加速度或试验车速时，应将加速踏板完全踩到底；当试验车辆不能达到 C-WTVC 循环规定的减速度时，应完全作用制动踏板，直至车辆运行状态再次回到 C-WTVC 循环规定的偏差范围内。任何超过运转循环偏差的状况都应在试验报告中注明。

2）模拟计算法

模拟计算法以汽车发动机万有特性试验数据为基础，将整车、变速器、轮胎等关键参数输入计算机，通过计算机程序来模拟车辆在 C-WTVC 循环下的运行状态，计算试验车辆的燃料消耗量。

模拟程序需要输入的整车参数包括车辆类型、整车整备质量、最大设计总质量、最大设计载质量、最大设计牵引质量（仅适用于半挂牵引车）、额定载客人数（含驾驶人）、驱动形式、轴数、轮胎型号等。需要输入的发动机参数包括发动机万有特性、发动机反拖转矩、发动机外特性转矩、发动机怠速转速及怠速燃料消耗量、发动机额定转速以及发动机最高转速等，各参量应按《汽车发动机性能试验方法》（GB/T 18297—2001）中的相关规定进行测定。在进行万有特性试验时，应在发动机正常转速范围内，从不超过最大扭矩的10%开始，至最大扭矩之间，尽可能均匀地选取至少81个数据点来测定燃料消耗量。需要输入的传动系统参数包括变速器的类型（AT、MT、AMT）、主（副）变速器挡位数及变速比、主减速比等。除上述参数外，还需输入轮胎规格。若采用滑行能量变化法来确定行驶阻力，则还应提交相应的试验数据。

3. 燃料消耗量计算

1）市区、公路和高速工况的燃料消耗量计算

（1）对于底盘测功机法，燃料消耗量的大小可采用前述的碳平衡法、质量法或容积法来计算。

然后，根据式（5-26）计算三次试验结果的第95百分位分布的标准差 σ，并将三次测量结果中最大燃料消耗量与最小燃料消耗量之差（ΔQ_{max}）与 σ 值进行比较：若 $\Delta Q_{max} \leq \sigma$，则认为通过重复性检验；若 $\Delta Q_{max} > \sigma$，则认为没有通过重复性检验。

$$\sigma = 0.063\overline{Q} \tag{5-26}$$

式中，σ——第95百分位分布的标准差 [L/(100 km)]；

$\overline{Q}$——三次试验所测得燃料消耗量的算术平均值 [L/(100 km)]。

依此对三个完整的 C-WTVC 循环的燃料消耗量进行重复性检验。如果通过重复性检验，则分别计算市区、公路和高速等适用部分的平均燃料消耗量；如果没有通过重复性检验，则应采用燃料消耗量较高的两个完整的 C-WTVC 循环试验结果，分别计算各适用部分的平均燃料消耗量。

（2）对于模拟计算法，燃料消耗量的计算步骤如下：

①计算 C-WTVC 循环下每一秒对应的发动机的转速和转矩。

②根据发动机的万有特性数据，查询或插值确定每一秒的燃料消耗量。

③对确定的每一秒的燃料消耗量进行累加，即分别得到市区、公路和高速工况的燃料消耗总量。

④用各部分燃料消耗总量除以对应的行驶里程，即可计算出市区、公路和高速工况的燃料消耗量。

2）综合燃料消耗量计算

根据得到的市区、公路和高速工况的燃料消耗量，对照表5-4，确定该车型的特征里程分配比例，按式（5-27）加权计算该车型的综合燃料消耗量。

$$F_{C综合} = F_{C市区}D_{市区} + F_{C公路}D_{公路} + F_{C高速}D_{高速} \tag{5-27}$$

式中，$F_{C综合}$——一个完整的 C-WTVC 循环的综合燃料消耗量 [L/(100 km)]；

$F_{C市区}$，$F_{C公路}$，$F_{C高速}$——市区、公路和高速的平均燃料消耗量 [L/(100 km)]；

$D_{市区}$，$D_{公路}$，$D_{高速}$——市区、公路和高速的里程分配比例系数，分别简称市区比例、公路比例、高速比例，单位为%。

5.3 汽车制动性能试验

汽车的制动性能是指汽车行驶时能在短距离内停车且维持行驶方向稳定性和在下长坡时能维持一定车速的能力。制动性能是汽车的重要使用性能之一，制动性能的好坏直接关系到行车的安全。因此，不管是新车出厂还是在用车辆检测，都将其制动性能作为重点检测项目之一。

5.3.1 制动性能检测标准

《机动车运行安全技术条件》（GB 7258—2012）规定，可使用道路试验法（简称"路试"）或台架试验法（简称"台试"）检测汽车制动性能。只要检测指标符合检测标准，即认为汽车制动性能合格。

1. 路试检测标准

汽车行车制动性能和应急制动性能检测要求在平坦、硬实、清洁、干燥且附着系数不小于0.7的混凝土或沥青路面上进行。检测时，发动机应与传动系统脱开，但对于采用自动变速器的车辆，其变速器换挡装置应位于驱动挡（D位）。

1) 行车制动性能检测标准

行车制动性能检测的直接指标有制动距离和充分发出的平均减速度；间接指标有制动稳定性和制动协调时间。制动距离是指车辆在规定的初速度下急踩制动时，从脚接触制动踏板（或手触动制动手柄）时起，至车辆停住时，车辆驶过的距离。制动稳定性是指在制动过程中车辆的任何部位（不计入车宽的部位除外）都不允许超出规定宽度的试验通道边缘线。

《机动车运行安全技术条件》（GB 7258—2012）规定，车辆在规定初速度下的制动距离和制动稳定性应符合表5-5的规定。在对空载检测的制动距离有质疑时，可按表5-5规定的满载检测制动距离要求进行检测。

表5-5 路试检测的制动距离和制动稳定性要求

汽车类型	制动初速度/(km·h^{-1})	空载检测制动距离要求/m	满载检测制动距离要求/m	试验通道宽度/m
三轮汽车	20	≤5.0		2.5
乘用车	50	≤19.0	≤20.0	2.5
总质量≤3 500 kg 的低速客车	30	≤8.0	≤9.0	2.5
其他总质量≤3 500 kg 的汽车	50	≤21.0	≤22.0	2.5
铰接客车、铰接式无轨电车、汽车列车	30	≤9.5	≤10.5	3.0
其他汽车	30	≤9.0	≤10.0	3.0

车辆制动时充分发出的平均减速度 d_m 可表达为

$$d_m = \frac{v_b^2 - v_e^2}{25.92(S_e - S_b)} \qquad (5-28)$$

式中，d_m——充分发出的平均减速度（m/s²）；

v_b——制动初速度（km/h），$v_b = 0.8v_0$，v_0 为试验车辆制动初速度（km/h）；

v_e——制动末速度（km/h），$v_e = 0.1v_0$；

S_b——试验车速从 v_0 到 v_b，车辆行驶的距离（m）；

S_e——试验车速从 v_0 到 v_e，车辆行驶的距离（m）。

制动协调时间指在急踩制动时，从脚接触制动踏板（或手触动制动手柄）起，至车辆减速度（或制动力）达到表 5-6 规定的车辆充分发出的平均减速度（或表 5-8 规定的制动力）的 75% 时所需的时间。

表 5-6 路试检测的制动减速度和制动稳定性要求

汽车类型	制动初速度/(km·h⁻¹)	空载检测制动距离要求/m	满载检测充分发出的平均减速度/(m·s⁻²)	试验通道宽度/m
三轮汽车	20	≥3.8	—	2.5
乘用车	50	≥6.2	≥5.9	2.5
总质量≤3 500 kg 的低速客车	30	≥5.6	≥5.2	2.5
其他总质量≤3 500 kg 的汽车	50	≥5.8	≥5.4	2.5
铰接客车、铰接式无轨电车、汽车列车	30	≥5.0	≥4.5	3.0
其他汽车	30	≥5.4	≥5.0	3.0

此外，《机动车运行安全技术条件》（GB 7258—2012）对制动性能检测时的制动踏板力或制动气压作了如下要求：

（1）满载检测。对于气压制动系统，要求气压表的指示气压≤额定工作气压；对于液压制动系统，要求乘用车的踏板力不大于 500 N，其他汽车的踏板力不大于 700 N。

（2）空载检测。对于气压制动系统，要求气压表的指示气压不大于 600 kPa；对于液压制动系统，要求乘用车的踏板力不大于 400 N，其他汽车的踏板力不大于 450 N。

《机动车运行安全技术条件》（GB 7258—2012）指出，汽车或汽车列车在符合上述规定的制动踏板力或制动气压下的路试行车制动性能，只要符合表 5-5 与表 5-6 的制动距离或制动减速度要求之一，即合格。

2）应急制动性能检测标准

汽车（三轮汽车除外）在空载和满载状态下，按表 5-7 所示的制动初速度进行应急制动性能检测，应急制动性能应符合表 5-7 的要求。

表 5-7 路试检测的应急制动性能要求

汽车类型	制动初速度/(km·h⁻¹)	制动距离/m	充分发出的平均减速度/(m·s⁻²)	允许操纵力/N 手操纵	允许操纵力/N 脚操纵
乘用车	50	≤38.0	≥2.9	≤400	≤500
客车	30	≤18.0	≥2.5	≤600	≤700
其他汽车（三轮汽车除外）	30	≤20.0	≥2.2	≤600	≤700

3) 驻车制动性能检测标准

驻车制动通过纯机械装置将工作部件锁止，并且驾驶人施加于操纵装置上的力要满足：用手操纵时，乘用车应不大于 400 N，其他机动车应不大于 600 N；用脚操纵时，乘用车应不大于 500 N，其他机动车应不大于 700 N。

车辆空载时，在上述操纵力作用下，驻车制动装置应能保证车辆在坡度为 20%（对于总质量为整备质量的 1.2 倍以下的车辆，坡度为 15%）、轮胎与路面间的附着系数不小于 0.7 的坡道上正、反两个方向保持固定不动，持续时间应不少于 5 min。检测汽车列车时，应使牵引车和挂车的驻车制动装置均起作用。

2. 台试检测标准

1) 行车制动检测标准

(1) 制动力百分比要求。汽车、汽车列车在制动检测台上测出的制动力应符合表 5-8 所示的要求。在对空载检测制动力有质疑时，可按表 5-8 规定的满载检测制动力要求进行检测。检测时的制动踏板力或制动气压要求与路试检测要求相同。

表 5-8 台试检测的制动力要求

汽车类型	制动力总和与整车质量的百分比/%		轴制动力与轴荷[①] 的百分比/%	
	空载	满载	前轴[②]	后轴[②]
三轮汽车	—	—	—	≥60[②]
乘用车、其他总质量≤3 500 kg 的汽车	≥60	≥50	≥60[③]	≥20[③]
铰接客车、铰接式无轨电车、汽车列车	≥55	≥45	—	—
其他汽车	≥60	≥50	≥60[③]	≥50[④]

注：①用平板制动检验台检验乘用车时，应按动态轴荷（左、右轮制动力最大时刻所分别对应的左、右轮动态轮荷之和）计算。
②前轴是指位于汽车（单车）纵向中心线中心位置以前的轴。除前轴之外的其他轴均为后轴；挂车的所有车轴均按后轴计算；用平板制动试验台测试并装轴制动力时，并装轴可视为一轴。
③空载状态和满载状态下的测试均应满足此要求。
④满载测试时，对后轴制动力百分比不做要求。

(2) 制动力平衡要求（摩托车除外）。这是对制动力增长全过程中同时测得的左、右轮制动力差的最大值，与全过程中测得的该轴左右轮最大制动力中的大者（当后轴及其他轴的制动力小于该轴轴荷的 60% 时，为该轴轴荷）之比的要求。《机动车运行安全技术条件》（GB 7258—2012）规定，新注册车和在用车应符合表 5-9 所示的要求。

(3) 制动协调时间要求。台试检测标准的制动协调时间要求与路试检测标准的相同。

(4) 车轮阻滞力要求。在制动力检测时，各车轮的阻滞力均不应大于轮荷的 10%。车轮阻滞力是指在制动试验台上进行制动力检测时，在不踩制动踏板的情况下测得的车轮制动力。

表5-9 台试检测的制动力平衡要求

汽车使用状况	前轴	后轴（及其他轴）	
		轴制动力≥该轴轴荷60%时	轴制动力<该轴轴荷60%时
新注册车	≤20%	≤24%	≤8%
在用车	≤24%	≤30%	≤10%

汽车、汽车列车的台试行车制动性能检测结果须同时满足上述四点要求，才能认为合格。

2）驻车制动检测标准

当采用制动检测台检测汽车驻车制动装置的制动力时，车辆空载只乘坐一名驾驶人，此时使用驻车制动装置时，驻车制动力的总和应大于等于该车在测试状态下整车质量的20%（对于总质量为整备质量1.2倍以下的机动车，则应不小于15%）。

3）检测结果的复核

当对汽车台架检测制动性能结果有异议时，可在空载状态下按路试法复检。对空载状态复检结果有异议时，以满载路试复检结果为准。

5.3.2 制动性能道路试验

1. 概述

汽车制动性能道路试验主要包括磨合试验、0-型试验（冷态制动性能试验）、Ⅰ-型试验（热衰退和恢复试验）、传输装置失效后的剩余制动性能试验、应急制动性能试验、对于商用车辆的Ⅱ-型试验（下坡工况试验）或ⅡA-型试验（缓速器制动性能试验）与O类车辆的制动性能试验，以及装有防抱死制动系统的制动性能试验等。

我国汽车制动性能道路试验主要按照的标准有：《乘用车制动系统技术要求及试验方法》（GB 21670—2008）、《商用车辆和挂车制动系统技术要求及试验方法》（GB 12676—2014）、《机动车和挂车防抱制动性能和试验方法》（GB/T 13594—2003）。其中，《乘用车制动系统技术要求及试验方法》（GB 21670—2008）主要适用于M_1类车辆；《商用车辆和挂车制动系统技术要求及试验方法》（GB 12676—2014）主要适用于M_2类、M_3类、N类机动车辆与O类挂车；《机动车和挂车防抱制动性能和试验方法》（GB/T 13594—2003）主要适用于装备防抱死制动系统的M类、N类汽车和O类挂车。

在进行制动性能道路试验时，应先进行静态检查，后进行动态试验。在进行动态试验时，推荐先进行空载试验，后进行满载试验。对于乘用车，Ⅰ-型试验应在其他所有动态试验项目完成后进行。

表5-10所示为M类和N类车辆在进行各项制动性能试验时的试验条件和要满足的性能要求。

2. 磨合试验

在进行各项制动性能试验前，应按制造商的规定对车辆进行磨合行驶。如果制造商未对磨合行驶做出具体规定，则可按下列方法进行磨合行驶。

表 5-10 试验条件及性能要求

	车辆类型	M_1	M_2	M_3	N_1	N_2	N_3
	试验类型	0	0、Ⅰ	0、Ⅰ、Ⅱ或ⅡA	0、Ⅰ	0、Ⅰ	0、Ⅰ、Ⅱ或ⅡA
发动机脱开的0-型试验	$v/(\mathrm{km \cdot h^{-1}})$	100	60	60	80	60	60
	S/m	$\leq 0.1v+0.006v^2$			$\leq 0.15v+v^2/130$		
	$d_m/(\mathrm{m \cdot s^{-2}})$	≥ 6.43			≥ 5.0		
	F/N	65~500			≤ 700		
发动机接合的0-型试验	$v=80\% v_{max}/(\mathrm{km \cdot h^{-1}})$	≤ 160	≤ 100	≤ 90	≤ 120	≤ 100	≤ 90
	S/m	$\leq 0.1v+0.0067v^2$			$\leq 0.15v+v^2/103.5$		
	$d_m/(\mathrm{m \cdot s^{-2}})$	≥ 5.76			≥ 4.0		
	F/N	65~500			≤ 700		

注：v 为规定的试验车速；S 为制动距离；d_m 为充分发出的平均减速度；F 为制动踏板力；v_{max} 为最高车速

1) 乘用车

车辆满载，以最高车速的 80%（≤ 120 km/h）作为初速度，以 3 m/s² 的减速度开始制动，当速度降至初速度的 50% 时，松开制动踏板，将车速加速至初速度，重复试验。磨合总次数为 200 次。如果因条件限制不能连续完成 200 次，则可根据具体情况调整试验次数。

2) 商用车

磨合试验制动初速度为 60 km/h，制动末速度约为 20 km/h。若为全盘式制动系统，则先以约 2 m/s² 的制动减速度进行 30 次制动，然后以 4 m/s² 的制动减速度进行 30 次制动；若为前盘后鼓式（或全鼓式）制动系统，则先以约 2 m/s² 的制动减速度进行 100 次制动，然后以 4 m/s² 的制动减速度进行 100 次制动。在磨合过程中，制动盘、制动鼓的温度均不应超过 200 ℃。

3. 0-型试验（冷态制动性能试验）

试验前，制动器应处于冷态，即在制动盘或制动鼓摩擦表面测得的温度应低于 100 ℃。

1) 发动机脱开的 0-型试验

该试验按表 5-10 中各车型规定的车速进行。对因最高设计车速限制而不能达到规定车速的车辆，可用试验时所能达到的最高车速进行试验。试验时，在附着条件良好的水平路面上，将车辆加速至试验规定车速以上 5 km/h，脱开挡位，在车速下降至试验规定车速时，全力进行行车制动。

重复上述制动过程，确认车辆在未发生车轮抱死的情况下所能达到的最佳制动性能符合要求。

2) 发动机接合的 0-型试验

对于乘用车，该项试验仅适用于最高车速 $v_{max} > 125$ km/h 的车辆。试验按表 5-10 中规定的车速进行；对 $v_{max} > 200$ km/h 的车辆，试验车速取 160 km/h。试验时，在附着条件良好的水平路面上将车辆加速至试验规定车速以上 5 km/h，采用相应的最高挡行驶，松开加速踏板但保持挡位不变，在车速下降至试验规定车速时进行行车制动。采用的制动控制力

（或管路压力）与发动机脱开的0-型试验接近。制动控制力应在整个制动过程中保持恒定，确保达到最大的制动强度且不会发生车轮抱死。

对于商用车，该项试验应在表5-10所示的各种车速下进行，最低试验车速为车辆最高设计车速的30%，最高试验车速为车辆最高设计车速的80%。对装备限速器的车辆，限速器的限制车速将作为车辆的最高设计车速。

4. I-型试验（衰退和恢复试验）

1）制动器加热试验

首先，采用最高挡，以表5-11规定的初速度v_1进行两次发动机脱开的0-型试验，确定车辆满载时产生3 m/s²的减速度所需的控制力或管路压力，同时确认车速能在规定的时间Δt内从v_1下降至v_2。然后，以上述确定的力在车速为v_1时开始制动，使车辆产生3 m/s²的平均减速度；在车速下降至v_2时，解除制动，选择最有利的挡位使车速快速恢复到v_1；在最高挡维持该车速至少10 s，再次制动并确认两次制动开始之间的时间间隔等于Δt。时间测量装置应在第一次制动操作时启动或重新设置。重复上述"制动-解除制动"过程。制动次数如表5-11所示。

表5-11 加热试验条件

车辆类别	试验条件			
	制动初始车速 $v_1/(km \cdot h^{-1})$	制动结束车速 $v_2/(km \cdot h^{-1})$	制动循环周期 $\Delta t/s$	制动次数 $N/$次
M_2	$80\% v_{max} \leq 120$	$v_1/2$	45	15
M_1	$80\% v_{max} \leq 100$	$v_1/2$	55	15
N_1	$80\% v_{max} \leq 120$	$v_1/2$	55	15
M_2、N_1、N_3	$80\% v_{max} \leq 60$	$v_1/2$	60	20

注：v_{max}为车辆的最高设计车速；Δt为从一次制动开始到下一次制动开始所经历的时间。

2）热态性能试验

在上述加热过程最后一次制动结束后，立即加速至0-型试验车速，进行发动机脱开的0-型试验。所使用的平均控制力不应超过满载0-型试验中实际使用的控制力，确认车辆在未发生车轮抱死的情况下至少能达到满载0-型试验实际性能的60%和0-型试验规定性能的75%（商用车为80%）。如车辆在0-型试验控制力下能达到车辆0-型试验实际性能的60%，但不能达到规定性能的75%，则可采用不超过500 N（商用车为700 N）的更高的控制力进一步试验。

3）制动器恢复过程

热态性能试验结束后，立即在发动机接合的情况下，以3 m/s²的平均减速度从50 km/h的车速进行4次停车制动。各次制动的起点之间允许有1.5 km的距离。每次制动结束后，立即在最短的时间内加速至50 km/h，并保持该车速直至进行下次制动。

4）恢复性能试验

在最后一次恢复过程制动结束后，立即加速至0-型试验车速，进行发动机脱开的0-

型试验;确认车辆在未发生车轮抱死的情况下能达到满载 0-型试验实际性能的 70%,但不超过 150%。

5)冷态检查

使制动器冷却到环境温度,确认制动器未发生黏合。对于装有自动磨损补偿装置的车辆,应在最热的制动器冷却降温至 100 ℃时,检查其车轮是否能自由转动。

对于商用车,I-型试验只需做衰退试验,即完成上述步骤中的1)、2)和5)即可。

5. 应急制动性能试验

应急制动应以一定的初速度,按发动机脱开的 0-型试验条件进行试验。

对于乘用车,应急制动初速度为 100 km/h,制动控制力为 65~500 N。对于因最高设计车速限制而不能达到规定试验车速的车辆,可以以试验时所能达到的最高车速进行试验。

对于商用车,应急制动初速度规定:M_2 和 M_3 类车为 60 km/h;N_1 类车为 70 km/h;N_2 类车为 50 km/h;N_3 类车为 40 km/h。

设初速度为 v,则应急制动的制动距离 S 和充分发出的平均减速度 d_m 应满足下列要求:对于 M_1 类车辆,$S \leq 0.1v + 0.015\ 8v^2$,$d_m \geq 2.44$ m/s²;对于 M_2、M_3 类车辆,$S \leq 0.15v + (2v^2/130)$,$d_m \geq 2.5$ m/s²;对于 N 类车辆,$S \leq 0.15v + (2v^2/115)$,$d_m \geq 2.2$ m/s²。对于商用车,制动采用手控装置时,控制力应不大于 600 N;制动采用脚控装置时,控制力应不大于 700 N。此外,应急制动试验应模拟行车制动系统的实际失效状态进行。

6. 防抱死制动系统性能试验

装有防抱死制动系统(ABS)的汽车,还应按《机动车和挂车防抱制动性能和试验方法》(GB/T 13594—2003)相关规定进行防抱死制动系统性能试验。

1)附着系数利用率测定

将附着系数利用率 ε 定义为防抱死制动系统工作时的最大制动强度 z_{AL} 和附着系数 k 的商,即

$$\varepsilon = z_{AL}/k \tag{5-29}$$

式中,z_{AL}——最大制动强度;

k——轮胎与路面间的附着系数。

根据《机动车和挂车防抱制动性能和试验方法》(GB/T 13594—2003)要求,防抱死制动系统的附着系数利用率必须满足 $\varepsilon \geq 0.75$。对装备 1 类、2 类防抱死制动系统的车辆,要求对整车的附着系数利用率进行检验;对装备 3 类防抱死制动系统的车辆,只要求至少装备一个直接控制车轮的车轴(桥)满足这一要求。

试验要求在车辆满载和空载两种状态下,在附着系数小于等于 0.3 和约为 0.8(干路面)的两种路面上进行。为消除制动器温度不同的影响,应在测定附着系数 k 前,先测定最大制动强度 z_{AL}。

(1)最大制动强度 z_{AL} 的测定。对于装备 1 类、2 类防抱死制动系统的车辆,使全部车轮制动,测定最大制动强度 z_{AL};对于装备 3 类防抱死制动系统的车辆,对至少有一个直接控制车轮的每根车轴(桥)分别测定 z_{AL}。

试验时,接通防抱死制动系统,踩下制动踏板,确认每个制动器都正常工作。以 55 km/h 的初速度制动,测定速度从 45 km/h 下降至 15 km/h 时的时间 t'。在制动过程中,

应保证防抱死制动系统全循环。根据三次试验的平均值 t'_m，计算防抱死制动系统工作时的最大制动强度 z_{AL} 为

$$z_{AL} = 0.849/t'_m \tag{5-30}$$

（2）附着系数的测定。附着系数是在无车轮抱死的前提下，由最大制动力除以被制动轴（桥）的相应动态载荷的商来确定的。试验前，脱开防抱死制动系统或使其不工作，仅对试验车辆的单根车轴（桥）进行制动，试验初速度为 50 km/h。为达到最大制动性能，应使制动力在该车轴的车轮间均匀分配。控制力在制动作用期间应保持不变，车速低于 20 km/h 时，允许车轮抱死。

试验时，逐次增加管路压力，进行多次试验，测定车速从 40 km/h 降到 20 km/h 所经历的时间 t。从 t 的最小测量值 t_{min} 开始，在 t_{min}（包括 t_{min}）和 $1.05 t_{min}$ 之间选择三个 t 值，取其算术平均值 t_m（如不能得到三个 t 值，则可用 t_{min} 代替 t_m）来计算防抱死制动系统不工作时的最大制动强度 z_m，即

$$z_m = 0.566/t_m \tag{5-31}$$

用同样的方法对其他车轴重复进行试验。

根据测得的制动强度和未制动车轮的滚动阻力计算制动力和动态轴荷。驱动桥和非驱动桥的滚动阻力分别为其静载轴荷的 15‰ 和 10‰。以后轴驱动的两轴车为例：

前轴制动时，最大制动力 $F_{bf} = z_{mf} mg - 0.015 F_2$。此时，前轴动态轴荷为

$$F_{fdyn} = F_1 + \frac{h}{L} z_{mf} mg$$

后轴制动时，最大制动力 $F_{br} = z_{mr} mg - 0.010 F_1$。此时，后轴动态轴荷为

$$F_{rdyn} = F_2 - \frac{h}{L} z_{mr} mg$$

式中，m——试验车辆的质量（kg）；

g——重力加速度，$g = 9.81 \text{ m/s}^2$；

F_1——路面对试验车辆前轴的法向静态反力（N）；

F_2——路面对试验车辆后轴的法向静态反力（N）；

h——试验车辆的质心高度（mm）；

L——试验车辆的轴距（mm）；

z_{mf}——只对前轴制动时的最大制动强度；

z_{mr}——只对后轴制动时的最大制动强度。

分别计算前、后轴的附着系数 k_f、k_r 和整车附着系数 k_M，k 值应圆整到千分位。

前轴附着系数 k_f 为

$$k_f = \frac{z_{mf} mg - 0.015 F_2}{F_1 + \frac{h}{L} z_{mf} mg} \tag{5-32}$$

后轴附着系数 k_r 为

$$k_r = \frac{z_{mr} mg - 0.010 F_1}{F_2 - \frac{h}{L} z_{mr} mg} \tag{5-33}$$

对装备 1 类、2 类防抱死制动系统的车辆，整车附着系数 k_M 为

$$k_{M} = \frac{k_{f}F_{fdyn} + k_{r}F_{rdyn}}{mg} \quad (5-34)$$

对装备 3 类防抱死制动系统的车辆，按上述要求对至少有一个直接控制车轮的每根车轴（桥）分别测定附着系数 k_i。

（3）附着系数利用率的确定。对装备 1 类、2 类防抱死制动系统的车辆，附着系数利用率为

$$\varepsilon = z_{AL}/k_{M}$$

对装备 3 类防抱死制动系统的车辆，对至少有一个直接控制车轮的每根车轴（桥）分别计算 ε。例如，对于防抱死制动系统只作用在后轴（桥）的后轮驱动双轴车辆，其附着系数利用率 ε_2 为

$$\varepsilon_{2} = \frac{z_{AL}}{k_{2}} = \frac{z_{AL}\left(F_{2} - \dfrac{h}{L}z_{mr}mg\right)}{z_{mr}mg - 0.010F} \quad (5-35)$$

式中，k_2——防抱死制动系统不工作，只对后轴制动时测得的附着系数。

将 ε 值取整到两位小数，检查 ε 是否满足 $\varepsilon \geq 0.75$。若满足，则说明防抱死制动系统符合要求；若 $\varepsilon > 1.00$，则应重新测量附着系数，允许误差为 10%。

2）附加检查试验

本试验的目的是验证车轮未抱死且车辆稳定，因此不必制动至车辆停止行驶。

（1）单一路面试验。在附着系数小于等于 0.3 和约为 0.8（干路面）的两种路面上，以 40 km/h 和表 5－12 规定的初速度急促全力制动。在试验过程中，由防抱死制动系统直接控制车轮，不应抱死。

表 5－12　规定车型的最高试验车速

路面类型	车辆类别	最高试验车速/(km·h^{-1})
高附着系数路面	除满载的 N_2 类、N_3 类车辆外的所有车辆	$0.8v_{max} \leq 120$
	满载的 N_2 类、N_3 类车辆	$0.8v_{max} \leq 80$
低附着系数路面	M_1 类、N_1 类车辆	$0.8v_{max} \leq 120$
	M_2 类、M_3 类及除半挂牵引车之外的 N_2 类车辆	$0.8v_{max} \leq 80$
	N_2 类半挂牵引车和 N_3 类车辆	$0.8v_{max} \leq 70$

（2）对接路面试验。

①从高附着系数（k_H）路面到低附着系数（k_L）路面。当试验车辆的某一车轴从高附着系数路面驶向低附着系数路面时，$k_H \geq 0.5$ 且 $k_H/k_L \geq 2$，急促全力制动，检查直接控制车轮未抱死。行驶速度和制动时机应确保车辆以单一路面试验中所规定的高、低两种速度从高附着系数路面驶入低附着系数路面，并使防抱死制动系统在高附着系数路面上全循环。

②从低附着系数（k_L）路面到高附着系数（k_H）路面。当试验车辆从低附着系数路面驶向高附着系数路面时，$k_H \geq 0.5$ 且 $k_H/k_L \geq 2$，急促全力制动，检查车辆的减速度在合适的时间内有明显增加，且车辆未偏离原来的行驶路线。行驶速度和制动时机应确保车辆以约 50 km/h 的速度从低附着系数路面驶入高附着系数路面，并使防抱死制动系统在低附着系数路面上全循环。

（3）对开路面试验。该试验适用于装备 1 类、2 类防抱死制动系统的车辆。

在试验开始时，车辆的左、右车轮分别位于不同附着系数（k_H、k_L）的两种路面上，$k_H \geq 0.5$ 且 $k_H/k_L \geq 2$，车辆的纵向中心平面通过高、低附着系数路面的交界线。以 50 km/h 的初速度急促全力制动，检查直接控制车轮未发生抱死，轮胎（外胎）的任何部分均未越过此交界线。在试验过程中，允许进行转向修正，但转向盘的转角在最初 2 s 内应不超过 120°，总转角应不超过 240°。

除了单一路面试验、对接路面试验、对开路面试验，对防抱死制动系统还应进行剩余制动效能试验、能量消耗试验、抗电磁干扰试验等。

5.3.3 制动性能台架试验

制动性能台架试验方法根据所选用试验台的不同而不同。根据不同的试验台测量原理，制动性能试验台架可分为反力式和惯性式；根据不同的试验台支承车轮形式，其可分为滚筒式和平板式；根据不同的试验台同时能测车轴数，其可分为单轴式、双轴式和多轴式。

1. 基于单轴反力式滚筒制动试验台的制动试验

图 5-7 所示为单轴反力式滚筒制动试验台的结构。它由结构完全相同的左右两套车轮制动力测试单元和一套指示、控制装置组成。每一套车轮制动力测试单元均由框架（有的试验台将左、右测试单元的框架制成一体）、驱动装置、滚筒组、制动力测量装置、举升装置、指示与控制装置等构成。

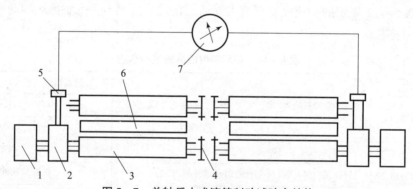

图 5-7 单轴反力式滚筒制动试验台结构
1—电动机；2—减速器；3—滚筒；4—链传动；5—测力传感器；6—举升器；7—测力表

（1）驱动装置。驱动装置由电动机、减速器和链传动组成。电动机经过减速器两级减速后驱动主动滚筒，主动滚筒通过链传动带动从动滚筒旋转。减速器输出轴与主动滚筒共用一轴，减速器壳体为浮动连接，即可绕主动滚筒轴自由摆动。

（2）滚筒组。每一车轮制动力测试单元设置一对主、从动滚筒。每个滚筒的两端分别用滚动轴承与轴承座支承在框架上，且保持两滚筒轴线平行。滚筒相当于一个活动的路面，用来支承被检车辆的车轮，并承受和传递制动力。汽车轮胎与滚筒间的附着系数将直接影响制动试验台所能测得的制动力大小。为了增大滚筒与轮胎间的附着系数，滚筒表面进行了相应加工与处理。

（3）制动测量装置。制动力测量装置主要由测力杠杆和测力传感器组成。测力杠杆一端与测力传感器连接，另一端与减速器壳体连接。被测车轮制动时，测力杠杆与减速器壳体将一起绕主动滚筒轴线摆动。测力传感器将测力杠杆传来的、与制动力成比例的力（或位移）转换成电信号输送到指示与控制装置。

（4）举升装置。为便于汽车出入制动试验台，在主、从动滚筒之间设置有举升装置。该装置通常由举升器、举升平板和控制开关等组成。

（5）指示与控制装置。目前，制动试验台控制装置都采用电子式。为提高自动化与智能化程度，有的控制装置中配置了计算机。指示装置有指针式和数字显示式两种。带计算机的控制装置多配置数字显示器，但也有配置指针式指示仪表的。

检测时，将被检汽车驶上制动试验台，车轮置于主、从动滚筒之间，放下举升器；通过延时电路起动电动机，经减速器、链传动和主、从动滚筒带动车轮低速旋转；待车轮转速稳定后，驾驶人踩下制动踏板，车轮在其制动器摩擦力矩作用下开始减速旋转。此时，电动机驱动的滚筒对车轮轮胎周缘的切线方向作用制动力，以克服制动器摩擦力矩，维持车轮继续旋转。与此同时，车轮轮胎对滚筒表面切线方向附加一个与制动力方向反向等值的反作用力，在其形成的反作用力矩作用下，减速器壳体与测力杠杆一起朝滚筒转动相反方向摆动，测力杠杆一端的力或位移经传感器转换成与制动力大小成比例的电信号。从测力传感器送来的电信号经放大滤波后，送往 A/D 转换器转换成相应数字量，经计算机采集、存储和处理后显示或打印出来。

2. 基于惯性式滚筒试验台的制动试验

惯性式滚筒试验台用旋转飞轮的转动惯量模拟汽车在道路上行驶时的平移动能，使汽车在试验台上再现道路行驶状况。其滚筒可由电动机或汽车驱动轮驱动，并能进行高速试验，测试结果更接近实际工况。该试验台可检测各轮的制动距离、制动时间或制动减速度。

图 5-8 所示为单轴惯性式滚筒制动试验台简图，两对滚筒可同时检测一根轴上的两个车轮。

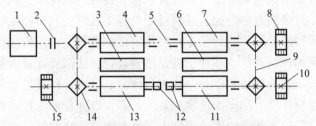

图 5-8 单轴惯性式滚筒制动试验台简图
1—电动机；2，5—联轴器；3，6—举升器；4，7，11，13—滚筒；
8，10，15—飞轮；9，14—链传动；12—测速传感器

检测时，被测汽车驶上制动试验台，车轮置于两滚筒之间，发动机熄火，变速杆置于空挡位置；起动电动机，通过滚筒的转动使车轮达到制动初速度；关断电动机电源，并断开联轴器；按规定的踏板力或制动气压踩下制动踏板。当车轮制动后，滚筒及飞轮在惯性力矩作用下继续转动，其转动的圈数与滚筒周长的乘积相当于车轮的制动距离。滚筒的制动初速度、制动减速度和依靠惯性力矩转动的圈数，由测速传感器发出电信号，用计数器记录。

图 5-9 所示为双轴惯性式滚筒制动试验台简图，可同时检测双轴汽车所有车轮的制动距离。

检测时，由被检汽车的驱动轮驱动后滚筒旋转，并经电磁离合器、花键轴、变速器和差速器带动前滚筒及汽车前轮一起旋转，此时，按被检汽车行驶时的惯性等效质量配置的飞轮也一起旋转。汽车制动后，滚筒及飞轮在惯性力矩作用下继续转动，滚筒转动的圈数与其周长的乘积相当于车轮制动距离。滚筒制动圈数由装在滚筒端部的光电传感器转换为电信号，送入计数器记录。滚筒端部的测速发电机可将试验车速转换为电信号。

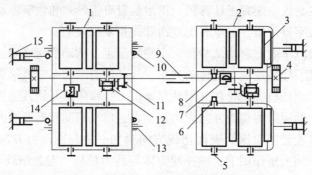

图 5-9　双轴惯性式滚筒制动试验台简图

1—前滚筒组；2—后滚筒组；3—第三滚筒；4—飞轮；5—传感器；6，8—测速发电机；
7，13—电磁离合器；9—花键轴；10—夹紧液压缸；11—差速器；12—导轨；14，15—推拉液压缸

惯性式滚筒制动试验台采用高速模拟试验，比较接近道路行驶条件。但试验台旋转部分需要具有被检汽车各轴的转动惯量，使得设备结构复杂、电动机功率大，占地面积也大，并且不适用于多车型检测，因此在使用上受到限制。

5.4　汽车操纵稳定性试验

汽车操纵稳定性是指在驾驶者不感到过分紧张、疲劳的情况下，汽车能遵循驾驶者通过转向系统及转向车轮给定的方向行驶，且当遭遇外界干扰时，汽车能抵抗干扰而保持稳定行驶的能力。它是汽车转向操纵性能与汽车行驶稳定性的总称。汽车操纵稳定性的评价方法主要有主观评价和客观评价两种。主观评价就是感觉评价，让试验评价人员根据试验时自己的感觉进行评价，并按规定的项目和评分办法进行评分。客观评价是通过测试仪器测出表征性能的物理量，如横摆角速度、侧向加速度和侧倾角等，以评价操纵稳定性。研究汽车车身特性的开路系统试验只采用客观评价法，研究人-汽车闭路系统的试验常同时采用客观评价与主观评价两种方法。

汽车操纵稳定性试验项目较多，总体可分为两类试验，即室内台架试验和道路试验。室内台架试验主要用于测定和评价有关操纵稳定性的汽车基本特性，如质量分配、质心高度等。对汽车操纵稳定性的主要道路试验，我国现行国家标准主要包括表 5-13 所示的六项试验。

5.4.1　基本试验条件

试验汽车按厂方规定装备齐全。在试验前，应测定车轮定位参数，对转向系统、悬架系统进行检查，并按规定进行调整、紧固和润滑。只有认定汽车已符合厂方规定的技术条件时，才可进行试验。对测定及检查的有关参数的数值进行记录。

表 5-13　操纵稳定性主要道路试验项目的适用范围和试验车辆载荷状态

试验名称		适用范围	试验汽车载荷状态
蛇行试验		M 类、N 类、G 类车辆	额定最大装载质量
转向瞬态响应试验	转向盘转角阶跃输入试验		额定最大装载质量和轻载两种状态
	转向盘转角脉冲输入试验		
转向回正性能试验			额定最大装载质量
转向轻便性试验		两轴的 M 类、N 类、G 类车辆	额定最大装载质量和轻载两种状态
稳态回转试验			

试验时若用新轮胎，则轮胎至少应经过 200 m 正常行驶的磨合；若用旧轮胎，则试验终了，残留花纹的高度应不小于 1.5 mm。轮胎气压应符合《汽车道路试验方法通则》（GB/T 12534—1990）中的规定。

试验车辆按试验项目可在额定最大装载质量和轻载两种状态下进行试验。额定最大装载质量是包括驾驶人质量、试验员质量及测试仪器质量的汽车总质量。轻载状态是指除驾驶人、试验员及测试仪器外，没有其他加载物的状态。如果轻载质量已超过额定最大装载质量的 70%，则不必进行轻载状态的试验。在试验中，N 类车辆的装载物应均匀分布于货厢内；M 类车辆的装载物分布于座和底板上，其比例应符合《汽车道路试验方法通则》中的规定。轴载质量必须符合厂方转向盘转角阶跃、转向盘转角脉冲输入。试验时，转向盘自由行程在直线行驶时应不大于 ±10°，必要时应进行调整；转向轻便性试验时，试验车辆的转向盘、中间位置的自由行程，应符合各类型汽车的通用技术条件的规定，如该类型汽车的通用技术条件无明确限制规定，则其自由行程应不大于 ±10°。

试验场地应为干燥、平坦且清洁的水泥或沥青路面，任意方向的坡度不大于 2%；试验时，风速不应大于 5 m/s，大气温度为 0 ~ 40 ℃。

常用测量仪器及设备有车速仪、陀螺仪、转向盘测力仪、多通道数据采集系统等。试验设备应符合《汽车道路试验方法通则》的相关规定，要求包括传感器及记录仪器在内的整个测量系统的频带宽度不小于 3 Hz；测量仪器的测量范围及最大误差需满足表 5-14 所示的要求。

表 5-14　测量仪器的测量范围及最大误差

测量变量	测量范围	测量仪器及记录系统的最大误差
转向盘转角	±1 080°	±0.1°，转角 ≤ 50°；
		±2°，50° < 转角 ≤ 180°；
		±4°，180° < 转角 ≤ 360°；
		±10°，360° < 转角 ≤ 1 080°
横摆角速度	±50°/s	±0.1°/s，横摆角速度 ≤ 50°/s
		±0.5°/s，10°/s < 横摆角速度 ≤ 50°/s

续表

测量变量	测量范围	测量仪器及记录系统的最大误差
车身侧倾角	±15°	±0.15°
汽车横向加速度	±9.8 m/s²	±0.15 m/s²
汽车前进速度	0~50 m/s	±0.5 m/s
质心侧偏角	±15°	±0.5°
转向盘力矩	±150 N·m	±0.1 N·m,转向盘力矩≤10 N·m ±1 N·m,10 N·m<转向盘力矩≤50 N·m ±3 N·m,50 N·m<转向盘力矩≤150 N·m

5.4.2 稳态回转试验

1. 试验目的与待测变量

本项试验的目的是测定汽车的转向特性及车身侧倾特性。《汽车操纵稳定性指标限值及评价方法》（QC/T 480—1999）中明确规定，稳态回转试验不及格的车辆其操纵稳定性的评价为不合格。

本项试验需要测量的变量主要有汽车横摆角速度、汽车前进车速和车身侧倾角。希望测量的变量有汽车质心侧偏角、汽车纵向加速度和汽车侧向加速度。

2. 试验方法

稳态回转试验有定转向盘转角连续加速法和定转弯半径法两种试验方法。

1）定转向盘转角连续加速法

在试验场地画出半径为15 m或20 m的圆周。接通仪器电源，使之预热到正常工作温度。试验开始前，汽车应以侧向加速度为3 m/s²的相应车速沿画定的圆周行驶500 m，以使轮胎升温。

驾驶人操纵汽车以最低稳定速度沿所画圆周行驶，待安装于汽车纵向对称面上的车速传感器在半圈内都对准地面所画圆周时，固定转向盘不动，停车并开始记录，记录各变量的零线，然后汽车起步，缓缓加速（纵向加速度不超过0.25 m/s²），直至汽车的侧向加速度达到6.5 m/s²（或受发动机功率限制或汽车出现不稳定状态时的最大侧向加速度）为止。记录整个过程。

图5-10所示为汽车的行驶轨迹示意。试验应按向左转和向右转两个方向进行，每个方向试验三次。每次试验开始时，车身应处于正中位置。

需要说明的是，《乘用车 稳态环行驾驶开环试验方法》（ISO 4138—2012）规定的该项试验的试验圆周半径为30 m，希望达到45 m。因为圆周半径大一些，既能提

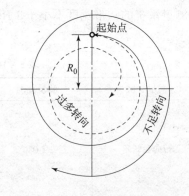

图5-10 定转向盘转角连续加速行驶试验中汽车行驶轨迹示意

高试验结果的精度,也能测到更高的试验车速。

2)定转弯半径法

ISO 4138—2012 中还规定了稳态回转试验的另一种试验方法,即定转弯半径法。试验前,在试验场地上用明显颜色画出半径为 30 m 的圆弧形试验路径(图 5-11)。路径两侧沿圆弧中心线每隔 5 m 放置标桩,两侧标桩至圆弧中心线的距离为 1/2 车宽 + b。b 值的确定原则是:若试验车辆轴距 ≤ 2.5 m,则 b = 30 cm;若 2.5 m < 试验车辆轴距 ≤ 4.0 m,则 b = 50 cm;若试验车辆轴距 > 4.0 m,则 b = 70 cm。

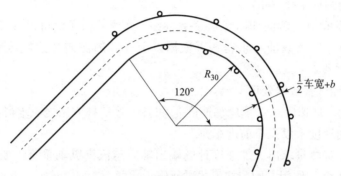

图 5-11 定转弯半径试验路径

在试验开始前,汽车应以侧向加速度为 3 m/s² 的相应车速沿半径约为 15 m 的圆周行驶 500 m,以使轮胎升温。接通仪器电源、使之预热到正常工作温度。

汽车以最低稳定车速行驶,调整转向盘转角,使汽车能沿圆弧行驶。在进入圆弧路径并达到稳定状态后开始记录,保持加速踏板和转向盘位置在 3 s 内不动后停止记录。汽车通过试验路径时,如果撞倒标桩,则试验无效。提高车速,但侧向加速度增量每次不大于 0.5 m/s²(在所测数据急剧变化区,增量可更小一些)。重复上述试验,直至做到侧向加速度达到 6.5 m/s²,或受发动机功率限制,或汽车出现不稳定状态时的最大侧向加速度为止。

3. 试验数据处理及评价指标

1)定转向盘转角试验数据的处理

(1)转弯半径比 R_i/R_0 与侧向加速度 a_y 的关系曲线。在记录车速与汽车横摆角速度的时间历程曲线上获得各采样时刻的车速 v_i、横摆角速度 ω_{ri},按式(5-36)计算各时刻的汽车瞬时转弯半径 R_i。

$$R_i = \frac{v_i}{\omega_{ri}} \tag{5-36}$$

式中,v_i——i 时刻的车速(m/s);

ω_{ri}——i 时刻的横摆角速度(rad/s);

R_i——i 时刻的瞬时转弯半径(m)。

由于汽车的侧向加速度与向心加速度相差甚小,故在数据处理中用向心加速度代替侧向加速度完全可以满足精度要求,此时各时刻的侧向加速度可表示为

$$a_{yi} = v_i \cdot \omega_{ri} \tag{5-37}$$

式中,a_{yi}——汽车在 i 时刻的侧向加速度(m/s²)。

据此可绘制汽车转弯半径比 R_i/R_0 与侧向加速度 a_y 的关系曲线。

(2) 汽车前后轴侧偏角差值 $\delta_1 - \delta_2$ 与侧向加速度 a_y 的关系曲线。对于两轴汽车，可以根据 $R_i/R_0 - a_y$ 曲线上各点的转弯半径 R_i 求出 $(\delta_1 - \delta_2) - a_y$ 曲线。

汽车稳态回转时，由式 (5-38) 可确定前后轴侧偏角差值，即

$$\delta_1 - \delta_2 = \frac{360°}{2\pi} L \left(\frac{1}{R_0} - \frac{1}{R_i} \right) \tag{5-38}$$

式中，δ_1，δ_2——前后轴的侧偏角 (°)；
L——汽车轴距 (m)；
R_0——初始圆周半径 (m)。

(3) 车身侧倾角 Φ 与侧向加速度 a_y 关系曲线。车身侧倾角值可以直接利用时间历程曲线进行采样，乘以标定系数即可求得，再根据以上计算的侧向加速度可绘出 $\Phi - a_y$ 关系曲线。

2) 定转弯半径试验数据处理

首先，确定侧向加速度 a_y。侧向加速度 a_y 可按下述三种方法之一求得：

(1) 用横摆角速度乘以汽车前进车速。

(2) 用加速度计测量求出。加速度计的输出轴应与汽车纵轴垂直。如果加速度计的输出包括车厢侧倾角 Φ 的作用，则应按下式进行修正，即

$$a_y = \frac{\bar{a}_y - g\sin\Phi}{\cos\Phi} \tag{5-39}$$

式中，a_y——真实的侧向加速度值 (m/s²)；
$\bar{a}_y$——加速度传感器指示的侧向加速度值 (m/s²)；
g——重力加速度 (m/s²)；
Φ——车身侧倾角 (°)。

(3) 用前进车速的平方除以圆弧路径中心线的半径。

求出侧向加速度 a_y 后，可根据记录的转向盘转角 θ、车身侧倾角 Φ、汽车质心侧偏角 β 绘出 $\theta - a_y$ 曲线、$\Phi - a_y$ 曲线和 $\beta - a_y$ 曲线。

此外，根据下式可将转向盘转角 θ 与侧向加速度 a_y 曲线转换成 $(\delta_1 - \delta_2) - a_y$ 曲线。

$$\delta_1 - \delta_2 = \frac{L}{R} \left(\frac{\theta_i}{\theta_0} - 1 \right) \tag{5-40}$$

式中，θ_0——汽车最低稳定车速通过圆弧路径时的转向盘转角 (°)；
θ_i——汽车以某一车速（侧向加速度）通过圆弧路径时的转向盘转角 (°)；
L——汽车轴距 (m)；
R——圆弧路径半径，$R = 30$ m。

3) 稳态回转试验评价计分指标

(1) 中性转向点的侧向加速度 a_n。其定义为前、后桥侧偏角之差 $\delta_1 - \delta_2$ 与侧向加速度 a_y 关系曲线上斜率为零处的侧向加速度值。在所测的侧向加速度值范围内若未出现中性转向点，则 a_n 值用最小二乘法按无常数项的三次多项式拟合曲线进行推算。a_n 的物理意义：在加速过程中，汽车由不足转向变为过度转向时（即中性转向点）对应的侧向加速度值。a_n 值越大，说明转向过程中汽车的操纵及安全稳定性越好，转向翻车的可能性越小；a_n 值越小，则说明汽车会过快地出现过度转向而导致翻车。

（2）不足转向度 U。其可按前、后桥侧偏角之差 $\delta_1 - \delta_2$ 与侧向加速度 a_y 关系曲线上侧向加速度值为 $2\ \text{m/s}^2$ 处的平均斜率计算。U 是对汽车不足转向量大小的评价，虽然汽车都应具有不足转向特性，但不足转向量并非越大越好。不足转向量越大，转向稳定性越好，但转向的侧向力减弱，对操纵性不利；不足转向量越小，则在转向时汽车会较早进入不稳定性状态。

（3）车身侧倾度 K_Φ。其可按车身侧倾角 Φ 与侧向加速度 a_y 关系曲线上侧向加速度值为 $2\ \text{m/s}^2$ 处的平均斜率计算。K_Φ 表示转向过程中车身的倾斜程度，K_Φ 越大，汽车越不安全，侧倾过大将直接导致车辆失控。

基于上述三项指标，可参照《汽车操纵稳定性指标限值及评价方法》（QC/T 480—1999）对试验车辆的稳态回转特性做出评价。

5.4.3 转向盘转角阶跃输入试验

1. 试验目的与待测变量

本试验通过测定从转向盘转角阶跃输入开始到所测变量达到新的稳态值为止的这段时间内汽车的瞬态响应过程，用时域的特征值和特征函数表示车辆瞬态响应特性，从而评价汽车的转向瞬态响应品质。

本试验需要测量的变量有汽车前进速度、转向盘转角、横摆角速度、车身侧倾角、侧向加速度和汽车质心侧偏角。

2. 试验方法

试验前，以试验车速行驶 10 km，使轮胎升温。试验车速按试验车辆最高车速的 70% 并四舍五入为 10 的整数倍确定。接通仪器电源，使之达到正常工作温度。

在停车状态下记录车速零线。汽车以试验车速直线行驶，先按输入方向轻轻靠紧转向盘，消除转向盘自由行程并开始记录被测量变量的零线，然后以尽量快的速度（起跃时间不大于 0.2 s，或起跃速度不低于 200°/s）转动转向盘，使其达到预选好的位置并固定数秒（待所测变量过渡到新稳态值），停止记录。在记录过程中，应保持车速不变。试验中，转向盘转角的预选位置（输入角）按稳态侧向加速度值 $1 \sim 3\ \text{m/s}^2$ 确定，从侧向加速度为 $1\ \text{m/s}^2$ 开始，每间隔 $0.5\ \text{m/s}^2$ 进行一次试验。

试验按向左转与向右转两个方向进行。可以两个方向交替进行，也可以先连续进行一个方向，再进行另一个方向。

3. 试验数据处理及评价指标

各测量变量的稳态值采用进入稳态后的均值。若汽车前进速度的变化率大于 5%，或转向盘转角的变化超出平均值的 10%，则本次试验无效。图 5-12 所示为测取的横摆角速度与侧向加速度响应曲线。

（1）稳态侧向加速度值。稳态侧向加速度值的确定有两种方法：一种是用横摆角速度乘以汽车前进车速；另一种是用侧向加速度计测量，要求加速度计的输出轴与汽车纵轴垂直。如果加速度计的输出包括车厢侧倾角 Φ 的作用，则应按式（5-39）进行修正。

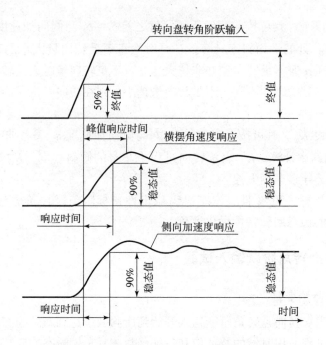

图 5-12 横摆角速度与侧向加速度响应曲线

(2) 横摆角速度响应时间与侧向加速度响应时间。它是指从转向盘转角达到 50% 的转角设定值开始,到所测运动变量达到稳态值的 90% 时所经历的时间,如图 5-12 所示。

响应时间反映了系统的灵敏特性。较大的响应时间不利于汽车的控制,或者说汽车对转向输入响应迟钝。较小的响应时间会得到驾驶人的好评。在《汽车操纵稳定性指标限值与评价方法》(QC/T 480—1999) 中,此项试验仅取横摆角速度响应时间一项作为评分标准,即转向盘转角阶跃输入试验以侧向加速度值为 2 m/s² 时的汽车横摆角速度响应时间作为评价指标。

(3) 横摆角速度峰值响应时间。它是指从转向盘转角达到 50% 的转角设定值开始,到所测变量响应达到其第一个峰值为止所经历的时间,如图 5-12 所示。该值越小,则瞬态响应性越好。

(4) 横摆角速度超调量。其计算公式为

$$\sigma = \frac{\omega_{rmax} - \omega_{r0}}{\omega_{r0}} \times 100\% \tag{5-41}$$

式中,σ——横摆角速度超调量(%);

ω_{r0}——横摆角速度响应稳态值 [(°)/s];

ω_{rmax}——横摆角速度响应最大值 [(°)/s]。

若横摆角速度超调量值过大,则说明汽车的瞬态响应性能不好。

(5) 横摆角速度总方差。其计算公式为

$$E_r = \sum_{i=0}^{n} \left(\frac{\theta_i}{\theta_0} - \frac{\omega_{ri}}{\omega_{r0}} \right)^2 \Delta t \tag{5-42}$$

式中,E_r——横摆角速度总方差(s);

θ_i——转向盘转角输入的瞬时值(°);

ω_{ri}——汽车横摆角速度输出的瞬时值 [(°)/s];

θ_0——转向盘转角输入终值 (°);

ω_{r0}——横摆角速度响应稳态值 [(°)/s];

n——采样点数,取至汽车横摆角速度响应达到新稳态值为止;

Δt——采样时间间隔 (s),应不大于 0.25 s。

横摆角速度总方差 E_r 理论上表达了汽车横摆角速度响应跟随转向输入的灵敏性。众多试验表明,操纵稳定性得到改善的汽车,其总方差 E_r 会减小。

(6) 侧向加速度总方差。其计算公式为

$$E_{ay} = \sum_{i=0}^{n} \left(\frac{\theta_i}{\theta_0} - \frac{a_{yi}}{a_{y0}} \right)^2 \Delta t \qquad (5-43)$$

式中,E_{ay}——侧向加速度总方差 (s);

a_{yi}——侧向加速度响应的瞬时值 (m/s²);

a_{y0}——侧向加速度响应的稳态值 (m/s²)。

(7) 汽车因数。汽车因数是瞬态响应时域特性的综合评价指标,可表示为

$$TB = t_\omega \beta \qquad (5-44)$$

式中,TB——汽车因数 [s·(°)];

t_ω——横摆角速度的响应时间 (s);

β——汽车质心处侧偏角 (°)。

5.4.4 转向盘转角脉冲输入试验

1. 试验目的与待测变量

本项试验通过测定从转向盘转角脉冲输入开始到所测变量达到新稳态值为止的这段时间内汽车的瞬态响应过程,确定汽车的横摆角速度频率特性,从而反映汽车对转向输入响应的真实程度。

本项试验需要测量的变量有汽车前进速度、转向盘转角、横摆角速度和侧向加速度。

2. 试验方法

试验前,以试验车速行驶 10 km,使轮胎升温。试验车速按试验汽车最高车速的 70% 并四舍五入为 10 的整数倍。接通仪器电源,使之达到正常工作温度。

汽车以试验车速直线行驶,并记下转向盘中间位置(直线行驶位置)。然后给转向盘一个三角脉冲转角输入(图 5-13)。试验时,向左(或向右)转动转向盘,并迅速转回原处保持不动,记录全过程,直至汽车恢复到直线行驶位置。转向盘转角输入脉宽为 0.3~0.5 s,其最大转角应使本试验过渡过程中最大侧向加速度为 4 m/s²。转动转向盘时,应尽量使其转角的超调量达到最小。在记录时间内,保持加速踏板位置不变。

试验至少应按左、右方向转动转向盘各三次,每次输入的时间间隔不得少于 5 s。

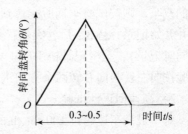

图 5-13 三角脉冲示意

3. 试验数据处理及评价指标

汽车受三角脉冲输入产生的瞬态响应用频率响应特性表示，频率响应特性可分为幅频特性和相频特性。幅频特性是指响应（输出）的幅值（横摆角速度）与激励（输入）的幅值（转向盘或前轮转角）之比随频率变化的函数。相频特性是输出与输入相位差随频率变化的函数。幅频特性反映了驾驶人以不同频率输入指令，汽车执行驾驶人指令失真的程度。相频特性则反映了汽车横摆角速度滞后转向盘转角的失真程度。

试验完毕后，在专门的信号处理设备或通用电子计算机上进行转向盘脉冲输入和横摆响应的幅频特性与相频特性的分析，并根据试验数据处理结果的平均值，按向左转与向右转分别绘制汽车的幅频特性图和相频特性图。

转向盘转角脉冲输入试验将整车看作一个系统，按谐振频率 f、谐振峰水平 D 和相位滞后角 α 三项指标进行评价计分。当汽车受外来因素干扰时，系统的谐振频率 f 越高、谐振峰水平 D 和相位滞后角 α 越小，则说明整车受到的影响越小，其抗干扰能力越强。

基于绘出的幅频特性图和相频特性图，可确定谐振频率 f、谐振峰水平 D 和相位滞后角 α 这三项指标，然后根据《汽车操纵稳定性指标限值与评价方法》（QC/T 480—1999）来确定其评价计分。

5.4.5 转向回正性能试验

1. 试验目的与待测变量

本项试验的目的是鉴别汽车转向的回正能力。在驾驶人松开转向盘之前，驾驶人作用于转向盘的力为定值；当驾驶人松开转向盘的瞬间，保舵力由某一定值突然变为零，这实质上是转向盘力阶跃输入的瞬态响应试验，它包含着保舵力与汽车运动之间的关系，在一定程度上能反映汽车"路感"的好坏。因此，汽车转向回正性能试验是汽车转向盘力输入的一个基本试验，用以表征和评价汽车由曲线行驶自行恢复到直线行驶的过渡过程和能力。

本项试验需要测量的变量有汽车前进速度、横摆角速度和侧向加速度。

2. 试验方法

1）低速回正性试验

试验前，在试验场地用明显的颜色画出半径为 15 m 的圆周，试验汽车沿此圆周以侧向加速度达 3 m/s² 的相应车速行驶 500 m，使轮胎升温。接通仪器电源，使其达到正常工作温度。

将试验车辆直线行驶，记录各测量变量的零线，然后调整转向盘转角，使汽车沿半径为 (15±1) m 的圆周行驶，调整车速，使侧向加速度达到 (4±0.2) m/s²（达不到此侧向加速度的汽车，则按试验车辆所能达到的最高侧向加速度进行试验），固定转向盘转角，稳定车速并开始记录，待 3 s 后，突然松开转向盘并做一标记（建议用一个微动开关和一个信号通道同时记录），至少记录松手后 4 s 内的汽车运动过程。记录时，加速踏板位置应保持不变。试验按向左转与向右转两个方向进行，每个方向各三次。

2）高速回正性试验

对于最高车速超过 100 km/h 的汽车，应进行本项试验。

试验车速按被试汽车最高车速的 70% 并四舍五入为 10 的整数倍。接通仪器电源，使之达到正常工作温度。将试验车辆沿试验路段以试验车速直线行驶，记录各测量变量的零线。

随后，驾驶人转动转向盘，使侧向加速度达到 $(2 \pm 0.2) \text{m/s}^2$，待稳定并开始记录后，突然松开转向盘并做一标记（建议用一个微动开关和一个信号通道同时记录），至少记录松手后 4 s 内的汽车运动过程。记录时，加速踏板位置应保持不变。试验按向左转与向右转两个方向进行，每个方向三次。

3. 试验数据处理及评价指标

转向回正试验的横摆角速度时间历程曲线分两大类：发散型（图 5-14 中曲线Ⅰ和Ⅱ）、收敛型（图 5-14 中曲线Ⅲ、Ⅳ、Ⅴ和Ⅵ）。对于发散型，不进行数据处理；对于收敛型，按向左转与向右转分别确定下述指标。确定评价指标时，时间坐标原点以微动开关时间历程曲线上松开转向盘时微动开关所做的标记为准。

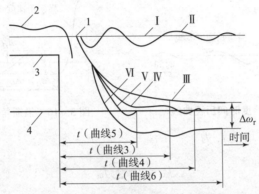

图 5-14 横摆角速度速度时间历程
1—横摆角速度响应；2—转向盘转角输入；3—微动开关信号；4—横摆角速度零线

（1）稳定时间。从时间坐标原点开始，至横摆角速度达到新稳态值（包括零值）为止的一段时间间隔。其均值 t 为

$$t = \frac{1}{3} \sum_{i=1}^{3} t_i \tag{5-45}$$

式中，t_i——第 i 次试验的稳定时间（s）。

（2）残留横摆角速度。残留横摆角速度指在横摆角速度时间历程曲线上，松开转向盘 3 s 时刻的横摆角速度值（包括零值）。其均值 $\Delta\omega_r$ 为

$$\Delta\omega_r = \frac{1}{3} \sum_{i=1}^{3} \Delta\omega_{ri} \tag{5-46}$$

式中，$\Delta\omega_{ri}$——第 i 次试验的残留横摆角速度值 $[(°)/s]$。

（3）横摆角速度超调量。横摆角速度超调量指在横摆角速度时间历程曲线上，横摆角速度响应第一个峰值超过新稳态值的部分 ω_{r1} 与初始值 ω_{r0} 之比，如图 5-15 所示，即

$$\sigma_i = \frac{\omega_{r1}}{\omega_{r0}} \tag{5-47}$$

式中，σ_i——第 i 次横摆角速度超调量（%）。

横摆角速度超调量均值 σ 为

$$\sigma = \frac{1}{3} \sum_{i=1}^{3} \sigma_i \tag{5-48}$$

（4）横摆角速度自然频率。第 i 次试验横摆角速度自然频率 f_{0i} 为

$$f_{0i} = \frac{\sum_{j=1}^{m} A_{ij}}{2\sum_{j=1}^{m} A_{ij}\Delta t_{ij}} \quad (5-49)$$

式中，f_{0i}——第 i 次试验横摆角速度自然频率（Hz）；

A_{ij}——横摆角速度响应时间历程曲线的峰值 [(°)/s]，如图 5-16 所示；

Δt_{ij}——横摆角速度响应时间历程曲线上两相邻波峰的时间间隔（s），如图 5-16 所示；

m——横摆角速度响应时间历程曲线的波峰数。

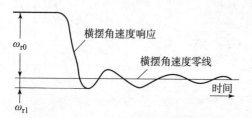

图 5-15　横摆角速度时间历程曲线　　图 5-16　横摆角速度时间历程曲线

横摆角速度自然频率均值 f_0 为

$$f_0 = \frac{1}{3}\sum_{i=1}^{3} f_{0i} \quad (5-50)$$

（5）相对阻尼系数。相对阻尼系数由式（5-51）确定

$$\xi_i \frac{1}{\sqrt{[\ln(1-D'_i)]^2 + 1}} \quad (5-51)$$

式中，ξ_i——第 i 次试验相对阻尼系数；

D'_i——衰减率，可表示为

$$D'_i = \frac{A_{i1}}{\sum_{j=1}^{m} A_{ij}} \quad (5-52)$$

式中，A_{i1}——横摆角速度第一个波峰值。

相对阻尼系数均值 ξ 为

$$\xi = \frac{1}{3}\sum_{i=1}^{3} \xi_i \quad (5-53)$$

（6）横摆角速度总方差。第 i 次横摆角速度总方差为

$$E_{ri} = \left[\sum_{j=1}^{n} \left(\frac{\omega_{rij}}{\omega_{r0i}}\right)^2 - 0.5\right]\Delta t \quad (5-54)$$

式中，E_{ri}——第 i 次试验横摆角速度总方差（s）；

ω_{rij}——第 i 次试验横摆角速度相应时间历程曲线瞬时值[(°)/s]；

ω_{r0i}——第 i 次试验横摆角速度相应初始值[(°)/s]；

n——采样点数，按 $n\Delta t = 3$ s 选取；

Δt——采样时间间隔（s）（一般不大于 0.2 s）。

横摆角速度总方差均值 E_r 为

$$E_r = \frac{1}{3}\sum_{i=1}^{3} E_{ri} \tag{5-55}$$

对于上述（3）~（6）项，在进行低速转向回正性能试验时，横摆角速度记录通常难以得出。这主要因为在低速状态下，汽车横摆角速度相对阻尼系数较大，且受到转向系内干摩擦的影响，因此记录曲线在大多数情况下不能形成波形。

本项试验按松开转向盘 3 s 时的残留横摆角速度绝对值 $\Delta\omega_r$、横摆角速度总方差 E_r，两项指标进行评价计分。$\Delta\omega_r$ 越小，说明汽车转向后自动回正保持直线行驶的能力越强。E_r 越小，说明松开转向盘后自动回正得越迅速。

5.4.6 转向轻便性试验

1. 试验目的与待测变量

本项试验的目的是在汽车低速大转角下行驶时，通过测量驾驶人操纵转向盘的力的大小来评价驾驶人操纵汽车转向盘的轻重程度。

本项试验需要测量的变量有转向盘作用力矩、转向盘转角、汽车前进速度和转向盘直径。

2. 试验方法

转向轻便性试验的路径一般为双扭线，如图 5-17 所示。

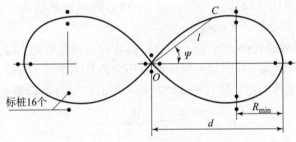

图 5-17 双扭线轨迹

双扭线轨迹的极坐标方程为

$$l = d\sqrt{\cos(2\Psi)} \tag{5-56}$$

式中，d——系数（m），$d = 3R_{min}$，R_{min} 为象限角 $\Psi = 0$ 时双扭线顶点处的曲率半径（m），$R_{min} = 1.1 r_{min}$，r_{min} 为试验汽车前外轮的最小转弯半径（m）。

在双扭线最宽处、顶点和中点（即结点）的路径两侧各放置两个标桩，共放置 16 个标桩。标桩与试验路径中心线的距离为 1/2 车宽加 50 cm，或按转弯通道圆宽的 1/2 加 50 cm。

接通仪器电源，使之预热到正常工作温度。试验前，将试验车辆沿双扭线路径行驶若干周，驾驶人熟悉路径和相应操作。随后，将试验车辆沿双扭线中点 O 处的切线方向做直线滑行，并停车于 O 点处。停车后，注意观察车轮是否处于直行位置，若不在直行位置，则应转动转向盘进行调整。然后，双手松开转向盘，记录转向盘中间位置和作用力矩的零线。

试验时，将试验车辆以（10±2）km/h 的车速沿双扭线路径行驶，待车速稳定后，开始记录转向盘转角和作用力矩，并记录行驶车速作为监督参数。试验车辆沿双扭线绕行一周至记录起始位置，即完成一次试验，全部试验应进行三次。在测量记录中，驾驶人应保持车速稳定，并平稳地转动转向盘，不应同时松开双手，且在行驶中不准撞倒标桩。

3. 试验数据处理及评价指标

汽车的轻便性有两方面：一方面是路感的好坏；另一方面是转向的轻重。通常，绘制出向心加速度系数与转向盘力的关系曲线（二者是否具有明晰的对应关系是路感好坏的一种表现），绘制由转向盘上的转角和力矩绘出示功图，最大转向力与示功图面积大小可以作为转向轻重的尺度。

（1）转向盘最大作用力矩均值。其计算公式为

$$\bar{M}_{\max} = \frac{\sum_{i=1}^{3} |M_{\max i}|}{3} \tag{5-57}$$

式中，$M_{\max i}$——绕双扭线路径第 i 周（$i=1\sim3$）的转向盘最大作用力矩（N·m）。

（2）转向盘最大作用力均值。其计算公式为

$$\bar{F}_{\max} = 2\bar{M}_{\max}/D \tag{5-58}$$

式中，D——试验车辆原有转向盘直径（m）。

（3）转向盘的作用功。绕双扭线路径每一周的作用功为

$$W_i = \frac{1}{57.3}\int_{-\theta_{\max i}}^{+\theta_{\max i}} |\Delta M_i(\theta)| d\theta \tag{5-59}$$

式中，$\Delta M_i(\theta)$——绕双扭线路径第 i 周（$i=1\sim3$），随转向盘转角变化的转向盘往返作用力矩之差（N·m）；

$\theta_{\max i}$——绕双扭线路径第 i 周（$i=1\sim3$）的转向盘向左、向右最大转角（°）。

转向盘的作用功均值为三次试验的转向盘作用功的算术平均值。

（4）转向盘平均摩擦力矩。绕双扭线路径每一周的转向盘平均摩擦力矩为

$$\bar{M}_{swi} = \frac{W_i}{2(|-\theta_{\max i}| + |+\theta_{\max i}|)} \tag{5-60}$$

式中，$\bar{M}_{swi}$——绕双扭线路径第 i 周（$i=1\sim3$），转向盘平均作用摩擦力矩（N·m）。

转向盘平均摩擦力矩均值 $\bar{M}_{sw}$ 为三次试验的转向盘平均摩擦力矩的算术平均值。

（5）转向盘平均摩擦力。绕双扭线路径第 i 周（$i=1\sim3$）转向盘平均摩擦力为

$$\bar{F}_{swi} = 2\bar{M}_{swi}/D \tag{5-61}$$

转向盘平均摩擦力的均值为

$$\bar{F}_{sw} = 2\bar{M}_{sw}/D \tag{5-62}$$

转向轻便性试验按转向盘平均操舵力与最大操舵力两项指标进行评价计分。操舵力越小，就越轻便，但太小可能会出现操纵无手感的缺陷。

5.4.7 蛇行试验

1. 试验目的与待测变量

蛇行试验属于驾驶人—汽车—外界环境组合而成的闭路系统性能试验。其试验目的是评价汽车的随动性、收敛性、方向操纵轻便性及事故可避免性等。在保证安全的前提下，试验应以尽可能高的车速进行，以检测试验车辆在接近侧滑或侧翻工况下的操纵性能。该试验也

常用作汽车操纵性对比时主观评价的一种感觉试验。

本项试验需要测量的变量有转向盘转角、横摆角速度、车身侧倾角、通过有效标桩区时间和侧向加速度。

2. 试验方法

试验前,在试验场地按图 5-18 及表 5-15 所示的规定,布置标桩 10 根。接通仪器电源,将试验车辆预热到正常工作温度。试验驾驶人应具有较丰富的驾驶经验,在正式试验前,按图示路线练习 5 个往返。

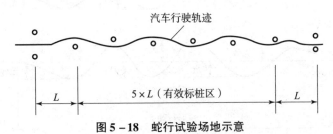

图 5-18 蛇行试验场地示意

表 5-15 蛇行试验中不同车型的标桩间距及基准车速

汽车类型	标桩间距/m	基准车速/(km·h^{-1})
M_1 类、N_1 类和 M_1G、N_1G 类车辆	30	65
M_2 类、N_2 类和 M_2G、N_2G 类车辆		50
M_3 类及最大总质量≤15 t 的 N_3 类和 M_3G、N_3G 类车辆	50	60
M_3 类(铰接客车)及最大总质量>15 t 的 N_3 类和 M_3G、N_3G 类车辆		50

试验车辆以近似基准车速 1/2 的稳定车速直线行驶,在进入试验区段之前,记录各测量变量的零线,然后蛇行通过试验路段,同时记录各测量变量的时间历程曲线及通过有效标桩区的时间。提高车速(车速间隔自行选择),重复上一过程,共进行 10 次(撞倒标桩的次数不计在内)。最高车速不超过 80 km/h。

3. 试验数据处理及评价指标

(1) 蛇行车速。第 i 次试验的蛇行车速按式(5-63)确定,即

$$v_i = \frac{3.6L(N-1)}{t_i} \tag{5-63}$$

式中,v_i——第 i 次试验的蛇行车速(km/h);

L——标桩间距(m);

N——有效标桩区起始至终了的标桩数,$N=6$;

t_i——第 i 次试验通过有效标桩区的时间(s)。

(2) 平均转向盘转角。第 i 次试验的平均转向盘转角按式(5-64)确定,即

$$\theta_i = \frac{1}{4}\sum_{j=1}^{4}|\theta_{ij}| \tag{5-64}$$

式中,θ_i——第 i 次试验的平均转向盘转角(°);

θ_{ij}——在有效标桩区内,转向盘转角—时间历程曲线的峰值(°),如图 5-19(a)所示。

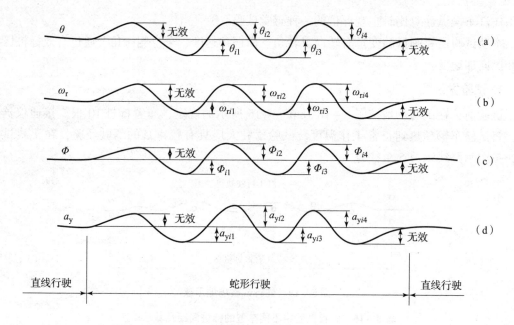

图 5-19 蛇行试验各变量的时间历程曲线

(3) 平均横摆角速度。第 i 次试验的平均横摆角速度按式 (5-65) 确定, 即

$$\omega_{ri} = \frac{1}{4}\sum_{j=1}^{4}|\omega_{rij}| \qquad (5-65)$$

式中, ω_{ri}——第 i 次试验的平均横摆角速度 [(°)/s];

ω_{rij}——在有效标桩区内, 横摆角速度—时间历程曲线的峰值 [(°)/s], 如图 5-19 (b) 所示。

(4) 平均车身侧倾角。第 i 次试验的平均车身侧倾角按式 (5-66) 确定, 即

$$\phi_i = \frac{1}{4}\sum_{j=1}^{4}|\phi_{ij}| \qquad (5-66)$$

式中, ϕ_i——第 i 次试验的平均车身侧倾角 (°);

ϕ_{ij}——在有效标桩区内, 车身侧倾角—时间历程曲线的峰值 (°), 如图 5-19 (c) 所示。

(5) 平均侧向加速度。第 i 次试验的平均侧向加速度按式 (5-67) 确定, 即

$$a_{yi} = \frac{1}{4}\sum_{j=1}^{4}|a_{yj}| \qquad (5-67)$$

式中, a_{yi}——第 i 次试验的平均侧向加速度 (m/s^2);

a_{yij}——在有效标桩区内, 侧向加速度—时间历程曲线的峰值 (m/s^2), 如图 5-19 (d) 所示。

根据《汽车操纵稳定性指标限值与评价方法》(QC/T 480—1999), 蛇行试验应按基准车速下的平均横摆角速度峰值 ω_r 与平均转向盘转角峰值 θ 进行评价计分。研究表明, 这两个评价指标反映的不是纯操纵稳定性, 其大小与整车的外形尺寸和轴距等有直接关系, 外形尺寸越大、轴距越长, 绕过同样桩距标桩所必需的平均横摆角速度峰值 ω_r 和平均转向盘转角峰值 θ 越大 (假定转向系统传动比相同), 评价结果就越差。因此, ω_r 与 θ 只能在外形尺

寸和轴距相同的两辆样车之间才具有可比性，才能进行量化评价。

为使蛇行试验的主、客观评价结果一致，文献[13]提出了蛇行试验的三项补充评价指标，即平均横摆角速度峰值增益 ω_r/θ、平均车身侧倾角峰值增益 ϕ/θ 以及转向盘转矩梯度（转向盘力矩与侧向加速度的比值）。平均横摆角速度峰值增益将现行蛇行试验评分的两项指标 ω_r 和 θ 综合，ω_r/θ 越小，车辆动态性能就越好。虽然车身侧倾角与侧向加速度有直接关系，但两者不是线性关系，仍存在悬架与转向综合因素的影响。平均车身侧倾角峰值增益越大，其动态性能就越差。转向盘转矩梯度能反映车辆的可操纵性。随着车速的增加，因车辆平均侧向加速度峰值增益的倒数 θ/a_y 总是减小，故转向盘转矩梯度必须保持在某一限值以上，否则驾驶人会感到车辆不易控制。转向盘转矩梯度随车速提高而减小得越缓慢，该车的可操控性就越好。

5.5　汽车平顺性试验

汽车的平顺性主要指保持汽车在行驶过程中产生的振动和冲击环境对乘员舒适性的影响在一定界限之内。对于载货汽车，其还包括保持货物完好的性能，它是现代高速汽车的主要性能之一。

汽车平顺性试验的主要对象是"路面—汽车—人（或货物）"系统。在此系统中，输入是路面的不平度，它经过汽车的轮胎、悬架及坐垫等弹性元件滤波后传到人体，再由人的生理、心理等复杂因素综合产生系统的输出——人（或货物）对振动的响应。在制定汽车平顺性试验方法和评价指标时，都是针对上述整个系统而不是其中某个环节进行的。

汽车平顺性试验一般分为平顺性评价性试验和平顺性改进性试验两种。平顺性评价性试验就是对已生产的汽车进行平顺性试验，并对其平顺性进行评价。平顺性改进性试验就是根据前次试验结果，对不理想的平顺性指标查找原因并进行结构改进，再进行平顺性试验，以达到提高平顺性的目的。由于平顺性改进性试验方法较多，并随试验技术的发展而变化，本节主要讨论平顺性评价性试验。

平顺性评价性试验又可分为平顺性主观感觉评价试验和平顺性客观物理量评价试验两种。平顺性主观感觉评价试验依靠试验人员的乘坐主观感觉进行试验评价，同时也包括通过测定有关人体生理学、心理学变化的情况进行分析的内容。平顺性客观物理量评价试验，首先测定振动位移、速度及加速度等物理量，然后根据测定结果进行评价。并且，在评价过程中，要对测取的物理量按与人体感觉有关的标准等进行平顺性评价指标运算。平顺性客观物理量评价试验是建立在主观感觉评价试验的基础上进行的。

平顺性客观物理量评价试验主要包括悬架系统固有频率与阻尼比测定、平顺性随机输入行驶试验、平顺性脉冲输入行驶试验。

5.5.1　悬架系统固有频率与阻尼比测定

1. 试验目的与待测变量

本项试验的目的是测定车身部分的固有频率与阻尼比，以及车轮部分的固有频率。这三个参数是分析悬架系统振动特性和对汽车平顺性进行研究和评价的基本数据。

本项试验的待测变量为车身（或车轴上相应位置）的垂向（Z轴方向）加速度。

2. 试验条件

试验在汽车满载时进行，根据需要可以补充空载试验。试验前，称量汽车的总质量及前、后轴的轴载质量。悬架弹簧元件、减振器和缓冲块应符合技术条件的规定。根据需要，可以补充拆下缓冲块的试验。轮胎花纹完好，轮胎气压符合相关规定。整个测试系统的响应频率为 $0.3 \sim 100\ Hz$。

3. 试验方法

首先，对试验车辆的悬架系统施加一个初始干扰，使其产生自由衰减振动。然后，由测试系统记录车身和车轴两部分的振动曲线。最后，根据振动曲线计算出固有频率和相对阻尼系数。

《汽车悬挂系统的固有频率和阻尼比测定方法》（GB/T 4783—1984）[①] 中规定了三种使汽车悬架系统产生自由振动的方法，即滚下法、抛下法和拉下法。此外，在汽车平顺性试验中，还常采用共振法。每种试验方法的仪器和传感器的安装位置都一样。试验时，将传感器安装在前、后桥及其上方的车身（或车架）的相应位置。

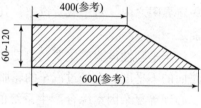

图 5-20 凸块尺寸（mm）

1）滚下法

将试验车辆被测试端的车轮（前轮或后轮）驶上预先制成的、具一定规格的凸块（图 5-20），停车熄火，变速杆在空挡位置。启动记录仪器，并将试验车辆从凸块上推下（推下时，两轮尽量保持同时落地），使其产生自由振动。

滚下法的优点是简单易行，但因其左、右两个车轮难以保证同时落地，而且每次从凸块上推下的速度也不一样，故衰减振动曲线的重复性较差。因此，对同一端要进行 $3 \sim 5$ 次测试。

2）抛下法

用跌落机构将试验车辆被测试端车轴中部的平衡位置支起 60 mm 或 90 mm，然后跌落机构释放，试验车辆测试端被突然下抛而产生自由衰减振动。这种试验方法适用于具有整体车轴的非独立悬架。

3）拉下法

用绳索和滑轮装置将试验车辆被测试端车轴附近的车身（或车架中部）由平衡位置拉下 60 mm 或 90 mm，然后用松脱器突然松开，使悬架-车身产生自由衰减振动。该方法使车身产生自由振动，而车轮部分振动较小，所以在车身上测得的响应主要是车身振动的振型。但这种试验方法需要一套复杂的测试机构。

采用上述三种试验方法试验时，拉下位移量、支起高度和凸块高度的选择原则是：既要保证悬架在压缩行程时不碰撞限位块，又要保证振动幅值足够大。

---

① 该标准虽已作废，但仍有不少高校和企业在借鉴使用，且此处涉及的内容是悬架参数测量的基本原理，故在本书中予以介绍。

4）共振法

共振法悬架装置试验台分为测力式和测位移式两种。测力式测量振动衰减过程中车轮对台面作用力的变化；测位移式测量振动衰减过程中台面上下位移量的变化。

先通过检测台的电动机、凸轮、蓄能飞轮和弹簧组成的激振器迫使试验台台面及置于其上待测试验车辆的悬架产生振动，然后在开机数秒后断开电动机电源，从而由蓄能飞轮产生扫频激振。由于电动机的频率比车轮的固有频率高，因此蓄能飞轮逐渐降速的扫频激振过程总可以扫到车轮固有振动频率，从而使台面-汽车系统产生共振。通过检测激振后振动衰减过程中力或位移的振动曲线，求出频率和衰减特性，便可判断悬架装置的性能。共振式悬架试验台性能稳定、数据可靠，应用广泛。

4. 试验数据处理

试验数据处理可在时域和频域内分别进行，具体处理时只要选择其中一种即可。

1）时间历程法

时间历程法又称为时域处理。它是将记录仪器记录的车身及车轮上自由衰减振动曲线（图5-21）与时标比较或在信号处理仪器上读出时间间隔值，即可得到车身部分振动周期 T 和车轮部分振动周期 T'。然后按式（5-68）计算出各部分的固有频率，即

$$f_0 = \frac{1}{T}, \quad f_1 = \frac{1}{T'} \tag{5-68}$$

式中，f_0——车身部分的固有频率（Hz）；

T——车身部分的振动周期（s）；

f_1——车轮部分的固有频率（Hz）；

T'——车轮部分的振动周期（s）。

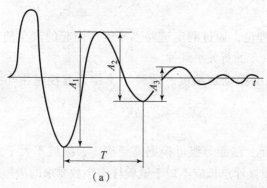
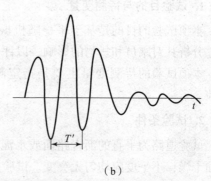

图 5-21 车身与车轮的自由衰减振动曲线

(a) 车身部分（可选用截止频率5 Hz 的低通滤波器）；(b) 车轮部分（可选用截止频率20 Hz 的低通滤波器）

通过试验获得自由衰减振动曲线，并计算车身部分振动的半周期衰减率 τ，即

$$\tau = \frac{A_1}{A_2} \tag{5-69}$$

式中，A_1——自由衰减振动曲线上第2个峰至第3个峰的峰-峰值；

A_2——自由衰减振动曲线上第3个峰至第4个峰的峰-峰值。

然后，求出阻尼比 ζ，即

$$\zeta = \frac{1}{\sqrt{1+(\pi^2/\ln^2\tau)}} \tag{5-70}$$

当阻尼比较小时，A_1 与 A_2 相比没有突然减小，可用整周期衰减率 τ' 求出阻尼比，即

$$\zeta = \frac{1}{\sqrt{1+(4\pi^2/\ln^2\tau')}} \tag{5-71}$$

式中，整周期衰减率 $\tau' = A_1/A_3$，A_3 为自由衰减振动曲线上第 4 个峰至第 5 个峰的峰-峰值。

2) 频率分析法

用记录仪记录车身与车轮上自由衰减振动的加速度信号 $\bar{Z}_2(t)$ 和 $\bar{Z}_1(t)$，在信号处理机上进行频率分析，处理出车身与车轮部分的加速度均方根自谱。处理时，选用截止频率 20 Hz 进行低通滤波，采样时间间隔 Δt 取 20 ms，频率分辨率 $\Delta f = 0.05$ Hz。

车身部分加速度均方根自谱的峰值频率即车身部分固有频率 f_0；车轮部分加速度均方根自谱的峰值频率即车轮部分固有频率 f_1。

以车轮上加速度信号 $\bar{Z}_1(t)$ 作为输入和车身上加速度信号 $\bar{Z}_2(t)$ 作为输出，进行频率响应函数处理，得到幅频特性 $|\bar{Z}_2/\bar{Z}_1|$。幅频特性的峰值频率为车轮部分不运动时的车身部分的固有频率 f_0'，它比车身部分的固有频率 f_0 略高一些。

由幅频特性的峰值 A_p 可以近似地求出悬架系统的阻尼比 ζ，即

$$\zeta = \frac{1}{2\sqrt{A_p^2 - 1}} \tag{5-72}$$

5.5.2 平顺性随机输入行驶试验

1. 试验目的与待测变量

本项试验的目的是基于平稳随机振动理论，通过测定道路不平度所引起的汽车随机振动，分析其对乘员和货物的影响，以评价汽车的行驶平顺性。

本项试验的待测变量主要是指定测点的振动加速度。试验车速作为监控量由车速仪监控。

2. 试验条件

试验道路为平直的沥青路面或水泥路面，路面等级可根据需要确定，纵坡不大于 1%，路面干燥，不平度应均匀无突变。试验路面累计总长应不短于试验样本个数要求的最短路面长度，并且两端应有 30~50 m 的稳速段。试验时，风速不大于 5 m/s，汽车技术状况符合该车设计技术条件的规定。汽车载荷为额定最大装载质量，根据需要可增做其他载荷工况的试验。此外，对人椅系统的载荷和人的坐姿有如下规定：

(1) 测试部位的载荷应为身高 (1.70±0.05) m、体重为 (65±5) kg 的真人。

(2) 非测试部位的载荷应符合《汽车道路试验方法通则》(GB/T 12534—1990) 中表 1 的有关规定，即本书表 1-1 所示的规定。

(3) 测试部位的乘员应全身放松，系安全带，双手自然地放在大腿上。其中，驾驶人的双手自然地置于转向盘上，并在试验过程中保持坐姿不变。一般情况下，要求乘员应自然地靠在靠背上。

试验仪器主要包括加速度传感器（常用压电式）、电荷放大器、记录仪器及数据处理系统等，除了满足《汽车道路试验方法通则》（GB/T 12534—1990）中相关要求外，整个测试系统应适宜冲击测量，性能应稳定可靠。

3. 试验方法

1）试验车速

针对特定车的设计原则，确定试验用良好路面或一般路面。良好路面的试验车速为 40 km/h 至最高设计车速（不应超过试验路面要求的最高车速），每隔 10 km/h 或 20 km/h 选取一种车速作为试验车速。对于在一般路面上试验的 M 类车辆，其试验车速为 40 km/h、50 km/h、60 km/h、70 km/h；对于在一般路面上试验的 N 类车辆，其试验车速为 30 km/h、40 km/h、50 km/h、60 km/h。

2）加速度传感器的安装位置

对于 M 类车辆，加速度传感器安装于驾驶人及同侧最后排座椅椅垫上方、座椅靠背、脚部底板上；对于 N 类车辆，加速度传感器安装于驾驶人座椅椅垫上方、座椅靠背、脚部底板、车厢底板中心以及与驾驶人同侧距车厢边板、车厢后板各 300 mm 处的车厢底板上。

座椅椅垫上方、座椅靠背、脚部底板上需测量 z 轴向、y 横向和 x 轴向三个方向的振动，车厢底板处的加速度传感器只需测量 z 轴向振动。

脚部底板上的传感器布置在驾驶人或乘员两脚中间位置。安装在座椅椅垫上方、座椅靠背上的传感器应与人体紧密接触。椅垫上方传感器与座椅靠背上传感器的具体布置要求可参照《汽车平顺性试验方法》（GB/T 4970—2009）。

测点的个数可根据需要适当增加。

3）试验过程

试验时，汽车应在稳速段内稳住车速，然后以规定的车速匀速驶过试验路段。在进入试验路段时，启动测试仪器，以测量各测试部位的加速度时间历程。样本记录长度应满足数据处理的最少数据量要求。

4. 试验数据采集与处理

在分段数据采集过程中，应采用抗混叠滤波器，如果需要在数据处理过程中计算功率谱密度，则必须采用窗函数。数据处理中涉及的采样时间间隔、频率分辨率和独立样本个数等，需要在满足采样定理并考虑实际抗混叠滤波器性能指标，以及实际工程需要的基础上确定。

1）试验数据采集

（1）截止频率 f_c。对于客车和轿车座椅以及各类车辆驾驶室座椅上的采样，$f_c = 100$ Hz；各类车辆（包括客车和轿车）车厢底板及车桥上的采样，$f_c = 500$ Hz；驾驶人手臂振动的测量，$f_c = 100$ Hz；晕车界限的测量，$f_c = 2$ Hz。

（2）采样时间间隔 Δt。在满足截止频率的基础上，根据数据采集过程中采用的抗混叠滤波器性能指标确定。

（3）频率分辨率 Δf。频率分辨率与计算机平滑方式有关，当采用整体平滑时，频率分辨率可表达为

$$\Delta f = \frac{1}{\Delta t N} = \frac{f_a}{N} \qquad (5-73)$$

式中，N——单个子样的采样点数，一般为 1 024 个；

f_a——采样频率（Hz）。

（4）独立样本个数。总体平滑独立样本个数的选取与要求的随机误差有关。例如，当要求误差低于 20% 时，样本个数取 25 即可满足要求。

（5）功率谱密度。计算过程中采用 Hanning 窗函数。

2）试验数据处理及评价

平顺性随机输入行驶试验在研究振动对人体舒适性感觉的影响时，用座椅椅垫上方、座椅靠背处和脚支撑面处综合总加权加速度均方根值评价。在研究货车车厢的振动时，用加速度均方根值评价。

（1）单轴向加权加速度均方根值 a_w。单轴向加权加速度均方根值 a_w 可根据记录的该轴向加速度时间历程 $a(t)$ 或加速度自功率谱密度函数 $G_a(f)$ 两种方式计算。式（5-74）为根据加速度时间历程计算的加权加速度均方根值 a_w。

$$a_w = \sqrt{\frac{1}{T}\int_0^T a_w^2(t)\,\mathrm{d}t} \qquad (5-74)$$

式中，$a_w(t)$——加速度时间历程，是 $a(t)$ 通过相应频率加权函数 $w(f)$ 的滤波网络得到的加权加速度时间历程（m/s²）；

T——振动分析时间，一般取 120 s。

$$a_w(t) = \sqrt{\sum(w_j a_j)^2} \qquad (5-75)$$

式中，w_j——第 j 个 1/3 倍频带的频率加权函数，根据测点的位置和方向不同分别选取不同的函数；

a_j——中心频率为 f_j 的第 j 个 1/3 倍频带加速度均方根值（m/s²）。a_j 可表示为

$$a_j = \sqrt{\int_{f_{lj}}^{f_{uj}} G_a(f)\,\mathrm{d}f} \qquad (5-76)$$

式中，f_{uj}, f_{lj}——1/3 倍频带中心频率为 f_j 的上、下限频率（Hz）；

$G_a(f)$——加速度自功率谱密度函数（m²/s³）。

（2）三个方向总的加权加速度均方根值 a_{vi}。其计算公式为

$$a_{vi} = \sqrt{(1.4a_{xw})^2 + (1.4a_{yw})^2 + a_{zw}^2} \qquad (5-77)$$

式中，a_{xw}, a_{yw}, a_{zw}——x 轴向、y 轴向和 z 轴向的加权加速度均方根值（m/s²）；

$i = 1, 2, 3$——代表座椅的椅垫上方、座椅靠背和脚支撑面三个位置。

（3）综合总加权加速度均方根值 a_v。其计算公式为

$$a_v = \sqrt{\sum_{i=1}^{3} a_{vi}^2} \qquad (5-78)$$

5.5.3　平顺性脉冲输入行驶试验

1. 试验目的与待测变量

汽车行驶时，偶尔会遇到凸块和凹坑，尽管遇到的概率并不多，但过大的冲击会严重影

响汽车的行驶平顺性。脉冲输入行驶试验就是利用放置于地面的凸块,给行驶中的汽车一个振动输入,然后采用测试系统对汽车振动的输出信号进行测量、记录和数据处理。试验目的就是从汽车驶过单凸块时的冲击对乘员及货物的影响的角度来评价汽车的平顺性。

本项试验待测变量主要是指定测点的振动加速度。试验车速作为监控量由车速仪监控。

2. 试验条件

试验道路为沥青路面或水泥路面,路面等级为《机械振动 道路路面谱测量数据报告》(GB/T 7031—2005)规定的 A 级路面。加速度传感器的量程不得小于 $10g$。其他基本试验条件与随机输入行驶试验基本相同。

3. 试验方法

试验车速为 10 km/h、20 km/h、30 km/h、40 km/h、50 km/h、60 km/h。

加速度传感器的安装与随机输入行驶试验相同。

试验障碍物根据《汽车平顺性试验方法》(GB/T 4970—2009)中的要求,采用三角形的单凸块,如图 5-22 所示。根据试验条件不同,脉冲输入也可用其他高度的凸块或减速带。凸块高度 h 的选择与车型有关。轿车、旅行客车及总质量≤4 t 的货车,h = 60 mm;客车(除旅行车外)、越野车及 4 t<总质量≤20 t 的货车,h = 80 mm;总质量>20 t 的货车,h = 120 mm。凸块宽度 B 视车轮宽度而定,要求大于车轮宽度。

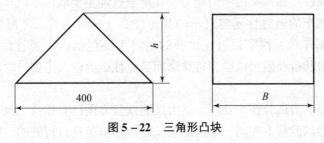

图 5-22 三角形凸块

试验前,将凸块置于试验道路中间,并按汽车轮距调整好两凸块间的距离。为保证汽车左右车轮同时驶过凸块,应将两凸块放在与汽车行驶方向垂直的一条直线上。

试验时,汽车以规定的车速匀速驶过凸块。在汽车通过凸块前 50 m 应稳住车速。当汽车前轮接近凸块对时开始记录,待汽车驶过凸块且冲击响应消失后停止记录。

每种车速的有效试验次数不少于 5 次。

4. 试验数据处理及评价指标

(1)最大加速度响应 $\ddot{Z}_{max}$。其计算公式为

$$\ddot{Z}_{max} = \frac{1}{n}\sum_{j=1}^{n}\ddot{Z}_{maxj} \tag{5-79}$$

式中,n——脉冲试验有效试验次数,$n \geq 5$;

$\ddot{Z}_{max}$——最大加速度响应(m/s²);

$\ddot{Z}_{maxj}$——第 j 次试验结果的最大加速度响应(m/s²)。

(2)振动波形峰值系数及振动剂量值 VDV。振动波形峰值系数是加权加速度时间历程 $a_w(t)$ 的峰值(绝对值最大)与加权加速度均方根值 a_w 比值的绝对值。

振动剂量值 VDV（单位为 m/s$^{1.75}$）按式（5-80）计算，即

$$VDV = \left[\int_0^T a_w^4(t)\,dt\right]^{\frac{1}{4}} \qquad (5-80)$$

式中，$a_w(t)$——加权加速度时间历程（m/s^2）；
　　　T——作用时间，即从汽车前轮接触凸块到汽车驶过凸块且冲击响应消失时的时间段（s）。

（3）评价指标。当振动波形峰值系数小于 9 时，脉冲输入行驶试验用座椅椅垫上方、座椅靠背、乘员（或驾驶人）脚部底板和车厢底板最大加速度响应 $\ddot{Z}_{max}$ 与车速 v 的关系评价。

当振动波形峰值系数大于 9 时，用上述方法不能完全描述振动对人体的影响，需要采用振动剂量值来评价。

5.6　汽车通过性试验

汽车的通过性是指汽车能以足够高的平均车速通过各种坏路和无路地带以及各种障碍的能力。根据地面影响汽车通过性的原因，它又分为支承通过性和几何通过性。支承通过性主要取决于地面的物理性质和汽车的牵引能力；几何通过性主要取决于汽车本身的结构参数和几何参数。同时，汽车的通过性还与汽车的其他性能（如动力性、平顺性、机动性、稳定性等）密切相关。基于此，汽车通过性试验的内容主要包括汽车通过性几何参数的测量、汽车最大拖钩牵引力和行驶阻力试验、特殊路面通过性试验以及主要针对越野汽车进行的地形通过性试验。

汽车最大拖钩牵引力试验在本章汽车动力性能试验方面已有述及。汽车行驶阻力试验与汽车最大拖钩牵引力试验基本相同，不同的是试验汽车不是自行行驶的，而是在其变速器置于空挡时，用另外一辆带绞盘的汽车以稳定速度拖动试验车辆前进，记录仪记录的拉力即行驶阻力。

5.6.1　汽车通过性几何参数测量

汽车通过性几何参数包括最小离地间隙、纵向通过角、接近角、离去角、最小转弯直径和外摆值等。本节主要讨论最小转弯直径与外摆值的测量，其他几何参数的测量在本书第 4 章已有述及。

1. 基本定义

汽车最小转弯直径是指汽车转向盘转到极限位置，前转向轮处于最大转角状态下行驶时，汽车前轴上距离转向中心最远的车轮轮胎胎面中心在地面上形成的轨迹圆直径，即前外轮转弯最小直径 d_1，如图 5-23 所示。

汽车或汽车列车以直线行驶状态停在平整地面上，过车辆最外侧的点向地面作一与车辆纵向中心线平行的投影线。汽车或汽车列车起步，由直线行驶过渡到转弯通道圆外圆直径（按照车辆最外侧部位计算，后视镜、下视镜和天线除外，不计具有作业功能的专用装置的突出部分）为 25 m 的圆内行驶，直到车尾完全进入该圆。在此过程中，车辆最外侧任何部

位在地面上的投影形成一组外摆轨迹,这组轨迹与车辆静止时车辆外侧部位在地面形成的投影线的最大距离即外摆值 T,如图 5-24 所示。

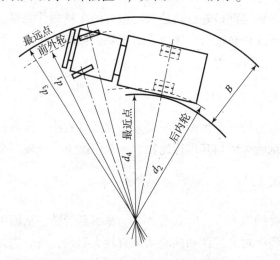

图 5-23 汽车最小转弯直径示意

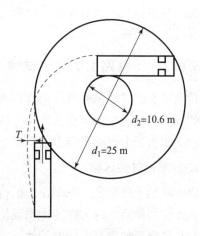

图 5-24 外摆值示意

2. 试验条件

试验场地为平整的混凝土或沥青地面,其大小应能允许车辆做直径不小于 30 m 的圆周运动。试验车辆的轮胎、车轮定位参数和转向轮的最大转角应符合该车技术条件规定;汽车处于空载状态,只乘坐一名驾驶人,全轮着地。对最小转弯通道圆外圆直径接近 25 m 的车辆,应增加满载状态下的试验。测量所用钢卷尺量程不小于 30 m,精度不小于 0.1%。

3. 试验方法

1) 最小转弯直径

根据测量需要,选择车身上离转向中心最远点、最近点和车轮胎面中心上方安装行驶轨迹显示装置。

将试验车辆处于最低前进挡并以较低的车速行驶,转向盘转到极限位置并保持不变,稳定后起动轨迹显示装置,车辆行驶一周,使各测点分别在地面上显示出封闭的运动轨迹,然后将车驶出测量区域。

用钢卷尺测量各测点在地面上形成的轨迹圆直径。测量时,应在相互垂直的两个方向测量,并向左向右移动,读取最大值;取两个方向的测量值的算术平均值,并将其作为试验结果。

汽车向左转和向右转各测量一次,记录试验结果。如果左、右转方向测得的试验结果之差在 0.1 m 以内,则取左、右转试验结果的平均值作为该车的最终结果;否则,以左、右转方向测得的试验结果的较大值作为最终结果。

2) 外摆值测量

在平整地面上画一个直径为 25 m 的圆周;在车辆尾部最外点和车体离转向中心最远点安装轨迹显示装置。汽车或汽车列车处于最低前进挡并以较低的车速进入该圆周内行驶,调整转向盘转角,起动车体离转向中心最远点轨迹显示装置,使轨迹落在该圆周上,记下这时的转向盘转角位置。

汽车或汽车列车以直线行驶状态停于平整地面上，沿车辆最外侧向地面做一条与车辆纵向中心线平行的投影线，转动转向盘到预定转角位置并保持，起动车辆尾部最外点轨迹显示装置，汽车或汽车列车起步前行，直至车辆尾部最外点轨迹与已做好的车辆最外侧投影线相交为止。测量车辆尾部最外点在地面上形成的轨迹与车辆静止时车辆外侧部位在地面形成的投影线的最大距离。

5.6.2 特殊路面通过性试验

特殊路面通过性试验目前尚没有规范化的评价指标，主要采用比较试验法，即根据试验车辆的特点，选用一辆车作比较车，让试验车辆与其进行比较。一般情况下，比较车多选用现生产车或市场上有竞争能力的新车。

1. 沙地通过性试验

由于沙地土质松软，汽车在上面行驶的阻力大，附着系数小，车辆易滑转，从而引起车辆上下振动和颠簸。因为沙地土质疏松程度对通过性和试验结果有较大影响，所以选择试验沙地非常重要。如果有专门的沙地试验场，可根据预估的汽车通过能力，将底层压实，上面铺 100~300 mm 的软沙，表面平坦，长度不小于 50 m，宽度不小于 10 m。如果没有专门的沙地试验场，则可以找一个能满足试验要求的天然沙地作为试验沙地。

试验前，在试验车辆驱动轮上安装车轮转数传感器，在驾驶室底板及车厢前、中、后的车辆纵向中线处安装加速度传感器。

试验时，试验车辆以直线前进方向停放在试验路段的起点，然后从最低挡位起分别挂能起步行驶的挡位（包括倒挡），并且发动机分别以怠速转速、最大转矩转速和最大功率转速起步行驶，直至发动机熄火或驱动轮严重滑转车轮不能前进为止。测定从汽车起步到停车为止的行驶时间 t、行驶距离 s、车轮转数 n 及车辆上下振动加速度随时间变化的曲线。

根据测得的试验数据，不难算出平均行驶速度为

$$v = \frac{3.6s}{t} \quad (5-81)$$

式中，v——平均行驶速度（km/h）；
　　s——行驶距离（m）；
　　t——行驶时间（s）。

试验车辆的车轮滑转率为

$$\eta = \frac{s_0 - s}{s_0} \times 100\% \quad (5-82)$$

式中，s_0——理论行驶距离（m），$s_0 = 2\pi r_k n$，r_k 为驱动轮滚动半径（m），n 为驱动轮转数。

2. 泥泞地通过性试验

泥泞地通过性试验一般要求试验场地表面有 100 mm 厚的泥泞层，长度不小于 100 m，宽度不小于 7 m。试验场地选择好后，要抓紧时间连续进行试验，避免场地因长时间受日光暴晒，水分蒸发，表面状况改变，从而影响试验结果的准确性。

试验时，在试验路段的两端做好标记，试验车辆以规定的发动机转速（一般为怠速）和变速器挡位（一般为1挡或2挡）驶入试验路段，从进入试验路段起点开始，驾驶人可

根据经验以最理想的驾驶操作进行驾驶,直至驶出测量路段。

试验时,用秒表记录从测量路段始点至终点(或中间因车辆无法行驶而停车时)的行驶时间 t、行驶距离 s、车轮转速 n,并计算出平均车速和车轮滑转率。

进行该项试验时,可同时测定最大拖钩牵引力和行驶阻力。

3. 冰雪路面通过性试验

该项试验用以考核汽车在冰雪路面上的行驶能力,为综合性试验,主要考核直线行驶稳定性、起步加速稳定性、转向操纵性、减速稳定性、制动效能及制动方向稳定性等。

试验所选的雪地应宽阔,长度不小于 200 m,宽度不小于 20 m;其中至少要有长 30 m、宽度不少于 30 m 的一段平场地。试验前,应根据试验目的和要求,对雪地进行压实、冻结和融化处理。

试验时,试验车辆停放在试验场地一端,起步后,换挡、加速(加速度为 2 m/s² 左右)行驶至车速为 30~50 km/h(根据场地情况确定行驶速度),再在路面较宽处转向行驶,最后减速行驶(不踩下制动踏板)至车速为 10 km/h 左右时停车。试验反复进行数次,评价起步直线行驶稳定性、加速稳定性、转向盘操纵性及减速行驶稳定性(是否按转向盘转角转向行驶或甩尾)。

测量初速度为 20 km/h 时的制动效能,记录制动距离、制动减速度以及甩尾、跑偏情况。

对于装配有防滑装置的试验车辆,应在使用防滑装置和不使用防滑装置两种状态下分别进行试验。

4. 凸凹不平路通过性试验

凹凸不平路通过性试验应在汽车试验场可靠性道路上进行,当条件不具备时,也可选择公路或自然道路,但路面必须包括鱼鳞坑路、搓板路及扭转路等。

凹凸不平路通过性不仅和汽车的几何参数、动力性能及转向性能等有关,还与汽车的平顺性有关。因此,试验时以驾驶人能忍受的程度和保证安全的条件下,尽量以高速行驶,测定一定行驶距离的行驶时间,计算平均车速。

5.6.3 地形通过性试验

地形通过性是指汽车对某些特殊地形(如垂直障碍物、凸岭、水平壕沟、路沟等)的通过性能。一般情况下,只对越野车做该项试验。试验时,如果有条件,最好用录像机摄下试验全过程,观察并记录试验车辆在该过程中的运动状况,部件和地面有无碰撞、接触等干涉情况,以及通过后地面的破坏情况,同时记录通过和不能通过的原因。

1. 通过垂直障碍物试验

如图 5-25 所示,选择三种不同高度的垂直障碍物,高度 $h = (2/3 \sim 4/3) r_k$(r_k 为车轮滚动半径),宽度不小于 4 m,长度 L 不小于被试车辆的轴距。试验也可按各试验场的固定设施进行。

试验时,试验车辆全轮驱动,变速器和分动器都置于低速挡。当前轮靠近障碍物时,将加速踏板踩到底,爬越障碍物时不得猛冲,以免损坏传动系统部件。试验要从最低障碍物开始爬越,然后根据通过情况,改变障碍物高度,直至试验车辆不能爬越为止,并将不能爬越的前一次所测值定为爬越的最大高度。

2. 通过水平壕沟试验

如图5-26所示,选择水平壕沟不同宽度 $B=(1\sim4/3)r_k$,一般取三个不同宽度,长度不小于3 m,深度比 r_k 稍大,沟的前后均为平整地面。该试验也可按各试验场的固定设施进行。

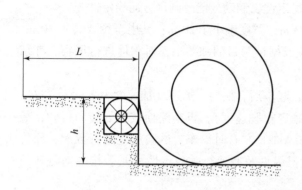

图5-25 垂直障碍物示意　　　　图5-26 水平壕沟示意

试验时,试验车辆全轮驱动,变速器和分动器都置于低速挡,先选择最窄的壕沟,低速通过壕沟,然后根据通过情况,逐次加宽壕沟,直至车辆不能通过为止,并将车辆不能通过的前一次所测值定为能通过壕沟的最大宽度。

3. 通过凸岭能力试验

如图5-27所示,选择凸岭尺寸L为6 m,h分别为0.6 m、1.3 m、2.0 m。试验时,试验车辆全轮驱动,变速器和分动器置于低速挡,从坡度小的凸岭开始,低速驶过凸岭,然后根据通过情况,改变凸岭坡度,直至试验车辆不能通过为止,将试验车辆不能通过的前一次所测值定为能通过的最大坡度。

4. 通过路沟试验

如图5-28所示,选择路沟的深度为:$H_1=0.30$ m,0.50 m,0.75 m;$H_2=1.0$ m,1.5 m,2.0 m。

试验时,试验车辆全轮驱动,变速器和分动器都置于低速挡,低速通过路沟,由浅至深直至不能通过为止,通过时从与路沟呈45°和90°的两个方向进行,测定通过路沟的最大深度。

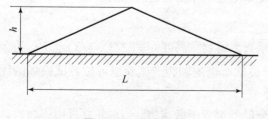　　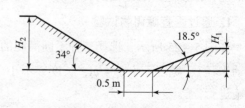

图5-27 凸岭示意　　　　图5-28 路沟示意

5. 涉水性能试验

该项试验主要考核汽车的涉水能力。试验最好在专用的涉水槽进行，其水深可以调整。对于中大型载货汽车，水深为 300～400 mm，水槽长度不小于 30 m，宽度不小于 4 m。如果没有专用的涉水槽路，也可选择一般的自然河道，但应注意，河道必须为硬底，以免车轮陷住。试验前，要测量水深并标记好车辆行驶路线。

试验时，变速器用 1 挡或 2 挡，以 5～10 km/h 的车速驶入水中，至水中央时停车熄火。5 min 后重新起动发动机，考核发动机是否可以起动，起动后是否工作正常。如果工作正常，继续行驶至出水，然后反方向进行一次。

行驶中应注意观察、判断发动机工作是否正常，有无异响，动力性是否下降，风扇传动带是否打滑及排气系统是否有故障等。停车后检查发动机进气系统是否进水，货厢、驾驶室是否进水，电气系统是否被溅水，是否影响发动机正常工作。如果一切都正常，则涉水深度加深后继续进行试验，直至出现不正常状况为止，以考核能够涉水的最大深度。

本章小结

1. 汽车动力性试验包含滑行试验、车速试验、加速性能试验、爬坡试验与牵引性能试验，通过规定的试验方法与数据处理方法，对相应指标进行试验。
2. 汽车燃料经济性试验对轻型汽车与重型汽车进行试验，轻型汽车包含等速行驶燃料消耗量试验与多工况循环燃料消耗量试验。重型汽车包含底盘测功机法与模拟计算法。
3. 制动性能试验通过检测标准对汽车进行制动性能道路试验与制动性能台架试验。
4. 汽车操纵稳定性试验对汽车回转性能、转向盘转角性能、转向回正性能与蛇形行驶性能进行试验。
5. 汽车平顺性试验对悬架系统固有频率与阻尼比与平顺性脉冲输入行驶性能进行测定。
6. 通过沙地、泥泞地、冰雪路面、凹凸不平路对汽车特殊路面的通过性进行试验。通过垂直障碍物、水平壕沟、凸岭、路沟对汽车地形通过性进行试验。

复习思考题

1. 简述汽车滑行阻力系数的测定方法。
2. 简述汽车加速性能试验的试验方法。
3. 如何应用负荷拖车进行牵引性能试验和拖钩最大牵引力试验？
4. 简述汽车燃料消耗量的测量方法。
5. 简述轻型汽车燃料经济性的试验项目和试验方法。
6. 简述装有防抱死制动系统（ABS）的汽车附着系数利用率的测定方法。
7. 简述滚筒式制动试验台的组成和工作原理。
8. 简述平板式制动试验台的组成和工作原理。
9. 汽车操纵稳定性主要道路试验项目有哪几项？主要用到哪些设备？
10. 简述稳态回转试验的两种试验方法。

11. 简述转向回正性能试验的评价指标。
12. 简述转向轻便性试验的试验方法。
13. 简述蛇行试验的试验目的、待测变量和试验方法。
14. 简述使汽车悬架系统产生自由振动的四种方法。
15. 汽车平顺性随机输入行驶试验的评价指标是什么？
16. 汽车通过性试验通常包括哪些试验项目？
17. 何为汽车的最小转弯直径？简述其测量方法。
18. 何为汽车的外摆值？简述其测量方法。

第6章 汽车可靠性试验

教学目标

1. 掌握汽车可靠性试验的定义和目的。
2. 掌握汽车可靠性的分类与故障类型。
3. 掌握汽车常规可靠性试验的方法。
4. 掌握汽车快速可靠性试验的方法。

教学要点

知识要点	相关内容
汽车可靠性试验的定义和目的	掌握汽车可靠性试验的定义和目的
汽车可靠性的分类与故障类型	掌握汽车可靠性的四种分类及其定义；掌握可靠性试验的四种故障类型
汽车常规可靠性试验的方法	了解常规可靠性试验中车辆准备与仪器准备方法；掌握常规可靠性试验的方法
汽车快速可靠性试验的方法	了解快速可靠性试验的分类与基本原则；掌握浓缩应力快速可靠性试验的方法

6.1 概　　述

6.1.1 汽车可靠性试验的定义和目的

汽车可靠性是汽车最基本、最重要的性能之一，直接影响汽车整车技术水平。它与设计水平、全面质量管理、原材料和协作件质量的控制等密切相关。汽车可靠性试验是一项必不可少的重要试验。

世界公认的产品可靠性定义为：在规定的条件下，在规定的时间内，产品完成规定功能的能力。汽车在使用过程中承受多种负荷，评价车辆各个单元在这些负荷作用下，在规定时间内是否完成目标功能的过程，称为汽车可靠性试验。

汽车可靠性与汽车零部件的失效、使用寿命、安全性、维修性等密切相关。以往汽车行业常将汽车及零部件能够行驶一定里程而不发生失效作为其评价指标，但汽车及零部件的失效寿命是个随机变量，一般用概率来描述。目前，很多汽车零部件的使用寿命为16万km，这个设计寿命就是所谓的B_{10}寿命，即要求汽车零部件使用达到此寿命时发生失效的概率为10%或可靠度为90%。也就是说，在一大批汽车零部件中，达到设计寿命时，要求有90%的产品还能正常工作。

汽车可靠性试验的目的主要是对汽车产品进行可靠性预测和可靠性验证，另外也用于发现汽车产品质量中存在的问题，以便及时采取措施进行改进。在汽车产品设计、制造和试用的各个阶段可能都需要进行可靠性试验。

汽车可靠性试验数据可由室内台架试验或整车可靠性试验获得。室内台架试验可以严格控制试件载荷的加载情况，数据准确，重复性好，适合在产品设计过程中及时发现设计缺陷。整车可靠性试验条件更接近产品的实际使用情况，一般用于整车设计完成后的车辆定型试验，但受试验条件限制，试验样车数量不能太大。本章重点介绍整车道路可靠性试验。

6.1.2 汽车可靠性试验分类

按试验方法不同，汽车可靠性试验可分为常规可靠性试验、快速可靠性试验、特殊环境可靠性试验和极限条件可靠性试验四种。

1. 常规可靠性试验

常规可靠性试验是在公路或一般道路上，使汽车以类似或接近汽车实际使用条件进行的试验。该试验是最基本的可靠性试验，试验周期较长，但试验结果最接近实际状况。

2. 快速可靠性试验

快速可靠性试验是将对汽车寿命产生影响的主要条件集中实施（载荷浓缩），使其在尽可能短的时间内获得相当于常规试验长时期内得到的试验结果，即在专门的汽车强化试验道路上进行的、具有一定快速系数的可靠性试验。这类试验通常在试验场进行。

3. 特殊环境可靠性试验

特殊环境可靠性试验是评定汽车在严寒、高温、低气压、盐雾等特殊环境下性能及某些功能的稳定性而进行的试验。表6-1列出了特殊气候地区的主要环境因素及主要的可靠性问题。

表6-1 特殊气候地区的主要环境因素及主要的可靠性问题

地区	主要环境因素	主要可靠性问题
严寒地区	低温、冰雪	(1) 冷起动、制动性能； (2) 冷却液、润滑液、燃油的冻结； (3) 非金属零件的硬化失效、采暖除霜装置的性能、特殊维修性问题
高原地区	低气压、低温、长坡、辐射	(1) 冷却液沸腾、供油系统气阻； (2) 动力性下降； (3) 起动性能恶化； (4) 人的体力下降，增加维修困难

续表

地区	主要环境因素	主要可靠性问题
湿热地区	高温、高湿度、高辐射（阳光）、雨水、盐雾、霉菌	(1) 冷却液沸腾； (2) 供油系统气阻； (3) 金属零件的腐蚀； (4) 非金属零件的老化、变质、发霉； (5) 电气元件的故障

注：特殊环境试验一般在实际环境下进行，但也可以在气候试验室进行。

4. 极限条件可靠性试验

极限条件可靠性试验是指对汽车在实际使用条件下施加可能遇到的少量极限载荷而进行的试验，如发动机超速运行、冲击沙坑等试验。它主要针对车身及其附件进行，是对寿命试验的一种补充，不考核产品与时间因素有关的可靠性指标，而是观察汽车在较短时间内承受极限应力的能力。表6-2列举了一些极限条件可靠性试验的例子。

表6-2 极限条件可靠性试验举例

试验项目	试验目的	说明
沙地脱出试验	判断传动系统的强度	后轮置于沙槽，前进、后退使汽车冲出
泥泞路试验	判断驾驶室、车架的锈蚀及橡胶件的损坏	在深300 mm、长50 m的泥水槽中行驶
急起步试验	判断传动系统及悬架、车架的强度	在平路及坡路上，拖带挂车，由发动机最大转矩转速急起步，反复操作
急制动试验	判断制动器、前轴转向系统的强度	在路面摩擦系数高的混凝土路面上直行及转弯时，以最大强度急制动
垂直冲击试验	判断悬架、车身的强度	汽车以较高速度驶过单个长坡或连续长坡
急转向试验	考核转向机构的强度	以可能高的速度、最大的转向角进行前进、倒退，反复行驶
空转试验	考验传动系统的振动负荷	原地将驱动桥支起，以额定转速的110%~115%连续运转，传动轴有一定的不平衡量

6.1.3 汽车可靠性试验故障类型

产品在规定的条件下和规定的时间内，丧失规定功能的事件称为故障（也称"失效"）。对于已经发生但尚未被发现的，或者是维修、拆检过程中发现的故障称为潜在故障。

汽车出现的故障模式多种多样，而各种故障对汽车的危害程度又有很大差别，因而对汽车故障进行定量评价时，应首先进行故障危害度的分析，并按其对整车的危害程度进行分类。故障的危害度主要从其对人身安全的危害、对完成功能的影响及造成经济损失等方面进行衡量。

我国《汽车产品质量检验评定办法》中对故障的总体分类是按其造成整车致命损伤（人身重大伤亡及汽车严重损坏）的可能性（概率）进行的。致命损伤概率接近1的故障称为致命故障，接近0.5的故障称为严重故障，接近0.1的故障称为一般故障，接近0的故障称为轻微故障或安全故障。具体故障分类见表6-3。

表6-3 汽车可靠性试验故障分类

故障类型		分类原则
1	致命故障	危及行驶安全，导致人身伤亡，引起主要总成报废，造成重大经济损失，或对周围环境造成严重危害
2	严重故障	影响行驶安全，导致主要总成、零部件损坏或性能显著下降，且不能用随车工具和易损备件在短时间（约30 min）内修复
3	一般故障	造成停驶或性能下降，但一般不会导致主要总成、零部件损坏，并可用随车工具和易损备件或价值很低的零件在短时间（30 min）内修复
4	轻微故障（或安全故障）	一般不会导致停驶或性能下降，无须更换零件，用随车工具在短时间（5 min）内能轻易排除

6.2 常规可靠性试验

6.2.1 试验准备

汽车可靠性试验周期长（通常行驶10 000~30 000 km），试验项目多，试验中突发事件随时可能发生，并且具有一定的危险性。因此，要求试验准备要充分，保障要及时有力。

1. 试验道路选择

可靠性试验就是使试验车辆在各种路面上行驶，以全面考查其性能。试验用的各种道路及在每种路面上行驶的里程数因车型不同，其要求也有所不同。表6-4所示为微型货车常规可靠性试验行驶规范。

表6-4 微型货车常规可靠性试验行驶规范

序号	道路类别	行驶里程/km	占用比例/%	要求
1	高速公路	11 000	50	以高于最高车速的85%行驶，行驶时间不短于1 h
2	山区道路	6 600	30	配置4挡变速器的汽车，应以2挡行驶660 km
3	平原公路	4 400	20	平均速度在60 km/h以上
总计	—	22 000	100	—

快速可靠性试验道路主要指汽车试验场设有的固定路形，通常有石块路、卵石路、鱼鳞坑路、搓板路、扭曲路、凸块路、沙槽、水池、盐水池以及高速环道、沙土路和坡道等。

2. 试验车辆准备

汽车可靠性试验在性能试验之后进行，而试验车辆的技术状况及装配、调整检查在性能试验之前进行。因此，完成基本性能试验的汽车，无须进行任何检查即可直接进行可靠性试验。对于仅进行可靠性试验的汽车，应对其进行如下准备：

（1）接到试验样车后，记录试验样车的制造厂名称、牌号、型号、发动机型号、底盘主要总成型号及出厂日期，并为试验样车编排试验序号。

（2）检查试验样车各总成、零部件、附件、附属装置及随车工具的装备完整性，紧固件的紧固程度、各总成润滑油（脂）及各润滑部位的润滑状况及密封状况，并使其符合《机动车运行安全技术条件》（GB 7258—2012）的有关规定。

（3）检查蓄电池电压、点火提前角、风扇传动带张力、发动机气缸压力、喷油泵齿条最大行程、发动机怠速转速、制动踏板与离合器踏板的自由行程、转向盘自由转角、轮毂轴承松紧程度、转向轮最大转角、轮胎气压，以及制动鼓（盘）与摩擦衬片（块）的间隙等装配调整状况，使其符合该车技术条件及《机动车运行安全技术条件》（GB 7258—2012）的有关规定。

3. 试验设备

在汽车可靠性试验中，除了需要进行基本性能试验所需的仪器外，还需要行驶工况记录仪、排挡分析仪、燃油流量计、半导体温度计、发动机转速表、坡度计、路面计、气象仪、秒表、精密测量量具、照相机等，以及特殊试验要求所选定的专用仪器及设备。

除进行以上准备外，还应准备好各种汽车备件、维修用的工具及进行救护工作的人员等。

6.2.2 试验方法

对于汽车可靠性试验，试验车型及用途不同，其试验方法和要求也不相同。常规可靠性试验按《汽车可靠性试验方法》（GB/T 12678—1990）执行；试验场内快速可靠性试验按各试验场标准要求执行。

1. 可靠性试验中的驾驶操作

试验前，应先按相关规定对汽车进行磨合行驶。试验时，在确保安全的前提下，尽可能以高速行驶，同时避开不符合要求的异常路况，以免试验车辆受非正常冲击挤压，造成零部件非正常损坏。试验中，要正确选择挡位，不能空挡滑行；在100 km里程内至少应有两次原地起步连续换挡加速，一次倒挡行车200 km，至少制动两次；下坡行驶采用行车制动和发动机排气制动，不许发动机熄火；在城市道路行驶时，每1 km应制动一次；在山区道路行驶时，每100 km至少进行一次起步停车，夜间行驶里程不得少于总行驶里程的10%。

2. 试验中的故障判断与处理

汽车出现故障时，一般凭感官判断，对于不能凭感官判断的故障，需借助仪器测试来判断。发现故障的途径主要有：接车检查；停车检查，即每行驶100 km左右就停车检查一次，主要检查各部位的松脱、渗漏、损坏等；行驶中检查，即汽车行驶过程中由试验员和驾驶人注意汽车工作状况发现故障；收车后检查，即每班试验结束后，除按停车检查内容检查外，还应检查刮水器、外部照明、制动系统、发动机机油、冷却液等；定期保养检查，即在保养作业中，除按规定逐项保养外，还要注意检查有无异常现象，如零部件的磨损、裂纹、变形等；性能测试与汽车拆检。

当发现故障时，应立即查明原因并维修；如果发生的故障不影响正常行驶及车辆基本性能，并且不会诱发其他故障，则可以继续行驶，直到需要维修时再停车维修，故障的级别和里程应按最严重时计。在试验中，应该对故障发生的次数、种类、时间、维修情况等进行如实记录。

3. 试验中的汽车维修

1) 预防维修

预防维修是指为预防故障发生而安排的强制性维护和修理，包括对各总成、零部件进行紧固、调整、润滑、清洗及更换易损件等。预防维修时间是指从试验准备工作开始至全部准备工作结束所用的时间。保养人数定额为每车两人，不足或超过定额人数时，可将维修时间折算为标准人时数。预防维修费用包括使用的材料、设备及工时的费用。在进行预防维修时，如果发现非预防维修项目出现故障，即可将其认定为试验车辆可靠性试验中发生的故障，其判断与维修记录按正常程序进行。

2) 故障后维修

故障后维修是指故障发生后进行的维修，维修范围仅限于与故障有直接关系的部位。维修方式应根据具体情况，采取最快、最经济的维修方法，其中包括更换零部件，但更换的零部件应是与原装件同一批生产的合格品，或是经设计师确认的改进后的合格品。维修时间包括排除故障所需全部时间，即故障诊断时间、维修准备时间、实际修理时间、调试及清理修理场地时间。如果需要重新修理，那么重新修理时的各项时间应另计。维修费用包括维修时使用的材料、设备及工时的费用。

在试验中，应进行故障维修记录，包括总成名称、故障里程、故障现象描述、故障原因分析、故障后果、处理措施、故障停车时间、维修用时、费用等。

4. 试验中的汽车性能测试

除特殊要求外，在可靠性试验初期和结束后，应各进行一次发动机外特性测试及汽车性能测试，以确定试验车辆经过规定里程的可靠性试验后，性能指标是否达到设计的要求或国家规定的限值，以及其性能的稳定程度。

测试内容（可按试验类别，根据试验规程的规定有所增减）通常包括动力性（最高车速、最低稳定车速及加速性能）、燃料经济性（等速行驶燃料消耗量、多工况燃料消耗量及限定条件下的行驶燃料消耗量）、制动性能（制动距离、制动减速度、制动稳定性及驻车制动）、噪声、排放物浓度、操纵稳定性、平顺性及车身密封性等。

上述性能的测试方法应按相应的国家标准及专业标准执行。在性能测试前，除规定的调整项目外，对试验车辆不得进行其他维修与调整。

5. 试验结束后的汽车拆检

1) 拆检

试验汽车可靠性试验项目全部结束后，需要解体汽车进行检查，按预定的内容边拆检、边记录（或摄影），同时应按相应试验规程的规定对主要总成（包括发动机、离合器、变速器、转向器和驱动桥等）进行部分（或全部）拆检。对拆检发现的问题，应及时分析、判明原因，并记录拆检的详细情况。检测方法一般为感官评价，也可根据实际需要进行有关测量。

2) 确定主要零件的磨损程度

在可靠性试验前后,要对试验汽车的主要零部件进行精密测量。测量精度由零件的制造精度确定,对于用磨、拉、铰加工的零件,测量精度为0.002~0.005 mm;对于高精度零件及为了保证较高配合精度而分组选配的零件,其外径测量精度为0.002 mm、内径测量精度为0.001 mm。在精密测量中,对同一零件几次测量的量具精度、测量条件、方法及部位等应完全一致。对于高精度零件,两次测量时的室温应接近,并尽可能接近20 ℃。

另外,拆检中发现的潜在故障,不计入故障指标统计。检验时间不计入维修时间。

6.2.3 试验数据的处理

1. 行驶工况统计

在汽车可靠性试验中,每日每班应填写行车记录卡,试验员依据试验驾驶人填写的行车记录卡定期统计有关试验参数,包括实际行驶里程、平均技术车速、变速器各挡位使用次数及里程(或时间)的百分率、制动次数和时间等。上述项目可依据试验要求进行相应增减。

2. 故障统计

在试验中,定期将行车记录卡上填写的故障按单车发现故障的里程顺序统计于故障统计表中,故障种类栏目中应填写"本质故障"或"误用故障"。本质故障是试验车辆在正常试验状态下产生的,是试验车辆本身潜在的、非人为的故障;误用故障是试验车辆在可靠性试验中,使用、维护、维修等未按规定执行而出现的故障,属于人为故障。

在故障统计中,只考虑本质故障,不将误用故障计入故障数。同一里程中不同零件发生故障时应分别统计,分别计入故障频次;同一零件同一里程出现不同模式故障时也应分别统计,分别计入故障频次;如果同一零件发生几处模式相同的故障,则只统计一次;故障类别按最严重的统计。

3. 汽车可靠性评价指标

(1) 平均首次故障里程(MTTFF)。平均首次故障里程即汽车出厂后无须维修而能够持续工作的平均里程,其计算公式为

$$\text{MTTFF} = s'/n' \tag{6-1}$$

$$s' = \sum_{j=1}^{n'} s'_j + (n - n')s_e \tag{6-2}$$

式中,s'——无故障行驶的总里程(km);

n'——发生首次故障的车辆数(辆);

s'_j——第j辆汽车首次故障(只计1类、2类、3类故障)里程(km);

n——试验车辆数(辆);

s_e——定时截尾里程数(km)。

(2) 平均故障间隔里程(MTBF)。平均故障间隔里程按指数分布,其计算公式为

$$\text{MTBF} = s/\gamma \tag{6-3}$$

式中,s——总试验里程(km);

γ——总试验里程 s 中发生的 1 类、2 类、3 类故障总数。

$$s = \sum_{i=1}^{k} s_i + (n-k)s_e \tag{6-4}$$

式中，k——终止试验车辆数目（辆）；

s_i——第 i 辆汽车终止试验里程（km）。

平均故障间隔里程置信下限值 $(MTBF)_L$ 为

$$(MTBF)_L = \frac{2s}{\chi^2[2(\gamma+1),\alpha]} \tag{6-5}$$

式中，$\chi^2[2(\gamma+1),\alpha]$——自由度为 $2(\gamma+1)$、置信水平为 α 的 χ^2 的分布值，推荐值为 0.1 或 0.3。

平均故障间隔里程置信下限值也可通过查阅相关列表，查出系数 δ，然后按下式计算，即

$$(MTBF)_L = \delta MTBF \tag{6-6}$$

(3) 当量故障数 γ_D。其计算公式为

$$\gamma_D = \sum_{i=1}^{3} \varepsilon_i \gamma_i \tag{6-7}$$

式中，γ_D——当量故障数；

ε_i——第 i 类故障系数，其值为 $\varepsilon_1 = 100$，$\varepsilon_2 = 10$，$\varepsilon_3 = 0.2$；

γ_i——第 i 类故障数。

(4) 当量故障率 λ_D。其计算公式为

$$\lambda_D = 1\,000\, \frac{1}{s} \sum_{j=1}^{n} \gamma_{Dj} \tag{6-8}$$

式中，λ_D——当量故障率（次/1 000 km）；

γ_{Dj}——第 j 辆汽车的当量故障数。

(5) 千千米维修时间 TM_m。其计算公式为

$$TM_m = 1\,000\, \frac{TR_m + TP_m}{s} \tag{6-9}$$

式中，TM_m——千千米维修时间（h）；

TR_m——总试验里程 s 内发生故障后维修时间总和（h）；

TP_m——总试验里程 s 内预防维修时间总和（h）。

(6) 千千米维修费用 MC。其计算公式为

$$MC = 1\,000\, C/s \tag{6-10}$$

式中，MC——千千米维修费用（元）；

C——总试验里程 s 内维修费用（元）。

(7) 有效度 A。有效度是指产品在规定的使用与维修条件下，任意时刻维持其规定功能的概率。作为可维修系统的试验车辆，通常使用有效度对其进行最终的综合评价，其计算公式为

$$A = s/(s + s_D) \tag{6-11}$$

$$s_D = (v_a TM_m s)/1\,000 \tag{6-12}$$

式中，A——有效度（%）；

s_D——维修停驶里程（km）；

v_a——试验车辆平均技术速度（km/h）。

对于快速可靠性试验，必要时可以对上述评价指标的计算方法进行修正。

4. 威布尔分布的应用

对于受高变载荷的汽车零件，因载荷不断变化，其疲劳寿命可相差几倍甚至十几倍，因此汽车零件的疲劳寿命是一个随机变量，一般服从对数正态分布和威布尔分布，特别是疲劳寿命的估计，以威布尔分布最为适用，因此威布尔分布在研究汽车零件疲劳方面获得了广泛应用。

1）威布尔分布的兼容性

对于不可维修产品，威布尔分布函数是应用得最为广泛的可靠度函数，因为它具有很好的兼容性。在实际工程问题中，可靠度函数 $R(t)$、累积故障概率 $F(t)$ 以及概率密度函数 $f(t)$ 可以简化为

$$R(t) = \exp\left(-\frac{t^m}{t_0}\right) \quad (6-13)$$

$$F(t) = 1 - \exp\left(-\frac{t^m}{t_0}\right) \quad (6-14)$$

$$f(t) = \frac{mt^{m-1}}{t_0}\exp\left(\frac{t^m}{t_0}\right) \quad (6-15)$$

式中，t_0——定时截尾时间；

m——形状参数，表征寿命分布的性质。

2）威布尔分布的应用

（1）零部件可靠性评价。用威布尔分布来评价汽车零部件的可靠性，目前已得到广泛应用。如可靠度为90%的寿命值，即 B_{10} 寿命，是最通用的评价指标，有时还采用 B_{50} 寿命。此外，额定寿命水平的可靠度也十分有用。

（2）整车首次故障里程统计。汽车、发动机等复杂系统的首次故障里程（或时间）也可用威布尔分布进行统计分析。

（3）可靠性改进效果的评价。将改进前后的两组试验数据画在同一张威布尔概率纸上，就能很明显地看出改进的效果，改进后的数据都在原设计数据拟合线的右侧。

（4）确定快速试验的快速系数。对于某车型，同批号钢板弹簧在海南试验场进行快速可靠性试验与在其他地区某用户实际使用的失效数据进行分析。

6.3 快速可靠性试验

6.3.1 分类与基本原则

由于汽车及其零部件的使用寿命很长，用常规的试验条件进行可靠性试验要耗费很多资金与时间，这对产品的改造、新产品的开发与产品质量检验带来很大问题。因此，在汽车可靠性试验中大量采用了快速试验方法。

1. 快速可靠性试验分类

1）按试验场所分类

（1）室外快速试验。室外快速试验主要在试验场上进行。

（2）室内快速试验。室内快速试验主要利用各种零部件的寿命试验装置、快速环境试验装置进行。

2）按试验原理分类

（1）增大应力法。这里的应力是泛指的，包括应力、温度、湿度、压力、振动等。例如，在人工老化装置中，提高平均温度、湿度、增强日光照射，以加速材料与零件的老化；在疲劳试验台上，对零部件施加大于实际使用的载荷进行快速寿命试验等。

（2）浓缩应力法。不增大零部件的载荷，尽可能保持实际使用中的载荷状况，将对寿命影响小或无影响的实际载荷直接删除，可保持故障模式的一致性，其现已越来越多地被试验场试验采用。

（3）增加试样数目或分组最小值法。在保证相同的置信度的情况下，采用增加试样数目或分组最小值法，可以有效地缩短试验时间。

（4）贝叶斯法。利用试验数据来减少试验的次数与时间。

2. 快速可靠性试验基本原则

（1）故障模式一致性。故障模式一致性是指快速试验下发生的故障模式必须与实际使用状况一致，包括故障发生的部位。故障模式一致，则威布尔分布的形状参数相等，说明故障机理相同。

（2）子系统故障分布相近。子系统故障分布相近是指整车或整机在快速可靠性试验条件下，各子系统故障率的分布应与实际使用时相近。

（3）必须确定快速系数。快速试验必须具备一定的快速系数。快速系数是实际使用中的平均寿命与快速试验中的平均寿命之比。快速系数应通过实际试验确定。我国目前多数零部件台架寿命试验属于快速试验，但不知其快速系数，因此所制定的标准缺乏根据。

6.3.2 浓缩应力法快速可靠性试验

浓缩应力法就是先对实际应力时间历程进行处理，将应力低于疲劳极限的历程删除，即得到快速系数 $K = t_s/t$ 的应力时间历程（t_s 为浓缩应力后的时间，t 为试验总时间）。根据浓缩后的应力时间历程进行可靠性试验，便可实现快速试验。这是一种接近实际的随机模拟，可以在试验场、道路模拟机和随机控制的零部件试验台上实现。

除了随机模拟加载外，还可以采取阶梯加载或恒定加载，恒定加载仍然是目前最普遍采用的台架试验加载方式。

对于一个应力时间历程，可以通过统计方法整理出应力频度直方图，如图6-1所示。

对于每一应力水平 S_i，出现的次数为 n_i，同时，可以从零件的 $S-N$ 曲线（图6-2）查出相应于每一个 S_i 的疲劳损坏的循环次数 N_i。根据迈因纳（Miner）法则，累计疲劳损伤度为 $\sum n_i/N_i$。当它等于1时，零件将发生疲劳损坏。小于疲劳极限 S_{-1} 的应力被认为对疲劳寿命无影响，可不计算。

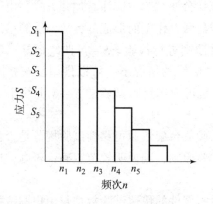
图6-1 应力频度直方图

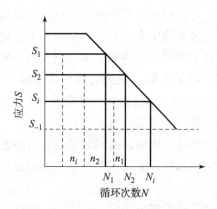
图6-2 零件的 $S-N$ 曲线

应用迈因纳法则,可以进行疲劳寿命估算,编制阶梯加载试验规范,估计快速试验系数。

【例6-1】 某型汽车在投放市场前,对其预计投放地区的行驶状况进行应力测量,行驶里程数为 1 000 km,某零件的应力频次统计结果见表6-5。同时,根据经验及试验,在试验场选择了一种 10 km 长的道路循环,其应力频次也经测量统计列于该表中。试问在公路上与试验场上该零件的预计寿命分别为多少?试验场快速系数为多少?

表6-5 公路与试验场应力统计

序号	应力水平 $S_i/(\times 10^{-6})$	1 000 km 公路行驶 应力频次 n_i	10 km 公路行驶 应力频次 n_i	由 $S-N$ 曲线查得疲劳 损坏次数 $N_i/(\times 10^{-4})$
1	1 290	100	12	8
2	1 150	200	25	30
3	990	400	35	100
4	820	1 150	128	600
5	640	3 000	170	*
6	500	8 500	250	*

注:* 为低于疲劳极限。

解: 按照迈因纳法则,分别计算 1 000 km 公路行驶与 10 km 试验场行驶累计疲劳损伤度。

1 000 km 公路:$\sum \dfrac{n_i}{N_i} = \left(\dfrac{100}{8} + \dfrac{200}{30} + \dfrac{400}{100} + \dfrac{1\ 150}{600}\right) \times 10^{-4} = 0.25 \times 10^{-2}$

10 km 试验场:$\sum \dfrac{n_i}{N_i} = \left(\dfrac{12}{8} + \dfrac{25}{30} + \dfrac{35}{100} + \dfrac{128}{600}\right) \times 10^{-4} = 0.3 \times 10^{-3}$

1 000 km 公路估计寿命:$L_{公路} = 1\ 000/(0.25 \times 10^{-2}) = 4 \times 10^5$ km

10 km 试验场估计寿命:$L_{试验场} = 10/(0.3 \times 10^{-3}) = 3.33 \times 10^4$ km

试验场快速系数估计:$K = L_{公路}/L_{试验场} = (4 \times 10^5)/(3.33 \times 10^4) = 12$

同理，可以制定该零件的台架试验加载规范。台架试验中应注意加载方式，由于零件在道路行驶状况下的应力状况往往是由几个方向载荷联合作用而形成的，故不能简单地用一个方向的加载来模拟，最终要以故障模式的一致性原则进行检验。$S-N$曲线最好采用实际零件疲劳试验结果绘制。在尚无该零件实际$S-N$曲线的情况下，可以借用已有相同零件的$S-N$曲线（材料、热处理、尺寸应基本相同），也可使用材料试验的$S-N$曲线来考虑尺寸因素、应力集中因素等适当修正。

根据载荷统计所编制的试验场快速可靠性试验或台架快速可靠性试验规范是否合适，仍然要经过实物试验验证。如果符合快速可靠性试验原则，则说明规范正确；否则，还要进行调整。

在确定了试验规范之后，利用同一批汽车或零部件的快速试验数据与用户调整数据进行统计对比，求出实际的快速系数。

整车的快速系数为

$$k_A = \frac{\text{MTBF}(用户)}{\text{MTBF}(试验场)} \tag{6-16}$$

零部件的快速系数为

$$k_P = \frac{B_{10} 寿命(用户)}{B_{10} 寿命(试验场或台架)} \tag{6-17}$$

6.3.3 增加样品数量法快速可靠性试验

这是利用失效数据统计性质来达到快速试验的一种方法。进行零部件试验，一般需要一定的故障数据个数r，以便绘制分布曲线。由于故障数据随机分布的性质，因此用$n>r$个样品进行试验，出现r个故障的时间，势必短于用$n=r$个样品进行试验出现r个故障的时间。如果同时进行试验的台架数量充足，则既可以采用这种办法缩短试验周期，也可以采用失效后替换样品继续试验的方法。

若零件的寿命服从威布尔分布，则可推导出故障时间t与累积故障概率分布函数$F(t)$间的关系，即

$$t = \{-t_0 \ln[1-F(t)]\}^{1/m} \tag{6-18}$$

若用$t(r/n)$和$t(r/r)$分别表示n个试样、r个故障时间和r个试样、r个故障时间，用$F(r/n)$和$F(r/r)$分别表示n个试样、r个故障的累积故障概率和r个试样、r个故障的累积故障概率，则快速系数为

$$k_r = \frac{t(r/r)}{t(r/n)} = \left\{\frac{\ln[1-F(r/r)]}{\ln[1-F(r/n)]}\right\}^{1/m} \tag{6-19}$$

6.3.4 分组最小值法快速可靠性试验

分组最小值法快速可靠性试验也是利用统计性质的一种方法。现以减振器试验为例，对其加以说明。

减振器寿命试验台一次能同时试验10个样品，现抽取50个样品分5次试验。按计划，每组都要试验到所有样品均故障，或试验到规定的时间（或故障数）为止。为节省时间，采用分组最小值法，即每组只试验到第一个故障发生即停止。这样得到5个故障数据，将结

果描在威布尔概率纸上,得到5个点的拟合直线;根据威布尔分布样本最小值分布具有再生性的特点,它应服从与单组分布形状参数 m 相同的分布,且其分布的点有50%应相当于单组分布的最小值的中位秩点,即6.7%($n=10$,$r=1$)。按图6-3所示,可以推测出单组的分布。

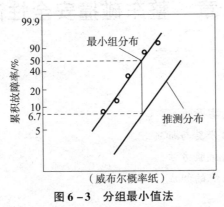

图6-3 分组最小值法

本章小结

1. 汽车可靠性试验分为常规可靠性试验、快速可靠性试验、特殊环境可靠性试验、极限条件可靠性试验。
2. 汽车可靠性试验故障类型分为致命故障、严重故障、一般故障、轻微故障。
3. 通过试验准备、常规可靠性试验的试验方法与数据处理方法,对汽车进行常规可靠性试验。
4. 通过浓缩应力法,对汽车进行快速可靠性试验。

复习思考题

1. 简述汽车可靠性试验的定义和目的。
2. 简述汽车可靠性试验按试验方法分类的类型。
3. 简述汽车常规可靠性试验的评价指标。
4. 简述汽车快速可靠性试验的基本原则。
5. 简述汽车快速可靠性试验的类型。

第7章 整车碰撞安全性试验

教学目标

1. 了解实车碰撞中的伤害基准。
2. 掌握汽车碰撞假人的分类与标定。
3. 掌握实车碰撞试验的试验方法。
4. 了解碰撞试验测量系统的组成。

教学要点

知识要点	相关内容
实车碰撞中的伤害基准	了解实车碰撞中人体不同部位伤害基准的性能指标
汽车碰撞假人的分类与标定	掌握汽车碰撞假人的分类；了解各部位的标定方法
实车碰撞试验	掌握正面碰撞试验、侧面碰撞试验、追尾碰撞试验的试验方法；了解 C-NCAP 碰撞试验的基本流程
碰撞试验测量系统的组成	了解碰撞试验测量系统的光、电测量系统的组成

7.1 概 述

汽车安全技术可分为发生事故之前的预防安全技术和事故发生之后减轻伤害程度的碰撞安全技术。碰撞安全技术属于汽车被动安全范畴，它研究如何在事故中最大可能地避免或减轻对车内乘员造成的伤害，以确保乘员生存空间、缓和冲击、防止火灾发生等为目的。随着碰撞安全技术研究的深入，人们也开始探讨在人车碰撞中对车外行人保护的试验及伤害评价。

根据不同的试验方法，汽车碰撞试验可以分成实车碰撞试验、滑车模拟碰撞试验和台架试验。实车碰撞试验与真实的汽车碰撞事故情形最接近，其试验结果最具说服力，是综合评价汽车碰撞安全性能的最基本的试验方法。其他两类试验都以实车碰撞的结果为基础，模拟碰撞环境的零部件试验。与实车碰撞试验相比，其零部件试验费用低，试验条件稳定，试验过程易于控制，适用于汽车安全部件性能的考核及汽车开发过程中的阶段性验证试验。

7.1.1 实车碰撞试验分类

在试验室真实地再现典型的碰撞事故过程是分析和评价汽车碰撞中对乘员保护能力的基础。汽车碰撞事故的形态千差万别,因而对汽车碰撞性能的评价也必须针对不同的碰撞形态进行。按事故统计结果,汽车碰撞事故主要可分为正面碰撞、侧面碰撞、追尾碰撞和翻车等几种主要类型。为了真实再现碰撞过程,试验室实车碰撞也可按此分类。

此外,根据碰撞试验实施的目的,实车碰撞试验也可分为以下三类:

1)政府法规要求的强制性试验

这类试验包括如《乘员碰撞保护》(FMVSS 208)和《关于车辆正面碰撞乘员保护认证的统一规定》(ECE R94)法规规定的正面碰撞试验,《侧面碰撞保护》(FMVSS 214)和《关于车辆侧面碰撞乘员保护认证的统一规定》(ECE R95)法规规定的侧面碰撞试验。目前,我国强制执行的碰撞安全试验标准主要有《乘用车正面碰撞的乘员保护》(GB 11551—2003)(M_1 类车辆)、《汽车侧面碰撞的乘员保护》(GB 20071—2006)(M_1 类车辆)和《乘用车后碰撞燃油系统安全要求》(GB 20072—2006)(M_1 类车辆)。

2)汽车制造厂自己制定的碰撞试验方法

这类试验主要用于提出改善汽车碰撞安全性的新措施,以及安全气囊控制单元的设定等。

3)为消费者提供信息的试验

这类试验主要指新车评价规程(New Car Assessment Program,NCAP)。定期将市场上出现的新车进行碰撞试验,它规定的实车碰撞速度往往比政府强制执行的安全标准碰撞速度更快,并且在更严重的碰撞环境下评价车内乘员的伤害程度,评价结果向社会公布。

7.1.2 伤害基准

伤害基准研究乘员死亡、重伤、轻伤等的伤害程度,反映人体对不同伤害的解剖学反应和生理反应,以及由此产生加减速度、负荷、变形量等物理量的基准。通常将头部、颈部、胸部、大腿和小腿等部位在碰撞试验中的物理量变化作为评判依据。不同国家和地区的 NCAP 对这些物理量的评价方法略有差异,但基本原理相同,具体可参看相关规程。

1. 头部

在试验过程中,如果头部与任何车辆部件不发生接触,则认为符合要求;若发生接触,则由下式计算头部性能指标(Head Performance Criterion,HPC),即

$$\text{HPC} = \left| (t_2 - t_1)\left[\frac{1}{t_2 - t_1} \int_{t_1}^{t_2} a(t)\mathrm{d}t \right]^{2.5} \right|_{\max} \tag{7-1}$$

式中,$a(t)$——对应头部重心的三个方向的合成加速度;

t_1,t_2——HPC 取得最大值的时间间隔的起始时刻点和终止时刻点,$t_2 - t_1 \leq 36$ ms。

2. 颈部

颈部的伤害值规定为上下方向的拉伸、压缩,前后方向的剪切力,向后的弯曲力矩。在新 FMVSS 208 中,这些负荷和力矩的数值用 N_{ij} 来评价。N_{ij} 是 NTE(Tension Extension)、

NTF（Tension Flexion）、NCE（Compression Extension）和 NCF（Compression Oexion）四个数值中的最大值，由下式计算得出，即

$$N_{ij} = \frac{F_Z}{F_{ZC}} + \frac{M_{OC_Y}}{M_{YC}} \tag{7-2}$$

式中，F_Z——颈部上下方向压缩、拉伸负荷；

M_{OC_Y}——颈部中心力矩；

F_{ZC}、M_{YC}——由假人类型决定的常数。

3. 胸部

胸部的伤害值用肋骨的变形量（胸挠度）脊椎上部测得的加速度，以及变形量与变形速度的乘积 VC（Viscous Criteria）来评价。VC 可由式（7-3）计算得出，欧洲正面碰撞及侧面碰撞采用 1.0 m/s 以下的伤害指标。

$$VC = s\frac{D(t)}{c}\frac{dD(t)}{dt} \tag{7-3}$$

式中，$D(t)$——胸部变形量；

s,c——由假人类型决定的常数。

4. 大腿

正面碰撞时，大腿的伤害值是采用股骨轴向输入的负荷，在 FMVSS 208 中，通过人体骨折极限试验，定义负荷基准为 10 kN。

5. 小腿

正面碰撞时，小腿的伤害值是胫骨的轴向负荷引起的膝关节股骨的变形量，用 TI 来评价。TI 是用负荷测量得的胫骨上下负荷与力矩，可由式（7-4）计算求得。

$$TI = \left|\frac{M_R}{M_C}\right| + \left|\frac{F_Z}{F_C}\right| \tag{7-4}$$

式中，$M_R = \sqrt{M_X^2 + M_Y^2}$，$M_X$ 为绕胫骨前后轴的力矩，M_Y 为绕胫骨左右轴的力矩；

F_Z——胫骨上下方向的负荷；

M_C——临界弯矩，$M_C = 225$ N·m；

F_C——临界压缩力，$F_C = 35.9$ kN。

7.2 碰撞试验假人技术

7.2.1 假人开发的意义

伤害生物力学研究的目的是了解伤害机理，进而寻求避免（或减轻）在碰撞中造成人体严重损伤的途径。为实现这一目标，研究者必须了解碰撞伤害的机理，定量地描述人体组织响应，确定人体造成无法恢复的严重损伤的响应水平，开发与人体生物力学特性相似的碰撞试验假人，用于精确地评价人体伤害、开发保护系统，以减少作用在人体上的碰撞能量。

碰撞试验假人（Dummy），又称拟人试验装置（Anthropomorphic Test Dummy），是用于评价碰撞安全性的标准人体模型。假人的尺寸、外形、质量、刚度和能量吸收性能与相应的人体十分相似，所以当假人处于模拟的碰撞事故条件下，它的动力学响应与相应的人体也十分相近。在假人上装备有传感器，可用于测量人体各部位的加速度、负荷、挤压变形量等。通过对这些物理量的分析、处理，可以定量地衡量汽车产品的碰撞安全性。

假人开发得成功与否，取决于三个因素：假人与人体响应的动力学特性的关联程度，即"生物保真性"；假人与人体伤害相关的动力学响应的测量能力；所测量的响应与相对应的伤害之间的相关程度。这三个因素在任何一方面存在不足都会影响人体伤害评价的准确性。例如，如果所开发的假人与人体响应的关联性差，那么当将假人置于模拟交通事故环境中时，假人的响应与真实人体的响应将不同，从而造成伤害评价的失误。同样，如果用假人无法测量与伤害相关的动力学响应，或者测量的响应与人体伤害之间的关系不清楚，则也无法客观地做出与该伤害相关的保护能力的评价。

事实上，想要在一个假人上全方位模拟人体在多种类型碰撞中的动作和响应是很困难的，因此特别开发了多种类型假人。图7-1所示为碰撞试验假人家族。

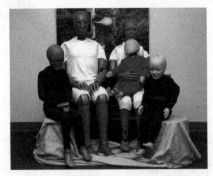

图7-1　碰撞试验假人家族

7.2.2　假人的分类

按人体类型不同，假人可分为成年人假人和儿童假人。成年人假人按体型大小又分为中等身材男性假人、小身材女性假人和大身材男性假人。在汽车碰撞试验中，最常用到的是中等身材假人，其代表欧美男性第50百分位成年人的平均身材。为了在设计中考虑不同的人体体型，又按照欧美人体分布的两端极限，分别开发了小身材假人和大身材假人。小身材女性假人代表欧美第5百分位女性成年人的体型；大身材男性假人代表欧美第95百分位男性成年人的体型。儿童假人的身高、体重是指定年龄组儿童的平均身高和体重，不考虑性别。

根据碰撞试验不同，假人又可分为正面碰撞假人、侧面碰撞假人、后面碰撞假人及行人保护用假人等试验用假人，前三种为坐姿假人，后一种为站姿假人。

1. 正面碰撞假人

正面碰撞假人是最早被开发的假人，其开发目的是评价乘员约束系统的牢固性。这种假人在结构上很结实，外形和体重与人体相似，主要缺点是它的碰撞响应与人体不同，也不能装备足够的测量传感器。在这些早期假人中，值得一提的是HybridⅡ和TNO10。TNO10现在仍然在欧洲、中国的安全带动态试验标准中作为指定的碰撞试验用假人。HybridⅡ是1972年美国通用汽车公司开发的，用于评价安全带系统的牢固性。HybridⅡ是依照美国第50百分位男性人体设计的。在HybridⅡ上可安装传感器测量头部质心点、胸脊椎上指定位置的三轴向线性加速度信号及大腿骨的轴向压力负荷。HybridⅡ的耐用性和可维修性达到了能被用户接受的程度，1973年，其成为《联邦机动车安全标准》（FMVSS 208）中指定的假人。但由于Hybrid Ⅱ的生物保真性和测量能力还存在很多缺陷，因此又开发出了具有更高生物保真性和令人满意的测量能力的正面碰撞假人Hybrid Ⅲ。图7-2即Hybrid Ⅲ假人及其测量传感器位置示意。Hybrid Ⅲ现已为世界碰撞基准和包含日美欧的新车评价规程（NCAP）广泛使用。

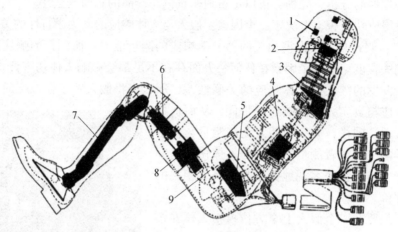

图7-2　Hybrid Ⅲ假人及其测量传感器位置示意

1—头部加速度传感器安装系统；2—颈部上端面传感器；3—颈部下端面传感器；4—胸脊柱载荷传感器；
5—腰脊柱载荷传感器；6—大腿骨载荷传感器；7—测力小腿骨传感器；
8—大腿上端载荷传感器；9—测力螺栓

2. 侧面碰撞假人

侧面碰撞试验使用的是检测胸部横向冲击和变形的假人。美国开发了成年男性侧面碰撞假人SID。SID假人采用Hybrid Ⅲ假人的头部，称为SID-HⅢ。欧洲开发了EuroSID-1假人。美国和欧洲的假人构造和检测项目完全不同。为尽可能消除这种弊端，实现统一，EuroSID-1的改良版ES-2假人和WorldSID假人被开发出来。WorldSID是目前唯一一个侧面碰撞生物保真性能够满足ISO标准要求的侧面碰撞假人。

3. 后面碰撞假人

后面碰撞事故和其他碰撞形态相比，死亡人数少，但头颈碰伤现象很多，因此开发了能够评价头颈碰伤的假人。为了能再现颈部的动作，不仅颈部，脊椎向后弯曲伸展的动作也有必要再现，因此开发了能模拟脊椎每一节的具有脊柱的假人BioRID-Ⅱ等。BioRID-Ⅱ被美国IIHS（Insurance Institution for Highway Safety，美国公路安全保险协会）和英国Thatcham汽车安全研究中心评价头颈碰伤时使用，欧洲的NCAP也正在讨论进行头颈碰伤方面的评价。

4. 行人保护用假人

再现行人事故时，不能使用上述所说的坐姿假人，而要用站姿假人，目前尚无这方面的实车试验法规，也没有像乘员假人那样的标准假人。此前很多研究所用的假人是将正面碰撞所用假人改为站立姿态，并以此为基础进行相应修正。如今，真正的行人保护用假人Polar Ⅱ面世了。

7.2.3 假人的标定

实车碰撞试验是在 0.1 s 内完成的不可重复再做的试验，它综合了机械运动学、电子学、光学和计算机等科学技术，该试验需要使用真实车辆和许多一次性消耗材料，成本很高，任何小的失误都可能造成巨大损失。为保证假人的精度，在试验前，应对其头部、颈部、胸部和膝部等重要部位进行标定试验。以下是 Hybrid Ⅲ 型假人头部、胸部和膝部的标定试验规范。

1. 头部标定试验

1) 试验要求

按规定，在假人头部内安装加速度传感器。头部从 376 mm 高度下落后，头部内的加速度传感器的最大合成加速度应在 $(225\sim275)g$（g 为重力加速度）范围内。试验中的加速度 - 时间历程曲线的主脉冲应为单峰值，且在主脉冲后的加速度振荡时间应小于主脉冲时间的 10%，同时应保证横向加速度矢量不超过 $15g$。

2) 试验过程

将头部总成在温度为 19~25 ℃、相对湿度为 10%~70% 的环境中至少放置 4 h；用三氯乙烯或等效物质清洗头皮表面和碰撞板表面；悬挂头部，保证前额最低点低于鼻子最低点 12.7 mm，同时保证其中心对称面处于垂直状态；利用释放装置使头部从规定高度下落，保证一经释放，头部就立即落向表面平整、刚性支撑的水平表面，其表面粗糙度应在 0.2~2.0 μm 范围内；同一头部两次连续试验时间间隔应不少于 3 h。

2. 胸部标定试验

1) 试验要求

使用一个试验摆锤，该摆锤是一个直径为 153 mm 的缸筒，安装仪器后，其质量为 23.4 kg。试验摆锤碰撞端为一个刚性平直的正交表面，圆角半径为 13 mm。在试验摆锤与碰撞表面相对的一端安装一个加速度传感器，其敏感轴线与缸筒的纵向中心线相结合。试验摆锤以 (6.7 ± 0.122) m/s 的速度撞击胸部时，由试验摆锤所测到的双脚均未穿鞋的完整假人总成的胸部反作用力应为 $(5\,521\pm366.7)$ N，其胸骨相对于脊椎的位移应为 (68.0 ± 4.6) mm。每次碰撞的内部滞后应不少于 69% 且不大于 85%，测量的反作用力等于试验摆锤质量与其减速度的乘积。胸部标定试验如图 7-3 所示。

2) 试验过程

将试验假人放置在湿度为 10%~70% 的环境中，直至假人肋骨温度稳定在 20.6~22.2 ℃ 为止；将假人放置在无背部和手臂支撑的表面上，假人骨盆调整为 13°±2°；调整试验摆锤的纵向中心线，使之低于 3 号肋骨中心线 (12.7±1.0) mm；调整试验摆锤的纵向中心线，使试验摆锤与胸部接触时，其纵向中心线与假人中心对称平面内的某一水平线相重合，误差为 ±0.5 mm；用试验摆锤撞击假人胸部，保证在碰撞瞬间，试验摆锤的纵向中心线与假人中心对称平面内的某一水平线重合，误差为 ±2°；碰撞时，对试验摆锤加以导向，保证它在运动过程中没有明显的横向和垂直方向上的运动或转动；用胸骨内的电位计沿试验摆锤的纵向中心线测量胸骨相对胸椎水平方向上的偏移；用偏移特性曲线中有负荷和无负荷曲线之间的面积与有负荷曲线下的面积之比来确定滞后。

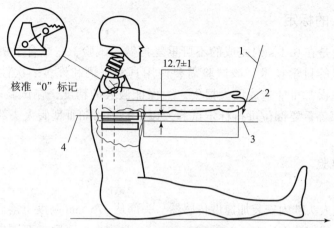

图 7-3 胸部标定试验

1—摆锤加速度传感器（安装时应保证其敏感轴与摆锤的中心线重合）；2—手臂中心线（水平允许偏差为 ±2°）；
3—摆锤中心线（水平允许偏差为 ±0.5°）；4—3 号肋骨中心线（水平允许偏差为 ±0.5°）

3. 膝部标定试验

1）试验要求

当用符合规定要求的试验摆锤以 2.07 ~ 2.13 m/s 的速度冲击每个腿部总成的膝部时，膝部的最大冲击力即试验摆锤质量和加速度的乘积，其最小值应为 4.7 kN，最大值为 5.8 kN。

2）试验过程

用腿部载荷传感器模拟装置紧固膝盖总成试件；将试件置于温度为 18.9 ~ 26.5 ℃、相对湿度为 10% ~ 70% 的试验环境中至少 4 h，然后用于试验；将试件安装在一个刚性表面上，不允许脚与其他外部表面接触；调整试验摆锤的纵向中心线，使试验摆锤与膝部接触时，其纵向中心线与大腿力传感器模拟装置的纵向中心线重合，误差不大于 ±2 mm；对试验摆锤加以导向，保证在试验摆锤与膝部接触的时刻不发生明显的横向和垂直方向上的运动或转动。

7.3 实车碰撞试验

7.3.1 碰撞试验设备

由于实车碰撞属于瞬时发生的猛烈冲击，试验车辆是破坏性的，不能重复进行，因此要求试验设备必须能准确无误地实现预先设定的碰撞，各测量仪器应能精确记录车辆和乘员在碰撞时的运动状态、破坏形态及与伤害相关的动力学响应。因此，建造一个实车碰撞试验系统需要大量资金。

图 7-4 所示为日本汽车研究所（JARI）的实车碰撞试验室。由于碰撞过程具有一定的不可预见性，因此要求碰撞区应足够大，以防止在碰撞试验过程中车辆与其他设施发生意外的碰撞。一个较完善的实车碰撞试验室应包括碰撞区、牵引系统、浸车环境室、照明系统、假人标定室、测量分析室及车辆翻转台等。下面简要介绍碰撞试验的主要设备。

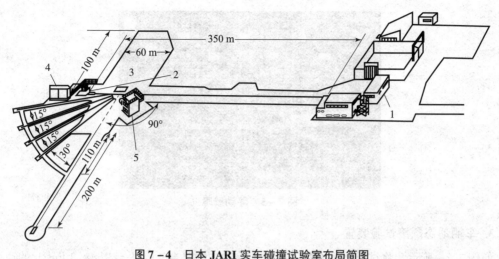

图 7-4　日本 JARI 实车碰撞试验室布局简图
1—动力室；2—固定壁障；3—碰撞广场；4—静态翻转台；5—测量室

1. 固定壁障

正面碰撞试验区域设置有固定壁障。按照《固定刚性障碍物碰撞试验》（SAE J850—2000）推荐，固定壁障表面至少宽 3 m、高 1.5 m，壁障表面垂直于壁障前的路面，且覆盖一层 19 mm 厚的胶合板，壁障尺寸和结构应足以限制其表面变形量小于车辆永久变形量的 1%。在日本标准《轿车前面撞击和后面撞击的试验方法》（JISD 1060—1982）中，要求壁障宽 3 m、高 1.5 m、厚 0.6 m，质量不低于 70 t。大多数试验室的固定壁障采用固定的混凝土结构，但也有一些试验室，为了场地能实现其他碰撞形态，将固定壁障设计成能移动的结构。例如，英国 MARY 的实车碰撞试验台，其固定壁障通过一个气垫顶起，置于一条横向轨道上后可推到一侧，以便于实施汽车与护栏、标志牌等公路设施的碰撞试验。在固定壁障前方，一般设置有摄影地坑，在地坑内设置照明系统和高速摄影机，从而可以从地坑中实施拍摄。为了增强被摄影零部件的可分辨性，在试验前可对车辆底部的动力总成、散热器、前纵梁等对碰撞性能影响较大的部件喷涂不同的颜色并贴标志点，以了解碰撞过程中车辆前端结构内部的变形、运动状态和接触状况。

2. 移动壁障

侧面碰撞和追尾碰撞采用移动壁障对停放在碰撞区域中的试验车辆实施碰撞。如图 7-5 所示，移动壁障由碰撞块和移动车组成。移动壁障的质量、碰撞表面结构按照不同的试验要求是不同的。在 FMVSS 208 标准中，定义了用于追尾、侧面碰撞的移动壁障，即质量为 1 814.4 kg（4 000 lb）、碰撞面为刚性平面的移动壁障，该移动壁障也用于 FMVSS 301 中侧面、追尾碰撞后的燃油泄漏试验。此外，在 FMVSS 301 中还定义了一种刚性仿形壁障。

FMVSS 214 和 ECE R95 中规定的侧面碰撞试验法规中的移动壁障代表一辆"平均的标准车"：移动壁障的质量代表该地区使用车辆的平均质量；移动壁障前端是由蜂窝状铝材制成的吸能壁障，用于模拟该地区使用的车辆前端碰撞时的平均刚度。FMVSS 214 中规定的移动壁障质量为 1 366 kg，ECE R95 中规定的移动壁障质量为 950 kg。

图 7-5 移动壁障

3. 车辆动态翻滚试验装置

如图 7-6 所示,将试验车辆放置在一个倾斜 23°的平台上,平台以 48.3 km/h 的速度运动,待试验车辆到达动态翻滚区后,平台与安装在地面上的冲击缓冲器碰撞,使试验车辆脱离平台,产生动态翻滚。

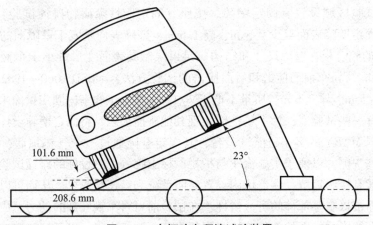

图 7-6 车辆动态翻滚试验装置

4. 车辆静态翻滚试验装置

在 FMVSS 301 中规定,碰撞试验后应分别测量 0°、90°、180°和 270°各个位置的燃油泄漏,如图 7-7 所示。为实现这项检验要求,在碰撞区附近应建造静态翻转试验台,以便能对碰撞后的试验车辆及时进行燃油泄漏试验。

5. 牵引系统

牵引系统是将试验车辆或移动壁障由静止加速到所设定的碰撞初速度的装置。用于实车碰撞试验的牵引系统应满足以下几方面的要求:

(1) 准确的速度控制,以满足试验法规中规定的碰撞速度要求。

(2) 为防止在加速过程中假人姿态发生变化,放置假人的试验车辆在牵引过程中的加速度不能过大。《乘员碰撞保护》(FMVSS 208) 的试验程序和日本的《日本正面碰撞试验法规》(TRIAS II-4-30) 中规定的牵引加速度不大于 $0.5g$,欧、美、日等地区和国家的实车碰撞试验设施的牵引系统一般将最大牵引加速度限制为 $(0.2 \sim 0.25)g$。

第 7 章 整车碰撞安全性试验

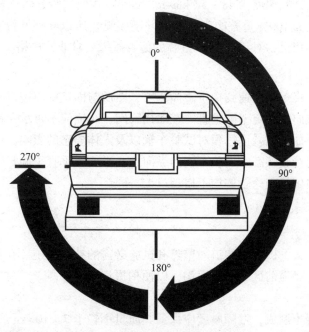

图 7-7 车辆静态翻滚试验装置

（3）具有导向和脱钩装置，导向装置确保试验车辆沿预定的轨道运动。在 FMVSS 208 和日本 TRIAS II-4-30 及欧洲 ECE R94.00 中规定，正面碰撞试验车辆在牵引过程中对设定中心线的偏离量不能超过（150±75）mm。脱钩装置用于实现牵引系统与碰撞车辆脱离，以便保证碰撞车辆处于自由状态下发生碰撞。

7.3.2 正面碰撞试验

根据碰撞范围，可将正面碰撞试验分为正面全宽碰撞、正面 40% 偏置碰撞和正面 30° 斜碰撞（图 7-8）。美国和日本都比较注重 100% 重叠刚性固定壁障的碰撞试验（正面全宽碰撞），美国的碰撞速度是 56 km/h，日本的碰撞速度是 55 km/h，二者相差不多，并且都采用了正面 40% 的偏置碰撞作为补充。我国目前唯一施行的强制性检验项目是 100% 重叠刚性固

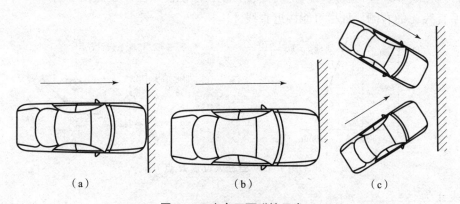

图 7-8 实车正面碰撞示意
(a) 正面全宽碰撞；(b) 正面 40% 偏置碰撞；(c) 正面 30° 斜碰撞

定壁障的碰撞试验，试验速度为 48~52 km/h。欧洲在碰撞试验方面比较注重对事故形态的模拟，而完全发生正面 100% 重叠的碰撞事故并不多见，所以欧洲并没有强制实施 100% 重叠的正面碰撞试验，相反，对正面 40% 重叠的偏置碰撞要求非常严格。

1. 试验方法

正面碰撞试验是将车辆加速到指定碰撞速度，然后与固定壁障进行碰撞的试验。通常情况下，汽车的碰撞方向与固定壁障垂直。在碰撞瞬间，车辆应不再承受任何附加转向或驱动装置的作用。为防止加速或减速过程对试验车辆以及人体姿态的影响，试验车辆在撞击固定壁障之前应处于匀速行驶状态。试验车辆的纵向中心平面应垂直于固定壁障，其到达壁障的路线在横向任一方向偏离理论轨迹均不得超过 15 cm。

2. 试验要求

1) 试验场所

试验场地应足够大，以容纳跑道、壁障和试验必需的技术设施。在壁障前至少应有 5 m 的水平光滑的跑道。碰撞前区域应有地沟，以便拍摄汽车底部。

2) 固定壁障

壁障由钢筋混凝土制成，壁障厚度应保证其质量不轻于 7×10^4 kg。壁障前表面应铅垂，其法线应与车辆直线行驶方向成 0° 夹角，且壁障表面应覆以 2 cm 厚、状态良好的胶合板。如果有必要，则应使用辅助定位装置将壁障固定在地面上，以限制其位移。

3) 汽车质量

试验车辆的质量为整备质量，燃油箱应注入水，水的质量为制造厂规定的燃油箱满容量时的燃油质量的 90%，所有其他系统（制动系统、冷却系统等）应排空，排出液体的质量应予以补偿。

4) 前排座椅的调整

对于纵向可调节的座椅，应使其 H 点位于行程的中间位置或最接近于中间位置的锁止位置，并处于制造厂规定的高度（如果假人的高度可以单独调节）。对于长条座椅，应以驾驶员位置的 H 点为基准。当假人不能正确安放并且驾驶员座椅或前排乘客座椅的设计 H 点 (X_1, Z_1) 符合图 7-9（a）时，即该点落在图 7-9（a）直线 A 的左侧区域内，则允许该座椅进行适当调节，直到假人可以正确安放为止，以便使该设计 H 点位于图 7-9（b）中平面坐标系直线 A 的右侧，且尽可能接近直线 A。

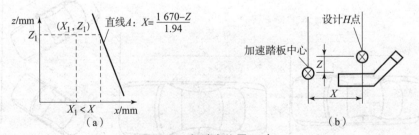

图 7-9 驾驶人位置 H 点

直线 A 为

$$X < \frac{1670 - Z}{1.94}$$

式中，X——通过加速踏板表面设计中心并且垂直于车辆纵向中央平面的水平直线与设计 H 点间在前后方向上的水平距离（mm）；

Z——通过加速踏板表面设计中心并且垂直于车辆纵向中央平面的水平直线与设计 H 点间在上下方向上的垂直距离（mm）。

5）假人的安放

在每个前排外侧座椅上，安放一个符合技术要求且满足相应调整要求的假人。为记录必要的数以便确定性能指标，假人应配备满足相应技术要求的测量系统。

6）测试设备

加速度传感器应安装在车身底板、车架或者车身部件上，但不能安装在有变形或振动的位置。车速测量应在固定壁障之前进行。摄影测量应在车辆的侧面、上面、底面进行。另外，在车厢内部还应安装一个耐冲击的摄像机，以记录乘员的运动。

3. 评价标准

（1）正面撞击壁障时，在转向柱管和转向轴的上端，允许沿着平行于汽车纵向中心线的水平方向向后窜动，窜动量不得大于 127 mm。

（2）撞击后，以最快速度检查燃油箱及燃油管有无泄漏，并检查泄漏处状况及泄漏总量。燃油泄漏总量在 5 min 内不得大于 200 mL。

（3）在试验过程中，车门不得开启，前门的锁止系统不得发生锁止。碰撞试验后，在不使用工具的前提下，能将每排座位对应的门（若有门）至少打开一扇。必要时，改变座椅靠背位置，使所乘人员能够撤离。若将假人从约束系统中解脱时发生了锁止，则通过在松脱位置上施加不超过 60 N 的压力，该约束系统应能被打开，能从车辆中完好地取出假人。

（4）安全评价指标：头部性能指标（HPC）≤1 000；胸部变形的绝对值≤75 mm；沿轴向传递至假人每条大腿的压力≤10 kN。

7.3.3　侧面碰撞试验

目前，国际上还没有统一的侧面碰撞法规，主要有欧洲的 ECE R95（图 7-10）和美国的 FMVSS 214（图 7-11）两种侧面碰撞方式。

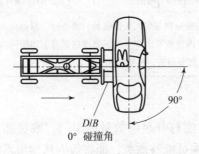

图 7-10　ECE R95 侧面碰撞示意

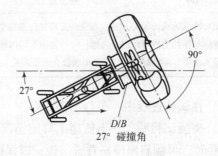

图 7-11　FMVSS 214 侧面碰撞示意

美国是最早执行汽车侧面碰撞保护法规的国家，1990 年 10 月，FMVSS 214 在美国颁布实施。1995 年 10 月，欧洲制定了相应的汽车侧面碰撞法规 ECE R95；1998 年 10 月 1 日，侧面碰撞的欧洲指令 96/27/EC 强制执行。日本的侧面碰撞法规采用了与欧洲相同的碰撞方式，日本于 1998 年将侧面碰撞法规正式纳入其保安基准。目前，美国、欧洲侧面碰撞试验方法存在较多的不同之处,表现为:碰撞形态不同;移动壁障的台车质量、尺寸以及吸能块尺寸、形状和性能不同;试验用侧碰假人不同;碰撞速度不同;碰撞基准点的位置不同;乘员伤害指标不同。目前,侧面碰撞法规统一的协调化工作的重点是:统一侧面碰撞假人和伤害评价指标。

1. 试验方法与要求

在进行侧面碰撞试验时,试验车辆静止,移动变形壁障的正面中垂线对准试验车辆驾驶人座椅 R 点,以一定的速度垂直撞击车身侧面。我国规定的碰撞瞬时移动壁障的速度为 (50 ± 1) km/h,且该速度至少在碰撞前 0.5 m 内保持稳定。

侧面碰撞试验对场地的要求以及试验车辆的准备与 100% 正面碰撞基本相同。对移动壁障的重心位置,碰撞块的形状、尺寸以及重心位置等参数,都有明确严格的要求。移动车的形状和大小也有规定,尽量与真实车辆相当。另外,移动车必须有自己的制动装置,一旦发生碰撞,能通过传感器启动该制动装置,让移动壁障尽快停止,以避免与试验车辆发生二次碰撞。

移动壁障的纵向中垂面与试验车辆上通过碰撞侧的前排座椅 R 点的横断垂面间的距离应在 ±25 mm 以内。在碰撞瞬间,应确保由变形壁障前表面上边缘和下边缘限定的水平中间平面与试验前确定的位置上、下偏差在 ±25 mm 以内。

2. 评价标准

(1) 乘员损伤评价指标包括头部、胸部、腹部和腰部各损伤值,参见表 7-1。

表 7-1 乘员损伤值评价指标

试验	损伤	指标描述	法规要求
HPC	头部撞击	头部性能指标	≤1 000
RDC	胸部位移	肋骨变形指标	≤42 mm
VC	胸部软组织速度	黏性指数	≤1 m/s
PSPF	肋骨冲击力	耻骨合成力峰值	≤6 000 N
APF	腹部撞击	腹部力峰值	≤2 500 N 的内力

注:HPC 跟假人头部质心加速度相关,非碰撞时乘员空间有结构突出物与假人头部接触,该指标一般很少超标;肋骨变形指标与黏性指数可以综合考虑,一般是由车门内板和中立柱内饰板变形产生的,表现在车身上即侧围内板的侵入量与侵入速度。黏性指数 VC 不仅跟肋骨变形量相关,还和变形速率相关,极易超标。

(2) 在试验过程中,车门不得开启。

(3) 碰撞试验后,在不使用工具的情况下,应能打开足够数量的车门,乘员能正常进出。必要时,可倾斜座椅靠背或座椅,以保证所有乘员能够撤离;能将假人从约束系统中解脱;能将假人从车辆中移出。

(4) 所有内部构件在脱落时,均不得产生锋利的突出物或锯齿边,以防增加伤害乘员的可能性。

(5) 在不增加乘员受伤危险的情况下,允许出现因永久变形产生的脱落。

(6) 碰撞试验后,如果燃油供给系统出现液体连续泄漏,则其泄漏速度不得超过

30 g/min；如果燃油供给系统泄漏的液体与其他系统泄漏的液体混合，且不同的液体不容易分离和辨认，则在评定连续泄漏的泄漏速度时记入所有收集到的液体。

7.3.4 追尾碰撞试验

在汽车追尾碰撞事故中，燃油箱及管路渗漏爆炸起火在事故车辆中仅占1%，但此类事故一旦发生，后果十分严重。我国于2006年发布了汽车追尾碰撞的强制性试验标准《乘用车后碰撞燃油系统安全要求》（GB 20072—2006）。

1. 试验方法

在进行汽车后碰撞安全性评价时，采用碰撞装置与试验车辆后部碰撞的方式，模拟与另一行驶车辆发生后碰撞的情况。碰撞装置可以为移动壁障或摆锤。试验时，碰撞装置以一定的速度与试验车辆后部碰撞，根据燃油系统的泄漏情况来评价汽车后碰撞的安全性。

2. 试验要求

1) 试验场地

试验场地应足够大，以容纳碰撞装置驱动系统、被撞车辆碰撞后移动及试验设备的安装。车辆发生碰撞和移动的场地应水平、平整，路面摩擦系数不小于0.5。

2) 碰撞装置

碰撞装置应为刚性的钢制结构，表面应为平面，且宽度不小于2 500 mm、高度不小于800 mm，其棱边圆角半径为40~50 mm，表面装有厚为20 mm的胶合板。碰撞时，碰撞表面应铅垂并垂直于被撞车辆的纵向中心平面；碰撞装置移动方向应水平并平行于被撞车辆的纵向中心平面；碰撞装置表面的中垂线和被撞车辆的纵向中心平面之间的横向偏差不大于300 mm，并且碰撞表面宽度应超过被撞车辆的宽度；碰撞表面下边缘离地高度应为（175±25）mm。

3) 碰撞装置的驱动形式

碰撞装置既可以固定在移动车上（移动壁障），也可以为摆锤的一部分。若将碰撞装置用约束元件固定于移动车上，则约束元件一定是刚性的，且不应因碰撞而产生变形；在碰撞瞬间，移动车应与牵引装置脱离而能自由移动；碰撞速度为（50±2）km/h；移动车和碰撞装置的总质量为（1 100±20）kg。若使用试验摆锤，则碰撞装置的碰撞表面中心与试验摆锤旋转轴线间距离应不小于5 m；碰撞装置应牢固地固定在刚性臂上，并通过刚性臂自由地悬挂，试验摆锤结构不能因碰撞而变形；试验摆锤应装有制动器，以防止试验摆锤二次碰撞试验车辆；试验摆锤撞击中心的转换质量m_r与总质量m、撞击中心与旋转轴之间的距离a和系统重心与旋转轴之间的距离l之间的关系为

$$m_r = ml/a \tag{7-5}$$

通常，转换质量m_r应为（1 100±20）kg。

3. 评价标准

(1) 在碰撞过程中，燃油装置不应发生液体泄漏。

(2) 碰撞试验后，燃油装置若有液体连续泄漏，则在碰撞后前5 min的平均泄漏速率不应大于30 g/min；如果从燃油装置中泄漏的液体与从其他系统泄漏的液体混淆，且这几种液体不容易分开和辨认，则应根据收集到的所有液体来评价连续泄漏量。

（3）不应引起燃料的燃烧。

（4）在碰撞过程中和碰撞试验后，蓄电池应由保护装置保持自己的位置。

7.3.5 C-NCAP 碰撞试验

各国的 NCAP 测试程序不尽相同，可包括正面碰撞、侧面碰撞、侧面柱碰撞、追尾测试、18 个月儿童动态测试、3 岁儿童动态测试、行人保护等项目。其中，公认为最严格的是欧盟实施的 EURO-NCAP 测试。NCAP 的测试结果根据头部、胸部、腿部等主要部位的伤害程度对试验车辆的安全性进行分级，评价共分五个星级，五星级为碰撞试验安全性最好的。

我国的新车评价规程（C-NCAP）由中国汽车技术研究中心从 2006 年开始组织实施，于 2012 年 7 月开始实施更为科学和严格的新车评价规程，要求对测试车型进行如表 7-2 所示的四类碰撞试验。

表 7-2 C-NCAP 试验项目

试验项目	假人安放说明
车速 50 km/h 与刚性固定壁障 100% 重叠率的正面碰撞试验	前排驾驶人和乘员位置分别放置 HybridⅢ型第 50 百分位男性假人，第二排最右侧座位放置 HybridⅢ型第 5 百分位女性假人；试验时，假人系安全带，考核安全带性能。每项最高得分为 18 分，共 36 分
车速 64 km/h 对可变形固定壁障 40% 重叠率的正面偏置碰撞试验	
可移动壁障 50 km/h 与车辆的侧面碰撞试验	驾驶人位置放置 EuroSID Ⅱ型假人，测量驾驶人位置受伤害情况。最高得分为 18 分
低速后碰撞颈部保护试验（鞭打试验）	座椅上放置 BioRID Ⅱ型假人；测量碰撞过程中，假人颈部受到的伤害情况。最高得分为 8 分

根据试验数据计算各项试验得分和总分，由总分多少确定星级（表 7-3）。

表 7-3 星级评分标准

总分	≥60 分	≥52 且 <60 分	≥44 且 <52 分	≥36 且 <44 分	≥28 且 <36 分	<28 分
星级	5+（★★★★★☆）	5（★★★★★）	4（★★★★）	3（★★★）	2（★★）	1（★）

7.4 碰撞试验测量系统

在汽车碰撞试验中，测量技术是关键技术之一。测量系统由电测量系统和光学测量系统构成。电测量系统用于精确地测量，在碰撞过程中汽车各部位的加速度响应、对固定壁障的碰撞力以及评价乘员伤害时所用的各种响应信号。光学测量系统用于获取直观的二维影像，分析碰撞过程中车体的变形及其乘员的运动形态，适用于从总体上了解碰撞全过程。

7.4.1 电测量系统

在汽车碰撞试验中，电测量系统的配置涉及汽车碰撞标准法规、传感器技术、测量技术、计算机技术等多方面的知识。图7-12所示为电测量系统中各种仪器的配置线路。电测量系统包括传感器、放大器、低频滤波器（抗混滤波器）、数据采集系统和数据处理器（记录仪）等。由于碰撞试验中所测的信号主要是脉冲信号，因此对电测量系统的低频性能要求较高。此外，由于碰撞试验的特殊性，因此对测量仪器的耐冲击性要求也较高。

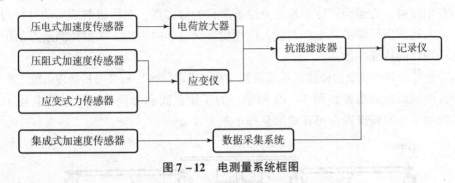

图7-12 电测量系统框图

汽车碰撞试验中的电测量项目大体可分为车体加速度响应信号、假人动力学响应和固定壁障碰撞力三个方面。

1. 车体加速度响应信号

为了解车辆的碰撞性能，一般在试验车辆车身的非压皱区安置加速度传感器，用于测量车辆的冲击波形。在碰撞试验中，对汽车上加速度信号的测点没有统一的规定，可根据试验目的设置测点，但为了保证测量的成功，一般将测点安装在局部刚度较大的位置，以免传感器安装点的压皱变形造成测量失败或损坏传感器。

2. 假人动力学响应

电测量系统可以测量碰撞过程中安全带的张力及试验假人身体各部位的动力学响应信号，用于定量地分析和评价乘员的伤害程度。

3. 固定壁障碰撞力

汽车的安全车身在事故中应确保乘员的生存空间并有效地缓和冲击，因此在安全车身研究中，人们对汽车车身结构的碰撞性能十分关注。固定壁障碰撞力分布状况对研究车身结构刚度分布、吸能性分析及验证计算机碰撞仿真模型等工作都十分有用。所以，在大多数实车碰撞试验系统上都装备有固定壁障测力墙，用于测量碰撞力。目前，使用得最广泛的固定壁障碰撞力测力墙由36个测力单元构成。为了提高对汽车前端结构刚度分布的分辨力，英国MIRA制成了488个测力单元的测力墙。

7.4.2 光测量系统

实车碰撞试验是在100 ms内完成的不可重复的试验，在碰撞过程中，碰撞车辆车身变形、假人运动形态、气囊的展开形态等具有不可预见性，仅使用电测量方法很难全面了解碰撞过程。从全面掌握转瞬即逝的汽车碰撞过程这一点来看，序列影像运动分析方法是最有效的。

序列影像运动分析方法以时间坐标为媒介，从碰撞过程的序列影像中分析、测量运动参数。二维影像包含了丰富的信息，弥补了电测量获得的一维信息对现象描述不直观、不全面的不足。用电测量和同步获取的高速影像进行对照分析，可以观察和分析汽车在碰撞过程中的丰富信息。

序列影像运动分析使用高速摄影（像）机拍摄运动过程中的序列影像，然后进行定性分析和定量分析。所谓定性分析，是指对二维影像中记录的运动过程的序列影像缓慢回放、逐帧分析，看出对于人眼来说发生得太快的事件，从而分析运动过程中的细节。所谓定量分析，是指在拍摄前，将运动物体的相关点设置醒目的标志点，对所摄取的运动过程的序列影像在像平面内逐帧进行像平面坐标判读，应用摄影测量学的理论，求解待测量点的位置，从而获取运动物体的特征参数。

序列影像运动分析系统由碰撞区照明系统、高速摄影（像）机及分析处理系统三部分组成。

碰撞区照明系统的布置如图 7-13 所示。为了使正面和侧面碰撞区域能共用主照明系统，应将两块主照明板设置在可移动的悬挂小车上。

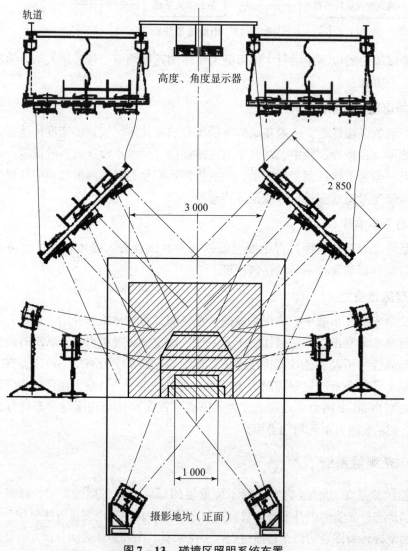

图 7-13 碰撞区照明系统布置

高速摄影（像）机是序列影像运动分析系统中的关键设备。根据待研究问题的性质，选择适当的拍摄速度，使用多台摄影（像）机同步拍摄，以获得运动过程的序列影像。

在使用高速摄影机获取运动过程序列影像时，影像处理周期较长，当试验完成时，无法及时了解试验结果，胶片冲洗处理技术要求严格，未受过专业培训的人员难以胜任，一旦操作失误，将给费用昂贵的汽车碰撞试验造成严重的经济损失。另外，作为试验结果存储媒体的胶片，其保存也较困难。而高速摄像机提高了影像获取过程的自动化程度，运动图像存储在磁带上，试验完成后可以马上回放，进行定性分析。随着多媒体计算机和数字图像处理技术的发展，基于多媒体计算机的全数字图像运动分析系统已成为该领域的发展趋势。图像分析工作站上的数字图像处理软件可以改善由摄像机获得的原始图像的质量，使之易于分析，作为试验结果载体的数字图像也易于保存。

本章小结

1. 实车碰撞试验分为正面碰撞试验、侧面碰撞试验和追尾碰撞试验。
2. 碰撞假人分为正面碰撞假人、侧面碰撞假人、追尾碰撞假人与行人保护用假人。
3. 碰撞试验系统包含电测量系统与光测量系统。

复习思考题

1. 简述碰撞试验假人的分类。
2. 简述实车碰撞试验所用的主要试验设备。
3. 简述汽车正面碰撞的类型和试验方法。
4. 简述汽车侧面碰撞的试验方法。
5. 简述汽车追尾碰撞的试验方法和评价标准。
6. 汽车碰撞试验中的电测量项目包括哪几个方面？

第8章 汽车环境保护特性试验

教学目标

1. 掌握汽车排放污染物的测量方法。
2. 掌握汽车噪声测量的试验方法。

教学要点

知识要点	相关内容
汽车排放污染物测量	了解汽车排放污染物的测量仪器；掌握汽油车、柴油车排放污染物的测量方法
汽车噪声测量	了解声学的基本概念；了解声级计的组成与工作原理；掌握汽车噪声测量的试验方法

8.1 汽车排放污染物测量

汽车排放污染物包括从发动机排气管排出的有害气体，如一氧化碳（CO）、碳氢化合物（HC）、氮氧化合物（NO_x）等；从发动机曲轴箱泄漏出的废气（主要为 CO、HC、NO_x）；从发动机燃料供给系统蒸发到大气中的汽油蒸气（HC）；从柴油发动机排气管排出的颗粒物。

汽车排放污染物测量试验分为汽车类型核准试验、生产一致性检查试验、新生产汽车检测试验、在用汽车检测试验等。本节重点介绍在用汽车排放污染物测量试验。

8.1.1 汽油车排放污染物测量

汽油车的排放污染物主要指 CO、HC 和 NO_x，其中 HC 以正己烷当量表示，而 NO_x 以 NO 表示。《汽油车污染物排放限值及测量方法（双怠速法及简易工况法）》（GB 18285—2018）规定，按《机动车辆及挂车分类》（GB/T 15089—2001）分类的 M_1 类、M_2 类和 N_1 类在用汽油车排放污染物的检测应采用双怠速法与简易工况法。

1. 汽油车排放污染物的测量仪器

1) 不分光红外分析仪

汽车排气中的 CO、HC、NO 和 CO_2 等气体都具有能吸收一定波长范围红外线的性质，而且红外线被吸收的程度与排气浓度有一定关系。不分光红外线分析仪就是利用这一原理，根据被汽车排气吸收一定波长范围红外线后能量的变化,检测排气中各种污染物的含量。在各种气体混在一起的情况下,这种检测方法具有测量值不受影响的特点。

2) 氢火焰离子检测器

氢火焰离子检测器的工作原理：HC 在氢火焰的高温（2 000 ℃左右）中热致电离形成自由离子,且离子数与碳原子数基本成正比。碳离子在 100～300 V 外加电压作用下形成离子流,微弱的离子电流经放大后输出。

为防止高沸点的 HC 在采样过程中发生凝结,需要对采样管路加热。测量汽油机排气时应加热到 130 ℃左右,测量柴油机排气则需加热到 190 ℃。

氢火焰离子检测器可测量体积分数为 $10^{-7} \sim 10^{-2}$ 的 HC,而且线性和频响特性较好。

3) 化学发光分析仪

用化学发光分析仪测量被认为是目前测定汽车排气中 NO_x 的最好方法,也是各国汽车排放法规规定的测量方法。它具有的优点是灵敏度高、反应速度快,在 NO_x 体积分数为 0～0.1 时输出特性呈线性关系,以及适用于低浓度连续分析等。

化学发光法只能直接测定 NO,不能直接测量 NO_2。通常用加入 O_3 的方法使 NO 产生化学发光现象。NO 和过量的 O_3 在反应器中混合,相互作用,产生电子激发态分子 $NO_2°$。当 $NO_2°$ 衰减到基态时就放射出光子。放射的光子强度直接与 NO、O_3 两种反应物的浓度乘积成正比,由于在正常工作情况下 O_3 量较大,其浓度几乎无变化,故化学发光强度正比于 NO 的浓度。

化学发光反应所产生的光子,由光电倍增管转换后,经放大器送往记录器检测。

4) 四气体与五气体分析仪

对于 CO、HC、NO_x、CO_2 和 O_2 五种气体成分的浓度,通常采用两类不同的方法来测定,其中 CO、CO_2 和 HC 通过不分光红外线不同波长能量吸收的原理来测定,可获得足够的测试精度;而 NO_x 与 O_2 的浓度通常采用电化学的原理来测定,排气中含氧量的浓度通过在测试通道中设置氧传感器即可测定。国内外现在使用的氮氧化合物测试仪主要是化学发光分析仪。

目前,市场上提供的四气体分析仪可以测 CO、CO_2、HC 与 O_2 的浓度。因化学发光分析仪测定 NO_x 浓度的设备结构较复杂,市场上提供的在线快速检测的五气体分析仪没有采用,而多采用与 CO、CO_2、HC 相同的不分光红外线原理。但需说明的是,对于 NO_x 而言,这种测定方法精度较低。

5) 气相色谱仪

气相色谱法是一种将混合气体中各种成分相互分离,以便于对混合气的组成和各成分的浓度进行详细分析的方法。气相色谱仪可用于确定排放气体中 HC 的具体组分以及各种成分的体积分数,而一般的汽车排放分析仪只能给出 HC 的总体积分数。

6) 顺磁分析仪

根据磁学理论,顺磁性物质的特性是：在无外磁场作用时,热运动使原子磁矩取向无规则;在有外磁场作用时,原子的磁矩有沿磁场方向取向的趋势,显示出磁性。汽车排气中的顺磁性气体有 O_2 和 NO 等,并且 NO 的顺磁性较弱,仅为 O_2 的 44%。在汽车排气中,一般情况下 O_2 的浓度要比 NO 浓度高,故可以根据顺磁性物质特性制作的顺磁分析仪来测量排

气中的 O_2。

2. 双怠速测量法

双怠速测量法是参照《道路车辆在检验或维修过程中废气排放量的测量方法》（ISO 3929：2003）中制定的双怠速排放测量程序进行的。双怠速是指高怠速工况和怠速工况。高怠速工况指在满足怠速工况条件下，用加速踏板将发动机转速稳定控制在 50% 额定转速或制造厂技术文件规定的高怠速转速时的工况。

1）测量程序

双怠速测量法的测量程序如图 8-1 所示。

图 8-1 双怠速测量法的测量程序

（1）保证被检测车辆处于制造厂规定的正常状态，发动机进气系统应装有空气滤清器，排气系统应装有排气消声器，且不得有泄漏。

（2）在发动机上安装转速计、点火正时仪、冷却液和润滑油测温计等测量仪器。测量时，发动机冷却液和润滑油温度应不低于 80 ℃，或者达到汽车使用说明书规定的热车状态。

（3）发动机从怠速状态加速至 70% 额定转速，运转 60 s 后降至高怠速状态。轻型汽车高怠速转速为 (2 500 ± 100) r/min，重型车高怠速转速为 (1 800 ± 100) r/min；如有特殊规定，则采用制造厂技术文件中规定的高怠速转速。

（4）将取样探头插入排气管，深度不少于 400 mm，并固定在排气管上。

（5）发动机在高怠速状态维持 15 s 后，由具有平均值功能的仪器读取 30 s 内的平均值，或者人工读取 30 s 内的最高值和最低值，其平均值即高怠速污染物测量结果。对于使用闭环控制电子燃油喷射系统和三元催化转化器技术的汽车，还应同时读取过量空气系数的数值。

（6）发动机从高怠速降至怠速状态 15 s 后，由具有平均值功能的仪器读取 30 s 内的平均值，或者人工读取 30 s 内的最高值和最低值，其平均值即怠速污染物测量结果。

（7）若为多排气管，则取各排气管测量结果的算术平均值作为测量结果；若车辆排气管长度小于测量深度，则应使用排气加长管。

2）测量标准与结果判定

测量标准：在用汽车双怠速排放污染物排放限值见表 8-1，而过量空气系数要求在 1.00 ± 0.03 或制造厂规定的范围内。

测量结果判定：若检测污染物有一项超过表 8-1 规定的限值，则认为排放不合格；对于使用闭环控制电子燃油喷射系统和三元催化转化器技术的车辆，如果检测的过量空气系数超出要求，则认为排放不合格。

3. 简易工况法

简易工况法是在汽车有载荷的情况下进行的排放测试，该方法利用底盘测功机模拟道路行驶阻力，汽车按照一定速度，并克服一定的阻力，在保持该阻力不变的情况下进行试验。利用简易工况法可以测量尾气中的污染物含量。简易工况法包含稳态工况法、瞬态工况法与简易瞬态工况法等,在此主要介绍稳态工况法。

表 8-1 在用汽车双怠速排放污染物排放限值(体积分数)

车型	各工况下的排放限值			
	怠速		高怠速	
	CO/%	HC/($\times 10^{-6}$)	CO/%	HC/($\times 10^{-6}$)
1995 年 7 月 1 日前生产的轻型汽车	4.5	1 200	3.0	900
1995 年 7 月 1 日起生产的轻型汽车	4.5	900	3.0	900
2000 年 7 月 1 日起生产的第一类轻型汽车	0.8	150	0.3	100
2001 年 10 月 1 日起生产的第二类轻型汽车	1.0	200	0.5	150
1995 年 7 月 1 日前生产的重型汽车	5.0	2 000	3.5	1 200
1995 年 7 月 1 日起生产的重型汽车	4.5	1 200	3.0	900
2004 年 9 月 1 日起生产的重型汽车	1.5	250	0.7	200

稳态工况(ASM)又称加速模拟工况。稳态工况法就是在汽车预热到规定的热状态后,加速至规定车速,根据汽车规定车速时的加速负荷,利用底盘测功机对汽车加载,使汽车保持等速运转的运行状态,在这样的工况下测试汽车排放的方法。进行 ASM 试验时,需要使用底盘测功机和排气分析仪。

稳态工况试验方法由两个试验工况组成,分别称为 ASM 5025 和 ASM 2540。试验过程如图 8-2 所示。表 8-2 给出了具体试验循环说明。

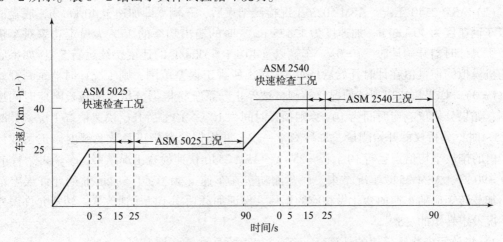

图 8-2 稳态工况法(ASM)试验运转循环

表 8-2 具体试验循环说明

工况	运转次序	速度/(km·h^{-1})	操作时间/s	测试时间/s
ASM 5025	1	25	5	—
	2	25	15	
	3	25	25	10
	4	25	90	65

续表

工况	运转次序	速度/(km·h^{-1})	操作时间/s	测试时间/s
ASM 2540	5	40	5	—
	6	40	15	
	7	40	25	10
	8	40	90	65

1）检测程序

车辆驱动轮位于底盘测功机的滚筒上，将分析仪取样探头插入排气管中，深度为400 mm，并固定于排气管上，对独立工作的多排气管应同时取样。

（1）ASM 5025工况。车辆预热后加速至25 km/h，底盘测功机以车辆速度为25 km/h、加速度为1.475 m/s^{2}时的输出功率的50%为设定功率对车辆加载，工况计时器开始计时（$t=0$）。车辆以（25±1.5）km/h的速度持续运转5 s，如果底盘测功机模拟的惯量值在计时开始后持续5 s超出所规定误差范围，工况计时器将重新开始计时（$t=0$）。如果再次出现该情况，检测将被停止。系统将根据分析仪最长响应时间进行预置，如果分析仪响应时间为10 s，则预置时间为10 s。10 s后开始快速检查工况，计时器上$t=15$ s时，分析仪器开始测量，每秒测量一次，并根据稀释修正系数及湿度修正系数计算10 s内的排放平均值。运行10 s（$t=25$ s），ASM 5025快速检查工况结束。车辆运行至90 s（$t=90$ s），ASM 5025工况结束。底盘测功机在车速（25.0±1.5）km/h的允许误差范围内，加载转矩应随车速的变化进行相应的调整，保证加载功率不随车速改变。转矩允许误差为该工况设定转矩的±5%。

（2）ASM 2540工况。ASM 5025工况检测结束后，车辆立即加速至40 km/h，底盘测功机以车辆速度为40 km/h、加速度为1.475 m/s^{2}时的输出功率的25%为设定功率对车辆加载。工况计时器开始计时（$t=0$）。车辆以（40±1.5）km/h的速度持续运转5 s，如果底盘测功机模拟的惯量值在计时开始后持续5 s超出所规定误差范围，则工况计时器重新开始计时（$t=0$）。如果再次出现该情况，检测将被停止。系统将根据分析仪的最长响应时间进行预制，如果分析仪响应时间为10 s，则预置时间为10 s。10 s后开始快速检查工况，计时器$t=15$ s时，分析仪器开始测量，每秒测量一次，并根据稀释修正系数及湿度修正系数计算10 s内的排放平均值。运行10 s（$t=25$ s），ASM 2540快速检查工况结束。车辆再运行至90 s（$t=90$ s），ASM 2540工况结束。底盘测功机在车速（40.0±1.5）km/h的允许误差范围内，加载转矩应随车速的变化做相应的调整，保证加载功率不随车速改变。转矩允许误差为该工况设定转矩的±5%。

2）排放污染物测量值的计算

排放测试结果应进行稀释校正和湿度校正，计算10次有效测试的算术平均值。

测量结果的计算公式为

$$C_{HC} = \frac{\sum_{i=1}^{10} C_{HC}(i) DF(i)}{10} \tag{8-1}$$

$$C_{CO} = \frac{\sum_{i=1}^{10} C_{CO}(i) DF(i)}{10} \tag{8-2}$$

$$C_{\text{NO}} = \frac{\sum_{i=1}^{10} C_{\text{NO}}(i) \text{DF}(i) k_{\text{H}}(i)}{10} \quad (8-3)$$

式中，C_{HC}——HC 排放平均浓度（10^{-6}）；

C_{CO}——CO 排放平均浓度（%）；

C_{NO}——NO 排放平均浓度（10^{-6}）；

$C_{\text{HC}}(i)$ ——第 i 秒 HC 测量浓度（10^{-6}）；

$C_{\text{CO}}(i)$ ——第 i 秒 CO 测量浓度（%）；

$C_{\text{NO}}(i)$ ——第 i 秒 NO 测量浓度（10^{-6}）；

$\text{DF}(i)$ ——第 i 秒稀释系数；

$k_{\text{H}}(i)$ ——第 i 秒湿度校正系数。

稀释系数与湿度校正系数可参照相关计算公式计算。

3）检测标准与结果判定

（1）ASM 5025 工况。在测量过程中，若在任意连续 10 s 内，1~10 s 的车速变化相对于第 1 s 小于 ±0.5 km/h，则测试结果有效。快速检查工况 10 s 内的排放平均值经修正后，如果等于或低于限值的 50%，则测试合格，检测结束；否则，应继续进行至 90 s 工况。如果所有检测污染物连续 10 s 的平均值均低于或等于限值，则该车应判定为 ASM 5025 工况合格，继续进行 AMS 2540 检测；如任何一种污染物连续 10 s 的平均值超过限值，则测试不合格，检测结束。在检测过程中，如任意连续 10 s 内的任何一种污染物 10 次排放值经修正后均高于限值的 500%，则测试不合格，检测结束。

（2）ASM 2540 工况。在测量过程中，若在任意连续 10 s 内，第 1 s 至第 10 s 的车速变化相对于第 1 s 小于 ±0.5 km/h，则测试结果有效。快速检查工况 10 s 内的排放平均值经修正后，如果等于或低于限值的 50%，则测试合格，检测结束；否则，应继续进行至 90 s 工况。如果所有检测污染物连续 10 s 内的平均值均低于或等于限值，则该车应判定为合格。如果任何一种污染物连续 10 s 内的平均值超过限值，则测试不合格，检测结束。在检测过程中，如果任意连续 10 s 内的任何一种污染物 10 次排放值经修正后高于限值的 500%，则测试不合格，检测结束。

8.1.2 柴油车排放污染物测量

柴油车排气中的有害成分主要有 CO、HC、NO_x 以及 PM（颗粒状物质）等。与同功率的汽油车相比，柴油车的 CO 和 HC 排放较少，NO_x 的排放量因柴油机的类型差别很大，但排出的 PM 是汽油机的 20~100 倍，这些 PM 包含在柴油机排出的黑烟中。

对于在用柴油车，我国排放标准控制的指标是烟度，即主要控制黑烟排放量。

《柴油车污染物排放限值及测量方法》（GB 3847—2018）规定了柴油车自由加速法和加载减速法排放污染物的排放限值及测量方法。该标准是对《车用压燃式发动机和压燃式发动机汽车排放烟度排放限值及测量方法》（GB 3847—2005）和《确定压燃式发动机在用汽车加载减速法排气烟度排放限值的原则和方法》（HJ/T 241—2005）的修订，参考了《压燃式发动机汽车自由加速法排气烟度测量设备技术要求》（HJ/T 395—2007）和《柴油车加载减速工况法对设备的基本要求》（HJ/T 292—2006）。该标准适用于新生产柴油汽车下线检验、注册登记检验和在用汽车检验。同时适用于其他装用压燃式发动机的汽车，该标准不适用于低速货车和三轮汽车。

1. 柴油车排放污染物的测量仪器

柴油车排放污染物的测量仪器主要有滤纸式烟度计和不透光烟度计两种。滤纸式烟度计用于柴油车的烟度测量；不透光烟度计用于柴油车的可见污染物测量。

1）滤纸式烟度计

滤纸式烟度计是一种非直接测量仪器，通过检测测量介质被所测烟度污染的程度大小来间接读出烟度的大小。用滤纸式烟度计测试自由加速工况下柴油机的烟度时，需从排气管抽取规定容积的废气，并使之通过规定面积的标准洁白滤纸，将滤纸被染黑的程度称为烟度。烟度用符号 S_F 表示，烟度的大小用 FSN 值表示。滤纸染黑的程度不同，则对照射到滤纸表面光线的反射能力也不同。烟度 S_F 可表示为

$$S_F = 10（1 - R_d/R_c） \tag{8-4}$$

式中，R_d，R_c——污染滤纸和洁白滤纸的反射因数；

R_d/R_c——值为 0~100%，对应全黑滤纸的反射（°）和洁白标准滤纸的反射（100%）。

全黑滤纸的 FSN 值为 10，全白滤纸的 FSN 值为 0。

烟度用符号 S_F 表示，烟度的大小用 FSN 值表示，单位为 Rb。

2）不透光烟度计

按照国家排放标准的规定，对柴油车的可见污染物应采用不透光烟度计进行测量。不透光烟度计可分为全流式和分流式两类。全流式不透光烟度计测量全部排气的透光衰减率；分流式不透光烟度计是将排气中的一部分废气引入取样管，然后送入不透光烟度计进行连续分析。我国排放标准中规定，应使用分流式不透光烟度计。

不透光烟度计又称透射式烟度计、消光式烟度计，它利用透光衰减率来测定排气中的可见污染物，如图 8-3 所示。测定前，鼓风机向空气校正管吹入干净空气，旋转转换手柄，使光源和光电池分别置于校正管两侧，做零点校正。然后，旋转转换手柄，将光源和光电池移至测试管两侧，并将需要测定的一部分汽车排气连续不断地导入测量管，光源发出的光部分地被排气中的可见污染物吸收，光电检测单元则可连续测出光源发射光透过排放气体的透光强度，并通过光电转换显示测量结果。

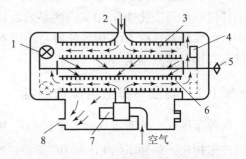

图 8-3 不透光烟度计
1—光源；2—排气入口；3—排气测试管；
4—光电池；5—转换手柄；6—空气校正管；
7—鼓风机；8—排气出口

不透光烟度计使用光吸收系数 k 作为计量单位，它是光吸收的绝对单位。光吸收系数表示光束被单位长度的排烟衰减的一个系数，是单位体积的微粒数 n、微粒的平均投影面积 A 和微粒的消光系数 Q 三者的乘积。在测量排气烟度时，炭烟颗粒的 A 值和 Q 值对于柴油机大部分运行工况变化不大，而且每个颗粒本身的密度也大致相等，因此，可近似地认为光吸收系数与炭烟的质量浓度成正比。

根据光的透射原理，有

$$\Phi = \Phi_0 e^{-kL} \tag{8-5}$$

式中，Φ_0，Φ——入射光通量和出射光通量（lm）；
k——光吸收系数（m^{-1}）；
L——光通道有效长度（m）。

因此，有

$$k = -\frac{1}{L}\ln\frac{\Phi}{\Phi_0} \tag{8-6}$$

有的不透光烟度计采用不透光率作为计量单位。不透光率指光源的光线被排气中可见污染物吸收而不能到达光电检测单元的百分率。二者的换算关系为

$$k = -\frac{1}{L}\ln\left(1 - \frac{N}{100}\right) \tag{8-7}$$

式中，N——不透光率（%）；
k——光吸收系数（m^{-1}）。

不透光烟度计可对柴油车排气可见污染物进行连续测量，可以按排放法规的要求进行稳态和非稳态工况下的烟度测量，在低烟度时有较高的分辨率，可以用来研究柴油机的瞬态炭烟排放特性。

2. 自由加速滤纸烟度法试验

自由加速工况：在发动机怠速下，迅速但不猛烈地踩下加速踏板，使喷油泵供给最大油量；在发动机达到调速器允许的最大转速前，保持此位置；一旦达到最大转速，立即松开加速踏板，使发动机恢复至怠速。

在自由加速工况下，从发动机排气管抽取规定长度的排气柱所含的炭烟使规定面积的清洁滤纸染黑的程度，称为自由加速滤纸式烟度。

1）测量方法

（1）检测仪器的准备。在接通电源前，检查指示仪表指针是否在机械零点。若指针失准，则可用零点调整螺钉使指针与零刻度重合。接通电源，预热仪器。用标准烟度卡对仪表指针进行校准，使表头指针指在标准烟度卡所代表的烟度值上。检查取样装置和控制装置中各部件的工作性能，特别要注意脚或手控制的抽气泵开关与抽气动作是否同步。检查控制用压缩空气的压力和清洗用压缩空气的压力是否达到300～400 kPa。检查滤纸是否合格，然后将合格的滤纸装到烟度计上。

（2）被检测车辆的准备。起动、预热发动机至规定的热状态。检查燃用柴油是否添加了消烟剂，如有添加，则应更换。此外，排气系统不得有泄漏。

（3）测量程序。用压力为300～400 kPa的压缩空气清洗取样管路，将抽气泵置于待抽气位置，洁白的滤纸置于待取样位置，夹紧滤纸。将取样探头固定于排气管内，插深为300 mm，并使其中心线与排气管轴线平行。重复三次自由加速工况，以清除排气系统内的存积物。将抽气泵开关引入汽车驾驶室或将手动橡皮球通过真空软管引入汽车驾驶室。将抽气泵活塞压下锁止。重复四次自由加速工况，取后三次读数的算术平均值即所测烟度值。每两次测量时间间隔不超过20 s。图8-4所示为柴油机自由加速滤纸烟度法的检测规程。

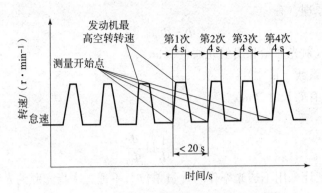

图 8-4 柴油机自由加速滤纸烟度法的检测规程

2）测量结果判定

车辆排放有明显可见烟度或烟度值超过格林曼1级，则判定排放检验不合格。禁止使用降低排放控制装置功效的失效策略。所有针对污染控制装置的篡改都属于排放检验不合格。

3. 自由加速不透光烟度法试验

1）测量方法

（1）测量仪器的调整和标定。在光束通过充满清洁空气的烟室或通过具有相同特性的腔室时，调整指针至零位。当关掉灯泡时，无论测量电路处于断开或接通状态，光吸收系数的读数应趋于∞，而当测量电路重新接通时，读数仍应保持在趋于∞。将代表一种光吸收系数 k 已知的气体的遮光屏置于烟室中，不透光烟度计显示仪上的读数与已知 k 值相差应不超过 0.05 m^{-1}。

（2）被检测车辆的准备。起动、预热发动机至规定的热状态。检查燃用柴油是否添加了消烟剂，如有添加，则应更换。排气系统不得有泄漏。

（3）测量过程。采用至少三次自由加速工况过程或其他等效方法对排气系统进行吹拂；取样探头开口端向前并位于排气管或其延长管（必要时）的轴线上，探头的端部应位于直管段，取样点上游直管长至少为六倍排气管开口处直径，下游直管长至少为三倍排气管开口处直径，探头开口处的背压应不超过 735 Pa；进行多次自由加速工况测量，取最后三次读数的算术平均值即所测烟度值。

2）测量结果判定

如果光吸收系数大于 1.2 m^{-1} 或不透光度大于 40%，则判定排放不合格。禁止使用降低排放控制装置功效的失效策略。所有针对污染控制装置的篡改都属于排放检验不合格。

4. 加载减速不透光烟度法试验

目前，国际上多数国家使用自由加速不透光烟度法。该方法较滤纸烟度法有较大改进，但仍是一种急速下的测量方法，难以反映车辆有负载时的污染物排放情况，尤其是对于近年来为减少柴油车颗粒物排放而较多采用的涡轮增压技术的柴油车，由于其比自然吸气式的柴油车需要更长的起效时间，因而在使用自由加速法测量时反而较自然吸气式的柴油车的排放值更高，这显然是不合理的。为了使检测更合理化，加载减速不透光烟度法得以开发并有效实施。

加载减速不透光烟度法是一种模拟车辆负载运行时测量压燃式汽车排气可见污染物的方

法，其测试设备主要包括底盘测功机、分流式不透光烟度计和发动机转速计等，由中央控制系统集中控制。

1）测量方法

（1）试验前，先对车辆的技术状况进行预检，以确定待检车辆能否进行后续的排放检测。

（2）将待检车辆放在底盘测功机上，预热发动机，直到冷却液温度达到正常温度范围。

（3）将发动机熄火，变速器置空挡，检查不透光烟度计的零刻度和满刻度。检查完毕后，将采样探头插入受检车辆的排气管，插入深度不得低于400 mm。

（4）起动发动机，变速器置空挡，逐渐加大加速踏板直到开度达到最大，并保持在最大开度状态，记录这时发动机的最大转速，然后松开加速踏板，使发动机回到怠速状态。

（5）使用前进挡驱动被检车辆，选择合适的挡位，使加速踏板处于全开位置，底盘测功机指示的车速接近70 km/h，但不能超过100 km/h。对装有自动变速器的车辆，应注意不要在超速挡下进行测量。

（6）当发动机转速稳定后，检测员按下检测开始键，系统自动进行加载减速试验。假设最大功率下的转鼓线速度用 VelMaxHP 表示，则依次完成 VelMaxHP、90% VelMaxHP 和 80% VelMaxHP 三个速度点的排放检测。

（7）关闭底盘测功机测功控制装置（PAU）和车辆。加载检测过程结束后，控制系统应及时提示驾驶检测员松开加速踏板并换到空挡，但是不允许使用任何车辆制动装置。一旦底盘测功机的拉压传感器感应到制动力的衰减超过50%，控制系统就会将底盘测功机控制器转换到速度控制模式，并以每秒5 km/h 的变化率使转鼓停止转动。在关闭发动机之前，将车辆置于怠速状态至少1 min，控制系统应自动记录怠速转速数据。

2）检测结果判定

如果光吸收系数大于1.2 m^{-1}或不透光度大于40%，氮氧化物大于1.5×10^{-3}，则判定排放不合格。对于海拔高于1 500 m 的地区，可以按照每增加1 000 m 增加0.25 m^{-1}的幅度调整，总调整不得超过0.75 m^{-1}。禁止使用降低排放控制装置功效的失效策略。所有针对污染控制装置的篡改都属于排放检验不合格。

8.2 汽车噪声测量

随着汽车工业的迅速发展，人们对汽车的舒适性和振动、噪声控制的要求越来越严格。相关资料表明，城市噪声的70%来源于交通噪声，而交通噪声的80%是汽车噪声。汽车发动机和传动系统工作时产生的振动、高速行驶中汽车轮胎在地面上的滚动、车身与空气的作用是产生汽车噪声的根本原因。汽车噪声可简要分为发动机噪声、进/排气系统噪声、风扇噪声、传动系统噪声、轮胎噪声、制动噪声、起动噪声、车身结构噪声等。

8.2.1 声学基本概念

1. 声学基本物理量

当声波在介质中运动时，介质的压力在稳定压力附近增加或减少，这个压力的变化量即声压，单位为 Pa。声压大小表示声音强弱。声压大，则声音强（响）；声压小，则声音弱（低）。正常人耳在声波频率为 1 000 Hz 时，能听到的最小声压为 2×10^{-5} Pa，称为听阈声压；当声压为 20 Pa 时，使人耳产生疼痛，称为痛阈声压。

声功率表示声源在单位时间内所辐射声能（声压）的大小，单位为 W。

声强是单位时间内在与声波垂直方向单位面积上的能量，即单位面积通过的声功率，单位为 W/m^2。

人耳的听阈声压到痛阈声压，其绝对值相差达 100 万倍，因此用声压或声强的绝对值来表示声音强弱是很不方便的，通常用声压级表示，声压级的单位是 dB。所谓级，是指实际量与基准量比值的对数，它是一种作相对比较的单位，量纲为 1，与声强、声压和声功率等物理量相对应，它包括声强级、声压级和声功率级。

大多数声学测量仪器可直接测量声源的声压，因此，声压级 L_P(dB) 是声学中最常用的测量单位。声压与基准声压之比（取常用对数的 20 倍）称为声压级，即

$$L_P = 20 \lg(P/P_0) \tag{8-8}$$

式中，L_P——声压级（dB）；

P——声压（Pa）；

P_0——基准声压（Pa），取为 2×10^{-5} Pa。

2. 计权网络

为模拟人耳听觉在不同的频率有不同的灵敏性，在声级计内设有一种能够模拟人耳的听觉特性，把电信号修正为与听感近似值的网络，这种网络叫作计权网络。国际组织规定，一般情况下，声级计设有三套修正电路（即 A、B、C 三种计权网络），可使所接收的声音按不同的程度滤波。

A 网络是效仿 40 方等响曲线设计的，对低频和中频声有较大的衰减，即使测量仪器对高频敏感、对低频不敏感，这正与人耳对声音的感觉比较接近。用 A 网络测得的噪声值较为接近人耳对声音的感觉，因此将 A 声级作为评价噪声的主要指标。

B 网络是效仿 70 方等响曲线设计的，当被测声音通过时，在低频段有一定的衰减。

C 网络是效仿 100 方等响曲线设计的，对任何频率的声音都没有衰减，因为 100 dB 的声压级和 100 方等响曲线基本上是一条重合的水平线。它对各种频率声音几乎等同对待，不加滤波。C 声级可以代表噪声的客观数值，通常为总声级。

因此，一般在表示噪声测量结果时应注明采用的是哪种计权网络。例如，90 dB(A) 即代表用 A 计权网络测量出的声级为 90 dB。

3. 计权声级

噪声的大小、危害程度以及对周围环境的污染，用噪声级来评定。通过计权网络测得的声压级，已不再是客观物理量的声压级（称为"线性声压级"），而是经过听感修正的声压级，叫作计权声级或噪声级。国际标准组织近几年发布的标准都用 A 声级表示。

8.2.2 汽车噪声测量仪器

汽车噪声测量是汽车噪声控制与评价的重要组成部分。汽车噪声测试的常用设备是声级计。声级计是一种能将汽车噪声（如机动车的行驶噪声、排气噪声和喇叭声音响度等）按

人耳听觉特性近似地用数值测定其噪声的仪器。噪声级是指用声级计测得的并经过听觉修正的声压级或响度级。

声级计（图8-5）的具体结构形式虽因厂家不同而不同，但其主要部分大致相同，一般由传声器（也称"话筒"或"麦克风"）、放大器、衰减器、听觉修正网络（线路）、指示仪表和校准装置等组成。声级计内设有听觉修正线路，测量时可根据工作需要（被测声音的频率范围）选用适当的修正网络，测得与人耳感觉相适应的噪声值。

1. 声级计的结构和工作原理

1）传声器

传声器将声压信号转换为电压信号，是声级计的传感器。电容式传声器主要由金属膜片和金属电极组成，是一个平板电容。金属膜片与金属电极构成了平板电容的两个极板。当膜片受到声压作用时发生变形，使两个极板之间的距离发生改变，电容量也随之变化，从而产生交变电压，其波形在传声器线性范畴内与声压级波形成比例。

电容式传声器动态范围大、频率响应平

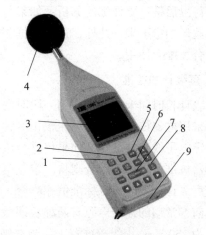

图8-5 声级计
1—电源开关；2—量程开关；3—显示器；4—传声器；
5—灵敏度调节电位器；6—读数/保持开关；
7—复位按钮；8—时间计权开关；
9—电池盖板

直、灵敏度高，在一般测量环境中稳定性好，但需要通过前置放大器进行阻抗变换。前置放大器装在声级计内部靠近安装电容式传声器的部位。

2）放大器和衰减器

一般声级计的放大线路中都采用两级放大器，即输入放大器和输出放大器，将微弱的电信号放大。输入衰减器和输出衰减器用来改变输入信号的衰减量和输出信号的衰减量，使表头指针指在适当的位置，其每一挡的衰减量为10 dB。输入放大器使用的衰减器调节范围为测量低端（如0～70 dB），输出放大器使用的衰减器调节范围为测量高端（如70～120 dB）。输入衰减器和输出衰减器的刻度盘常做成不同颜色，目前为黑色与透明色。由于许多声级计的高、低端以70 dB为界限，因此在旋转时要防止超过界限，以免损坏装置。

3）计权网络

通过计权网络测得的声压级，已不再是客观物理量的声压级（线性声压级），而是经过听感修正的声压级，即计权声压级或噪声级。从声级计上得出的噪声级读数，必须注明测量条件。

4）检波器和指示仪表

为了使经过放大的信号通过表头显示，声级计还需要检波器。检波器将迅速变化的电压信号转换成变化较慢的直流电压信号，该直流电压的大小正比于输入信号的大小。

指示仪表是一只电表，只要对其刻度进行一定的标定，即可从表头上直接读出噪声级的dB值。声级计表头阻尼一般有"快"和"慢"两挡。"快"挡的平均时间为0.27 s，接近于人耳听觉器官的生理平均时间；"慢"挡的平均时间为1.05 s。当对稳态噪声进行测量或需要记录声级变化过程时,使用"快"挡比较合适;在被测噪声的波动比较大时,使用"慢"挡比较合适。

声级计面板上一般还备有一些插孔。这些插孔如果与便携式倍频带滤波器相连,可组成小型现场使用的简易频谱分析系统;如果与录音机组合,则可把现场噪声录制在磁带上储存下来,待以后进行更详细的分析;如果与示波器组合,则可观察声压变化的波形,并可用照相机将波形拍摄下来。此外,还可根据测试条件和测试要求,将分析仪、记录仪等仪器与声级计组合、配套使用。

2. 声级计的校准

声级计长时间未使用或使用一段时间后,应对其指示表头进行校准。目前,在汽车噪声测试中采用电器校正和绝对声压校正两种方法。前者是利用自身所产生的标准电信号来校准放大器等电子线路的增益。如果仅进行该项校准,则实际中常因传声器性能变化而难以实现整台仪器校准的目的。后者则将一定频率和声压级的声源装于传声器前,并使之发声,检查并调整声级计读数与声源标准值相吻合。

目前,常用的标准声源有两种,即活塞发声器和声级校准器。通常,活塞发声器工作频率设计为 250 Hz;声级校准器工作频率则设计为 1 000 Hz。因此,前者只能校准声设计声压级;后者频率是标准计权网络参考频率,可校准声级计声压级和 A、B、C、D 计权声压级。但从整体精度上看,活塞发声器校准精度比声级校准器要高些。声级校准器主要适合于普通声级计和其他要求不高的声级测量仪器的校准。

8.2.3 汽车噪声测量方法

1. 车外噪声测量

车外噪声的测量可分为加速行驶车外噪声测量与匀速行驶车外噪声测量两种。

1)测量条件

噪声测量场地示意如图 8-6 所示。测量场地跑道应为平直、干燥的沥青或混凝土路面,坡度应不大于 0.5%。声级计话筒布置在 20 m 跑道中心点两侧,各距中心线 7.5 m,距地面高度为 (1.2±0.05),话筒轴线平行于路面并垂直于车辆行驶方向。测试场地应空旷,在测试中心,以 25 m 为半径的范围内不应有大的反射物,如建筑物、围墙等。被试车辆不发动时,在测试场地测得的周围环境的噪声应比所测车辆噪声至少低 10 dB(A),并保证测量不被偶然的其他声源干扰。

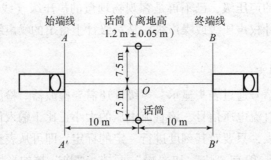

图 8-6 噪声测量场地示意

为避免风噪声的干扰，测量最好在风速为零的条件下进行，或采用防风罩，但应注意防风罩对声级计灵敏度的影响。

测量时，声级计附近不应有其他人员，测量者离声级计至少 0.5 m，以减少因人体反射形成的测量误差。试验时，被测车辆为空载，必要时可再进行满载试验。车上的其他辅助设备也是噪声源，只要是经常使用的，在测量时都应开动。

2）加速行驶车外噪声测量方法

（1）为保证测量结果的可比性，要求车辆按规定条件稳定地到达始端线；前进挡位为 4 挡以上的车辆用 3 挡，前进挡位为 4 挡或 4 挡以下的车辆用 2 挡；发动机转速为标定转速的 3/4。此时，若车速超过 50 km/h，那么车辆应以 50 km/h 的车速稳定地到达始端线；对于采用自动变速器的车辆，在试验区间使用加速最快的挡位；辅助变速装置不应使用；在无转速表时，可以控制车速进入测量区，以所定挡位相当于 3/4 标定转速的车速稳定地到达始端线。

（2）从车辆前端到达始端线开始，立即将加速踏板踩到底或节气门全开，直线加速行驶。当车辆后端到达终端线时，立即停止加速。车辆后端不包括拖车以及和拖车相连接的部分。

该测量方法要求被测车辆在后半区域时，发动机达到标定转速。若车速达不到这个要求，则可延长 O 至终端线的距离为 15 m；若仍达不到这个要求，则车辆使用挡位要降低一挡。若车辆在后半区域超过标定转速，则可适当降低到始端线的车速。

（3）声级计用 A 计权网络、"快"挡进行测量，读取车辆驶过时的声级计表头最大读数。

（4）同样的测量往返进行一次。车辆同侧两次测量结果之差，应不大于 2 dB，并把测量结果记入规定的表格。取每侧两次声级计读数平均值中的最大值作为此侧车辆的最大噪声级。若只用一个声级计测量，则同样的测量应进行四次，即每侧测量两次。

3）加速行驶车外噪声限值

根据《汽车加速行驶车外噪声限值及测量方法》（GB 1495—2002），汽车加速行驶时，车外最大噪声级应不超过表 8-3 规定的限值。表中符号的意义：GVM 为最大总质量（t），P 为发动机额定功率（kW）。

表 8-3 汽车加速行驶车外噪声的限值

汽车分类		噪声限值/dB(A)	
		第一阶段	第二阶段
		2002 年 10 月 1 日至 2004 年 12 月 30 日期间生产的汽车	2005 年 1 月 1 日以后生产的汽车
M_1		77	74
M_2（GVM≤3.5 t）或 N_1（GVM≤3.5 t）	GVM≤2 t	78	76
	2 t＜GVM≤3.5 t	79	77
M_2（3.5 t＜GVM≤5 t）或 M_3（GVM＞5 t）	P＜150 kW	82	80
	P≥150 kW	85	83

续表

汽车分类		噪声限值/dB(A)	
		第一阶段	第二阶段
		2002年10月1日至2004年12月30日期间生产的汽车	2005年1月1日以后生产的汽车
N_2（3.5 t＜GVM≤12 t）或 N_3（GVM＞12 t）	P＜75 kW	83	81
	75 kW≤P＜150 kW	86	83
	P≥150 kW	88	84

注：(1) M_1类、M_2类（GVM≤3.5 t）和 N_1 类汽车装用直喷式柴油机，其限值增加 1 dB(A)。

(2) 对于越野汽车，当 GVM＞2 t 时，如果 P＜150 kW，则其限值增加 1 dB(A)；如果 P≥150 kW，则其限值增加 2 dB(A)。

(3) 对于 M_1 类汽车，若其变速器前进挡挡位多于 4 个，P＞140 kW，P/GVM 大于 75 kW/t，并且用第 3 挡测试其尾端出线的速度大于 61 km/h，则其限值增加 1 dB(A)。

4）匀速行驶车外噪声测量

(1) 车辆使用常用挡位，节气门开度保持稳定，以 50 km/h 的车速等速驶过测量区域。

(2) 声级计用 A 计权网络、"快"挡进行测量，读取车辆驶过时声级计表头的最大读数。

(3) 同样的测量往返进行一次，车辆同侧每次测量结果之差应不大于 2 dB。若只用一个声级计测量，同样的测量应进行 4 次，即每侧测量两次。

2. 车内噪声测量

1）车内噪声测点位置

车内噪声测量通常在人耳附近布置测点，话筒朝向车辆前进方向。驾驶室内噪声测点位置如图 8-7 所示。客车室内噪声测点可选在车厢中部及最后一排座的中间位置，话筒高度可参考图 8-7。

2）车内噪声测量方法

测量车辆以常用挡位，50 km/h 以上的不同车速等速行驶时的车内噪声时，用声级计的"慢"挡测量 A、C 计权声级，分别读取表头指针最大读数的平均值。在进行车内噪声频谱分析时，应包括中心频率为 31.5 Hz、63 Hz、125 Hz、250 Hz、500 Hz、1 000 Hz、2 000 Hz、4 000 Hz、8 000 Hz 的倍频带噪声级。

3. 驾驶人耳旁噪声测量

噪声测量点位置如图 8-7 所示。测量时，将变速器置于空挡，使车辆处于静止，发动机则在额定转速状态运转，声级计用 A 计权网络、"快"挡进行测量，读取声级计的读数。

4. 汽车喇叭声级的测量

汽车喇叭声级的测点位置如图 8-8 所示。测量时应注意不被偶然的其他声源峰值干扰，测量次数定在两次以上，测量喇叭声级的同时也要监听喇叭声音是否悦耳。

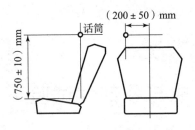
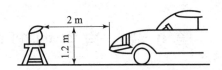

图8-7 车内噪声测点位置　　　图8-8 汽车喇叭声级测点位置

本章小结

1. 汽车排放污染物测量包含汽油车排放污染物测量与柴油车排放污染物测量。汽油车排放污染物测量包含双怠速测量法和简易工况法。柴油车排放污染物测量包含自由加速滤纸烟度法试验、自由加速不透光烟度法试验和加载减速不透光烟度法试验。

2. 汽车噪声测量包含车外噪声测量、车内噪声测量、驾驶人耳旁噪声测量汽车喇叭声级的测量。

复习思考题

1. 汽车排放污染物包括哪些主要成分？
2. 汽油车排放污染物的测量仪器主要有哪些？简述其基本测量原理。
3. 汽油车排放污染物的测量方法有哪几种？
4. 柴油车排放污染物的测量仪器主要有哪些？简述其基本测量原理。
5. 柴油车烟度测量有哪几种方法？
6. 何为A计权网络、B计权网络、C计权网络？
7. 简述汽车加速行驶时车外噪声的测量方法。

第 9 章　汽车典型总成与零部件试验

> **教学目标**

1. 掌握发动机试验的试验方法。
2. 掌握离合器总成试验的试验方法。
3. 掌握变速器总成试验的试验方法。
4. 掌握驱动桥总成试验的试验方法。
5. 掌握车轮性能试验的试验方法。
6. 掌握减振器特性试验的试验方法。

> **教学要点**

知识要点	相关内容
发动机试验	了解发动机台架试验系统的组成；掌握发动机主要性能参数的测量方法；掌握发动机的五种基本性能试验
离合器试验	掌握离合器盖总成、从动盘总成的试验方法；掌握离合器耐久性和可靠性试验的试验方法
变速器总成试验	掌握机械式变速器台架试验的试验方法；掌握自动变速器的试验方法
驱动桥总成试验	掌握驱动桥总成静扭试验的试验方法；掌握驱动桥桥壳刚度试验与垂直弯曲疲劳试验的试验方法
车轮性能试验	掌握车轮动态弯曲疲劳试验、动态径向疲劳试验与车轮冲击试验的试验方法
减振器特性试验	掌握减振器示功特性试验、温度特性试验与耐久性试验的试验方法

9.1　发动机试验

　　发动机试验就是通过相关设备，对发动机被测系统中存在的相关参数进行测试和数据处理的全部过程。发动机试验是发动机生产制造和科学研究中不可缺少的一个环节，发动机试验技术和方法是发动机生产、技术开发与保障的必备知识。无论是发动机新产品、新技术的开发，还是相关技术改进，都要通过试验来检验。通过发动机试验，可以检验设计思想是否正确、设计意图能否实现、设计的产品性能是否符合使用要求等。

9.1.1 发动机台架试验系统

在工程实际中，发动机试验主要包括台架试验和实车试验两大类。实车试验一般针对的是已生产定型的发动机，对其开展实车动态性能试验、标定试验等，其试验目的是检测发动机性能或进行改进试验。由于实车试验时发动机不"解体"，故试验结果较真实。发动机台架试验就是将发动机测功设备和各种测试仪表组成一个测试系统，按照规定的方法和要求模拟发动机实际使用的各种工况而进行的试验。台架试验通常在发动机台架试验室内进行。发动机台架试验室是进行发动机试验研究和技术开发的基础，发动机技术的发展在很大程度上取决于试验台架的技术水平。

1. 基本要求

由于试验目的和任务不同，对发动机台架试验系统的具体要求也不同。例如，对专门用于试验研究的试验台架，应要求其能灵活、方便地改变和控制试验条件和参数，便于安装各种精密仪表；对用于发动机精密测量的试验台架，则需要不断寻求新的测试方法和测试手段。通常，对试验台架的自动化程度要求不高。对那些需要长期连续运转的耐久性试验台架，则要求有较高的自动化程度，能自行监视、报警、记录、远距离控制，以防试验人员疲劳和发生意外。一般来说，发动机试验台架应满足以下几点基本要求：

（1）安装在试验台上的发动机能模拟实际的使用条件或尽可能地接近实际使用条件。

（2）便于安装、调整、检查和更换发动机零部件。

（3）具有广泛的适应能力，能完成不同机型和不同试验目的的试验项目。

（4）具有发动机正常工作的监测仪表和测定发动机各项性能参数的精密测量仪表。

（5）操作简便、可靠，尽量采用先进技术来提高自动化水平，从而降低试验人员的劳动强度。

（6）具有良好的通风、消声、消烟、隔振设施，尽可能改善试验人员的工作条件。

2. 基本组成

发动机台架试验系统是一个集机械、仪器仪表和试验技术为一体的综合性系统，发动机台架试验系统主要由试验测试系统和试验室环境系统两大部分组成。测试系统由对发动机进行加载与测量的装置（底盘测功机、燃料供给系统、空气供给系统、冷却系统、控制系统及数据采集系统等）组成；试验室环境系统主要包括通风系统、发动机进排气系统、消声与隔振系统，以确保发动机在所需的正常环境中运行。图9-1所示为发动机试验台架简图。

9.1.2 发动机主要性能参数测量

发动机的性能参数，有些可以直接测量，有些则需通过间接测量获得。针对不同类型的发动机性能试验，可能有上百种参数需要测量或监测。例如，与发动机动力性、经济性直接相关的参数有：转速、转矩、功率、燃油消耗量；进排气的流量、温度、压力；润滑油和冷却液的流量、温度、压力；排放性能参数；试验环境参数；发动机气缸内的平均有效压力；

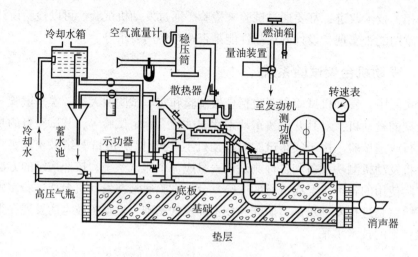

图 9-1 发动机试验台架简图

噪声、振动等。下面选取发动机的转矩、转速和燃油消耗量三个主要性能参数分别进行介绍。

1. 转矩测量

在发动机的性能试验中,转矩是很重要的参数,是评价发动机性能指标的重要依据。根据不同的转矩测量原理,可将发动机转矩测量方法分为平衡力法和传递法两种类型。

1)平衡力法

平衡力法就是根据作用力与反作用力相等的原理,通过测量底盘测功机浮动外壳测点的受力来间接测量发动机的转矩。平衡力法的测量原理及结构简图如图 9-2 所示,将底盘测功机的外壳通过轴承支承在支架上,外壳能自由回转,在外壳上装有力臂,连接载荷单元。工作时,在发动机转矩作用下,载荷单元承受的作用力乘以力臂长度就是转矩值,即

$$M_e = WL \qquad (9-1)$$

式中,M_e——实测有效转矩(N·m);
　　　W——作用在载荷单元上的力(N);
　　　L——力臂长度(m)。

2)传递法

传动轴受到转矩作用时会产生变形,传递法就是通过测量轴变形,利用应力与应变的关系来测量转矩的。

根据转矩信号的传输方式,转矩传感器可分为接触式转矩传感器和非接触式转矩传感器。非接触式转矩传感器使用磁、光和感应技术,在其内部输入和输出间没有机械连接,不会受到磨损,故其测量精度高,常用于发动机测试中。图 9-3 所示为利用磁、电感应的非接触式转矩传感器的结构原理,在一根弹性轴两端安装两个信号齿轮,在这两个信号齿轮上方各安装有一组信号线圈,在信号线

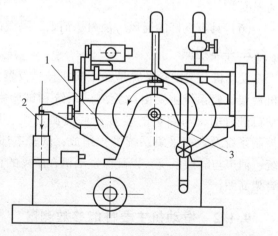

图 9-2 平衡力法的测量原理及结构简图
1—载荷单元;2—外壳;3—轴承支架

圈内均安装有磁铁,与信号齿轮组成磁电信号发生器。弹性轴在受扭时将产生扭转变形,使两组交流电信号之间的相位发生变化。相位差变化的绝对值在轴弹性变化范围内与转矩的大小成正比。

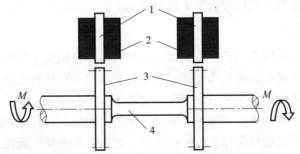

图 9 – 3　传递法测量非接触式转矩的结构原理
1—磁铁；2—线圈；3—信号齿轮；4—弹性轴

2. 转速测量

发动机转速是指单位时间内曲轴的平均旋转次数。对于发动机转速的测量,可用的传感器有很多种,目前主要有磁电式转速传感器、光电式传感器和霍尔（Hall）传感器。

3. 燃油消耗量测量

燃油消耗量是评价汽车发动机燃料经济性的重要指标。发动机每小时消耗燃料的数量称为小时耗油量,其可用容积或质量表示。在评价发动机经济性时,多采用燃油消耗率,以发动机输出固定功率时所消耗的燃油量来表示,其表达式为

$$g_e = \frac{1\,000G}{P_e} \tag{9-2}$$

式中,g_e——燃油消耗率 [g/(kW·h)]；
　　　G——燃油消耗量（kg/h）；
　　　P_e——发动机功率（kW）。

燃油消耗量的测量方法可分为稳态测量和瞬态测量,具体有容积法、质量法、科里奥利质量流量计法及碳平衡法四种测量方法。容积法和质量法主要用于发动机在台架试验时消耗的稳态测量,前者一般用于汽油发动机,后者一般用于柴油发动机。进行动态测试时,可采用科里奥利质量流量计法。进行整车转鼓试验时,燃油发动机的燃油消耗测量一般采用尾气碳平衡法。

科里奥利质量流量计又称科氏油耗仪,是基于科里奥利力的原理设计的。科氏油耗仪具有很多优点,它适用于液体或气体,可以直接测量流体的质量流量和密度,测量不受温度、压力的影响,可以进行瞬时燃油消耗测量,测试的响应频率可达 10 Hz,比常规的质量法响应速度更快、精度更高。

9.1.3　发动机基本性能试验

发动机性能试验是发动机研究、设计及生产过程中的重要组成部分,它能测定发动机的各项性能数据。发动机的主要性能有动力性、经济性、可靠性和耐久性等。发动机性能试验分为一般性能试验、性能匹配调整试验和研究性试验。发动机性能试验的主要内容有功率试

验、部分负荷特性试验、性能匹配试验、使用特性试验、各种专项试验及出厂试验等。《汽车发动机性能试验方法》（GB/T 18297—2001）与《汽车发动机可靠性试验方法》（GB/T 19055—2003）对发动机的性能试验和可靠性试验的试验条件和试验方法做了明确的规定。发动机性能试验一般在发动机试验台架上进行。

1. 功率试验

发动机功率试验也叫测功试验，目的是评定发动机在全负荷工况下的动力性、经济性和排放性能。发动机功率试验分为总功率试验和净功率试验。在进行总功率试验时，发动机仅需根据相关要求携带维持运转所必需的附件，它表示发动机运转时能产生的最大性能指标。在进行净功率试验时，发动机需根据相关要求携带全套附件，而且这些附件应该是原生产装备件，安装位置应尽可能地与实际安装情况相同，它表示将发动机装在汽车上运转时，曲轴端能输出的最大有效性能。现代汽车发动机的性能指标常用净功率指标表示。

在进行发动机功率试验时，使发动机节气门全开或供油齿条处于最大位置，在发动机转速范围内均匀地选择不少于8个点的稳定工况点，其中必须包括最大转矩点。测量各稳定工况点的转速、转矩、燃油消耗量、压燃机的排气可见污染物、点燃机的空燃比等，并计算功率和燃油消耗率等，绘制如图9-4所示的发动机性能曲线。

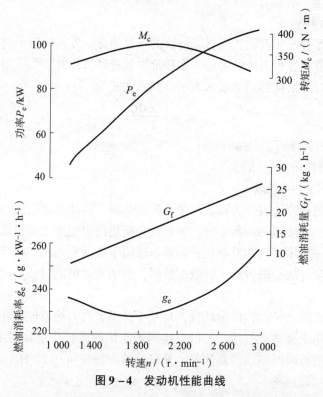

图 9-4 发动机性能曲线

在进行发动机功率试验时，地理位置和气候季节的差异导致大气状态（大气压力、湿度和进气温度）的不同，对发动机主要性能指标会产生较大的影响。这样，测量的数据就没有可比性。所以，各国都制定了发动机性能试验标准，严格地规定其试验条件和标准大气状态。如今，各国的试验标准都向国际标准（ISO）靠拢。如果功率试验不能在标准状态的试验室内进行，则可用修正公式进行修正，然后换算到标准状态。

2. 负荷特性与万有特性试验

负荷特性是指当转速不变时，发动机的性能指标随负荷而变化的关系。发动机部分负荷性能试验方法一般可分为以下三种：

（1）在发动机转速不变的条件下，测量不同功率下的燃油消耗率和燃油消耗量，以评价发动机的燃料经济特性，有时还要测定排放值。这种方法多用于柴油机试验。

（2）在节气门开度不变的条件下进行试验，即所谓的测试部分速度特性。该方法多用于汽油机。

（3）根据计算（或道路试验）获得的使用特性数据进行试验。这种方法代表汽车的使用工况，用于评价汽车使用的燃料经济特性，具有实用意义。

发动机的万有特性是将发动机的四个主要参数（转速、功率、转矩和燃油消耗率）绘制在一幅曲线图（称为"万有特性曲线"）上，以表示发动机在整个工作范围内主要参数的相互关系，从而确定发动机最经济的工作区域。万有特性曲线由许多负荷特性曲线或部分速度特性曲线的数据绘制而成。为使曲线图准确，一般所用的曲线数应不少于 10 条，采用的曲线越多，绘制的万有特性越准确。

3. 机械效率测量试验

发动机的摩擦副在运动中会产生摩擦阻力，形成摩擦损失功率。评价机械摩擦损失大小的指标有摩擦损失功率、机械效率。机械效率用公式表示为

$$\eta_\mathrm{m} = \frac{P_\mathrm{e}}{P_\mathrm{e} + P_\mathrm{m}} \times 100\% \tag{9-3}$$

式中，η_m——机械效率；

P_e——有效功率（kW）；

P_m——摩擦损失功率（kW）。

测量机械损失功率的常用方法有：

1）单缸熄火法

当发动机调整到给定工况稳定工作后，先测出其有效功率 P_e，然后在喷油泵齿条位置或节气门位置不变的情况下，停止向某一气缸（如第 1 缸）供油或点火，用减少制动力矩的方法迅速将转速恢复到原来的数值，并重新测定其有效功率 P'_e1。如果灭缸后其他各缸的工作情况和发动机的机械损失没有变化，则被熄火的气缸原来发出的指示功率 P_i1 为

$$P_\mathrm{i1} = P_\mathrm{e} - P'_\mathrm{e1} \tag{9-4}$$

依次将各缸熄火，有 $P_\mathrm{i1} = P_\mathrm{e} - P'_\mathrm{e2}$，$P_\mathrm{i3} = P_\mathrm{e} - P'_\mathrm{e3}$，…

将各式相加，可得整台发动机的指示功率 P_i，即

$$P_\mathrm{i} = nP_\mathrm{e} - \sum_{k=1}^{n} P'_\mathrm{ek} \tag{9-5}$$

式中，n——气缸数。

因此，整台发动机的机械损失功率 P_m 为

$$P_\mathrm{m} = (n-1)P_\mathrm{e} - \sum_{k=1}^{n} P'_\mathrm{ek} \tag{9-6}$$

采用这种方法时，只要停止一缸的燃烧不致引起进、排气系统的异常变化，测量结果就会相当准确，因此该法适用于低速发动机。但目前汽车发动机已发展到高速、大负荷水平，

如果熄火一缸，势必破坏发动机工作平衡，故现在一般不主张采用此法。

2) 油耗线延长法

油耗线延长法也称 Williams 法。在做负荷特性试验时，可将低负荷时的燃油消耗量多测几个点，在绘制负荷特性曲线时，将油耗线延长至与功率坐标相交，如图 9-5 所示，这时交点到坐标原点的负值即摩擦损失功率。这种方法只适用于柴油发动机。

3) 倒拖法

在电力测功机试验台上，先使发动机在给定工况下稳定运转，当冷却液和机油温度达到正常数值时，立即切断对发动机的供油（柴油机）或停止点火（汽油机），同时将电力测功机转换为电动机，倒拖发动机到同样转速，并且维持冷却液和机油温度不变，这样测得的倒拖功率即发动机在该工况下的机械损失功率。

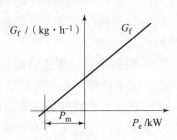

图 9-5　油耗延长线法

用倒拖法测量发动机的机械损失功率时，在低压缩比发动机中，其误差大约为 5%；在高压缩比发动机中，其误差有时可达 5%~15%。因而，此方法在测定汽油机机械损失时得到较广泛的应用。

此外，用倒拖法测量发动机机械损失功率的最大好处是可以分解发动机，测量每一对摩擦副的摩擦损失功率，为了解发动机摩擦损失的根源和降低摩擦损失提供依据。这对提高发动机性能是必要的，但这时必须增加一些保持水温和油温的加热辅助设备。

4) 示功图法

运用各种示功器录取气缸的示功图，算出指示功率值，从底盘测功机和转速计读数可算出发动机的有效功率，从而算出机械损失功率值。这种方法是在真实的试验工况下进行的，理论上完全符合机械损失定义，但试验结果的正确程度往往取决于示功图测录的准确程度。

5) 角加速度法

通过测量发动机加速瞬间的指示转矩、有效转矩、曲轴角速度，计算摩擦损失转矩为

$$M_m = M_i - M_e - I d\omega/dt \tag{9-7}$$

式中，M_m——摩擦损失转矩（N·m）；

M_i——指示转矩（N·m）；

M_e——有效转矩（N·m）；

I——发动机曲轴的转动惯量（kg·m²）；

ω——角速度（rad/s）；

t——加速时间（s）。

4. 发动机可靠性试验

1) 试验项目及评价方法

发动机的许多零部件都是在较为苛刻的条件下工作的，其工作的可靠性标志着发动机在实际使用过程中的可靠程度。因此，在台架上使发动机经受较大的实际交变机械负荷及热负荷，并提高单位时间内的交变次数，以期在较短的时间内考验发动机的可靠性，已成为产品开发及产品质量检测的关键项目。依据不同的考核要求，可靠性试验又可分为零部件可靠性试验和整机可靠性试验。

零部件可靠性试验一般依据产品设计的要求，对某些关键零部件按照特定的试验规范进行验证性试验。由于这些试验往往采取一些超常规的交变负荷及热负荷工况，故能在短时间内检验该零部件的材料、制造工艺、配合间隙等的选择是否合理，从而为整机可靠性试验提供技术依据，但其试验结果最终仍需通过整机可靠性试验来验证。零部件可靠性试验的项目较多，试验规范也有较大差异，典型的试验项目有活塞快速磨合试验、活塞可靠性试验、缸套冷态磨损试验、缸盖热变形试验、配气部件的快速疲劳试验等。

依据不同的机型及不同的考核目的，整机台架可靠性试验一般分为交变负荷试验、混合负荷试验、全速全负荷试验、冷热冲击试验等。试验需要同型号的两台发动机。在可靠性试验前，发动机要按产品技术条件的规定进行磨合及必要的维护和调整。在可靠性试验过程中，应根据有关规定对发动机进行日常维护；记录运行时间、转速、负荷、燃油消耗量、机油消耗量、活塞漏气量、排放值、机油压力、进气状态等有关参数，并随时记录故障停车内容及排除时间、维护内容及所用时间、更换的零件及损坏情况等；根据有关要求绘制运行持续时间与相关测量参数的关系曲线，计算机能率及故障平均间隔时间。

对可靠性试验结果的评价，各国相关标准的规定略有不同，但所评价的主要项目大致相同，主要有机件的磨损及损坏情况、动力性下降及燃料经济性恶化的程度、机油消耗量及活塞漏气量的变化、排放值的变化，以及机能率及故障平均间隔时间（h/次）。机能率、故障平均间隔时间的计算式分别为

$$机能率 = [运行时间/(运行时间 + 维护时间 + 故障时间)] \times 100\%$$

$$故障平均间隔时间 = 运行时间/故障停车次数$$

2）发动机可靠性试验规范

发动机可靠性试验按发动机装车类别进行，试验规范及运行持续时间见表 9-1。

表 9-1 不同最大总质量汽车用发动机的可靠性试验规范及运行持续时间　　　　　h

装机汽车类别	负荷试验规范（在发动机 A 上进行）			冷热冲击试验规范（在发动机 B 上进行）
	交变负荷	混合负荷	全速全负荷	
汽车最大总质量 ≤ 3 500 kg	400	—	—	200
3 500 kg < 汽车最大总质量 ≤ 12 000 kg	—	1 000	—	300
汽车最大总质量 > 12 000 kg	—	—	1 000	500

注：(1) 装于乘用车和商用车的发动机均按本表分类。
　　(2) A、B 为相同型号的发动机。

(1) 发动机交变负荷试验规范。发动机交变负荷试验规范如图 9-6 所示。使节气门全开，从最大净转矩的转速（n_M）均匀地升至最大净功率的转速（n_P），历时 1.5 min；在 n_P 转速下稳定运行 3.5 min；随后均匀地降速至 n_M，历时 1.5 min；在 n_M 转速下稳定运行 3.5 min 后，重复上述交变工况，运行到 25 min。关闭节气门，使转速下降至怠速（n_i）并运行到 29.5 min；开大节气门，在无负荷时使转速均匀上升到 105% 的额定转速（n_r）或上升到发动机制造厂规定的最高转速，历时 (0.25 ± 0.1) min；随即均匀地关小节气门，使转速降至 n_M，历时 (0.25 ± 0.1) min。至此，完成一个循环，历时 30 min。运行 800 个循环，运行持续时间为 400 h。

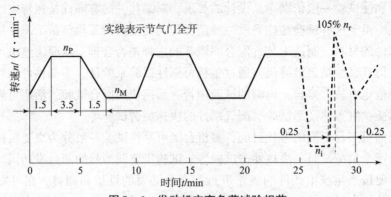

图 9-6　发动机交变负荷试验规范

（2）发动机混合负荷试验规范。发动机混合负荷试验规范如图 9-7 所示，每个循环包括四个工况：怠速工况持续 5 min；节气门全开，发动机在最大净转矩转速 n_M 下运行 10 min；节气门全开，发动机在最大净功率转速 n_P 下运行 40 min；节气门全开，发动机在额定转速 n_r 下运行 5 min。不同工况间的转换在 1 min 内完成。每次循环历时 60 min，共 1 000 个循环，运行持续时间为 1 000 h。

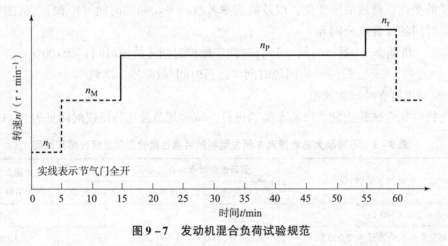

图 9-7　发动机混合负荷试验规范

（3）发动机全速全负荷试验规范。发动机节气门全开，在额定转速下持续运行 1 000 h。

9.2　离合器试验

离合器是汽车传动系统直接与发动机联系的部件。目前，汽车上用的离合器大多属于干摩擦式离合器。干摩擦式离合器的台架试验可参见《汽车干摩擦式离合器总成台架试验方法》（QC/T 27—2004）。离合器的主要试验项目包括离合器盖总成功能特性试验、从动盘总成功能特性试验和离合器耐久性及可靠性试验。

9.2.1　离合器盖总成功能特性试验

离合器盖总成功能特性试验包括分离指（杆）安装高度及其端面跳动量的测定、盖总成分离特性试验、盖总成负荷特性试验及盖总成不平衡量的测定四个试验项目。现对其常规试验项目阐述如下。

1. 分离指（杆）安装高度及其端面跳动量的测定

该项试验的目的是测定分离指（杆）的安装高度及其端面跳动量。测试台架必须能使载荷均匀作用于分离指（杆）端，并与压盘工作面垂直。试验夹具应能使盖总成模拟当从动盘总成具有夹紧名义厚度时的安装状态，如图9-8所示。

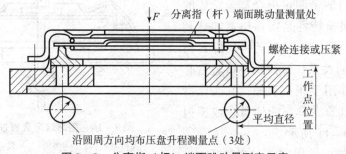

图9-8 分离指（杆）端面跳动量测定示意

试验时，将离合器盖总成按技术要求固定于试验夹具上，使压盘处于工作点位置。操纵加载装置，使代用分离轴承行程达到规定的分离行程，如此操作3~5次。然后，在安装状态下，测量各分离指（杆）端高度，其最大值与最小值之差即分离指（杆）端面跳动量。对分离指（杆）端预加载荷100 N，或按相应图样技术要求规定。测量分离指（杆）与分离轴承圆周接触点处至指定基准面的高度值，此高度值即分离指（杆）安装高度值。

2. 盖总成分离特性试验

该项试验的目的是测定离合器盖总成的分离特性曲线。盖总成的分离特性是指使离合器处于模拟安装状态，当分离和接合离合器时，作用于分离指（杆）端的载荷 F_A 及压盘位移 h 随分离指（杆）端行程 λ_A 变化的关系，如图9-9所示。其中，h_a 为压盘升程，Δh_a 为压盘倾斜量。

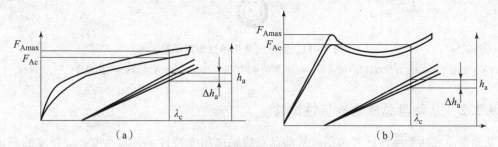

图9-9 离合器盖总成的分离特性
(a) 螺旋弹簧离合器；(b) 膜片弹簧离合器

根据图9-9确定的相应特征值有：取3点位移测量值的最小值作为压盘升程 h_a；取3点位移测量值的最大值和最小值之差作为压盘倾斜量 Δh_a；确定最大分离力 F_{Amax} 和分离点分离力 F_{Ac}。最大分离力是指在规定的最小分离行程 λ_c 范围内，分离特性曲线上的最大载荷值；分离点分离力是指在分离特性曲线上，对应于规定的最小分离行程 λ_c 的载荷值。

试验时，将盖总成按技术要求固定于试验夹具上（图9-10），使压盘处于工作点位置。对分离指（杆）端预加载荷100 N，或按相应图纸技术要求规定。定义此状态为位移零位。

操纵加载装置,使代用分离轴承行程达到规定的分离行程,如此操作 3~5 次。然后,操纵加载装置,使离合器分离,直到达到最大分离行程为止。再使离合器接合,恢复到位移零位;在此过程中,测量并记录分离力和沿离合器平均直径圆周方向均布的 3 点处的压盘位移,并绘制图 9-9 所示的分离特性曲线。

3. 盖总成负荷特性试验

该项试验的目的是测定离合器盖总成的负荷特性曲线。负荷特性是指对压盘加载和随后减载过程中,作用于压盘上的载荷 F 与压盘位移 λ 之间的关系。负荷特性试验台必须能使载荷均匀作用于压盘表面,并与压盘工作表面垂直。试验夹具应能使盖总成模拟安装状态,如图 9-11 所示。

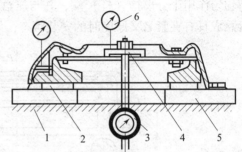

图 9-10 盖总成分离特性测定示意

1—测量台;2—垫块;3—载荷测量装置;
4—代用分离轴承;5—代用飞轮;6—百分表

试验时,将盖总成固定于试验夹具上,使压盘处于自由状态。对压盘加载:对于螺旋弹簧离合器,加载使压盘超过工作点位置 2.5 mm 左右;对于膜片弹簧离合器,加载使压盘超过底谷点位移 1 mm 左右。然后减载,直至卸下全部载荷,记录压盘上载荷随压盘位移变化的数值,绘制负荷特性曲线。

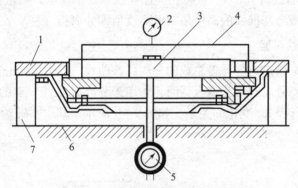

图 9-11 盖总成负荷特性测定示意

1—代用飞轮;2—百分表;3—加载器;4—压盘位移测量架;5—载荷测量装置;6—测量台;7—支撑柱

9.2.2 从动盘总成功能特性试验

从动盘总成功能特性试验包括:从动盘总成轴向压缩特性、夹紧厚度、平行度的测定试验,从动盘总成扭转特性的测定试验,从动盘总成拖曳分离特性的测定试验,从动盘总成不平衡量的测定试验,离合器摩擦性能的测定试验,防黏着试验。现对其常规试验项目阐述如下。

1. 从动盘总成轴向压缩特性、夹紧厚度、平行度的测定试验

该项试验主要测定从动盘总成在规定的压紧力作用下的夹紧厚度、平行度及轴向缓冲变形量与压紧力之间的关系,并将测得的结果与产品图纸或有关规定的技术要求进行比较,确定被试离合器从动盘总成是否符合要求。

试验时,将从动盘总成装于图 9-12 所示的轴向压缩特性试验装置上。按规定工作压紧力压缩从动盘总成数次，直至轴向压缩量读数稳定。施加规定的预载荷 70 N（或按技术文件规定的预载荷），然后开始测量。

对从动盘总成加载，直到从动盘总成上的载荷达到规定工作压紧力，记录轴向压缩量和所对应的垂直压力。达到规定工作压紧力时，测量上、下夹板间沿外圆周均布 3 点处的距离，其平均值为从动盘总成的夹紧厚度，最大值与最小值之差即平行度。绘制从动盘总成上的垂直压力与轴向压缩量间的轴向压缩特性曲线。

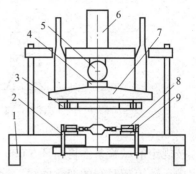

图 9 – 12　轴向压缩特性测定示意

1—主框架；2—位移传感器；3—顶载盘；
4—负荷传感器；5—球铰链；6—液压缸；
7—上压板；8—从动盘总成；9—下压板

2. 从动盘总成扭转特性的测定

从动盘总成的扭转特性对变速器的咔嗒声以及闷鼓声等振动噪声影响很大。此试验重点确定扭转减振器的扭转刚度及阻尼转矩，以判断其减振性能对车辆振动噪声的影响。

图 9 – 13 所示为从动盘总成的扭转特性测定示意。试验时，将从动盘总成安装到试验台的花键轴上，并将摩擦片部分夹紧。安装转角指针或角位移传感器，使之能随盘毂一起转动并处于零位。对盘毂施加转矩，转动盘毂，直到规定转角极限，卸载至零。反向施加转矩，转动盘毂，转到规定转角的极限，卸载至零。重复上述加载、卸载操作两次。然后，在中间位置检查并调整转角及转矩零位。重复加载、卸载操作，并记录转角与转矩的对应数值。绘出扭转特性曲线，并确定减振器极限扭转角、极限转矩、规定转角处的转矩滞后值、规定转角范围的扭转刚度、对应发动机最大转矩时的转角。

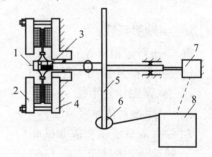

图 9 – 13　从动盘总成的扭转特性测定示意

1—夹紧盘；2—轴；3—花键轴；4—支撑板；
5—扭转力臂；6—拉/压力传感器；
7—角位移传感器；8—X – Y 记录仪

3. 离合器摩擦性能测定试验

以新的从动盘总成及盖总成为试件。试验输入转速为 730 r/min，惯量盘的惯性转矩为 5.25 kg·m^2，离合器的离合周期为 30 s。在压盘表面中径位置、距工作表面以下 0.2 mm 处测量压盘温度。

试验台架采用图 9 – 14 所示的可测定转矩、温度和转速的离合器综合性能试验台架。

试验前，测量盖总成的工作压紧力，并称取从动盘总成质量。然后，将试件安装于试验台上。按上述试验条件接合离合器，待试验台主、从动部分同步之后，分离离合器，并制动试验台的从动部分至停止，即完成一个循环。如此循环 60 次，记录在第 20 次、第 40 次和第 60 次过程中，转矩随时间的变化曲线。

固定试验台从动部分，接合离合器，使离合器的主、从动部分间产生滑摩，直到压盘温度达到 320 ℃，记录此时的转矩值。然后，冷却离合器至室温。按规定的条件再循环 1 000 次，记录在第 100 次、第 200 次、…、第 1 000 次试验过程中，转矩随时间的变化曲线。称取从动盘总成质量。

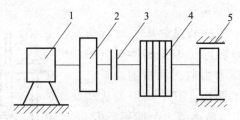

图 9－14　离合器综合性能试验台架简图
1—电动机；2—惯性飞轮；3—被试离合器；4—惯性盘；5—制动器

按规定的试验条件再循环 3 000 次，记录在第 100 次、第 200 次、…、第 3 000 次试验过程中，转矩随时间的变化曲线。称取从动盘总成质量并测量盖总成的工作压紧力。

试验数据的处理如下：

（1）各个试验阶段的摩擦系数计算。摩擦系数按式（9－8）计算，即

$$\mu = \frac{M_\mathrm{d}}{2 r_\mathrm{m} F_\mathrm{A}} \tag{9－8}$$

$$r_\mathrm{m} = \frac{2(r_\mathrm{o}^3 - r_\mathrm{i}^3)}{3(r_\mathrm{o}^2 - r_\mathrm{i}^2)} \tag{9－9}$$

式中，μ——摩擦系数；

　　　M_d——转矩值（N·m）；

　　　r_m——摩擦片作用半径（m）；

　　　r_o——摩擦片外半径（m）；

　　　r_i——摩擦片内半径（m）；

　　　F_A——盖总成试验前和试验后，工作压紧力的平均值（N）。

（2）转矩 M_d 的确定。此为 60 次、1 000 次及 3 000 次三个阶段中的转矩值，取每个阶段中记录值的平均值和最小值。

（3）磨损量的计算。试验前后从动盘总成的质量差即磨损量。

4. 防黏着试验

该试验用于测定离合器总成在恒温、恒湿环境中放置一定时间后，在压紧元件无作用力的状态下，离合器主、从动部分之间的分离力或分离转矩，以评价离合器的耐锈蚀、抗黏着性能。

试验前，将压盘和飞轮或代用飞轮摩擦面用丙酮或其他清洗剂清洗干净。将离合器置于特定的气候箱中并保证其放置位置能防止摩擦面积水。再经过 3 个周期共 72 h（24 h×3）的冷凝水气候交变。每周期的气候交变经过两个阶段，即先在温度为（40±3）℃、相对湿度为 100% 的状态下保持 8 h（包括升温时间，但升温时间不超过 1.5 h），再在温度为（23±5）℃、相对湿度小于 100% 的状态下保持 16 h。

试验时，将离合器总成固定于分离转矩测量装置上，使试件水平放置且使飞轮固定。分离行程为技术文件规定的最小分离行程（或按照其他相关技术条件规定）。对从动盘毂施加转矩，使从动盘总成相对于压盘和飞轮表面开始转动时的转矩，即分离转矩。

9.2.3　离合器耐久性及可靠性试验

离合器耐久性及可靠性试验包括：盖总成静态分离耐久性试验、盖总成动态分离耐久性

试验、盖总成耐高速试验、从动盘总成轴向压缩耐久性试验、从动盘总成扭转耐久性试验、从动盘总成耐高速试验。现对其常规试验项目进行阐述。

1. 盖总成耐高速试验

该试验用于测定在规定的转速下离合器盖总成与从动盘总成工作的可靠性或测定连续加速时盖总成与从动盘总成的破坏转速。试验加速度在 10.47~31.42 rad/s² （每秒加速度控制在 100~300 rad/s²）；试验台如图 9-15 所示，最高转速可达 15 000 r/min 以上，且加速度可控。

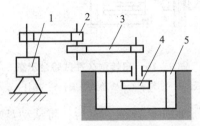

图 9-15　盖总成耐高速试验台示意
1—电动机；2—带轮；3—传动带；4—被试件；5—破坏舱

盖总成耐高速试验在室温下进行。试验要求盖总成不平衡量应满足技术文件规定，盖总成与夹具装配后的不平衡量应满足试验机的要求。试验时，首先在平衡机上检验盖总成的动平衡量。然后，将盖总成按规定装于代用飞轮上，使之处于接合状态，再安装于试验台上。起动并加速试件至规定转速，在该转速下连续运转至按技术文件规定的时间，或者直至发生爆破为止，记录爆破时的转速。

在进行从动盘总成耐高速试验时，首先将待测的新从动盘总成置于 200 ℃ 的恒温箱中加热保温 20 min。然后，从恒温箱中取出从动盘总成并立即装于试验台芯轴上，以规定加速度使其加速到规定的转速。在规定转速下，连续运转至规定的时间或者一直加速到发生爆破，记录破坏时的转速。

2. 从动盘总成轴向压缩耐久性试验

该项试验在室温下进行。试验前，先确定盖总成的工作压紧力是否符合要求，并测量从动盘总成轴向压缩特性，确定试验前的轴向压缩量。然后，将被试从动盘总成和盖总成装于试验台上，调整试验台，使之满足试验要求。按规定的分离行程完成离合器分离、接合一次，此为一次循环。接着，使离合器依此循环往复进行至规定的循环次数。最后，从试验台上取出从动盘总成，直观检查其有无裂纹、松动或破裂零件，并测量从动盘总成轴向压缩特性，确定试验后的轴向压缩量。

3. 从动盘总成扭转耐久性试验

试验在图 9-16 所示的扭转耐久性试验台上进行。加载方式有按转矩加载和按相应扭转角加载两种。按转矩加载时，若单向加载，则转矩范围是 $0 \sim 1.2 M_{emax}$；若双向加载，则正向转矩为 $1.0 M_{emax}$，反向转矩为 $0.5 M_{emax}$（M_{emax} 为发动机的最大转矩）。

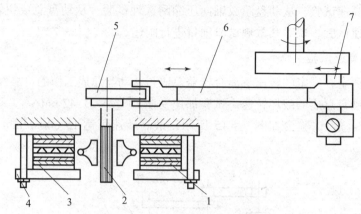

图 9–16 扭转耐久性试验台示意

1—夹紧盘；2—垫板；3—芯轴；4—从动盘总成；5—摇杆；6—连杆；7—偏心轴

试验前，先测定从动盘总成的扭转特性。然后，将从动盘总成装于试验台的花键轴上，将摩擦片固定。按上述加载方式扭转从动盘总成至规定的次数或试件发生损坏。最后，测定试验后从动盘总成的扭转特性，并检查有无损坏、松动及磨损情况。

9.3 变速器总成试验

变速器是汽车传动系统中的重要总成之一。目前，变速器设计工作中的许多计算都需通过试验来验证，以判断新产品在可靠性、寿命和性能等方面是否达到预期结果，并找出其薄弱环节，作为改进设计的依据；对于已定型并投入批量生产的产品，在生产过程中也要通过试验来保证产品的质量；对产品进行局部结构改进，或重大材料和工艺变更时，同样要通过试验来做出是否可行的判断。因此，汽车变速器的产品试验是一项十分重要的工作。

在变速器试验中，最接近实际情况的方法是把试验变速器装于汽车上，在汽车运输行驶中进行的使用试验；其次是试验车辆在特定行驶条件下进行的道路试验。使用试验和道路试验是必不可少的试验，但其试验周期长、耗费高。

室内台架试验具有试验周期短和不受天气、季节、时间以及交通道路条件等限制的优点，而且可在很大程度上排除人为错误，全部试验条件可准确地复现，方便不同试验的对比。

9.3.1 机械式变速器台架试验

对于机械式变速器，在《汽车机械式变速器总成台架试验方法》（QC/T 568—2011）中，根据不同的变速器输入转矩，将其分为四个部分：第一部分为微型、第二部分为轻型、第三部分为中型，第四部分为重型。每种类型变速器的具体试验项目和试验方法都不尽相同，此处仅介绍《汽车机械式变速器总成台架试验方法 第1部分：微型》（QC/T 568.1—2011）中涉及的微型变速器的部分试验项目。

1. 变速器传动效率试验

汽车变速器传动效率是评价变速器结构合理性及制造水平的重要指标之一，提高变速器的传动效率对降低汽车的动力消耗、改善汽车变速器本身的工作条件、延长其使用寿命均有一定的价值。

1）试验方法

变速器的传动效率随变速器工作状况的不同而变化。试验时，按不同的挡位输入转矩、转速及油温等信息。根据 QC/T 568.1—2011 的规定，试验输入转矩为发动机最大转矩的 50%、100%，转矩控制精度为 ±2%，测量精度为 ±0.5%；试验转速为从 1 000 r/min 到发动机最高转速范围内均匀取五种转速，其中应包括发动机最大转矩点的转速，其控制精度为 ±5 r/min，测量精度为 ±1 r/min；试验油温控制在 (40±5)℃、(60±5)℃、(80±5)℃、(100±5)℃ 范围内，油温测量精度为 ±1℃。试验按从低速挡到高速挡的挡位顺序，结合转速、转矩、油温组合的要求依次测定。

变速器传动效率试验可以采用开式试验台（图 9-17 和图 9-18）或闭式试验台（图 9-19）。

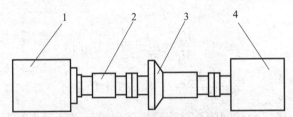

图 9-17　试验单台变速器的开式试验台

1—电动机；2—转矩及转速传感器；3—被试变速器；4—底盘测功机

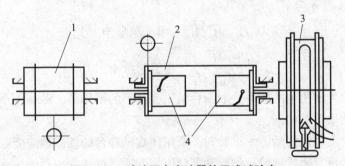

图 9-18　试验两台变速器的开式试验台

1—平衡电动机；2—平衡框架；3—底盘测功机；4—被试变速器

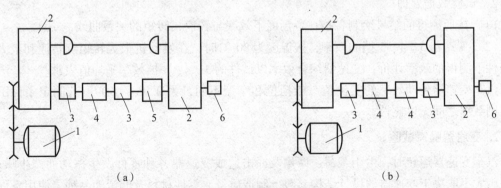

图 9-19　变速器闭式试验台

(a) 安装陪试变速器的闭式试验台；(b) 未安装陪试变速器的闭式试验台

1—电动机；2—辅助齿轮箱；3—转矩传感器；4—被试变速器；5—陪试变速器；6—加载器

按图 9 – 17 所示的开式试验台测定变速器传动效率可采用以下三种测定方式。

(1) 测定变速器的输入功率 P_1 和输出功率 P_2。P_1 和 P_2 分别由发出功率的电动机和吸收功率的装置测得，按式 (9 – 10) 计算传动效率 η，即

$$\eta = P_2/P_1 \tag{9 – 10}$$

(2) 测定试验变速器的输入转矩 M_1 和输出转矩 M_2。M_1 和 M_2 分别由变速器输入端和输出端的转矩仪测得，按式 (9 – 11) 计算传动效率 η，即

$$\eta = \frac{M_2}{iM_1} \tag{9 – 11}$$

式中，i——变速器所测挡位的传动比。

(3) 测定变速器的输入转矩 M_1（或输出转矩 M_2）和变速器壳体上的反作用力矩 M_p。为了测定被试变速器的反作用力矩 M_p，其壳体必须由轴承支承并加以平衡，这时变速器效率 η 为

$$\eta = 1 - \frac{M_p}{iM_1} \quad （用于测量 M_1 时） \tag{9 – 12}$$

$$\eta = \frac{M_2}{M_2 + M_p} \quad （用于测量 M_2 时） \tag{9 – 13}$$

如图 9 – 18 所示，将两台相同的被试变速器输出轴对接装于平衡架上。试验时，测定第一轴输入转矩 M_1（或另一变速器的第一轴输出转矩 M_1'）和反作用在框架上的反作用力矩 M_p，计算变速器效率 η 为

$$\eta = \sqrt{1 - M_p/M_1} \quad （用于测量 M_1 时） \tag{9 – 14}$$

$$\eta = \sqrt{\frac{M_1'}{M_1' + M_p}} \quad （用于测量 M_1' 时） \tag{9 – 15}$$

采用这种试验方法所测的效率是取两台被试变速器的平均值，载荷大小以及回转方向的不一致使测得的结果不够精确。

在闭式试验台上进行传动效率试验时，所用闭式试验台的加载器应能在试验运转过程中随时按要求改变转矩，闭式试验台的驱动部分应能变速，被试变速器的输入轴与输出轴均应接入转矩转速传感器。

2) 试验数据处理

(1) 按所测得的结果绘制各挡在各温度下效率与转速、转矩的关系曲线。

(2) 变速器 3、4、5 挡的效率，按温度为 80 ℃ 时，在发动机最大转矩点转速和最大转矩条件下测得的效率评价；变速器综合效率以试件的 3、4、5 挡效率平均值表示。

汽车变速器传动效率的实测值，依挡位和车型不同，为 0.95 ~ 0.99。若测定条件不一致，则数据之间无可比性。

2. 变速器噪声试验

汽车变速器运转时，由于载荷、摩擦及冲击造成变速器各种零件发生振动而产生噪声，其噪声大小取决于变速器的设计结构参数、制造质量、零件材料及润滑油品种、使用条件等因素，故是个相当复杂的问题。

1) 试验方法

该试验应在半消声室或本底噪声和反射声影响较小的试验室进行。在非半消声室内进行试验时,应使测量场地周围 2 m 之内不放置障碍物,且测量试验台与墙壁之间的距离不小于 2 m。

在正式测量变速器噪声之前,应先测量本底噪声。按表 9 – 2 规定,在变速器的上、左、右、后四处布置声级计或麦克风,按表 9 – 2 规定的转速测得的噪声即本底噪声。

然后,待变速器油温升到 (60 ± 5)℃ 时,挂上试验挡位,将转速和转矩设置到表 9 – 2 规定的值,测量(或采集)并记录声压级。

表 9 – 2 变速器噪声测量参数

挡位	测试距离/mm	输入转速/(r·min^{-1})	输入转矩/(N·m)
前进挡	1 000 ± 10	4 000 ± 10	发动机最大转矩的 10%、20%、30%、40% ±5%
倒挡	1 000 ± 10	2 000 ± 10	发动机最大转矩的 10%、20%、30%、40% ±5%

2) 试验数据处理

(1) 使用 A 计权网络。

(2) 对于声级计,当使用"快"挡或"慢"挡,表头指针摆动小于 3 dB 时,应取上、下限读数的平均值。当使用"慢"挡,指针摆动大于 3 dB 时,应取上、下限读数的均方根值。

(3) 当被测变速器各测点所测的噪声值与该点的本底噪声值之差小于 3 dB 时,该测量值无效;当被测变速器各测点所测的噪声值与该点的本底噪声值之差等于 3 ~ 10 dB 时,按表 9 – 3 修正。

表 9 – 3 变速器噪声修正值

声级差/dB	3	4	5	6	7	8	9	10
修正值/dB	-3	-2			-1			0

(4) 变速器各挡的噪声。以 4 个测点中最大读数并经修正后的值为各挡的噪声值。

3. 变速器静扭强度试验

1) 试验方法

试验要求:输出轴固定,输入轴扭转转速不超过 15 r/min;输入轴和输出轴只承受转矩,不允许有附加的弯矩作用;变速器的轮齿受载工作面与汽车行驶工况相同。

试验时,将变速器挂入某一挡位,开机加载,直至损坏或达到规定的转矩为止,记录出现损坏时或达到规定的转矩时输入轴的输入转矩及转角。若试验过程中出现轮齿折断,则转过 120°后再试验,一个齿轮测三点,取其平均值。

2) 试验数据处理

计算试验变速器的静扭强度后备系数 K_1 为

$$K_1 = M/M_{emax} \tag{9-16}$$

式中,M,M_{emax}——试验结束时记录的转矩和发动机最大转矩(N·m)。

若静扭强度后备系数 K_1 大于等于规定值,则判定试验合格。

4. 变速器疲劳寿命试验

汽车变速器的室内台架疲劳试验是变速器台架试验的主要部分,其试验规范比较接近变速器在汽车上的使用条件。通过疲劳试验，可以在较短的时间内确定变速器在台架条件下的工作寿命，其在实际生产中应用得比较广泛。

1）试验方法

试验油温为（80±5）℃；输入转速为发动机最大转矩点转速±10 r/min；输入转矩为发动机最大转矩±5 N·m；倒挡转矩为1/2的发动机最大转矩±5 N·m；各挡试验时间按《汽车机械式变速器总成台架试验方法》（QC/T 568.1—2011）中相应要求确定，或根据整车厂的要求确定；若整车厂没有要求，则应根据齿轮和轴承的设计寿命进行试验。

试验前，按相应规范对变速器进行磨合。试验按从低速挡开始，向高速挡及倒挡的各挡位顺序进行。整个试验可分为10个循环进行。

2）试验数据处理

在试验期间，若变速器没有漏油等故障，且主要零部件无断裂、齿面严重点蚀（点蚀面积超过4 mm^2，或深度超过0.5 mm）、剥落、轴承卡滞等现象，则判定试验变速器合格。

5. 同步器寿命试验

1）试验方法

根据QC/T 568.1—2011的有关规定，试验需要的仪器设备有：可驱动变速器输出轴的驱动装置、离合器从动盘或模拟离合器从动盘的惯性盘、变速器安装支架、力传感器、记录换挡往复次数的计时器、变速器油温计、转速计、换挡执行机构等。同时，要求变速器输出轴转速在换挡过程中的波动不大于设定转速的5%。

将变速器安装在试验台上，按规定加注润滑油。试验中润滑油的温度不予控制，但不得超过90 ℃。从变速器输出端驱动变速器，在相邻两挡间交替换挡，并保证挂上相邻低挡位时输入轴转速为发动机最大功率点转速的65%～70%。各工况的循环次数按表9-4所示的规定执行，也可根据变速器的设计寿命对循环次数进行相应调整。调整换挡力为设计规定值。按10次/min的频率进行试验。

表9-4 各工况的循环次数

换挡挡位	循环次数	换挡挡位	循环次数
1-2-1挡间	≥40 000	3-4-3挡间	≥100 000
2-3-2挡间	≥75 000	4-5-4挡间	≥100 000

注：倒挡带同步器的1-R-1挡间循环次数≥15 000，其中1挡不作考核。试验时，设置输出轴转速，使输入轴在倒挡时的转速为1 000 r/min。输出轴旋转方向与车辆前进时的旋转方向相同。

2）试验数据处理

试验时，应定时检查、监听运转声音，如果发生异常（如同步器发生撞击故障，油温过高，换挡时间过长或不能挂挡等），应及时停机。在试验过程中，任意一挡不得出现换挡失效和连续5次撞击声。

6. 变速器换挡性能试验

1）试验方法

该试验所需的设备及相关要求与同步器寿命试验相同。试验前，先对变速器各挡位磨合

100次。

试验时,从变速器输出端驱动变速器;在相邻两挡间交替换挡,并保证挂上相邻低挡位时输入轴转速为发动机最大功率点转速的65%~70%;换挡力设定为设计规定值,油温设定为60℃,控制精度为±5℃,测量精度为±1℃;测量并记录各挡同步力和同步转矩。

2) 试验数据处理

在满足设计同步时间和同步力的情况下,二次冲击力的峰值不应高于同步力的70%。

9.3.2 自动变速器试验

1) 台架性能试验

该实验主要用于评价各变速挡的动力传递性能,试验项目类似液力变速器试验,包括测定传动状态下各变速挡性能的一般性能试验、测定在发动机节气门全开状态下的转矩性能试验、测定定速行驶时道路负载性能试验、测定逆驱动时的惯性行驶性能试验,以及测定输出轴无负载状态时各变速挡损失转矩的无负载损失试验。此外,对装有锁止机构的自动变速器,要在锁止离合器接合状态下进行测定。

图9-20所示为自动变速器台架试验装置。

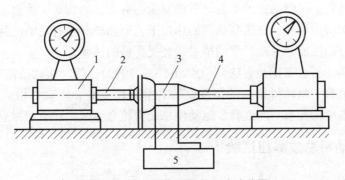

图9-20 自动变速器台架试验装置

1—动力输入测功机;2—传动轴;3—自动变速器;4—动力输出测功机;5—热变换器

除自动变速器总成试验外,还有与此相关的各构成元件的传递性能和损失试验;除变速器的单件性能试验外,还有油泵的驱动转矩、摩擦接合装置的打滑转矩以及润滑油的搅拌阻力的评价试验。

2) 变速性能试验

该实验用于评价变速时和锁止离合器接合与分离时的过渡特性(冲击和迟滞),包括变速器的测功机台架试验和整车行驶试验。前者一般最终还要通过整车进行行驶试验确认。过渡特性一般通过车辆加速,用输出转矩(传动轴转矩)以及发动机的转速来判断。但作用于摩擦接合装置的油压及电子控制自动变速器中的各种控制信号对改善特性也起作用。此外,在加速和转矩变化过程中难以明确感觉到的变速以及随着变速产生的异响,要通过感官评价来弥补。

3) 摩擦元件试验

一般在专用试验机上进行试验,试验机和试验方法由厂家自行决定。

4) 油压制动系统性能试验

取出阀本体总成进行试验,使用可控制压力和流量的油压装置,评价阀的静特性、动特性以及油压控制回路稳定性等。另外，在电子控制自动变速器中，作为调节器使用的各种电磁阀结合使用此驱动装置进行试验。

5）油泵性能试验

对油泵单件进行试验，通过可控制转矩和转速的转矩仪在其中的运转来评价喷油性能、脉动和噪声的大小等。

6）变速杆操纵感觉试验

通过变速杆的操纵力或自动变速器外杆的操纵力来评价变速杆的操纵性等。

7）停车试验

停车试验用于评价停车装置输出轴的固定和松开功能，一般采用整车行驶方式进行试验。

8）其他性能试验

在自动变速器的性能试验中，还有有关冷却系统、油量测定系统、润滑性能以及对使用环境的适应性、振动噪声等安静性的评价试验。

9.4 驱动桥总成试验

在汽车行驶过程中，驱动桥承受着繁重而复杂的载荷，如转矩、垂直的或纵向的或横向的静动载荷以及制动力矩等。在这些载荷的作用下，驱动桥必须有足够的强度和刚度，以及足够的寿命和良好的性能。为此，驱动桥必须经受严格的试验。

根据《汽车驱动桥台架试验方法》（QC/T 533—1999），汽车驱动桥需要进行如下试验：驱动桥总成静扭试验、驱动桥桥壳的刚度试验和静强度试验、驱动桥桥壳垂直弯曲疲劳试验、驱动桥总成锥齿轮支承刚性试验、驱动桥总成齿轮疲劳试验和驱动桥总成噪声试验等。

9.4.1 驱动桥总成静扭试验

1. 试验目的

该试验用于检查驱动桥总成中抗扭的最薄弱零件，计算总成静扭强度后备系数。

2. 试验方法

试验需要三件试样。试验装置主要有扭力机、$X-Y$ 记录仪和传感器等。

将装好的驱动桥总成的桥壳牢固地固定在支架上。驱动桥总成输入端与扭力机输出端相连，驱动桥输出端（即半轴输出端或轮毂）固定在支架上。调整扭力机力臂，并校准仪器。开动扭力机缓慢加载，通过 $X-Y$ 记录仪记录转矩 M 与扭角 θ 间的关系曲线（$M-\theta$ 曲线），直至一个零件扭断为止，记录扭断时的转矩和扭角。

3. 试验数据处理与评价

(1) 计算静扭强度。取三件试样的扭断转矩的算术平均值。

(2) 计算静扭强度后备系数。静扭强度后备系数的计算公式为

$$K_k = M_k / M_p \tag{9-17}$$

式中，M_k——静扭断裂转矩（N·m）；

M_p——M_{pe}（按发动机最大转矩计算的试验计算转矩）与 $M_{p\varphi}$（按最大附着力计算主减速器主动齿轮的试验计算转矩）之中较小的一个（N·m）。

其中
$$M_{pc} = M_{emax} i_{k1} i_{p1} / n_1 \tag{9-18}$$

式中，M_{emax}——发动机最大转矩（N·m）；

i_{k1}——变速器1挡传动比；

i_{p1}——分动器低速挡传动比；

n_1——使用分动器低速挡时的驱动桥数。

$$M_{p\varphi} = P\varphi r_k / i_0 \tag{9-19}$$

式中，P——满载轴荷（N）；

φ——附着系数，取 0.8；

r_k——轮胎滚动半径（m）；

i_0——驱动桥传动比。

（3）分析试验数据。对试验后损坏零件的断口、金相和数据进行分析。

（4）试验评价。根据《汽车驱动桥台架试验评价指标》（QC/T 534—1999）的相关规定，驱动桥总成静扭试验最薄弱零件应是半轴，如果试验结果不是半轴，则需查明原因。静扭强度后备系数 K_k 应满足 $K_k > 1.8$。

9.4.2 驱动桥桥壳的刚度试验与静强度试验

1. 试验目的

该试验用于检查驱动桥桥壳的垂直弯曲刚性和垂直弯曲强度，计算其抗弯后备系数，只适用于非独立悬架、全浮式半轴结构的驱动桥桥壳。

2. 试验方法

试验需要三件试样。试验装置主要有液压疲劳试验机或材料试验机、液压千斤顶、百分表或位移传感器、应变仪、应变片等。

试验时，把装有主减速器壳和后盖的桥壳安装在支架上，桥壳必须放平。如果施力点为两钢板弹簧中心，则支点为该桥轮距的相应点。也可以将施力点和支点位置互换。安装时，加力方向应与桥壳轴管中心线垂直，支点应能滚动，以适应加载变形不致运动干涉。安装之后预加载至满载轴荷 2~3 次，卸载后进行正式测量。卸载至零时，调整百分表或位移传感器至零位，测点位置不应少于 7 个。测点位置如图 9-21 所示。

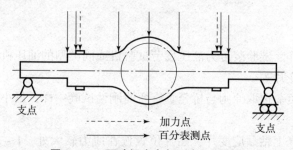

图 9-21 驱动桥支点与测点位置示意

1）桥壳垂直弯曲刚性试验

在上述施力点缓慢加载，从零开始记录百分表或位移传感器的读数，用应变仪监测负荷。在负荷从零增长至试验最大负荷值的过程中，记录不得少于三次，且必须记录满载轴荷与试验最大负荷时各测点的位移量。每根桥壳最少测三遍。每次试验开始时，都应将百分表或位移传感器调至零位。

桥壳垂直弯曲刚性试验的最大负荷选取如下：被试车辆作载货车使用时，按该驱动桥载货的满载轴荷的 2.5 倍计算；作越野车使用时，按该驱动桥的越野满载轴荷的 3 倍计算。试验时，将上述两种试验最大负荷下静态所测的应力作为静态和动态的最大负荷的标准。

2）桥壳垂直弯曲静强度试验

做桥壳垂直弯曲静强度试验时，加载至上述试验最大负荷时，取下百分表或位移传感器，一次加载至破坏，中间不得反复。记录失效（断裂或严重塑性变形）载荷。

3. 试验数据处理与评价

1）驱动桥桥壳垂直弯曲刚性试验

计算桥壳最大位移点与轮距之比的数值，并画出满载轴荷和试验最大负荷下各测点的位移量，将其连成折线。

2）驱动桥桥壳垂直弯曲静强度试验

按式（9-20）计算失效（断裂或严重塑性变形）后备系数为

$$K_n = P_n/P \tag{9-20}$$

式中，P_n——垂直弯曲破坏载荷（N）；

P——满载轴荷（N）。

3）分析试验数据

对桥壳垂直弯曲静强度试验的样品断口、金相和数据进行分析。

4）试验评价

根据《汽车驱动桥台架试验评价指标》（QC/T 534—1999）的规定，驱动桥满载轴荷时每米轮距最大变形不得超过 1.5 mm；失效（断裂或严重塑性变形）后备系数 K_n 必须满足 $K_n > 6$。

9.4.3 驱动桥桥壳垂直弯曲疲劳试验

1. 试验目的

该试验用于测定驱动桥桥壳垂直弯曲疲劳寿命，只适用于非独立悬架、全浮式半轴结构的驱动桥桥壳。

2. 试验方法

试验需要五件试样。试验装置为液压疲劳试验机或同类型的油压机、液压千斤顶、应变仪、光线示波器和应变片等。

试验加载的最大负荷选取原则与桥壳垂直弯曲刚性试验一样；最小负荷为应力等于零时的载荷。

试验时，先在桥壳上粘贴应变片，贴片位置选在应力较大处，1~2 片即可（此片起监测作用）。桥壳的安装及力点与支点位置要求与桥壳垂直弯曲刚性试验一样。桥壳安装后，预加载至前述试验最大负荷三次，卸载后开始试验。先加静载荷，用测定计、应变仪及光线示波器分别对试验机标定，并测出最小载荷和最大载荷所对应的应变值。测试精度要求控制在±3%内。然后加脉动载荷，加载时，用应变仪、光线示波器控制最大和最小载荷，并监测至桥壳断裂。记录损坏时的循环次数和损坏情况。

3. 试验数据处理与评价

（1）桥壳垂直弯曲疲劳寿命遵循对数正态分布，取其中值疲劳寿命。

（2）根据《汽车驱动桥台架试验评价指标》（QC/T 534—1999）的相关要求，桥壳垂直弯曲疲劳寿命的中值疲劳寿命不应低于 8.0×10^4 次，试验样品中最低寿命不得低于 50×10^4 次。

9.5　车轮性能试验

近年来，随着汽车技术水平的提高，汽车车轮对汽车的行驶安全性和操纵稳定性的影响日益受到人们的关注。鉴于此，SAE、JASO 以及 ISO 等标准和我国标准均对汽车车轮做了详细的技术要求。其中，动态弯曲疲劳试验、动态径向疲劳试验、冲击试验是汽车车轮最基本、最主要的性能试验。

我国汽车车轮的性能试验主要参照以下三个标准进行，即《乘用车车轮性能要求和试验方法》（GB/T 5334—2005）、《商用车辆车轮性能要求和试验方法》（GB/T 5909—2009），以及《道路车辆　轻合金车轮　冲击试验方法》（GB/T 15704—2012）。

9.5.1　动态弯曲疲劳试验

1. 试验方法

车轮动态弯曲疲劳试验也称为动态横向疲劳试验，该试验是使车轮承受一个旋转的弯矩，模拟车轮在行车中承受弯矩负荷。试验弯矩 M 为强化了的实车中承受的弯矩，可表达为

$$M = (\mu R + d) F_V S \tag{9-21}$$

式中，M——弯矩（N·m）；

μ——轮胎与路面间的设定摩擦系数；

R——轮胎静负荷半径，是汽车制造厂或车轮厂规定的用在该车轮上的最大轮胎静半径（m）；

d——车轮内偏距或外偏距（m）（内偏距为正值，外偏距为负值）；

F_V——车轮或汽车制造厂规定的车轮上的最大垂直静负荷或车轮的额定负荷（N）；

S——强化试验系数。

试验在图 9-22 所示的专用试验机上进行。试件为一个全新车轮。试验时，按图将车轮（或车轮轮辋）牢固地夹紧在试验夹具上。试验装置的连接面应与被试车轮用在车辆上的车轮安装装置相当。试验连接件安装面和车轮安装面均应光洁、平整。加载臂和连接件用无润滑的双头螺栓和螺母（或螺栓）连接到车轮的安装平面上；安装情况应与装于车辆上的实际使用工况相当。在试验开始时，把车轮螺母（或螺栓）拧紧至汽车制造厂所规定的力矩值。

为对车轮施加弯矩，在规定距离（力臂）处施加一平行于车轮安装面的力，重复加载

至要求的最低循环次数。

2. 失效判定依据

车轮试验最低循环次数完成后，出现下列情形之一即判定该试验车轮失效：

（1）车轮不能继续承受载荷。

（2）原始裂纹产生扩展或出现应力导致侵入车轮断面的可见裂纹。

（3）在达到规定的循环次数之前，对于乘用车钢制车轮，加载点的偏移量已超过初始全加载偏移量的 10%；对于乘用车轻合金车轮，加载点的偏移量已超过初始全加载偏移量的 20%；对于商用车辐板式车轮和可拆卸式轮辋的车轮，自动传感装置偏移增量超过 15%。

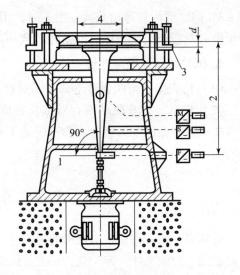

图 9-22 车轮动态弯曲疲劳试验机结构示意
1—试验载荷；2—力臂；3—轮辋中心线；4—直径

9.5.2 动态径向疲劳试验

1. 试验方法

车轮动态径向疲劳试验是使车轮承受一个径向压力而进行旋转疲劳试验，模拟车轮在行车中承受车辆垂直负荷。试验负荷 F_r 为强化了的实车中车轮承受的垂直负荷

$$F_r = F_V K \tag{9-22}$$

式中，F_V——规定的车轮上的最大垂直静负荷或车轮的额定负荷（N）；

K——强化试验系数。

试验在专用的试验机上进行，试验机应具有在车轮转动时向其传递恒定径向负荷的能力，此功能一般采用转鼓来实现。采用标准转鼓旋转来带动车轮旋转，同时施加规定负荷，如图 9-23 所示。转鼓具有比承载轮胎断面更宽的光滑表面，加载方向垂直于转鼓表面且与车轮和转鼓的中心连线在径向方向上一致，转鼓轴线和车轮轴线应平行，推荐转鼓直径为 1 700 mm。

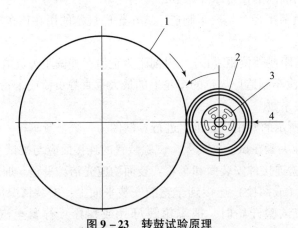

图 9-23 转鼓试验原理
1—转鼓；2—轮胎；3—车轮；4—径向负荷

试验车轮所用的轮胎应能达到车轮的额定负荷或车轮厂或汽车制造厂规定的最大负荷能力。试验轮胎的冷充气气压应符合相关要求。试验期间，轮胎压力将升高，这是正常现象，无须调整轮胎气压。加载系统应保持规定的载荷，误差不超过±2.5%。试验准备完毕后，按要求的负荷对车轮加载至规定最低循环次数。

2. 失效判定依据

车轮试验最低循环次数完成后，出现下列情形之一即判定该试验车轮失效：

（1）车轮不能继续承受载荷或轮胎压力。

（2）原始裂纹产生扩展或出现应力导致侵入车轮断面的可见裂纹。

（3）对于商用车辐板式车轮和可拆卸式轮辋的车轮，自动传感装置偏移增量超过15%。

9.5.3 冲击试验

车轮冲击试验是在车轮上施加一个冲击力，模拟车轮在实车中承受石块等物的侧向冲击。试验将车轮安装在带倾斜角度的冲击试验机上，以一定质量的冲头从规定的高度自由下落冲击车轮。

对于道路车辆轻合金车轮的冲击试验应按2013年7月实施的《道路车辆 轻合金车轮 冲击试验方法》（GB/T 15704—2012）进行，该标准规定了一种车轮冲击性能检测的试验室试验方法，用以评定用轻合金制造的车轮轴向（横向）撞击路缘的性能。该方法适用于道路车辆轻合金车轮，目的是对车轮进行验证和（或）质量控制。

1. 试验方法

该试验需在车轮冲击试验机上完成。试验选用的轮胎应为车辆制造厂规定的轮胎，如果没有规定轮胎，则应采用车轮适用的最小名义断面宽度的无内胎子午线轮胎。充气压力为车辆制造厂规定的值，若无规定，则应为（200±10）kPa。在整个试验过程中，环境温度应保持在10～30℃。将试验车轮和轮胎总成安装到试验机上时，应使冲击载荷可以施加到车轮轮缘。安装后，应保证车轮的轴线与铅垂方向之间的角度为（13±1）°，车轮最高点正对冲锤。此外，应保证车轮在试验机上的固定装置在尺寸上与车辆上使用的固定装置相当。手动拧紧螺母或螺栓到规定的力矩值，或采用车辆或车轮制造厂推荐的方法拧紧。由于车轮中心部分设计的多样性，在车轮轮缘圆周上应选择足够的位置进行冲击试验，以确保中心部分评价的完整性。每次试验都应使用新的车轮。

试验时，保证冲锤在轮胎的上方，并与轮缘重叠（25±1）mm。提升冲锤到轮缘最高点上方（230±2）mm处，然后释放冲锤，进行冲击。

2. 试验评价

车轮冲击试验完成后，检查车轮，如果出现下述任何一种情形，则认为试验车轮失效：

（1）可见裂纹穿透车轮中心部分的截面。

（2）车轮中心部分与轮辋分离。

（3）在1 min内，轮胎气压全部泄漏。

如果车轮变形，或者被冲锤直接冲击的轮辋断面出现断裂，则不能认为试验车轮失效。

9.6 减振器特性试验

汽车悬架的减振装置大多数采用体积小、质量轻、散热快、振动能够迅速衰减的筒式减振器。目前,国内汽车行业筒式减振器试验标准主要有《汽车筒式减振器台架试验方法》(QC/T 545—1999)和《汽车筒式减振器尺寸系列及技术条件》(QC/T 491—1999)。汽车减振器特性试验主要包括示功特性试验、温度特性试验和耐久性试验等。

9.6.1 示功特性试验

示功特性试验是指减振器在规定的行程和试验频率下,两端做相对简谐运动,其阻尼力随位移的变化关系的阻力特性试验。该项试验的目的是测取试件的示功图和速度特性曲线。

1. 试验设备

减振器示功特性试验在示功试验台上进行,示功试验台可采用机械式或液压式。无论采用哪种形式,均应满足以下条件:

(1) 单动,一端固定,另一端实现谐波(正弦)运动。
(2) 行程可调,至少为100 mm,测量精度高于1.0%。
(3) 有级或无级变速,最大试验频率至少为5 Hz。
(4) 功率足够大,在速度为1.0 m/s时,检测减振器速度误差小于1.0%。
(5) 力传感器的精度高于1.0%。
(6) 减振器示功试验台的三次检测误差要小于3.0%或40 N。
(7) 测量过程自动记录、保存、处理及输出。

2. 测试条件

(1) 试件温度为(20±2)℃。测试前,需将减振器在(20±2)℃的温度下至少存放1.5 h。
(2) 运动方向:如果没有特别说明,则为垂直方向。
(3) 减振器活塞位置:减振器行程的中间区域。
(4) 排气过程:要求5个排气过程,行程100 mm和试验频率1.67 Hz($v = 0.524$ m/s)或0.83 Hz($v = 0.262$ m/s)。如果减振器行程不够,建议采用行程50 mm和试验频率3.33 Hz。

3. 额定阻力及其测试要求

减振器做示功试验时,额定阻力是指活塞速度为0.52 m/s时的阻力。一般定义为行程为100 mm和试验频率为1.67 Hz下的速度。若减振器行程小于100 mm,则可以选用行程为50 mm和试验频率3.33 Hz下的速度。必要时,制造厂可与用户协商确定试验条件。

不同速度下减振器额定阻力的允许值见表9-5。

表9-5 不同速度下额定阻力的允许值

活塞速度 $v/(\text{m} \cdot \text{s}^{-1})$	≤0.131	0.262	≥0.52
复原阻力 F_{df}/N	$\pm(20\% F_{df} + 30)$	$\pm(15\% F_{df} + 30)$	$\pm(12.5\% F_{df} + 30)$
压缩阻力 F_{dy}/N	$\pm(20\% F_{df} + 40)$	$\pm(17.5\% F_{df} + 40)$	$\pm(15\% F_{df} + 40)$

在测量阻力时，为保证测试的正确性，阻力值在行程中点 ±5% 范围内读取。如果减振器行程不够，则可将行程改为 75 mm、50 mm 或 25 mm，并相应地调整测试条件，以达到所需的测量速度。

4. 数据处理

通过对减振器阻尼特性试验数据的分析处理，利用计算机程序，可绘制出减振器的示功图和速度特性曲线，如图 9-24（a）和图 9-24（b）所示。在给定频率和幅值情况下，可根据单个循环情况下所测得的减振器位移和阻尼力，通过计算机程序，绘制减振器示功图和速度特性曲线。其中，减振器在某位移处的速度即该位移处的导数。

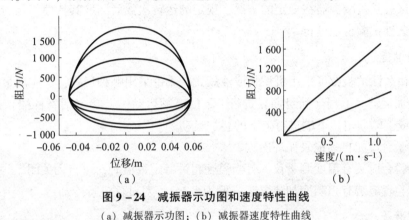

图 9-24　减振器示功图和速度特性曲线
（a）减振器示功图；（b）减振器速度特性曲线

9.6.2　温度特性试验

温度特性试验是指减振器在规定的速度下，并在多种温度条件下，测取阻力随温度的变化关系的特性试验。该试验的目的是测定温度特性 $F_d - T$ 曲线及计算热衰减率。试验在减振器示功试验台上进行，并配以电热鼓风箱及电冰箱或等效的升温、降温装置。

试验温度取以下值：-30 ℃、-20 ℃、-15 ℃、0 ℃、20 ℃、40 ℃ 和 80 ℃，测温允许误差为 ±3 ℃。在达到所规定温度后，要求保温 1.5 h。试件试验运行方向为垂直方向，活塞在减振器行程的中间区域运动，试验行程为 100 mm，试验速度为 0.52 m/s，试验频率为 1.67 Hz。若减振器工作行程低于 100 mm，则采用 50 mm 行程，试验频率为 3.33 Hz。

试验时，先将试件升温至试验温度并保温 1.5 h，然后取出试件，立即按示功特性试验方法进行试验。记录各温度下的复原阻力 F_{df} 和压缩阻力 F_{dy} 值，并处理生成图 9-25 所示的温度特性曲线。

按 0.52 m/s 速度的试验结果计算复原（或压缩）工况的热衰减率为

$$\varepsilon_{f(y)} = \frac{F_{d20} - F_{d80}}{F_{d20}} \times 100\% \qquad (9-23)$$

式中，$\varepsilon_{f(y)}$——复原或压缩工况下的热衰减率，下标 f 和 y 分别表示复原工况和压缩工况；

F_{d20}，F_{d80}——减振器在试验温度 20 ℃ 和 80 ℃ 时的阻尼力（N）。

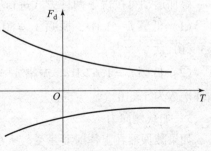

图 9-25　减振器温度特性曲线

对减振器的油温升降引起的阻尼力的变化要求是：当速度为 0.52 m/s（-30 ℃）时，其衰减率不小于 -200%；在 80 ℃时，其衰减率不大于 20%。第一次和最后一次（20 ℃）测量所得的阻尼力差值应小于 100 N 或 7%。

减振器的动态低温密封性试验，可用冬季行车试验代替。具体条件为：在室外晚上最低温度为 -40 ℃以下，白天最高温度不超过 -20 ℃，行车试验至少 3 天。每天至少起动汽车 1 次，每次连续行驶里程超过 100 km。减振器应工作正常，无泄漏。

9.6.3 耐久性试验

耐久性试验是指减振器在规定的工况、规定的运转次数后测取其特性变化的试验。试验在减振器耐久性试验台上进行。

1. 试验设备

减振器耐久性试验台可采用机械式或液压式。无论采用哪种形式，均应满足以下条件：

（1）叠加运动。下端（筒身端）进行上下的高频运动，上端（活塞杆端）进行上下的低频运动；或上端固定，下端进行上下的叠加运动。

（2）试验台应能自动记录循环次数。

（3）试验台应装有温度测量仪，且当温度超过特定数值时，可自动关闭。

（4）试验台应装有强制冷却装置（一般为水冷），对试件进行冷却。

2. 试验准备

试验前，应尽可能地去除连接件（如防尘罩），以增大冷却面积。按照阻力测量方法，测量试件的阻力特性，并称重量，将其作为耐久特性试验前的数据保存。试件的活塞位置位于减振器工作行程的中间区域；上下位置应对中良好，垂直方向安装。安装强制冷却装置及温度测量仪。

3. 减振器耐久性测试方法

1）测试时的温度控制

为控制温度，必须在储液缸外径导向器的高度安置一个温度探头，并与外部隔绝。以强制冷却方式控制减振器温度在 65~80 ℃。当阻尼值较高、温度超过 80 ℃时，必须设定持续冷却的停顿时间。在油被快速混合和冷却时，活塞运动可在低速状态下进行，此类循环次数不记入耐久性试验循环次数。如果减振器温度未达 65 ℃，则按自然状态进行耐久特性试验。

2）叠加运动

叠加运动可按以下两种方式进行叠加：

（1）低频 $f_1 = 1$ Hz，振幅 $A_1 = 80$ mm；高频 $f_2 = 12$ Hz，振幅 $A_2 = 20$ mm；工作循环次数为 5×10^5 次。

（2）低频 $f_1 = 1.67$ Hz，振幅 $A_1 = 100$ mm；高频 $f_2 = 10.33$ Hz，振幅 $A_2 = 16$ mm；工作循环次数为 5×10^5 次。

3）加载侧向力

如果减振器在工作时要承受较大的侧向力，则可以根据客户要求，在耐久特性试验时加载侧向力，其大小由双方协商。

4. 测试结果评判

（1）耐久性试验前后的阻尼力变化不得超过 $20\% F_d + 50$ N。

（2）示功图应保持正常，当 $v \leqslant 0.524$ m/s 时，波动不得超过 20%；当 $v = 1.048$ m/s 时，波动不得超过 40%。

（3）减振器无可视的泄漏，减振器油雾化不超过加油量的 15%。

（4）试验后，拆开试件进行目测检查，各零件不能出现影响减振器功能的损坏。

本章小结

1. 发动机试验包含功率试验、负荷特性与万有特性试验、机械效率测量试验与发动机可靠性试验。
2. 离合器试验对离合器盖总成、从动盘总成与离合器耐久性和可靠性进行试验。
3. 变速器总成试验分为机械式变速器台架试验与自动变速器试验。
4. 驱动桥总成试验包括驱动桥总成静扭试验、驱动桥桥壳刚度试验与静强度试验、驱动桥桥壳垂直弯曲疲劳试验。
5. 车轮性能试验包括动态弯曲疲劳试验、动态径向疲劳试验和冲击试验。
6. 减振器试验对示功特性、温度特性和耐久性进行试验。

复习思考题

1. 简述发动机功率的测量方法。
2. 简述发动机机械损失功率的常用测量方法。
3. 简述汽车离合器的主要试验项目，各试验项目用于测定离合器的什么特性。
4. 简述汽车变速器传动效率的测定方法。
5. 简述驱动桥桥壳的刚度试验与静强度试验方法。
6. 简述驱动桥桥壳的垂直弯曲疲劳试验方法。
7. 简述汽车车轮的动态弯曲疲劳试验方法。
8. 汽车筒式减振器的试验项目有哪些？简述其试验方法。

第 10 章　汽车虚拟试验技术

教学目标

1. 了解虚拟试验的定义与特点。
2. 了解常用虚拟试验软件。
3. 了解虚拟试验在汽车工程领域的应用。

教学要点

知识要点	相关内容
试验的定义与特点	了解虚拟试验的定义与特点
常用虚拟试验软件	了解常用虚拟试验软件的界面与试验方法
虚拟试验在汽车工程领域的应用	了解虚拟试验在汽车工程领域的应用

10.1　概　　述

随着计算机软硬件水平和数值仿真技术的不断发展,建立在计算机仿真技术基础上的虚拟试验技术得到了快速发展和广泛应用。虚拟试验技术是一种先进的计算机试验仿真技术,利用它可以在虚拟试验环境下,借助交互式技术和试验分析技术,使设计者在汽车设计阶段就能对产品的性能进行评价或试验验证。

10.1.1　虚拟试验的定义

广义上,虚拟试验是指任何不使用(或部分使用)实际硬件来构成试验环境,以完成实际物理试验的方法和技术。简而言之,虚拟试验就是在虚拟环境中进行的试验。虚拟试验是基于软件工程研制的仿真试验系统,使设计者在设计阶段就能对产品的运动、性能进行评价或体验。具体而言,虚拟试验就是在计算机上采用软件代替部分(或全部)硬件来实现各种虚拟试验环境,使试验者如同在真实的环境中一样完成各种预定的试验项目,并取得接近(或等价于)真实试验的数据结果。

虚拟试验系统包括纯软件型和硬件在环型(半实物)两种。纯软件型系统将试验环境、对象全部抽象为数学模型,将抽象的数学模型和软件技术作为重点,仅利用软件来完成整个系统的仿真,可以采用 MATLAB/Simulink 或一些专用开发工具进行开发。硬件在环型是在计算机软硬件技术发展到一定阶段之后才出现的一种集多种技术于一体的综合系统,是指将硬件实物嵌入仿真系统的实时动态仿真技术，需要同时完成大量运算、数据处理和执行多任务，强调了软硬件技术以及电子技术的结合，通过真实硬件发出一些关键信号，其可信度比纯软件型高，可把一些通用开发工具或 ADI、DSpace 等开发的仿真软件作为开发工具。

10.1.2　虚拟试验的特点

虚拟试验在为真实试验做前期准备工作的同时，还可以在一定程度上替代真实试验。与真实试验相比，虚拟试验具有以下特点：

（1）试验成本低。虚拟试验可大幅度减少样车制造试验次数，缩短产品试验周期，提高试验效率，大大降低实际试验的成本。

（2）试验可重复。采用虚拟样机代替实物试验，可灵活地改变试验参数和试验条件，反复进行试验。试验不受场地、时间和次数的限制，可对试验过程进行回放、再现和重复。

（3）试验安全可靠。虚拟试验可以避免真实试验的危险性和危害性。很多科学试验都存在很大的潜在危险，尤其是探索性试验，如汽车碰撞试验。

（4）试验可控性好。现实中的一些高难度试验，因涉及的参数多、环境复杂，使试验条件不易控制。采用虚拟试验，就可以人为设计和灵活改变复杂的环境和众多参数，进行重复试验。

（5）信息量大而丰富。完成一次虚拟试验，可采集系统各个部位及环节的各种信息，并以多种形式（文字、数据、曲线、图形、动画等）展现出来。而完成一次真实试验，受到数据采集记录和测试条件的限制，所获得的信息量十分有限。

10.1.3　常用虚拟试验软件

汽车虚拟试验技术是在 CAD/CAE/CAM 技术及多体系统动力学基础上发展起来的，常用的虚拟试验软件主要有以下几种：

1. ADAMS 软件

ADAMS 即机械系统动力学自动分析（Automatic Dynamic Analysis of Mechanical Systems），是由美国 MDI 公司开发的虚拟试验软件。ADAMS 除用于机械系统静力学、运动学和动力学分析外，还可作为虚拟样机分析的二次开发平台，以供用户进行特殊功能样机的开发。ADAMS 提供零件库、约束库和力库等建模模块，将拉格朗日乘子法作为求解器，由基本模块（即 ADAMS/View 模块）、接口模块（如 Pro/E 接口模块、Catia 接口模块和图形接口模块等）、扩展模块（如振动分析模块、耐久性分析模块、液压系统模块等）、专业领域模块（如轿车模块、驾驶人模块、轮胎模块、发动机模块等）和工具箱（如虚拟试验工具箱、虚拟试验模态分析工具箱、齿轮传动工具箱等）组成。

2. MATLAB 软件

MATLAB 是由美国 Mathworks 公司于 1982 年开发的一款集数值分析、矩阵计算、算法开发、数据分析、非线性动态系统的建模与仿真等诸多功能于一体的软件，主要包括 MATLAB 和 Simulink 两大部分。在数学类科技应用软件中，MATLAB 与 Mathematica、Maple 并称为三大数学软件。

MATLAB 的主要应用领域为：工程计算；数学、统计与优化；测试与测量；图像与声音处理；信号检测、处理与通信；控制系统设计与分析；模型预测和金融分析，等等。此外，MATLAB 对许多专门领域开发了功能强大的工具箱，用户可直接通过调用工具箱来解决自己的实际问题，而无须编写相应的程序代码。

Simulink 模块是 MATLAB 软件的扩展，它是一个能实现系统可视化建模、动态仿真和分析的软件包，用户只需用鼠标将相应的模块拖放到建模窗口中，并采用合适的连接方式将各模块连接起来，就可建立起直观的系统模型，并可通过鼠标点击来启动仿真。Simulink 模块与 MATLAB 联合使用，可实现连续系统、离散系统以及连续和离散混合系统的动态仿真与分析。

3. ADVISOR 软件

ADVISOR 即高级车辆仿真器（Advanced Vehicle SimulatOR），是美国能源部（DOE）为管理混合动力驱动系统子合同项目而开发的、一种基于 MATLAB/Simulink 环境的可用于分析传统汽车、纯电动汽车和混合动力汽车的动力性、燃料经济性以及排放性等性能的虚拟试验软件。该软件采用模块化的设计思想，提供了整车、离合器、发动机、变速器、主减速器、车轴、车轮、变速器、道路循环和机械负载等模块，各模块间都有相应的数据输入接口和数据输出接口，用以在模块间进行数据传递。ADVISOR 采用了后向仿真和前向仿真相结合的混合仿真方法，并以后向仿真为主，前向仿真为辅；其仿真模型和源代码实行全部开发，用户可以免费使用。此外，ADVISOR 还提供了与 Simplorer、Sinda/Fluint 和 Saber 等软件的接口，便于实现联合仿真。

ADVISOR 的仿真操作可分为 3 步：汽车参数的输入、仿真参数的设置、仿真结果查看。它们分别由三个相应的界面实现。ADVISOR 提供图形用户操作界面（GUI），单击 GUI 中显示的汽车各部件图标后，弹出相应的源文件（即 MATLAB 格式的 .m 文件），既可在源文件中修改各部件参数，也可直接通过参数对话框修改，这为用户定义不同的整车车型进行仿真带来极大的方便。

4. AVL Cruise 软件

AVL Cruise 是由奥地利 AVL（李斯特内燃机及测试设备公司）开发的一款研究汽车动力性、燃料经济性、排放性能及制动性能的仿真软件。该软件采用模块化的建模方法，可以搭建和仿真任何一种配置的汽车系统。该软件可用于汽车开发过程中的动力系统、控制系统、传动系统、排放系统开发，汽车性能预测、整车仿真计算以及控制参数和驾驶性能的优化；可实现发动机、轮胎、电动机、变速箱等部件的选型及其与车辆的匹配优化。

汽车上的所有零部件（如整车、发动机、变速器、离合器、分动器、制动器、轮胎、主减速器、电动机和差速器等）在 AVL Cruise 中都有相应的元件与之对应，建模时，用户无须建立各部件的模型，只需从模型库中将相应的元件拖动到建模窗口。每个部件都有动力输入和动力输出两个接口，应按序连接各部件间的动力传输路线，为了实现对车辆的控制，还需添加驾驶室模块。此外，AVL Cruise 还留有与 MATLAB/Simulink 模块的接口，可以实现 AVL Cruise 与 MATLAB/Simulink 的联合仿真。

5. MSC Fatigue 软件

MSC Fatigue 是由 nCode 和 MSC 公司合作开发的疲劳寿命有限元分析软件。在产品生产制造之前使用 MSC Fatigue 进行疲劳寿命分析，可极大地降低生产原型机和进行疲劳寿命测试所带来的巨额费用。MSC Fatigue 可用于结构的初始裂纹分析、裂纹扩展分析、振动疲劳分析、焊接疲劳分析、疲劳优化设计、多轴疲劳分析和应力寿命分析等。MSC Fatigue 具有约 200 种材料的数据库，带有图形显示、输入和编辑以及检索功能；拥有多轴载荷鉴别及显示工具；与 nSoft 软件兼容，支持多种计算机平台；还可对材料进行表面加工和修正表面处理等。

6. nSoft 软件

nSoft 是由 nCode 公司开发的一套专门为解决工程系统疲劳问题的软件，主要由数据分析、数据显示、疲劳分析等模块组成，其功能涵盖了数据采集、疲劳分析以及试验室疲劳模拟三个工程疲劳设计的主要领域。nSoft 主要由核心模块 nSoft–E、扩充模块 nSoft–E、疲劳分析模块 Fatimas 和疲劳试验室数据分析系统 TestLab 组成。nSoft 软件主要应用于汽车、铁路、能源、国防等工业领域。

10.2 虚拟试验在汽车工程领域的应用

10.2.1 汽车主要使用性能虚拟试验

1. 动力性与经济性虚拟试验

汽车的动力性和燃料经济性对汽车的运输效率和运输成本具有直接的影响。传统试验方法受外界因素的影响较大。采用虚拟试验技术模拟汽车的动力性和燃料经济性，具有使用方便、快捷、重复性强等优点，而且能消除实车试验中驾驶人、气候条件和道路环境等外界因素对试验的影响。

基于 AVL Cruise 软件的动力性与经济性虚拟试验的基本步骤如下：

1）整车仿真模型的建立

（1）结构模型的建立。将整车（Vehicle）模块、发动机（Engine）模块、传动轴（Shaft）模块、主减速器（Single Ratio）模块、离合器（Clutch）模块、制动器（Brake）模块、变速器（Gear Box）模块、驾驶室（Cockpit）模块、差速器（Differential）模块及车轮（Wheel）模块等从 Cruise 模型库中拖到建模窗口，并建立各模块间的连接关系，就可以建立整车仿真所需的模型。

（2）各模块参数的输入。为提高整车仿真模型的精度，需在输入模板中输入各模块参数。需要输入的各模块参数主要有：整车的迎风面积、空载质量和阻力系数；主减速器的传动比及传动效率；发动机的外特性曲线；变速箱各挡传动比及传动效率；旋转部件的转动惯量；燃油消耗量 MAP 图；轮胎的滚动阻力系数以及离合器接合过程规律等。实际上，要使仿真结果准确可靠，需要在相应的模块中输入大量试验数据，并通过仿真计算及相关性分析对输入数据进行修正。

（3）仿真计算模式的选择。在 AVL Cruise 软件中，有多种计算模式可供用户选择。就算法来说，有稳态计算、准稳态计算、瞬态计算三种类型；就计算种类而言，有简单计算、组件计算、矩阵复合计算、批处理计算四种类型。每种计算模式都有各自的运算范围和计算特点，使用者可根据计算需要来选择相应的计算模式。

2）动力性与经济性虚拟试验实现

在整车仿真模型建立后，要按照自己的仿真需要对该车型的动力性和经济性计算任务进行定义，AVL Cruise 软件提供的计算任务主要有最高车速、加速性能、爬坡性能、最大牵引力、循环工况、制动/滑行性能等。

在 AVL Cruise 软件中，对所建立的仿真模型进行动力性能虚拟试验，就可完成装备车辆的最高车速、加速性能和爬坡性能仿真。通过燃料经济性虚拟试验，可以获取在一定工况下汽车行驶百公里的燃油消耗量或一定燃油消耗量能使汽车行驶的里程等参数。为了避免单一工况下燃油消耗量的仿真结果不全面的弊端，还可获得由等速、加速、减速和怠速工况组成的多工况循环行驶百公里的燃油消耗量。

3）试验验证

做整车动力性和燃料经济性实测试验，对比试验结果与仿真结果，以验证所建仿真模型的合理性和仿真结果的正确性。

2. 制动性能虚拟试验

目前，汽车制动性能虚拟试验主要由 ADAMS 软件和 MATLAB 软件联合仿真实现。通常在 ADAMS/View 模块或在 ADAMS/Car 模块中建立多自由度的整车仿真模型，而在 MATLAB/Simulink 模块中建立防抱死制动系统（ABS）的控制模型，然后将防抱死制动系统（ABS）控制模型的仿真数据文件导入 ADAMS 软件，进行整车多体系统动力学仿真。

1）整车仿真模型的建立

在多体动力学软件 ADAMS/View 模块中建立多自由度的多体动力学整车仿真模型，该模型主要由车身、轮胎、前后悬架、转向机构、横向拉杆和传动系统等子系统组成。在对各子系统建立几何模型时，还要依据各零部件的实际约束状况建立各子系统间的约束。进行整车模型制动性能虚拟试验时，需要输入的参数主要有质量参数、几何定位参数、路谱文件、轮胎特性参数以及驱动力矩和制动力矩等力学特性参数，这些参数的准确与否直接影响整车仿真模拟的精度，最好从汽车生产厂家或通过试验获取。

2）制动性能虚拟试验实现

（1）直线制动和转弯制动虚拟试验。汽车的制动性能可按直线制动和转弯制动两类进行研究。其中，直线制动可分为起步加速、匀速行驶和制动三个试验研究阶段；转弯制动又可分为起步加速、转弯、匀速行驶和制动四个试验研究阶段。

直线制动虚拟试验的实现过程如下：起步加速阶段虚拟试验通过在变速箱输入轴及主减速齿上施加驱动或转矩，或者在传动轴输入端的旋转副上加载驱动或转矩来实现；匀速行驶阶段可利用驱动力矩、驱动函数和 MPACT 函数来控制汽车匀速行驶，进而进行虚拟试验。制动阶段虚拟试验的实现通过两种途径来进行：一种是通过在主减速齿上施加反力矩来抑制主减速齿轮转动的方式；另一种是分别对前后轮施加制动力矩来达到停车的目的。

转弯制动虚拟试验几个阶段的试验方法都可以按照直线制动虚拟试验相应阶段的方法进行。

（2）防抱死制动系统（ABS）虚拟试验。通过 ADAMS 软件的 Controls 模块，可对 ADAMS 模型施加复杂的控制，以实现 ADAMS 软件中的系统动力学模型和 MATLAB/Simulink 模块中的控制模型的联合仿真。在与 ADAMS 软件结合以前，需要先在 MATLAB/Simulink 模块中建立以滑移率为参数的控制系统，然后将 MATLAB/Simulink 模块中输出的文件导入 ADAMS 软件，最后在 ADAMS 软件中进行防抱死制动系统与系统动力学模型的联合仿真，以实现 ABS 的实时控制功能。

目前，在防抱死制动系统（ABS）虚拟试验方面主要进行车速与制动距离的仿真、ABS 控制系统的通道数对汽车制动方向稳定性和制动距离的影响研究。

3）试验验证

做整车制动性能实车试验，并将试验结果与仿真结果进行比较，以实现对所建仿真模型和仿真结果的验证。

3. 操纵稳定性虚拟试验

汽车操纵稳定性虚拟试验就是用汽车动力学分析数据驱动虚拟环境中的汽车模型，将其在试验过程中的各种变化状态映射到计算机屏幕，借助虚拟现实技术的交互手段，使研究人员产生"身临其境"的感觉，以体验车辆在各种工况下的性能，并对其进行评价。在此基础上，可通过改变车辆参数、道路条件、驾驶人控制机理等试验条件和参数，分析、验证理论和假设的正确性，实现设计人员在设计早期评价汽车的操纵稳定性能，修改设计缺陷。

1）操纵稳定性虚拟试验系统的构成

图 10-1 所示为汽车操纵稳定性虚拟试验系统流程。输入模块包括转向盘转角输入和加速、制动踏板的输入，其输入信号经过计算机接口、数据采集，进入虚拟试验模块。虚拟试验模块包括汽车动力学模型和虚拟试验场景两部分，虚拟试验场景由虚拟路面模型和虚拟汽车模型构成。汽车动力学模型是进行汽车虚拟试验的主体，而虚拟试验场景是进行汽车虚拟试验的载体。后处理模块的主要功能是对虚拟试验过程进行回放、再现，以及对试验结果的评价和分析处理。

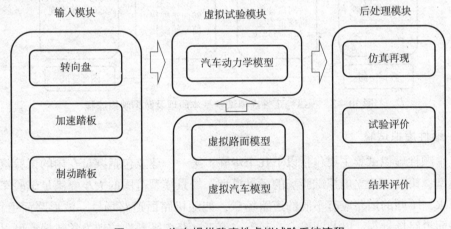

图 10-1 汽车操纵稳定性虚拟试验系统流程

2）汽车动力学模型

汽车动力学模型是虚拟试验系统中的关键部分。为更好地反映真实的汽车状态，要求用尽可能多的自由度去建立整车模型。但是，整车模型自由度越多，动力学微分方程就越复杂，计算机的工作量就越大，这对计算机硬件的性能提出了更高的要求。在建立整车动力学模型时，可利用多体系统动力学软件 ADAMS/Car，采用参数化建模方法，建立汽车操纵稳定性的动力学模型。将整车分为前悬架、后悬架、转向系统、轮胎等模块，分别建立各个子模块的虚拟样机模型，再将各子模块装配成整车模型，从而建立整车动力学分析模型。

3) 汽车实体模型

实体结构建模就是赋予汽车模型三维实体结构、材质、颜色等外观特征。采用 3DS Max 或其他 CAD 软件建立汽车整车和部件的三维实体模型。

4) 虚拟试验场模型

虚拟试验场是与用户最直接的接触部分。逼真的虚拟试验场景能真实地反映实际的实车状态,更容易使用户产生"身临其境"的感觉。对场景进行光照、雾化、纹理映射等描述,可以形成较好的视觉感受。人机交互界面可以根据需要来改变光、雾信息,获得不同光照、雾化条件下的场景。虚拟场景主要包括两部分:一是虚拟汽车模型;二是虚拟路面模型。

5) 汽车操纵稳定性虚拟试验

汽车操纵稳定性虚拟试验的基本原理及数据映射流程如图 10-2 所示。模型的输入信号主要有汽车的转向盘转角、驱动与制动信号,需要处理的数据有转向盘转角、横摆角速度、侧向加速度、侧倾角、侧向位移等。在虚拟试验过程中,由汽车动力学仿真产生的结果数据驱动虚拟试验场景中的虚拟汽车模型,使汽车做出在该输入信号下的响应而实现汽车的运动。系统既要根据试验过程的变化不断刷新场景,又要根据仿真分析数据实时地改变虚拟场景中汽车的状态,协调好汽车各部件之间的运动,场景与汽车的变化只有保持同步,才能为驾驶人提供一个逼真的试验过程,产生与真实试验运动相同的效果。

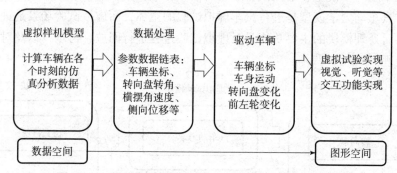

图 10-2　操纵稳定性虚拟试验基本原理及数据映射流程

4. 平顺性虚拟试验

汽车平顺性虚拟试验主要包括以下几个步骤:第一,建立包括乘员在内的试验汽车的三维实体模型;第二,建立虚拟试验场的场景模型,场景模型范围的大小要满足试验车辆行驶距离的要求,不同的道路应有不同的道路场景,如随机路面道路场景、波形路面道路场景、比利时路面道路场景等,以及凹陷、凸起等;第三,获取平顺性的动力学数据,可以采用实车道路试验和平顺性动力学模型两种方法来获得汽车平顺性动力学的数据;第四,在虚拟试验开发平台上对虚拟试验的各种资源进行编程调用,实现车辆在虚拟试验场中的运动,实现车辆平顺性的虚拟再现;第五,进行汽车平顺性试验数据的显示,考察其平顺性指标,评价汽车的平顺性能。

1) 虚拟试验场的建立

虚拟试验场的建立是平顺性虚拟试验中重要的组成部分。虚拟试验场景只有具有真实感才能体现虚拟试验的本质意义。汽车平顺性的道路试验就是让汽车以一定的速度在道路上行驶,检测驾驶人座椅、车身、车轮等处的振动加速度和固有频率。所以,平顺性虚拟试验需要建立适用于道路试验的虚拟试验场。试验道路为随机路面或其他各种等级的公路。虚拟试验场景主要由道路、汽车、天空、山脉、农田、交通标志、路旁建筑和树木等构成。

2）平顺性动力学模型

汽车的动力学分析数据是进行平顺性试验的前提条件。汽车平顺性动力学主要研究汽车的垂直运动、侧倾运动及俯仰运动，这三种运动涉及汽车的乘坐舒适性、行驶安全性和悬架动行程。建立平顺性动力学模型的方法有三种：基于微分方程的平顺性动力学模型；建立整车的数字化样机模型，通过仿真分析得到平顺性动力学数据；通过实车道路试验测试获得动力学数据。

3）汽车平顺性模拟

汽车平顺性的道路试验就是让汽车以一定的速度在道路上行驶，检测驾驶人座椅、车身、车轮等处的振动加速度和固有频率；使用场景漫游来表现其平顺性，就是观察驾驶人、车身、车轮等处振动位移的大小。

10.2.2 碰撞安全性虚拟试验

汽车碰撞除涉及大位移、大应变、大转动和未知接触界面等复杂现象外，还会涉及由此产生的各种非线性问题，因此汽车碰撞安全问题一直以来都是业界非常关注的研究课题。汽车碰撞安全性虚拟试验结合了结构力学、运动学、工程力学和计算数学等学科的先进技术，它既可以避免实车试验成本高、时间长的缺点，还可以逼真地反映试验过程。

在国外，汽车碰撞安全性虚拟试验的发展非常迅速。法国的 ESI 集团于 1985 年率先实现了整车的碰撞安全性虚拟试验，并成功地将其应用于德国大众 POLO 的设计和生产中，在 1986 年推出了完整的碰撞模拟软件包——PAM - CRASH。随后，西方国家相继发布了各种商业化软件包，如 MADYMO、LS - DYNA3D 等。2001 年，美国 ETA 公司在动力学分析软件 LS - DYNA 平台上开发出了虚拟试验场软件 VPC（Virtual Proving Ground），该软件由 VPG/Pre - Post、VPG/Structure 和 VPG/Safety 三个主要模块构成。其中，VPG/Safety 模块提供各种法规试验的仿真程序及仿真工具，是典型的汽车碰撞安全性虚拟试验软件包。

1. 碰撞安全性虚拟试验研究内容

1）汽车零部件碰撞模拟

需要进行零部件碰撞模拟的部件主要包括车内饰件（仪表板等）、座椅头枕、安全带、安全气囊和转向系统（如转向盘、转向柱）等。在碰撞过程中，车内饰件、座椅头枕极有可能与乘员身体的某个部位发生冲撞，尤其是头部和颈部，如果设计不合理，就有可能造成致命后果。

2）汽车结构耐撞性模拟

对汽车的局部（主要结构件）或整体结构进行正碰、侧碰、翻滚等多种形式的碰撞模拟，计算并得出各个部件的变形、吸能性等情况，以改进或筛选结构设计方案。汽车结构的耐撞性是汽车碰撞研究中的重中之重，因为车是碰撞中的主体，不仅要保证碰撞发生后车内乘员有足够的逃生空间，还要具有优越的吸能性，避免加速度过大对人体产生伤害。因此，要将汽车的强度、刚度与其吸能性综合考虑，把汽车碰撞时的压溃区域控制在一定范围之内，以便既能有效减少乘员区域的变形量，又可在一定程度上降低碰撞的剧烈性，从而提高乘员安全的可能性。

3）整车碰撞安全性模拟

将假人、乘员安全系统装配到整车模型中，然后加入壁障，构成一个接近实际的碰撞环境，最终分析、评价汽车的整体碰撞安全性，其包括汽车结构的变形特性，安全带、气囊的匹配性，人体的各项伤害指标等。这是对汽车碰撞安全性的一个综合评价，其更接近实际，也更具有说服力，是汽车碰撞模拟分析中不可缺少的一环。

4）行人保护

在日常的道路交通中，行人是弱者，即使在碰撞车速较低的情况下，车体对行人产生的碰撞载荷也可能超过人体的承受极限，造成比较严重的伤害。通过多次的车撞行人的碰撞模拟，改进汽车前部的外形、结构及其刚度，如增加保险杠宽度、降低发动机盖及其前缘刚度、增大发动机盖与动力总成之间的空间、降低翼子板及风挡框的刚度等，这样可以有效降低车撞行人事故中对行人所造成的伤害。

2. 碰撞安全性虚拟试验的实施

要进行汽车的碰撞安全性虚拟试验，必须依据实车碰撞试验的试验项目和方法，将真实试验环境中涉及的试验对象、试验设备以及试验条件虚拟化，建立相应的几何模型、物理模型等，然后将参数化的虚拟原型导入计算机，建立一个虚拟的试验场。这样，试验者就可以和计算机进行交互，操纵试验进程并获得最终的试验结果。实施汽车碰撞安全性虚拟试验需要以下几个步骤：

1）开发虚拟原型

创建被测汽车的有限元模型是进行碰撞虚拟试验的主要任务。因此，必须熟悉总质量、总体尺寸、车辆类型等基本信息，然后根据零部件的外形尺寸建立汽车的几何模型并划分相应的网格。对于整个碰撞变形模式起决定性作用的重要部件，要建立精确的几何模型和细化的网格尺寸；对于像发动机这样的部件，可以采用简化模型。最后，要定义汽车各个部分的材料、各部件之间的连接关系，如焊接、铆接等。

乘员保护碰撞虚拟试验还需要建立假人的有限元模型，由于假人的种类、形式相对固定，所以很多软件提供了备选的数字化假人模型，而不需要研究人员重新建立。另外，根据试验项目的不同，可能还要分别建立安全带、安全气囊以及壁障等模型。

2）建立汽车碰撞虚拟试验场

虚拟试验的各个对象的模型都建立以后，还要建立一个软件试验平台。在这个平台上，可以设置试验的项目、导入试验对象、输出试验结果等。试验人员正是依靠和这个平台的交互操作来控制试验进程的。

3）在虚拟试验场中调用各种虚拟原型

建立虚拟试验场以后，就可以调用各种虚拟模型，将它们呈现在同一个虚拟环境中。然后定义诸如汽车的速度、碰撞的位置和接触条件等碰撞试验条件，并实施虚拟试验。

10.2.3 汽车零部件疲劳寿命虚拟试验

预测汽车零部件的疲劳寿命是汽车生产设计中的重要环节。目前，用于评价汽车零部件疲劳寿命的方法主要是台架试验和道路耐久性试验，这些传统试验方法周期长、耗费大、安全性低且易受试验方案影响。虚拟试验技术的出现使汽车零部件疲劳寿命虚拟试验成为可能。如今，在样车制造前就对零部件进行疲劳寿命分析并以此来修正设计方案，从而大大缩短产品的研制周期，避免因设计不合理而引起的浪费。

汽车零部件的结构疲劳破坏是其主要失效形式，结构的疲劳寿命和疲劳强度是实现结构强度校核和抗疲劳设计的重要内容。随着有限元理论、疲劳损伤理论和计算机技术的发展，结构疲劳分析方法在汽车业界得到了广泛的应用，出现了多种适用于汽车零部件疲劳寿命的虚拟试验软件，如 MSC Fatigue 软件、nSoft 软件和 ANSYS/FE – safe 模块。

任何一个疲劳寿命分析都是由材料疲劳行为的描述、循环载荷下的结构响应和疲劳累计损伤法则三部分组成的。不可能只通过一个软件来完成这些工作。采用有限元模态分析，可以得到材料疲劳行为的描述；应用动力学分析，可以得到循环载荷下的结构响应；要进行疲劳损伤方面的分析，就要用到疲劳分析软件。

汽车零部件疲劳寿命虚拟试验流程如下：首先，根据设计图建立零部件的三维实体模型，将其导入有限元前处理软件中进行有限元网格划分，生成模态分析软件所识别的数据文件；然后，采用模态分析软件计算得到模态模型；接下来，在多体动力学软件中对模型进行动力学仿真；最后，在疲劳分析软件中读取由多体动力学软件导出的文件，对零部件进行疲劳寿命分析。

1）三维实体建模

三维实体建模是零部件疲劳寿命虚拟试验研究的起点。对于结构比较简单的三维实体模型，可以直接在有限元分析软件中完成建模，如 ANSYS 的前处理模块及 MSC Patran 等；对于结构非常复杂的三维实体模型，通常采用诸如 UC、Catia、SolidWorks 和 Pro/E 等专业的 CAD 三维建模软件来实现，然后将建立的模型导入有限元分析软件或有限元前处理软件中，建立相应的有限元模型。

2）有限元模型

虽然有限元分析的前处理过程与要分析的具体问题有关，但其主要由有限元模型的建立、边界条件和初始条件的施加、载荷的施加三部分组成。其中，有限元模型是将几何模型划分为有限个单元，单元间通过节点相连接，为后续求解器在每个节点求解物理问题的近似解服务，即进行网格划分。对于结构比较简单的几何模型，或几何模型虽复杂但要处理的问题对网格要求不高时，可以在相应 CAE 分析软件的前处理模块中进行网格划分；对于几何模型比较复杂，或要处理的问题对网格要求较高时，可以在专业的有限元前处理软件（如 Hypermesh、Truegrid、Pro – m、MSC Patran 等）中完成网格划分。在网格划分时，根据仿真问题的需要，通常在铆接孔、局部小圆角、小凹槽等计算数据变化梯度较大的区域（即应力集中处）采用比较密集的网格（假如这些区域对计算结果的影响不大，就可忽略这些特征，以简化模型，提高仿真运算的速度）；对于计算数据变化梯度较小的区域，可以采用较稀疏的网格，以降低仿真工作量；对于形状不规则的结构，则可以调整网格单元的扭曲角度，以保证网格各边（或各个内角）相差不大，以提高仿真精度。

3）模态分析

模态分析是研究结构动力特性的一种近似方法，是系统辨别方法在工程振动领域中的应用。模态是机械结构的固有振动特性，每一个模态具有特定的固有频率、阻尼比和模态振型。模态分析是瞬态动力学、谐应力分析和随机振动分析的起点，通过模态分析可以获得结构的固有频率、阻尼比和相应的振型。提取主模态主要是为了研究、估算其对结构寿命的影响并进行频域应力应变的计算，以确定模型中需要关注的危险点位置。模态分析主要应用于现有结构系统的动态特性评价、新产品结构动态特性的预估和优化、诊断及预报结构系统的故障、控制结构的辐射噪声以及识别结构系统的载荷五个方面。进行模态分析的软件主要有 NASTRAN、ANSYS、Abaqus 等。

4) 多体系动力学

多体系动力学是研究多体系统（一般由若干个柔性体和刚性体相互连接组成）运动规律的学科，其根本目的是应用有限元理论和计算机技术进行复杂机械系统的动力学分析与仿真，包括多柔体动力学和多刚体动力学两个分支。对于人－车－环境相互作用的汽车多体系统而言，只有采用多体系统动力学分析方法才能解决汽车系统的动力学问题。多体系动力学的仿真软件主要有 ADAMS、SIMPACK、LS－DYNA、MotionView、ANSYS/Workbench 模块和 DADS 等，使用这些软件可以建立悬架系统、制动系统、整车等模型。

5) 疲劳分析

结构的疲劳分析就是把有限元的仿真结果导入疲劳分析软件中进行分析，这就需要疲劳分析软件必须和目前广泛使用的有限元软件建立良好的接口。结构疲劳寿命预测的任务就是得到循环次数和损伤预测与累积。循环计数的目的就是将不规则的应力或应变的历程转换为等效的常幅循环。其中，雨流循环计数法是获得精确结果的计数法；而采用较多的累积损伤准则是 Palmgren－Miner 准则。疲劳分析的仿真软件主要有 MSC Fatigue、nSoft、ANSYS/FE－safe、FRANC3D 等。

本章小结

1. 虚拟试验技术是一种先进的计算机试验仿真技术，利用它可以在虚拟试验环境下，借助交互式技术和试验分析技术，使设计者在汽车设计阶段就能对产品的性能进行评价或试验验证。虚拟试验在为真实试验做前期准备工作的同时，还可以在一定程度上替代真实试验。与真实试验相比，虚拟试验具有以下特点：试验成本低、试验可重复、试验安全可靠、试验可控性好、信息量大而丰富。

2. 汽车虚拟试验技术是在 CAD/CAM/CAE 技术及多体系统动力学基础上发展起来的，常用的虚拟试验软件主要有：ADAMS、MATLAB、ADVISOR、Cruise、MSC－Fatigue、nSoft。

3. 虚拟试验在汽车工程领域的应用。

(1) 动力性与经济性虚拟试验。采用虚拟试验技术模拟汽车的动力性和燃油经济性，具有使用方便、快捷、重复性强等优点，而且能消除实车试验中驾驶人、气候条件和道路环境等外界因素对试验的影响。

(2) 制动性虚拟试验。通常在 ADAMS/View 模块或在 ADAMS/View 模块中建立多自由度的整车仿真模型，而在 MATLAB/Simulink 模块中建立防抱死制动系统（ABS）的控制模型，然后将防抱死制动系统（ABS）控制模型的仿真数据文件导入 ADAMS 软件中进行整车多体系统动力学仿真。

(3) 操纵稳定性虚拟试验。汽车操纵稳定性虚拟试验就是用汽车动力学分析数据驱动虚拟环境中的汽车模型，将其在试验过程中各种变化状态映射到计算机屏幕上，借助于虚拟现实技术的交互手段，使研究人员产生"身临其境"的感觉，以体验车辆在各种工况下的性能，并对其进行评价。在此基础上，可通过改变车辆参数、道路条件、驾驶人控制机理等试验条件和参数，分析、验证理论和假设的正确性，实现设计人员在设计早期评价汽车的操纵稳定性能，修改设计缺陷。

（4）平顺性虚拟试验。汽车平顺性虚拟试验主要包括以下几个步骤：

①建立包括乘员在内的试验汽车的三维实体模型。

②建立虚拟试验场的场景模型，场景模型范围的大小要满足试验车辆行驶距离的要求。

③获取平顺性的动力学数据，可以采用实车道路试验和平顺性动力学模型两种方法获得汽车平顺性动力学的数据。

④在虚拟试验开发平台上对虚拟试验的各种资源进行编程调用，实现车辆在虚拟试验场中的运动，实现车辆平顺性的虚拟再现。

⑤进行汽车平顺性试验数据的显示，考察其平顺性指标，评价汽车的平顺性能。

（5）碰撞安全性虚拟试验。汽车碰撞安全性虚拟试验结合了结构力学、运动学、工程力学和计算数学等学科的先进技术，它既可以避免实车试验成本高、时间长的缺点，还可以逼真地反映试验过程。

（6）汽车零部件疲劳寿命虚拟试验。预测汽车零部件的疲劳寿命是汽车生产设计中的重要环节。目前，用于评价汽车零部件疲劳寿命的方法主要是台架试验和道路耐久性试验，这些传统试验方法周期长、耗费大、安全性低且易受试验方案影响。虚拟试验技术的出现使得汽车零部件疲劳寿命虚拟试验成为可能。现如今，在样车制造前就对零部件进行疲劳寿命分析并以此来修正设计方案，从而大大缩短了产品的研制周期，避免了因设计不合理而引起的浪费。

复习思考题

1. 汽车虚拟试验的目的和意义是什么？
2. 虚拟试验的特点是什么？
3. 虚拟试验技术在汽车工程领域有哪些应用？
4. 碰撞安全性虚拟试验的研究内容主要有哪些？

第11章　电动汽车试验

教学目标

1. 了解电动汽车的试验内容。
2. 掌握电动汽车动力蓄电池的试验方法。
3. 掌握电动机总成的试验方法。
4. 掌握纯电动汽车的试验方法。
5. 掌握混合动力电动汽车的试验方法。

教学要点

知识要点	相关内容
电动汽车动力蓄电池	了解动力蓄电池的试验条件、方法和试验规则
电动机总成的试验方法	掌握电动机的控制基本原理；了解电动机及控制器性能测试方法、要求
纯电动汽车的试验方法	掌握纯电动汽车的动力性试验方法及测试条件
混合动力电动汽车的试验方法	掌握混合动力电动汽车的类型及控制方法；了解混合动力电动汽车的动力性试验条件

11.1　电动汽车动力蓄电池试验

随着全球市场电动汽车商品化步伐的日益加快，对高功率和高能量动力蓄电池的需求迅速增加。为保证蓄电池基本性能水平，获得蓄电池基本数据，相关的动力蓄电池试验必不可少。

1. 电动汽车动力蓄电池国内标准

由于电动车辆研究和车用动力蓄电池研究的需要，国家质量技术监督局在2001年颁布了《电动道路车辆用铅酸蓄电池》[①]（GB/T 18332.1—2001）、《电动道路车辆用锂离子蓄电池》（GB/Z 18333.1—2001）、《电动道路车辆用金属氢化物镍蓄电池》（GB/T 18332.2—2001）三项标准。国家发展与改革委员会在2006年颁布《电动汽车用铅酸蓄电池》（QC/T

---

① 此标准已作废。现行标准为《电动道路车辆用铅酸蓄电池　第1部分：技术条件》（GB/T 32620.1—2016）与《电动道路车辆用铅酸蓄电池　第2部分：产品品种和规格》（GB/T 32620.2—2016）。

742—2006)、《电动汽车用锂离子蓄电池》(QC/T 743—2006)和《电动汽车用金属氢化物镍蓄电池》(QC/T 744—2006)三项行业标准。在这 6 项标准中,三项行业标准是对三项国家标准的继承与完善,三项行业标准规定了电动汽车动力蓄电池的要求、试验方法、检验规则、标志、运输和储存等。在三项行业标准中,对单体蓄电池和蓄电池模块的试验分别进行了规定,并区分了能量型蓄电池和功率型蓄电池的差别,尤其强调了对蓄电池安全性的测试要求。安全性测试的内容包括过放电试验、过充电试验、短路试验、跌落试验、加热试验、挤压试验和针刺试验等。

2. 基本试验及要求

在进行蓄电池试验时,蓄电池外观不得有变形及裂纹,表面应平整、干燥、无外伤、无污物等,且标志清晰、正确;端子极性应正确,并应有正负极的清晰标志。蓄电池外形尺寸、质量应符合生产企业提供的技术条件。

根据相关国家标准规定,蓄电池的额定容量用 C_x 表示,其下标 x 表示放电小时率。例如,C_3 表示在 (20 ± 5)℃条件下,以 $I_3(A)(I_3=C_3/3)$ 电流放电达到放电终止电压时,蓄电电池所能输出的能量。

3. 锂离子电池试验方法和要求

1) 单体蓄电池

(1) 蓄电池充电。按厂家提供的专用规程进行充电。若厂家未提供充电器,则在 (20 ± 5)℃条件下,蓄电池以 $I_3(A)$ 电流放电,至蓄电池电压达到 3.0 V(或企业技术条件中规定的放电终止电压)时停止放电,静置 1 h,然后在 (20 ± 5)℃条件下以 $I_3(A)$ 恒流充电,至蓄电池电压达 4.2 V(或企业技术条件中规定的充电终止电压)时转恒压充电,至充电电流降至 $0.1I_3(A)$ 时停止充电。充电后静置 1 h。

(2) 20 ℃放电容量。按要求给蓄电池充电。蓄电池在 (20 ± 5)℃下以 $I_3(A)$ 电流放电,直到放电终止电压 3.0 V(或企业技术条件中规定的放电终止电压)。用 $I_3(A)$ 的电流值和放电时间数据计算容量(以 A·h 计)。如果计算值低于规定值,则可以重复上述步骤直至大于或等于规定值,允许重复 5 次。在对蓄电池进行检验时,其容量应不低于企业提供的技术条件中规定的额定值,同时容量应不高于企业提供的技术条件中规定的额定值的 110%。

(3) -20 ℃放电容量。按要求给蓄电池充电。蓄电池在 (-20 ± 2)℃下储存 20 h。蓄电池在 (-20 ± 2)℃下以 $I_3(A)$ 电流放电,直到放电终止电压 2.8 V(或企业技术条件中规定的放电终止电压)。用电流值 $I_3(A)$ 和放电时间数据计算容量(以 A·h 计),并表达为额定容量的百分数。在进行蓄电池试验时,其容量应不低于额定值的 70%。

(4) 55 ℃放电容量。按要求给蓄电池充电,蓄电池在 (55 ± 2)℃下储存 5 h。蓄电池在 (55 ± 2)℃下以 $I_3(A)$ 电流放电,直到放电终止电压 3.0 V(或企业技术条件中规定的放电终止电压)。用电流值 $I_3(A)$ 和放电时间数据计算容量(以 A·h 计),并将其表达为额定容量的百分数。在进行蓄电池试验时,其容量应不低于额定值的 95%。

(5) 20 ℃倍率放电容量。

①能量型蓄电池。按要求给蓄电池充电。蓄电池在 (20 ± 5)℃下以 $4.5I_3(A)$ 电流放电,直到放电终止电压 3.0 V(或企业技术条件中规定的放电终止电压)。用放电电流值和

放电时间数据计算容量（以 A·h 计），并将其表达为额定容量的百分数。在进行能量型蓄电池试验时，其容量应不低于额定值的 90%。

②功率型蓄电池。按要求给蓄电池充电。蓄电池在 (20±5)℃ 下以 $12I_3(A)$ 电流放电，直到放电终止电压 2.8 V（或企业技术条件中规定的放电终止电压）。用放电电流值和放电时间数据计算容量（以 A·h 计），并将其表达为额定容量的百分数。在进行功率型蓄电池试验时，其容量应不低于额定值的 80%。

（6）常温与高温荷电保持与容量恢复能力。

①常温荷电保持与容量恢复能力。按要求给蓄电池充电。蓄电池在 (20±5)℃ 下储存 28 天。蓄电池在 (20±5)℃ 下以 $I_3(A)$ 电流放电，直到放电终止电压 3.0 V（或企业技术条件中规定的放电终止电压）。用放电电流值和放电时间数据计算容量（以 A·h 计），荷电保持能力可以表达为额定容量的百分数。蓄电池再充电。蓄电池在 (20±5)℃ 下以 $I_3(A)$ 电流放电，直到放电终止电压 3.0 V（或企业技术条件中规定的放电终止电压）。用放电电流值和放电时间数据计算容量（以 A·h 计），容量恢复能力可以表达为额定容量的百分数。

②高温荷电保持与容量恢复能力。按要求给蓄电池充电。蓄电池在 (55±2)℃ 下储存 7 天。蓄电池在 (20±5)℃ 下恢复 5 h 后，以 $I_3(A)$ 电流放电，直到放电终止电压 3.0 V（或企业技术条件中规定的放电终止电压）。用放电电流值和放电时间数据计算容量（以 A·h 计），荷电保持能力可以表达为额定容量的百分数。蓄电池再充电。蓄电池在 (20±5)℃ 下以 $I_3(A)$ 电流放电，直到放电终止电压 3.0 V（或企业技术条件中规定的放电终止电压）。用放电电流值和放电时间数据计算容量（以 A·h 计），容量恢复能力可以表达为额定容量的百分数。蓄电池试验时，其常温及高温荷电保持率应不低于额定值的 80%，容量恢复能力应不低于额定值的 90%。

（7）储存。按要求给蓄电池充电。蓄电池在 (20±5)℃ 下以 $I_3(A)$ 电流放电 2 h。蓄电池在 (20±5)℃ 下储存 90 天，再给蓄电池充电。蓄电池在 (20±5)℃ 下以 $I_3(A)$ 电流放电，直到放电终止电压 3.0 V（或企业技术条件中规定的放电终止电压）。用放电电流值和放电时间数据计算容量（以 A·h 计），容量恢复能力可以表达为额定容量的百分数。在进行蓄电池试验时，其容量恢复应不低于额定值的 95%。

（8）循环寿命。按要求给蓄电池充电。蓄电池在 (20±2)℃ 下以 $1.5I_3(A)$ 电流放电，直到放电容量达到额定容量的 80%，再给蓄电池充电，按以上步骤连续重复 24 次。检查容量，如果蓄电池容量小于额定容量的 80%，则终止试验。以上步骤在规定条件下重复的次数为循环寿命数。蓄电池试验时，其循环寿命应不少于 500 次。

（9）安全性。

①蓄电池在 (20±5)℃ 下以 $I_3(A)$ 电流放电，直至蓄电池电压为 0（如果有电子保护线路，应暂时除去放电电子保护线路）；蓄电池在 (20±5)℃ 下，从 1.5 m 高度处自由跌落到厚度为 20 mm 硬木地板上，每个面一次。注意：蓄电池进行这两种试验时，应不爆炸、不起火、不漏液。

②以 $3I_3(A)$ 电流充电，至蓄电池电压达到 5 V 或充电时间达到 90 min（其中一个条件优先达到即停止试验），或以 $9I_3(A)$ 电流充电，至蓄电池电压达到 10 V 即停止试验；将蓄电池经外部短路 10 min，外部线路电阻应小于 5 min；蓄电池置于 (85±2)℃ 恒温箱内，并保温 120 min；垂直于蓄电池极板方向施压，挤压头面积不小于 20 cm²，直至蓄电池壳体破

裂或内部短路（蓄电池电压变为0）；用直径为3~8 mm的耐高温钢针，以（10~40）mm/s的速度，从垂直于蓄电池极板的方向贯穿（钢针停留在蓄电池中）。

注意： 蓄电池进行以上试验时，应不爆炸、不起火。

2）蓄电池模块

要求每个模块由5只或5只以上单体蓄电池串联组成。蓄电池模块检验时，外观不得有变形及裂纹，表面应平整干燥、无外伤，且排列整齐、连接可靠、标志清晰，端子极性应正确，并应有正负极的清晰标志。

（1）20 ℃放电容量。在（20±5）℃下以$I_3(A)$电流放电，至蓄电池模块电压达到$n×3.0$ V时或单体蓄电池电压低于2.5 V时停止放电，然后在（20±5）℃条件下以$I_3(A)$恒流充电，至蓄电池模块电压达到$n×4.2$ V时转恒压充电。充电电流降至$0.1I_3$时停止充电。若充电过程中有单体蓄电池电压达到4.3 V，则停止充电。充电后静置1 h。蓄电池模块检验时，其容量应不低于企业提供的技术条件中规定的额定值，同时容量应不高于企业提供的额定值的110%。

（2）简单模拟工况。在进行蓄电池模块试验时，承受脉冲数应不低于4个。此项目只用于数据积累。根据数据进行蓄电池模块的一致性分析。

（3）耐振动性。将蓄电池模块紧固到振动试验台上，按下述条件进行线性扫频振动试验：放电电流为$I_3(A)$，上下单振动，振动频率在10~55 Hz范围内，最大加速度为3 m/s^2；扫频循环为10次，振动时间为2 h。在振动试验过程中，观察有无异常现象出现。

在进行蓄电池模块试验时，不允许出现放电电流锐变、电压异常、蓄电池壳变形、电解液溢出等现象，并保持连接可靠、结构完好，不允许装机松动。

（4）安全性。蓄电池模块在进行过放电、过充电、短路、加热、挤压、针刺试验时，应不爆炸、不起火、不漏液。

4. 镍氢电池试验方法和要求

1）单体蓄电池

在进行蓄电池试验时，蓄电池外壳不得有变形及裂纹，表面平整、干燥、无外伤、无污物，且标志清晰、正确；蓄电池极性应与标志的极性符号一致；蓄电池外形尺寸、质量应符合生产企业提供的技术条件。

（1）充电。在（20±5）℃通风环境条件下，蓄电池先以$I_3(A)$电流放电至终止电压1.0 V，搁置1 h；然后以$I_3(A)$电流恒流充电3 h，转$0.15I_3(A)$充电2 h，搁置1 h。

（2）20 ℃放电性能。在进行蓄电池试验时，在（20±5）℃条件下，其放电容量应不低于表11-1所示的规定值，同时容量应不高于企业提供的额定值的110%。

表11-1　20 ℃放电性能

恒流放电电流/A	终止电压/V	放电容量/%
$1I_3$（能量型蓄电池）	1.0	100
$3I_3$（功率型蓄电池）	1.0	95

（3）-20 ℃放电性能。在进行蓄电池试验时，在（-20±2）℃条件下，其放电容量应不低于表11-2所示的规定值。

(4) 55℃放电性能。在进行蓄电池试验时,在 (55±2)℃条件下,其放电容量应不低于表 11-3 所示的规定值。

表 11-2 -20℃放电性能

恒流放电电流/A	终止电压/V	放电容量/%
$1I_3$（能量型蓄电池）	1.0	90
$3I_3$（功率型蓄电池）	1.0	85

表 11-3 55℃放电性能

恒流放电电流/A	终止电压/V	放电容量/%
$1I_3$（能量型蓄电池）	1.0	95
$3I_3$（功率型蓄电池）	1.0	90

(5) 20℃倍率放电性能。在进行能量型蓄电池试验时,蓄电池容量应不低于额定值的 80%;在进行功率型蓄电池试验时,蓄电池容量应不低于额定值的 60%。

(6) 常温与高温荷电保持能力。在进行蓄电池试验时,其常温荷电保持率应不低于额定值的 80%;高温荷电保持率应不低于额定值的 60%。

(7) 安全性。蓄电池进行短路、过放电、过充电、加热、针刺、挤压、跌落试验时,应不爆炸、不起火、不漏液。

(8) 循环寿命。在进行蓄电池试验时,循环寿命 500 次后,蓄电池容量应不低于额定容量的 90%,试验期间不得漏液。

(9) 储存。在进行蓄电池试验时,恢复后的放电容量应不低于额定容量的 90%。

2) 蓄电池模块

每个模块由 5 只或 5 只以上单体蓄电池串联组成。在进行蓄电池模块试验时,蓄电池外观不得有变形及裂纹,表面平整干燥、无外伤,且排列整齐、连接可靠、标志清晰,极性应与标志的极性符号一致。

(1) 充电。在 (20±5)℃通风环境条件下,蓄电池模块先以 I_3(A) 电流放电至终止电压 (n×1.0)V,搁置 1 h,然后在同一温度下,以 I_3(A) 电流恒流充电 3 h,转 $0.15I_3$(A) 充电 2 h,搁置 1 h。

(2) 20℃放电性能。要求蓄电池模块试验时,其放电容量不低于额定值。

(3) 简单模拟工况。要求蓄电池模块试验时,其承受脉冲数不低于 4 个。此项目只用作数据积累,并根据数据进行蓄电池模块的一致性分析。

(4) 耐振动性。蓄电池模块试验时,不允许出现放电电流锐变、电压异常、蓄电池壳变形、电解液溢出等现象,并保持连接可靠、结构完好,不允许装机松动。

(5) 安全性。蓄电池模块进行过放电、过充电、短路、加热、挤压、针刺试验时,应不爆炸、不起火、不漏液。

5. 磷酸铁锂电池测试

1) 单体蓄电池充电测试

被测磷酸铁锂电池容量为 100 A·h。在测试过程中,电池以 I_3(A) 电流放电至 2.0 V,

静置 1 h，然后分别以 0.1C（C 为电池容量）、0.3C 和 0.7C 恒流充电，当电池电压达到电压限制 3.65 V 时，终止恒流充电，转入恒压充电阶段，充电电流逐渐降低，当恒压充电电流降至 0.02C 时停止充电。磷酸铁锂电池的充电曲线如图 11-1 所示。

由图 11-1 可以看出，电池组以 0.1C 充电时，恒流充电比例较高，占总充电量的 99.7%；随着充电电流增加，由于电池内阻的存在，电池端电压升高，电池恒流充电比例逐渐下降；在充电电流达 0.7C 时，恒流充电比例下降为 93.5%。且电池在 30%~80% SOC（State of Charge，电池荷电状态）时，充电电压较平稳，在低于 30% SOC 和高于 70% SOC 的范围内，电压变化速率较快，尤其在 SOC 太低或太高（如低于 5%）时，电压变化比较大。

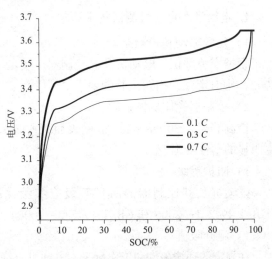

图 11-1　磷酸铁锂电池充电曲线

2）单体蓄电池放电测试

被测磷酸铁锂电池容量为 10 A·h。在测试过程中，电池以 I_3(A) 电流恒流充电至 3.8 V 时转恒压充电，至充电电流降至 0.1C 时停止充电。静止 10 min。然后分别以 0.5C、1C、2C 和 3C 恒流放电。当电池电压达到放电截至电压 2.0 V 时，放电结束。在放电电流分别为 0.5C、1C、2C 和 3C 时，20 ℃时的放电容量分别为 10.556 A·h、10.511 A·h、10.456 A·h 和 10.402 A·h。

磷酸铁锂电池的放电曲线如图 11-2 所示，由图 11-2 可知，磷酸铁锂电池放电电压比较平稳，以 1C 电流放电时，电池在 SOC 为 10%~90% 的范围内变化时，电压变化在 15 mV 之内，在 0.5C 电流放电下，当放电电压低于 3.0 V 后也会很快下降，放电终止电压一般控制在 2.50 V。

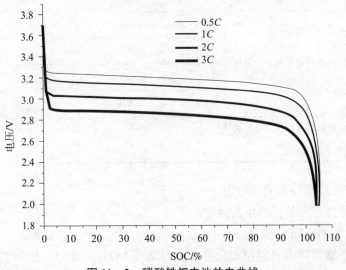

图 11-2　磷酸铁锂电池放电曲线

11.2 电动汽车电动机试验

1. 电动汽车电动机测试技术要求

1）定频振动和扫频振动

根据安装部位，电动机及其控制器应满足《汽车电器设备基本技术条件》(QC/T 413—2002) 中对定频和扫频试验的要求。

2）控制器壳体机械强度

控制器壳体 30 cm × 30 cm 的表面积上能承受质量为 100 kg 的物体产生的重力，而不发生明显的塑性变形。

3）防护等级

电动机及其控制器的防护等级应参考《旋转电机整体结构的防护等级（IP 代码）》(GB/T 4942.1—2006 和 GB/T 4942.2—2006)，具体依据产品标准中的规定。

4）温升限值

在规定的环境条件和工作制下，电动机应符合《旋转电机定额和性能标准》(GB/T 755—2008) 中 7.10 规定的温升限值，控制器中各部位的温升应不超过表 11-4 所示的规定。

表 11-4 控制器及各部位温升限值

部件与器件	材料与被覆盖	温度/K
电力半导体及其他电气元器件	—	不超过相应标准的规定
接于一般低压电器的母线连接处的母线	紫铜、无被覆盖	60
	紫铜、搪锡	65
	紫铜、镀锡	70
	铝、超声波搪锡	55
连接于电力半导体器件的母线连接处的母线	紫铜、无被覆盖	45
	紫铜、搪锡	55
	紫铜、镀锡	70
	铝、超声波搪锡	35
与半导体器件连接的塑料绝缘导线或橡皮绝缘导线	—	45

5）电动机定子绕组冷态直流电阻

其电阻值应符合在产品标准中的规定。

6）电动机绕组的匝间绝缘

应达到《中小型旋转电机通用安全要求》(GB/T 14711—2013) 中 9.2.1 的要求。

7）电动机定子绕组对机壳的绝缘电阻

在冷态时，电动机定子绕组对机壳的冷态绝缘电阻值应大于 20 MΩ。

8)耐电压

电动机绝缘应具有足够的介电强度,应能承受《中小型旋转电机通用安全要求》(GB/T 14711—2013)中9.1和9.2规定的耐电压试验,无击穿和闪络现象。控制器的各带电电路对地(外壳)和彼此无电连接的电路之间的介电强度,应能耐受表11-5所规定的试验电压,持续时间为1 min。

表11-5 控制器各部分耐受电压

固定绝缘电压 V_1/V	试验电压/V	固定绝缘电压 V_1/V	试验电压/V
≤60	500	>250~500	2 000
>60	1 000	>500	$2V_1+1 000$
>125~250	1 500		

电动机在冷态、热态和受潮后都应有足够的绝缘电阻值。在湿热试验后,其热态绝缘电阻应不低于《电机在一般环境下使用的湿热试验要求》(GB/T 12665—2008)中4.1.1的规定,控制器中带电电路之间及带电零部件与导电零部件或接地零部件之间的电气间隙和爬电距离应符合表11-6的规定。控制器中各带电电路与地(外壳)之间的绝缘电阻应不小于1 MΩ。

表11-6 电气间隙与爬电距离

额定绝缘电压/V		额定电流≤63 A		额定电流>63 A	
交流	直流	电气间隙/mm	爬电距离/mm	电气间隙/mm	爬电距离/mm
≤60	≤75	2	3	3	4
>60	>75~300	3	4	5	6
>250~380	>300~450	4	6	7	10
>380~500	>450~600	6	10	8	12
>500~660	>600~700	8	12	8	14
>660~750	>700~800	10	14	10	20
>750~1 140	>800~1 200	14	20	14	28

注:(1)表中所列电压和电流均为交流均方值或直流值;
(2)作为装置组成部件的电气元件及单元,其电气间隙和爬电距离符合相应标准规定。

9)电压波动

电动机及其控制器必须能在电源电压为120%额定电压时安全承受最大电流。另外,电动机在电源电压降为75%额定电压时,应能在最大电流下运行(不要求连续运行)。

10)电动机转矩—转速特性及效率

电动机及其控制器的转矩—转速特性以及效率应符合产品标准中的规定。

11)电动机及其控制器的过载能力

在额定输出电流下连续工作,允许加非周期性过载,过载倍数和持续时间在产品标准中具体规定。

12) 堵转转矩和堵转电流

电动机的堵转转矩和堵转电流应符合产品标准中的规定。

13) 再生能量回馈特性

在电动机因惯性旋转或被拖动旋转时,电动机运行于发电状态。电动机通过控制器应能给出125%的额定电压,以向电源充电。馈电电流的大小和馈电效率在产品标准中做具体规定。

14) 最高工作转速

最高工作转速是在额定电压时,电动机带载运行所能达到的最高转速。带载的大小和最高工作转速值在产品标准中做具体规定。

15) 超速

电动机应能承受1.2倍最高工作转速试验,持续时间为2 min,并能保证其机械不发生有害变形。

16) 电动机控制器的保护功能

电动机控制器应具有短路、过电流、过电压、欠电压和过热的保护功能。

17) 安全接地检查

电动机及其控制器中能触及的可导电部分与外壳接地点处的电阻应不大于0.1 Ω,接地点应有明显的接地标志。

18) 接触电流

电动机及其控制器应具有良好的绝缘性能,按照《接触电流和保护导体电流的测量方法》(GB/T 12113—2003)中的有关规定进行试验,在正常工作时,其热态接触电流应不大于5 mA。

2. 电动汽车用电动机测试方法

1. 一般性试验项目

1) 电动机定子绕组实际冷状态下直流电阻的测定

(1) 绕组温度的测定。将电动机在室内放置一段时间,用温度计(或埋置检温计)测量电动机绕组温度、铁芯温度和环境温度,所测温度与冷却介质温度之差应不超过2 K,对大中型电动机温度计应有与外界隔热的措施,且放置温度计的时间应不少于15 min。

测量绕组温度时,应根据电动机的大小,在不同部位测量绕组端部和绕组槽部的温度(如果测量有困难,可测量铁芯齿和铁芯轭部表面温度),取平均值作为绕组在实际冷状态下的温度。

(2) 绕组直流电阻的测定。绕组直流电阻可用电桥法、微欧计法、电压表电流表法或者其他测量方法测量。

2) 电动机绕组对机壳及绕组相互间绝缘电阻的测定

(1) 测量时电动机的状态。在测量电动机绕组相互间绝缘电阻时,应分别在电动机实际冷状态和热状态(或温升试验后)下进行。检查试验时,若无其他规定,则绕组对机壳及绕组相互间的绝缘电阻仅在冷状态下测量。在测量绕组相互间绝缘电阻时,应测量绕组温度,但在实际冷状态下测量时可取周围介质温度作为绕组温度。

(2) 绝缘电阻表的选用。在测量绕组对机壳及绕组相互间的绝缘电阻时,应根据被测绕组的额定电压选择绝缘电阻表。当额定电压小于或等于250 V时,选用500 V绝缘电阻表。当额定电压为251~1 000 V时,选1 000 V绝缘电阻表。在进行常规测试时,若无其他规定,则绕组相互间的绝缘电阻仅在实际状态下测量,采用匝间试验仪器检测,测试电压参照《中小型旋转电机通用安全要求》(GB 14711—2013)中相应的规定。

(3)测量方法。测量绕组绝缘电阻时,如果各绕组的始末端单独引出,则应分别测量各绕组对机壳及绕组相互间的绝缘电阻。这时,不参加试验的其他绕组和埋置检温元件等均应与铁芯或机壳作电气连接,机壳应接地。当中性点连在一起而不易分开时,测量所有连在一起的绕组对机壳的绝缘电阻。绝缘电阻测量结束后,每个回路应对接地的机壳作电气连接,使其放电。

测量水内冷绕组的绝缘电阻时,应使用专用的绝缘电阻测量仪,在绝缘引水管干燥或吹干的情况下,可用普通绝缘电阻表测量。不能承受绝缘电阻表高压冲击的电气元件(如半导体整流器、半导体管及电容器等)应在测量前将其从电路中拆除或短接。

测量时,待指针达到稳定后再读取数据,并记录绕组的温度。若测量吸收比,则吸收比R_{60}/R_{15}应测得15 s和60 s时的绝缘电阻值;若测量极化指数,则极化指数R_{10}/R_1应测得1 min和10 min时的绝缘电阻值。

3)最高工作转速试验

该试验应在额定电压下进行,负载转矩的大小和最高转速值应在产品指标或合同中规定。分别在电动机和控制器的冷态和热态情况下,调节电动机到最高转速,持续时间不少于3 min。记录此时控制器的输入功率、电动机的输出转矩和转速。

4)超速试验

若无其他规定,则超速试验允许在冷态下进行。在进行超速试验前,应仔细检查电动机的装配质量,特别是转动部分的装配质量,防止转速升高时有杂物或零件飞出。在进行超速试验时,应采取相应的安全防护措施,对被试电动机的控制及对振动、转速和轴承温度等参数的测量应采用远距离测量方法。

超速试验可根据具体情况选用电动机法(提高电源频率)或原动机拖动法。在升速过程中,当电动机达到额定转速时,应观察电动机的运转情况,确认无异常现象后,再以适当的加速度提高转速,直至规定的转速。超速值为1.2倍最高工作转速,历时2 min。

在完成超速试验后,应仔细检查电动机的转动部分是否有损坏或产生有害的变形,紧固件是否松动以及是否有其他不允许的现象出现。

5)耐电压试验

电动机的耐电压试验包括匝间冲击耐电压试验、短时升高电压试验、工频耐电压试验、电枢绕组绝缘直流泄漏电流试验及直流耐压试验和控制器的耐电压试验等。所有试验的环境温度为18~28 ℃。

短时升高电压试验应在电动机空载时进行,除下列规定外,试验的外施电压(电动机)或感应电压(发电机)为额定电压的130%,试验时间为3 min。当提高试验电压至额定电压的130%时,允许同时提高频率或转速,但应不超过超速试验中规定的转速。

6)控制器的耐电压试验

控制器的耐电压试验应在电动机控制器测试时测定,应在电路与控制器壳体的接地部件之间及彼此无电连接的导电部件之间进行。

试验时,所有电力半导体元器件的端子应短接,印制电路板可以拔除。对有些因绝缘损坏会导致高电压进入低压电路的部件（如脉冲变压器、互感器等），应在试验时（或试验前）承受相应的试验电压。对绝缘材料的外壳，应在其相应部位敷以金属膜。

另外，对密封状态进行检查时，对于液冷的电动机及其控制器，应对液冷冷却器的密封状态进行检查。检查方法为在管路中施加（40±5）kPa 的水压，保持 3 min，应无任何渗漏现象。

7）控制器过载能力及其他性能试验

过载能力试验是为了确定控制器在规定的时间间隔内过载时和过载后的工作性能。过载能力试验可与温升试验或其他负载试验结合进行。

试验程序：调整负载电流等于额定电流，在控制器温度达到平衡后增加负载电流到规定的过载值；按规定的时间间隔，将负载降到额定值；如为周期性过载，则按规定的时间周期重复以上两个步骤；试验停止，切断电源，进行检查。

检查时，控制器主电路部件的变形应不超出规定的要求；控制器内部电路的监测点参数应在规定值范围内；保护和信号动作应符合规定要求；试验后，变流器输出电压值应在规定范围内。

2. 环境试验

1）温度、湿度和热态绝缘电阻

在环境条件温度为 40 ℃、相对湿度为 95% 的条件下进行试验，试验时间为 48 h。试验后，测量电动机和控制器的绝缘电阻值；将电动机及其控制器放入低温箱内，使箱内温度降至 -20 ℃，至少保持 30 min，之后在低温箱内通电后检查电动机和控制器能否正常运行 4 h。热态绝缘电阻按相应规定方法进行。

2）盐雾

在进行盐雾试验时，电动机及其控制器在试验箱内应处于正常安装状态。试验持续时间为 16 h。试验结束，电动机及其控制器在明确规定的条件下恢复 1~2 h 后，检查其通电能否正常工作，但不考核电动机及其控制器的外观。

3. 电动机转矩特性及效率测试

1）堵转转矩和堵转电流

电动机在额定功率时运转的转矩称为额定转矩，此时的转速为额定转速；由于电动机外特性原因，在电动机工作区间，转速随轴上负载变化而变化的量很小。随着负载增大到一定程度，转速会急剧下降，当轴上负载使电动机转速下降为 0 时，称堵转，此时负载转矩即堵转转矩，单位为 kg·m。堵转转矩是衡量一台电动机极限输出能力的物理量。

将电动机轴固定，使其不转，通电，这时的电流就是堵转电流。一般的交流电动机（包括调频电动机）是不允许堵转的。由交流电动机的外特性曲线可知，交流电动机堵转时会产生"颠覆电流"，这会烧坏电动机。通常所说的启动电流含义与我们所认为的堵转电流含义基本一致，实际的启动电流是动态的，且在较短的时间内有显著的变化，其峰值的大小与时间以及接通电源瞬间电压的相位等很多因素有关，有一定的随机性。堵转电流的字面意义很清楚，但大电动机的实际测量很难在额定电压下进行，所以派生出各种不同的试验方法。电动机的起动电流和堵转电流的持续时间不同，起动电流最大值出现在电动机接通电源后的 0.025 s 内，随着时间的推移，其按指数规律衰减，衰减速度与电动机的时间常数有关；电动机的堵转电流并不随时间的推移衰减，而是保持不变。堵转电流是衡量一台电动机负载能力的物理量。

堵转试验在电动机接近实际冷状态下时进行。试验时，应将转子堵住，施加堵转电流（由最大电流设定值决定），测量堵转转矩。改变定子、转子的相对位置，沿转子圆周均匀等分测取 5 点，取测量中堵转转矩的最小值。

2）转矩—转速曲线

转矩—转速曲线是电动机在给定电压下电动机的输出转矩与电动机转轴转速的关系曲线。

（1）试验方法。试验时，被试电动机应达到热稳定状态。每条曲线的测取点数不应少于 10 个。每点应测取下列数据：控制器输入电压和电流，电动机的三相电压、电流、频率及输入功率，电动机的输出转矩和转速，电枢绕组电阻，并记录周围冷却介质温度。如果电枢绕组电阻是在切离电源后测得的，则应将所测电阻用外推法修正到断电瞬间。通常，应读取转速上升和下降的两条曲线，取其平均值作为该电压下的转矩—转速曲线。

采用底盘测功机测量时，在底盘测功机转速和被试电动机转速相同的情况下，底盘测功机的功率应不超过被试电动机额定功率的 3 倍；采用转矩测量仪测量时，转矩测量仪的标称转矩应不超过被试电动机额定转矩的 3 倍。

在试验过程中，应防止被试电动机过热而影响测量的准确性。必要时，转矩—转速曲线可分段测量。

（2）试验结果的修正。底盘测功机的风摩耗转矩 T_{fm} 的计算公式为

$$T_{fm} = \frac{9.55(P_1 - P_0)}{n_t} - T_d \tag{11-1}$$

式中，P_1——被试电动机在给定电压下驱动底盘测功机时的输入功率（此时底盘测功机的电枢和励磁回路均应开路）（W）；

T_d——风摩耗转矩试验时，底盘测功机的转矩值（N·m）；

n_t——风摩耗转矩试验时，被试电动机的转速（r/min）；

P_0——被试电动机的空载输入功率（W）。

被试电动机修正后的输出转矩 T_c（N·m）可按式（11-2）计算，即

$$T_c = T_t + T_{fm} \tag{11-2}$$

式中，T_t——底盘测功机显示的被试电动机输出转矩。

（3）效率求取。根据电动机型式，电动机效率试验和控制器效率试验方法参照相关标准进行。整体效率按式（11-3）求取，即

$$\eta = \frac{100NT}{9.55EI} \tag{11-3}$$

式中，η——整体效率（%）；

N——电动机转速（r/min）；

T——电动机输出转矩（N·m）；

E——控制器接线端子处的输入电压平均值（V）；

I——控制器输入电流平均值（A）。

4. 再生能量回馈试验

在电动机转速达到额定转速时，进行能量反馈（此时电动机作为发电机运行）。检查电动机及其控制器能否给125%额定电压值的电源馈电。给电源馈电试验可以采用以下三种方法：

1) 直接在整车上试验

测量馈电试验开始前的车速v_1和馈电试验结束时的车速v_2，同时测量在馈电过程中电源两端的电压和输入电源的电流和时间。

能量W_1按式（11-4）计算，即

$$W_1 = \frac{1}{2}m(v_1^2 - v_2^2) \qquad (11-4)$$

式中，m——汽车的质量（kg）。

馈电效率η_{reg}按式（11-5）计算，即

$$\eta_{reg} = \frac{W_2}{W_1} \qquad (11-5)$$

式中，W_2——馈电试验中输入电源的能量。

2) 用惯性轮装置试验

测量馈电试验开始前惯性轮的角速度ω_1和馈电试验结束时惯性轮的角速度ω_2，同时测量在馈电过程中电源两端的电压和输入电源的电流和时间。

能量W_1按式（11-6）计算，即

$$W_1 = \frac{1}{2}J(\omega_1^2 - \omega_2^2) \qquad (11-6)$$

式中，J——惯性轮的惯量。

馈电效率η_{reg}按式（11-5）计算。

3) 发电试验

电动机由原动机拖动，控制器接125%额定电压值的电源，在不同转速下进行发电试验。

5. 驱动电动机系统整体效率测试

试验用驱动电动机的主要技术参数：额定功率为32 kW；额定转速/最高转速为1 980 r/min/4 500 r/min；额定转矩为152 N·m；冷却方式为风冷。

试验用电动机系统最高运行效率可达92%，电动机系统效率$\eta_{m0} > 80\%$的区域占整个测试区域范围的77.1%。在低转速及低转矩区域，由于要保持电动机的励磁电流恒为额定值，而电动机有效输出功率较小，故电动机系统效率较低。同样，在高转速及高转矩的电动机过载区域，由于要对电动机进行弱磁控制，系统效率也急剧降低。

11.3 纯电动汽车试验

1. 纯电动汽车测试条件

1) 试验车辆状态

试验车辆应依据每项试验的技术要求加载。在环境温度下，车辆轮胎气压应符合车辆制

造厂的规定。机械运动部件用润滑油黏度应符合制造厂的规定。车上的照明、信号装置以及辅助设备应该关闭，除非试验和车辆白天运行对这些装置有要求。除驱动用途外，所有的储能系统应充到制造厂规定的最大值（电能、液压、气压等）。车辆应清洁，对于车辆和驱动系统的正常运行不是必需的车窗和通风口，应该通过正常的操作关闭。试验驾驶员应按车辆制造厂推荐的操作程序使蓄电池在正常运行温度下工作。试验前7天内，试验车辆应至少用安装在试验车辆上的蓄电池行驶300 km。蓄电池应处于各项试验要求的充电状态。

2）环境条件

室外试验大气温度为5~32 ℃；室内试验温度为20~30 ℃；大气压力为91~104 kPa。高于路面0.7 m处的平均风速应小于3 m/s，阵风风速应小于5 m/s。相对湿度应小于95%。试验不能在雨天和雾天进行。

2. 试验方法

1）电动汽车安全性能的测试

电动汽车与燃油汽车不同，由于车上电源供给系统、电动机动力系统的电压（无论是交流电压还是直流电压）都大于安全电压，甚至超过380 V，因此电动汽车安全性能的检测尤其重要。它位于其他性能试验之前，是电动汽车安全运行的前提。

电动汽车安全检测以《电动汽车安全要求》（GB/T 18384—2001.1~3）为依据。该标准的第1部分：车载储能装置；第2部分：功能安全和故障防护；第3部分：人员触电防护。试验项目部分使用专用设备，要求有专门的测试仪器。

2）整车动力性试验

电动汽车在行驶过程中，由蓄电池输出电能给电动机，电动机输出功率，用于克服电动汽车本身的机械装置的内阻力和由行驶条件决定的外阻力消耗的功率。与燃油汽车一样，电动汽车的动力性也可以用最高车速、加速性能和最大爬坡度来进行描述，但是与燃油汽车不同的是，电动机存在不同的工作制，如1 min工作制、30 min工作制等，即存在连续功率、小时功率、瞬时功率，因此在描述或评价电动汽车的动力性时要做说明。

电动汽车动力性能的试验标准按《电动汽车动力性能试验方法》（GB/T 18385—2005）进行。测试的内容包括最高车速、加速性能、最大爬坡度等评价指标。测试设备有第五轮仪（现在国际上普遍采用的是非接触式传感器）、记录和分析设备（如日本小野、瑞士KISTIER等公司的产品）。

3）30 min最高车速试验

将试验车辆加载到试验质量，增加的载荷应合理分布。按规定对车辆进行准备，使试验车辆以该车30 min最高车速估计值±5%的车速行驶30 min。在试验中，车速若有变化，可以通过踩加速踏板来补偿，从而使车速符合30min最高车速估计值±5%的要求。如果试验中的车速达不到30 min最高车速估计值的95%，则试验应重做，车速可以是上述30 min最高车速估计值或制造厂重新估计的30 min最高车速。

测量车辆驶过的里程S_1(m)，并按下式计算平均30 min最高车速V_{30}(km/h)，即

$$V_{30} = \frac{S_1}{500} \tag{11-7}$$

4) 电池完全放电

在完成 V_{30} 试验之后,将试验车辆停放 30 min,然后以 V_{30} 的 70% 恢复行驶,直到车速下降到当加速踏板踩到底时,车速为 ($V_{30} \pm 10$) km/h 的 50%,或直到仪表板上的信号装置提示驾驶员停车,记录行驶里程。计算总行驶里程 S,包括预热阶段的行驶里程、V_{30} 试验时的行驶里程、完全放电时的行驶里程。

5) 最高车速试验

将试验车辆加载到试验质量,增加的载荷应合理分布。按规定对车辆进行准备。在直线跑道或环形跑道上将试验车辆加速,使汽车在驶入测量区之前能够达到最高稳定车速,并且保持这个车速持续行驶 1 km (测量区的长度)。记录车辆持续行驶 1 km 的时间 t_1。做一次反方向的试验,并记录通过的时间 t_2。

按下式计算试验结果,即

$$V_L = \frac{3\,600}{t} \tag{11-8}$$

式中,V_L——直线行驶时的实际最高车速 (km/h);

t——持续行驶 1 km,两次试验所测时间的算术平均值 $(t_1 + t_2)/2$,(s)。

6) 加速性能试验

(1) M_1 类和 N_1 类纯电动汽车加速性能试验。

①0~50 km/h 加速性能试验。将试验车辆加载到试验质量,增加的载荷应合理分布;将试验车辆停放在试验道路的起始位置,并起动车辆;将加速踏板快速踩到底,使车辆加速到 (50 ± 1) km/h;如果装有离合器和变速器,将变速器置入该车的起步挡位,迅速起步,将加速踏板快速踩到底,换入适当挡位,使车辆加速到 (50 ± 1) km/h;记录从踩下加速踏板到车速达到 (50 ± 1) km/h 的时间;以相反方向行驶,再做一次相同的试验。0~50 km/h 加速性能是两次测得时间的算术平均值 (s)。

②50~80 km/h 加速性能试验。将试验车辆加载到试验质量,增加的载荷应合理分布;将试验车辆停放在试验道路的起始位置,并起动车辆;将试验车辆加速到 (50 ± 1) km/h,并保持这个车速行驶 0.5 km 以上;将加速踏板踩到底,或操纵离合器和变速杆将车辆加速到 (80 ± 1) km/h;记录从踩下加速踏板到车速达到 (80 ± 1) km/h 的时间(如果最高车速小于 89 km/h,则应达到最高车速的 90%,并应在报告中记录下最后的车速);以相反方向行驶,再做一次相同的试验。50~80 km/h 加速性能是两次测得时间的算术平均值 (s)。

(2) M_2 类和 M_3 类纯电动汽车加速性能试验 (M_1 类、N_1 类车以外的纯电动汽车可参照)。

①0~30 km/h 加速性能试验。将试验车辆加载到试验质量,增加的载荷应均匀分布;将试验车辆停放在试验道路的起始位置,并起动车辆,将加速踏板快速踩到底,使车辆加速到 (30 ± 1) km/h;如果装有离合器和变速器,则应将变速器置入该车的起步挡位,迅速起步,将加速踏板快速踩到底,换入适当挡位,使车辆加速到 (30 ± 1) km/h;记录从踩下加速踏板到车速达到 (30 ± 1) km/h 的时间;以相反方向行驶,再做一次相同的试验。0~30 km/h 加速性能是两次测得时间的算术平均值 (s)。

②30~50 km/h 加速性能试验。将试验车辆加载到试验质量,增加的载荷应合理分布;将试验车辆停放在试验道路的起始位置,并起动车辆;将试验车辆加速到 (30 ± 1) km/h,

并保持这个车速行驶 0.5km 以上；将加速踏板踩到底，或操纵离合器和变速杆（如果装有），将车辆加速到（50±1）km/h；记录从踩下加速踏板到车速达到（50±1）km/h 的时间，如果最高车速小于 56 km/h，则应达到最高车速的 90%，并应在报告中记录下最后的车速；以相反方向行驶，再做一次相同的试验。30~50 km/h 加速性能是两次测得时间的算术平均值（s）。

7）爬坡车速试验

将试验车辆加载到最大设计总质量，增加的载荷应合理分布。将试验车辆置于底盘测功机上，并对底盘测功机进行必要的调整使其适合试验车辆最大设计总质量值。调整底盘测功机，使其增加一个相当于 4% 坡度的附加载荷。将加速踏板踩到底使试验车辆加速或使用适当变速挡位使车辆加速。确定试验车辆能够达到并能持续行驶 1 km 的最高稳定车速，同时记录持续行驶 1 km 的时间 t。调整底盘测功机，使其增加一个相当于 12% 坡度的附加载荷。重复试验。待试验完成后，停车检查各部位有无异常现象发生，并详细记录。

用下式计算试验结果，即

$$V_R = \frac{3\,600}{t} \tag{11-9}$$

式中，V_R——坡道行驶时的实际最高车速（km/h）；

t——持续行驶 1 km 所测时间（s）。

3. 电动汽车能量消耗率和续驶里程测试

评价电动汽车经济性的指标与燃油汽车不同。由于电动汽车没有发动机，所以不能以燃料消耗率来衡量，而应以充电一次的续驶里程来评价。试验标准按《电动汽车能量消耗率和续驶里程试验方法》（GB/T 18386—2005）进行，以 km 表示的续驶里程和用 W·h/km 表示的从电网上得到的能量消耗率来描述。

电能消耗率的试验是电动汽车的重要专项，如何测试电动汽车的各个电参数，特别是在运行状态下获得准确的实时参数是研究电动汽车电能消耗的准确依据。

纯电动汽车能量消耗受多种因素影响，包括充电机效率、控制系统能耗、电动机效率、其他能耗等，这些都是总的能量消耗。确定能量消耗率和续驶里程应该使用相同的试验程序，试验程序包括以下四个步骤：

（1）对动力蓄电池进行初次充电，测量来自电网的能量。

（2）进行工况或等速条件下的续驶里程试验。

（3）试验后，再次为动力蓄电池充电，测量来自电网的能量。

（4）计算能量消耗率。

说明：在每两个步骤执行之间，如果车辆需要移动，则不允许使用车上的动力将车辆移动到下一个试验地点（不允许使用制动能量回收）。

试验循环上的速度公差和时间公差应满足要求，速度公差为 ±2 km/h，时间公差为 ±1 s。在每个行驶循环中，允许存在超出这些公差范围，但总时间应不超过 4 s。

1）工况法

在底盘测功机上进行规定的工况循环试验。在车速小于或等于 70 km/h 时，不能满足规定的公差要求时，应停止试验；在车速大于 70 km/h 时，将加速踏板踩到底，允许超出规定的公差范围,但要满足相应要求。除非有其他规定,工况试验循环期间的停车不允许超过3次(工况循环外停车),总的停车时间累计不超过15 min。在工况试验循环结束时,记录试验车辆驶过的距离D,用km表示,测量值四舍五入到整数,该距离即工况法测量的续驶里程。同时记录用小时(h)和分钟(min)表示的试验时间。应该在报告中给出工况试验循环期间车辆所达到的最高车速、平均车速和行驶时间。

试验循环由4个市区循环和1个市郊循环程序组成,理论试验距离11.022 km,时间为19分40秒。另外,允许只采用市区循环进行试验。图11-3所示为试验循环的组成。

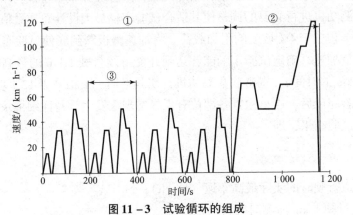

图11-3 试验循环的组成

①—市区循环;②—市郊循环;③—基本的市区循环

2)等速法

在道路上进行(60±2)km/h的等速试验。试验过程中允许停车两次,每次停车时间不允许超过2 min。当车辆的行驶速度达不到54 km/h时,停止试验。记录试验车辆在试验期间的停车次数和停车时间。试验结束后,记录试验车辆驶过的距离D(km),测量值四舍五入到整数,该距离即等速法测量的续驶里程。同时记录用小时(h)和分钟(min)表示的试验时间。

对于M_1类、N_1类以外的纯电动汽车,在道路上进行(40±2)km/h的等速试验。试验过程中允许停车两次,每次停车时间不超过2 min。当车辆的行驶速度达不到36 km/h时,停止试验。记录试验车辆在试验期间的停车次数和停车时间。试验结束后,记录试验车辆驶过的距离D(km),测量值四舍五入到整数,该距离即等速法测量的续驶里程。同时记录用小时(h)和分钟(min)表示的试验时间。

3)动力蓄电池充电和能量测量

完成以上试验后,在2 h之内将车辆与电网连接,按照规定的充电规程为车辆的动力蓄电池充满电。在电网与车辆充电器之间连接能量测量装置;在充电期间测量来自电网的、用W·h表示的能量E。如果电网断电,其断开的时间应该根据停电时间来适当延长相应时间。

4)能量消耗率的计算

应使用下式计算能量消耗率C(W·h/km),并四舍五入到整数,即

$$C = \frac{D}{E} \tag{11-10}$$

式中,D——试验期间行驶的总距离,即续驶里程(km);

E——充电期间来自电网的能量（W·h）。

4. 电动机、蓄电池及调速系统的测试

由于汽车在道路行驶过程中的工况比较复杂，路面输入为随机输入，且受行驶环境的干扰和影响较大，所以必须对电动机、蓄电池及调速系统的运行特性进行测试，以研究其参数间的匹配特性，并检验它们能否适应汽车复杂的行驶环境。这些电参数的测试是燃油汽车试验所没有的，一般的测试设备也不具备这种功能。因此，必须使用专门的设备满足车载式、大功率和高精度的测试。

5. 其他性能试验

电动汽车的平顺性、通过性、操纵稳定性、制动性能以及噪声的试验与燃油汽车的试验方法基本相同，按照现有的国家标准能够完成电动汽车的各种试验。对于设置有能量回收装置的电动汽车，还需要对能量回收性能进行测试。

6. 纯电动汽车测试

按照《电动汽车能量消耗率和续驶里程试验方法》（GB/T 18386—2005）规定的市区循环工况，测试纯电动汽车行驶工况能耗和续驶里程。在底盘测功机上进行工况循环试验，至车速不能满足速度公差和时间公差要求时，停止试验。电池组初始 SOC 为 100%，电动机初始温度为 34 ℃，记录车辆续驶里程为 177 km，车辆百公里能耗为 10.71 kW·h。图 11 – 4 所示为一个循环工况的测试曲线。车辆在一个城市循环工况下的工作时间为 780 s，实际行驶距离为 4 167 m，对试验曲线的统计结果表明，行驶一个市区循环工况的能耗为 0.43 kW·h。

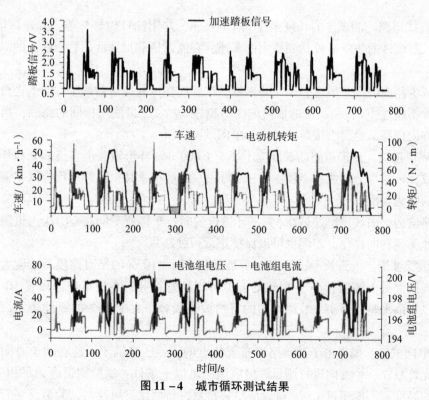

图 11 – 4　城市循环测试结果

11.4 混合动力电动汽车试验

1. 试验条件

1) 试验车辆要求

试验车辆必须按照每项试验的技术要求加载,并应满足各项试验具体的前提要求。

在环境温度下,车辆轮胎气压应符合车辆制造厂的规定。润滑油的黏度应符合车辆制造厂的规定。除了试验必需的和日常行驶需要的设备和部件外,应当关闭照明设备、信号指示灯及辅助装置。除了牵引用途以外,所有的储能系统(电能、液压、气压等)应该充能到制造厂规定的最大值。

车辆应保持清洁,车辆非运转时,必须将开启的窗户和进气口关闭。在进行试验前的7天内,将动力蓄电池装在试验车辆上,试验车辆至少行驶300 km。动力蓄电池应达到满足各项试验要求的充电状态。

2) 环境条件

室外试验温度为5~32 ℃,室内试验温度为20~30 ℃,大气压力为94~104 kPa。地平面以上0.7 m处,平均测量风速不得超过3 m/s,瞬时风速不大于5 m/s,相对湿度要低于95%,雨天和雾天不能进行室外试验。

3) 道路要求

试验应该在干燥的直线跑道或环形跑道上进行,路面应坚硬、平整、干净,且有良好的附着系数。

(1) 直线道路。测试区的长度至少为1 000 m,并用标杆做好标志。加速区应足够长,以便在进入测试区前200 m处达到稳定的车速,在测试区和加速区的后200 m的纵向坡度不超过0.5%。

为了减少路面坡度、风速、风向的影响,试验应在试验跑道的两个方向上进行。加速区的纵向坡度不超过4%,测试区的横向坡度不超过3%。尽量使用相同的路径,当条件不允许在两个方向进行试验时,按照要求进行单向试验。

(2) 环形道路。环形道路的长度应不小于1 000 m。环形道路由直道部分和环道部分首尾连接而成,环道部分的曲率半径不小于200 m。测量车速时,行驶里程应以车辆被计量的实际通过的路程为准。

试验路段的纵向坡度不超过0.5%,环道行驶时,车辆所受的离心力应由道路横向坡度补偿,因此无须转向操作,车辆也可以保持正常行驶路线。

(3) 试验坡道。坡道长不小于25 m,坡前应有8~10 m的平直路段,坡度大于或等于30%的路面用混凝土铺装,小于30%的坡道可用沥青铺装。在坡道中部设置10 m的测速段,允许以表面平整、坚实、坡道均匀的自然坡道代替,大于40%的纵坡必须设置安全保险装置。

(4) 单向试验。如果由于试验路面布置特点的原因,车辆不可能在两个方向达到最高车速,则允许只在一个方向进行测量。但应该满足以下条件:试验跑道应满足相应的要求;任何两点的高度差不能超过1 m;试验应尽快重复进行两次;风速与试验道路平行方向的风速分量不能超过 2 m/s。

2. 混合动力电动汽车性能试验

1）试验原则

如果试验车辆具有纯电动模式，并能够按照要求进行动力性能试验，则进行该车纯电动模式下的动力性能试验；否则，试验车辆可以不做纯电动模式下的动力性能试验或者减去不能做的试验项目。

为了兼顾试验条件和试验程序的要求，试验顺序需按照下列项目进行：

（1）在混合动力模式下：

①最高车速。

②20～100 km/h 或 0～50 km/h 加速时间。

③330 min 最高车速。

④爬坡车速。

⑤坡道起步能力。

⑥最大爬坡度。

（2）在纯电动模式下：

①最高车速。

②20～50 km/h 加速时间。

③爬坡车速。

④坡道起步能力。

2）试验方法

（1）混合动力模式下的最高车速。

将试验车辆加载到试验质量，增加的载荷应均匀地分布在乘客座椅上及货厢内。

在直道或环道上使车辆加速到最高车速并维持该车速行驶 1 km 以上，记录车辆持续行驶 1 km 的时间 t_1。随即在同样试验道路上以反方向重复上述试验，记录车辆持续行驶 1 km 的时间 t_2。最高车速为上述两次试验结果的算术平均值。

（2）0～100 km/h 加速性能。

将试验车辆加载到试验质量，增加的载荷应均匀地分布在乘客座椅上及货厢内，并将其停放在试验道路的起始位置，起动车辆。将加速踏板踩到底使车辆加速行驶；如果该车是手动变速系统，则需要适时切换挡位。记录从踩下加速踏板至车速达到 100 km/h 所经历的时间。在同样试验道路上以反方向重复上述试验。

0～100 km/h 加速时间为上述两次试验结果的算术平均值。

注意：对于最高车速在 110 km/h 以下的混合动力电动汽车，可测试 0～50 km/h 的加速性能，测试方法相同。

（3）混合动力模式下的爬坡车速。

将试验车辆加载到最大设计总质量，增加的载荷应均匀地分布在乘客座椅上及货厢内。把车辆放置在底盘测功机上，并对测功机进行必要的调整，以使其适合试验车辆最大设计总质量值。调整测功机，使其增加一个相当于 4% 坡度的附加载荷。将加速踏板踩到底，使试验车辆加速或使用适当变速器挡位，使车辆加速到最高爬坡车速。以 ±1 km/h 的速度公差维持该爬坡车速行驶 1 km，同时记录持续行驶 1 km 的时间 t。

调整测功机，使其增加一个相当于 12% 坡度的附加载荷，重复上述试验。用下式计算试验结果，即

$$V = 3.6 \times 10^3 / t \qquad (11-11)$$

式中，V——实际爬坡最高车速（km/h）；

t——持续 1 km 所测的时间（s）。

（4）混合动力模式下的 30 min 最高车速。

将试验车辆加载到试验质量，增加的载荷应均匀地分布在乘客座椅上及货厢内。该试验将在环形跑道或在底盘测功机上进行。在通过试验前的预热阶段，将车辆加速至制造厂家估计的 30 min 最高车速（误差为 ±5%）并行驶 30 min。记录车辆实际通过的距离 S_1，30 min 最高车速 V_{30} 则可由下式计算得到，即

$$V_{30} = \frac{S_1}{500} \qquad (11-12)$$

式中，V_{30}——车辆 30 min 最高车速（km/h）；

S_1——车辆 30 min 驶过的里程（m）。

在试验过程中，如果车速比厂家估计的 30 min 最高车速低 5% 以上，则试验应重做。重做时，可采用相同的或制造厂家修正后的 30 min 最高车速估计值。

（5）混合动力模式下的坡道起步能力。

原则上，进行该试验时所使用的测试坡道的倾斜角 α_1 应尽可能接近厂家声明的倾斜角 α_0。α_1 与 α_0 间的偏差由修正质量 ΔM 来补偿。

将试验车辆加载到最大设计总质量。选定的坡道上应至少有 10 m 的测试区和足够的起步区域，把车辆放置在起步区域，选定坡道的倾斜角 α_1 尽可能接近 α_0。通过以下公式计算修正质量 ΔM，即

$$\Delta M = M \times \frac{\sin\alpha_0 - \sin\alpha_1}{\sin\alpha_1 + R} \qquad (11-13)$$

式中，M——试验条件下的最大设计质量（kg）；

R——起动阻力系数，通常取 0.01。

修正质量 ΔM 应该被均匀地分布在车辆的乘客室和货厢中，车辆应至少行驶 10 m 的距离。

实际 α_0 值的计算：在已知驱动系统（内燃机与电动机的复合）的峰值转矩和轮胎滚动半径的前提下，可按照下式近似计算，即

$$\left. \begin{array}{l} C_r = C_a \times T \times \eta_t \\ F_t = \dfrac{C_r}{r} = M \times g \times (\sin\alpha_0 + R) \end{array} \right\} \qquad (11-14)$$

式中，C_r——车轮转矩（N·m）；

C_a——驱动系统转矩（N·m）；

T——总的齿轮传动比；

η_t——齿轮传动率；

F_t——地面驱动力（N）；

R——轮胎滚动半径（m）；

g——重力加速度（m/s²）。

求得 α_0 后，根据下式可以获得最大爬坡能力的坡度，即

$$i = \tan\alpha_0 \times 100\% \tag{11-15}$$

(6) 混合动力模式下的最大爬坡度试验。

将试验车辆加载到最大设计总质量，增加的载荷应均匀地分布在乘客座椅上及货厢内。将试验车辆停于接近坡道的平直路段上。使用最低挡起步，将节气门全开进行爬坡。在爬坡过程中，监测各种仪表的工作情况；爬到坡顶后，停车检查各部位有无异常现象发生，并详细记录。如果第一次爬不上，可以进行第二次，但是不能超过两次。爬不上坡时，测量停车点（后轮接地中心）到坡底的距离，并记录爬不上的原因。

如果没有厂方规定的坡道，则可增减装载质量或采用较高一挡（如2挡）进行试验，再按照下式计算最低挡的爬坡度，即

$$\alpha = \sin^{-1}\left(\frac{M}{M_a} \cdot \frac{i_1}{i_a}\sin\alpha_a\right) \tag{11-16}$$

式中，α——爬坡度对应的坡度角（°）；

M——汽车实际总质量（kg）；

M_a——汽车厂规定最大总质量（kg）；

i_1——最低挡传动比；

i_a——实际传动比；

α_a——试验时的实际坡度角（°）。

求得 α 后，最大爬坡度 α_m 可由下式计算，即

$$a_m = \tan\alpha \times 100\% \tag{11-17}$$

爬坡平均车速为

$$V = \frac{36}{t} \tag{11-18}$$

式中，V——爬坡的平均车速（km/h）；

t——在测试路段所用的时间（s）。

纯电动模式下的最高车速、纯电动模式下 0~50 km/h 加速性能、纯电动模式下的爬坡车速和纯电动模式下的坡道起步能力的测试与纯电动汽车测试方法相同。

本章小结

1. 动力蓄电池是为电动汽车提供动力的关键部件，本章在介绍铅酸蓄电池、镍氢蓄电池和锂离子蓄电池的工作原理的基础上，介绍了动力蓄电池的试验方法和要求。

2. 电动汽车的行驶是驾驶员通过操纵电动机控制系统达到控制整车的目的，因此电动机及其控制系统是电动汽车的核心部件。评价电动机特性必须进行耐电压试验、直流电阻和绝缘电阻测定、控制器过载能力试验、电动机转矩特性及效率试验、再生能量回馈效率试验和驱动电动机系统整体效率测试等，并通过指标参数对电动汽车驱动电机系统做出评价。

3. 纯电动汽车的整车性能试验中的有些方法与燃油汽车相似，有些试验方法又有许多

不同。纯电动汽车的动力性试验包括 30 min 最高车速试验、蓄电池完全放电试验、加速性能试验、爬坡试验等。经济性试验包括能量消耗和续驶里程试验。控制能力测试有电动机、蓄电池及调速系统整体测试。

4. 混合动力电动汽车试验项目包括混合动力模式下的动力性能试验，重、轻型混合动力电动汽车能量消耗量试验以及安全要求等。试验形式有道路试验和台架试验。有些试验除在混合动力模式下进行外，还需要在纯电动模式下进行。

复习思考题

1. 试述锂离子蓄电池和镍氢蓄电池的试验方法和要求。
2. 电动机试验项目包括哪些？
3. 简述电动机的试验方法。
4. 纯电动汽车试验包括哪些项目？
5. 简述纯电动汽车的试验方法。
6. 混合动力电动汽车性能试验包括哪些？
7. 简述混合动力电动汽车性能试验方法。

参 考 文 献

[1] 李杰敏. 汽车拖拉机试验学 [M]. 2版. 北京：机械工业出版社，2007.
[2] 余志生. 汽车理论 [M]. 5版. 北京：机械工业出版社，2010.
[3] 付百学. 汽车试验技术 [M]. 北京：北京理工大学出版社，2007.
[4] 关强，杜丹丰. 汽车试验学 [M]. 北京：人民交通出版社，2009.
[5] 尹安东. 汽车试验学 [M]. 合肥：合肥工业大学出版社，2011.
[6] 何耀华. 汽车试验技术 [M]. 北京：机械工业出版社，2010.
[7] 安相璧. 汽车试验工程 [M]. 北京：国防工业出版社，2006.
[8] 安相璧. 汽车试验教程 [M]. 北京：北京理工大学出版社，2012.
[9] 赵立军，白欣. 汽车试验学 [M]. 北京：北京大学出版社，2008.
[10] 王丰元. 汽车试验测试技术 [M]. 北京：北京大学出版社，2008.
[11] 唐岚. 汽车测试技术 [M]. 北京：机械工业出版社，2006.
[12] 陈振日. 对汽车操纵稳定性现行评价指标的分析与建议 [J]. 汽车技术，2006（9）：5-8.
[13] 曾迥立，肖江华，高永东，等. 蛇行试验补充评价的探讨 [J]. 汽车技术，2012（10）：52-54.
[14] 王霄锋. 汽车可靠性工程基础 [M]. 北京：清华大学出版社，2007.
[15] 刘裕源，霍树君. 汽车可靠性试验 [J]. 汽车技术，2000（4）：40-42.
[16] 钟志华，张维刚，曹立波，等. 汽车碰撞安全技术 [M]. 北京：机械工业出版社，2005.
[17] 黄世霖，张金换，王晓冬，等. 汽车碰撞与安全 [M]. 北京：清华大学出版社，2000.
[18] 张金换，杜汇良，马春生，等. 汽车碰撞安全性设计 [M]. 北京：清华大学出版社，2010.
[19] 李兴虎. 汽车环境保护技术 [M]. 北京：北京航空航天大学出版社，2004.
[20] 张雪莉. 机动车排放污染物检测技术 [M]. 北京：清华大学出版社，2010.
[21] 陈南. 汽车振动与噪声控制 [M]. 北京：人民交通出版社，2005.
[22] 黄海燕. 汽车发动机试验学教程 [M]. 北京：清华大学出版社，2009.
[23] 周长城. 汽车减振器设计与特性仿真 [M]. 北京：机械工业出版社，2012.
[24] 范成建，熊光明，周明飞. 虚拟样机软件 MSC. ADAMS 应用与提高 [M]. 北京：机械工业出版社，2006.
[25] 王国权，等. 虚拟试验技术 [M]. 北京：电子工业出版社，2004.
[26] 周晓晶，秦文虎，张为公. 汽车碰撞安全性能的虚拟试验技术 [J]. 轻型汽车技术，2006（10）：11-14.

[27] 杨振宇,周鋐,陈栋华,等. 虚拟试验在汽车工程上的作用 [J]. 轻型汽车技术,2006 (10): 4-6.
[28] 《汽车工程手册》编辑委员会. 汽车工程手册:试验篇 [M]. 北京:人民交通出版社,2001.
[29] 《汽车工程手册》编辑委员会. 汽车工程手册:基础篇 [M]. 北京:人民交通出版社,2001.
[30] 日本自动车技术会. 汽车工程手册6:动力传动系统试验评价篇 [M]. 中国汽车工程学会,组译. 北京:北京理工大学出版社,2010.
[31] 日本自动车技术会. 汽车工程手册7:整车试验评价篇 [M]. 中国汽车工程学会,组译. 北京:北京理工大学出版社,2010.
[32] 中国汽车技术研究中心标准化研究所,中国标准出版社第三编辑室. 汽车标准汇编2007:上 [M]. 北京:中国标准出版社,2008.
[33] 中国汽车技术研究中心标准化研究所,中国标准出版社第三编辑室. 汽车标准汇编2008:上 [M]. 北京:中国标准出版社,2009.
[34] 中国汽车技术研究中心标准化研究所,中国标准出版社第三编辑室. 汽车标准汇编2008:下 [M]. 北京:中国标准出版社,2009.
[35] 中国汽车技术研究中心标准化研究所,中国标准出版社第三编辑室. 汽车标准汇编2009:上 [M]. 北京:中国标准出版社,2010.
[36] 中国汽车技术研究中心标准化研究所,中国质检出版社第三编辑室. 汽车标准汇编2010 [M]. 北京:中国质检出版社,中国标准出版社,2011.